国家出版基金项目
NATIONAL PUBLICATION FOUNDATION

〔唐〕姚思廉 撰

點校本
二十四史
修訂本

陳書

第一册
卷一至卷一六

中華書局

圖書在版編目(CIP)數據

陳書/(唐)姚思廉撰. —北京:中華書局,2021.8
(2024.4 重印)
(點校本二十四史修訂本)
ISBN 978-7-101-15272-2

Ⅰ.陳… Ⅱ.姚… Ⅲ.中國歷史-南朝陳-紀傳體
Ⅳ.K239.140.42

中國版本圖書館 CIP 數據核字(2021)第 136848 號

責任編輯:孫文穎　李　勉
責任校對:許尚宜　蘇佳佳
責任印製:管　斌

點校本二十四史修訂本
陳　書
(全二册)
〔唐〕姚思廉 撰
*
中 華 書 局 出 版 發 行
(北京市豐臺區太平橋西里 38 號　100073)
http://www.zhbc.com.cn
E-mail:zhbc@zhbc.com.cn
北京盛通印刷股份有限公司印刷
*
880×1230 毫米 1/32 · 20⅜印張 · 375 千字
2021 年 8 月第 1 版　2024 年 4 月第 3 次印刷
印數:11501-13000 册　定價:118.00 元

ISBN 978-7-101-15272-2

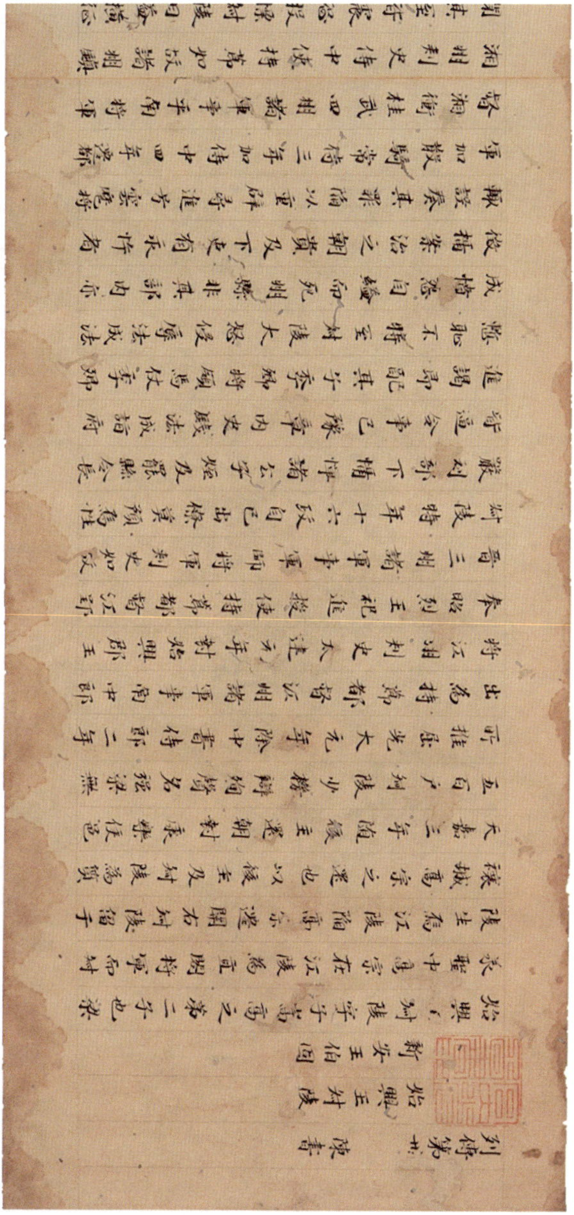

一　日本平安時期寫本（日本宮内廳書陵部藏）

衛將軍兼中書舍人領雍州大中正自盼卒後
太后宗屬唯莊爲近兼素有名望猶是深被
恩遇尋遷度支尚書陳亡入隋爲岐州司馬
後主沈皇后諱婺華儀同三司望蔡貞憲侯
君理女也母即高祖女會稽穆公主主早亡時
后尚幼而毁瘠過甚及服畢每至歲時朔望恒
獨坐涕泣哀動左右内外咸敬異焉太建三年
納爲皇太子妃後主即位立爲皇后后性端靜
寡嗜慾聰敏強記涉獵經史工書翰初後主在

紀第五　　陳書五

散騎常侍姚　思廉　撰

宣帝

高宗孝宣皇帝諱頊字紹世小字師利始興昭烈王第二子也梁大通二年七月辛酉生有赤光滿堂室少寬大多智略及長美容儀身長八尺三寸手垂過膝有勇力善騎射高祖平侯景鎮京口梁元帝徵高祖子姪入侍高祖遣高宗赴江陵累官爲直閤將軍中書侍郎時有馬軍

三　宋刻宋元明初遞修本（中國國家圖書館藏）

顯文皇知子之鑒事甚帝堯傳弟之懷又符太
伯今可還申曩志崇立賢君方固宗祧載貞辰
象中外宜依舊典奉迎輿駕未亡人不幸屬此
殷憂不有崇替容危社稷何以拜祠高寢歸祔
武園攬筆潸然兼懷悲慶是日出居別第太建
二年四月薨時年十九帝仁弱無人君之器世
祖每慮不堪繼業既居冢嫡廢立事重是以依
違積載及疾將大漸召高宗謂曰吾欲遵太伯
之事高宗初未達旨後寤乃拜伏涕泣固辭其

賈祚

宋刻零葉（北京布衣書局藏）

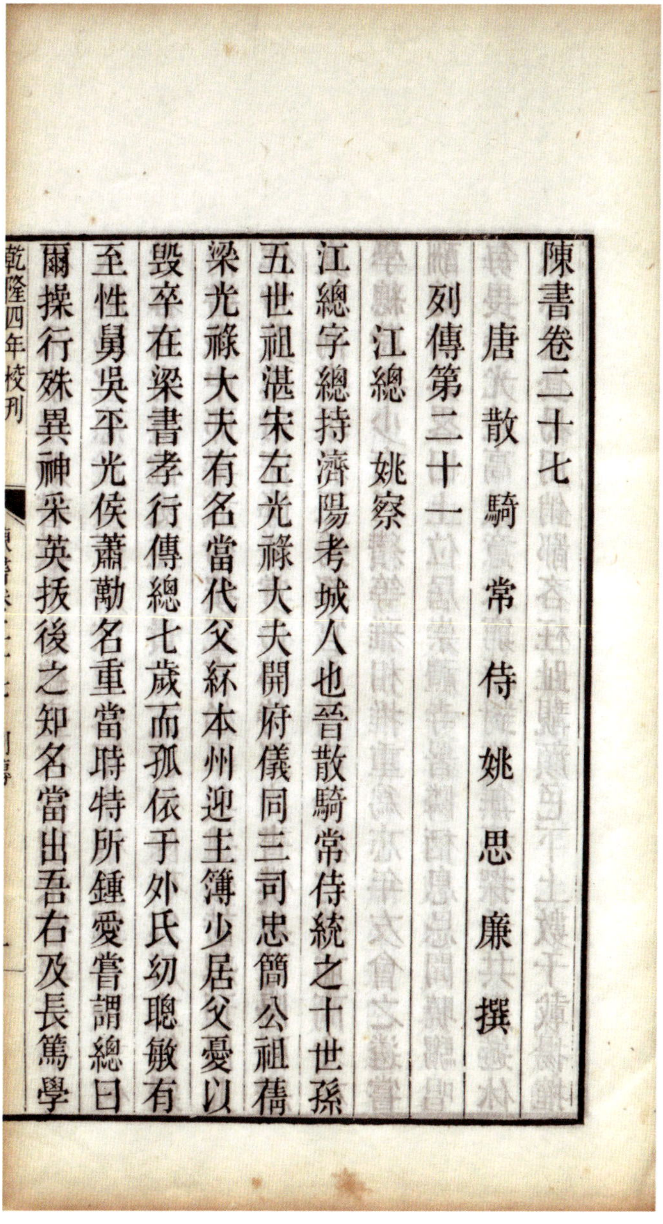

陳書卷二十七

唐　散騎常侍姚思廉撰

列傳第二十一

江總　姚察

江總字總持濟陽考城人也晉散騎常侍統之十世孫五世祖湛宋左光祿大夫開府儀同三司忠簡公祖蒨梁光祿大夫有名當代父紑本州迎主簿少居父憂以毁卒在梁書孝行傳總七歲而孤依于外氏幼聰敏有至性舅吳平光侯蕭勱名重當時特所鍾愛嘗謂總曰爾操行殊異神采英拔後之知名當出吾右及長篤學

乾隆四年校刊

陳書卷二十七　列傳

五

清乾隆四年武英殿本（北京中華書局圖書館藏）

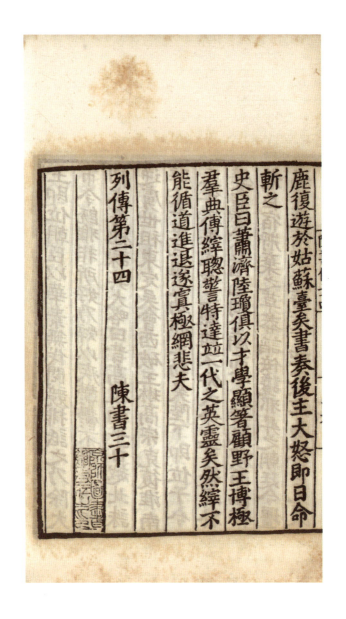

鹿復遊於姑蘇臺矣書奏後主大怒即日命
斬之
史臣曰蕭濟陸瓊俱以才學顯著顧野王博極
羣典傅縡聰警特達竝一代之英靈矣然縡不
能循道進退遂寘極網悲夫

列傳第二十四　陳書三十

陳書整理人員名録

原點校者　張維華　王仲犖
　　　　　宋雲彬

修訂主持人　景蜀慧　鄭小容

修訂承擔單位　中山大學

修訂組成員　景蜀慧　周文俊　李丹婕　黄一明
　　　　　　王曉真　唐　星　洪綿綿　汪舒桐

編輯組成員　張文强　孫文穎　李　勉

點校本二十四史及清史稿修訂緣起

以「二十四史」及清史稿爲代表的紀傳體史書，記載了中國古代從傳説中的黄帝到辛亥革命結束清朝統治前各個朝代的歷史概貌，以歷代王朝的興亡更替爲先後，反映了中國的歷史進程，構成了關於中國古代政治、經濟、軍事、科技、思想文化、社會風俗等各個方面最爲重要的基本史料，使中國和中華民族成爲世界上惟一擁有數千年連貫、完整歷史記載的國家和民族。這是中華民族引以爲榮並值得進一步發揚光大的寶貴歷史文化遺産。

爲了更好地傳承與保護這份珍貴的歷史文化遺産，二十世紀五十至七十年代，在毛澤東主席、周恩來總理的親自部署和國家有關部門的直接領導下，由中華書局承擔組織落實和編輯出版工作，集中全國學術界、出版界的力量，完成了「二十四史」及清史稿的點校整理和出版。從一九五八年九月標點「前四史」及改繪楊守敬地圖工作會議召開，次年九月點校本史記問世，到一九七八年點校本宋史完成出版，整理工作歷時二十年，其間不斷完善點校體例，逐史加以標點、分段、校勘、正誤、補闕，所積累的科學整理方法和豐富的實踐經驗，爲傳統文獻的整理做出了寶貴的探索，確立了現代古籍整理的基本範式和標準。點校本出版之後，以其優秀的學術品質和適宜閱讀的現代形式，逐漸取代了此前的各種舊本，爲學術界和廣大讀者普遍採用，成爲使用最廣泛的權威性通行本。

點校本「二十四史」及清史稿從開始出版，至今已超過半個世紀，上距一九七八年宋史出版，點校工作完成，也已經過去了三十多年。點校本「二十四史」及清史稿的整理出版工作，由於受到當時種種客觀條件的制約，加之整理出版過程歷時綿長，時間跨度大，參與點校者時有變動，點校體例未能統一，或底本選擇不够精當，或校勘過於簡略，或標點間有失誤，各史都存在着不同程度的缺憾。爲適應新時代學術發展和讀者使用的需求，亟需予以全面修訂。

中華書局於二〇〇五年開始籌備「二十四史」及清史稿的修訂工作，梳理學術界關於點校本的意見建議，清理點校工作原始檔案，進一步明確修訂工作重點。二〇〇六年四月召開專家論證會，得到了學術界的積極響應。其後，在新聞出版總署、中國出版集團公司和社會各界學術力量的支持下，正式組建了點校本「二十四史」及清史稿修訂工程組織機構，擬定了修訂工作的各項具體規定，包括修訂工作總則、修訂工作流程，以及標點分段辨法舉例、校勘記寫法細則舉例等一系列規範性文件，並在全國範圍内通過廣泛調研，遴選確定了各史修訂承擔單位和主持人。

點校本「二十四史」及清史稿，是二十世紀中國古籍整理的標誌性成果，修訂本是原點校本在新的歷史時期的延續。修訂工作在原有點校本基礎上展開，嚴格遵守在點校本基礎上進行適度、適當修訂和完善的原則，通過全面系統的版本覆核、文本校訂，解決原點校本存在的問題，彌補不足，力求在原有基礎上，形成一個體例統一、標點準確、校勘精審、閲讀方便的新的升級版本。

修訂工作的總體目標，主要包括兩個方面：一，保持點校本已取得的整理成果和學術優勢，通過各個修訂環節，消弭點校本存在的缺憾，並認真吸收前人與時賢的研究成果，包括當代學術研究的新發現（文物、文獻資料）、新結論（學術定論），使修訂本成爲符合現代古籍整理規範、代表當代學術水準、能够體現二十一世紀新的時代特點的典範之作。二，解決原點校本各史體例不一的問題，做到體例基本統一，包括：規範取校範圍、校勘取捨標準、分段及校勘記、標點方式；撰寫各史修訂本前言、凡例；編製主要參考文獻目録及其他附録、索引。

早在一九六〇年，時任國務院古籍整理出版規劃小組組長的齊燕銘同志，就曾對點校本「二十四史」提出過兩點明確的要求，其一是在學術成果上「超越前人」；其二是經過重版修訂使之「成爲定本」。點校本的學術業績，獲得了學術界和廣大讀者的高度評價和廣泛採用，經過全面修訂，希望能在保持原有學術優勢的基礎上完善提高，進一步確立並鞏固點校本「二十四史」及清史稿的現代通行本地位，「成爲定本」還需要廣大讀者的檢驗和今後不斷的努力。

點校本「二十四史」及清史稿整理工作自二十世紀五十年代起始，至本世紀全面修訂再版，五十餘年間，一代又一代學者如同接力賽跑，前赴後繼，爲之默默奉獻，傾盡心力。點校本的學術成就和首創之功，以及其間展現的幾代人鍥而不捨的爲學精神，將澤被學林，彪炳史册！值此修訂本出版之際，我們向所有參加過點校工作的前輩學者和出版工作者，表示崇高的敬意，對已故前輩表達深切的懷念，向承擔本次修訂的各位學者專家表示誠摯的謝意，向國家出版基金管理委員會及其辦公室、各史點校和修訂承擔單位、各相關圖書收藏機構，以及關注和支持本次修訂工作的社會各界人士，謹致由衷的謝忱。

中華書局編輯部　二〇一三年七月

點校本陳書修訂前言

一

陳書，唐姚思廉撰。全書三十六卷，分爲本紀六卷、列傳三十卷，記載了南朝陳王朝三十三年的歷史。

陳朝是繼南朝蕭梁之後，由陳霸先建立的王朝。陳霸先自言乃漢太丘長陳寔之後，世居潁川，永嘉南渡後，定居於吴興長城縣。梁末，助王僧辯平定侯景之亂。後又擊退北齊，誅殺王僧辯，掌握朝廷大權。梁敬帝太平二年（五五七）禪代稱帝，國號陳，改元永定。陳霸先爲高祖武皇帝。永定三年（五五九），其侄陳蒨即位，爲世祖文皇帝。文帝崩後，太子伯宗即位。太建元年（五六九），陳霸先侄、陳蒨弟安成王陳頊廢伯宗自立，爲高宗宣皇帝。其後宣帝子陳叔寶即位，是爲陳後主。禎明三年（五八九）正月，隋朝大軍攻入建康臺城，後主被俘，陳朝滅亡。

陳朝建都建康（今江蘇南京），西北與西魏（尋爲北周所代）、東北與北齊相對峙。時西魏自南朝掠得巴蜀、漢中大片土地，國勢方盛；北齊則將江北淮南大片區域收入囊中，國力仍强。陳朝所面臨的是「江北之地，悉陷高齊，漢川、蜀川，没於西魏」（通典卷一七一州郡一序目上）的局面，不僅失去了長江上游的益州，也丢失了江淮的屏障，是南朝版圖最小、國勢最弱的王朝。除了外部威脅，陳朝内部矛盾也錯綜複雜，梁朝宗室餘衆，思復故國，各地酋豪，擁兵自重，可謂「内難未弭，外鄰勍敵」（陳書卷六後主紀）。即便如此，陳宣帝即位後，一度「志復舊境」（陳書卷五宣帝紀），於太建五年（五七三）三月，命吴明徹率軍北伐，並在數月之間，收復江北淮南二十餘州，但北伐戰事很快由勝轉敗，陳朝國力由此愈加衰弱，最終爲隋所滅，南北分裂數百年的局面宣告結束。

陳書署名姚思廉撰，實爲姚思廉續其父姚察遺稿編次而成。

姚察，字伯審，吴興武康（今浙江德清縣）人。父姚僧坦（周書卷四七藝術傳有傳，作姚僧垣），精於醫術，梁武帝時官太醫正，西魏攻破江陵後入北，復以醫術顯於西魏、北周與隋朝。姚察少以文學知名，梁末亂離，篤學不廢，梁元帝時任原鄉令。在陳朝仕至吏部尚書，領大著作。入隋爲祕書丞，並奉敕撰梁陳二史，卒於大業二年（六〇六），年七十四。姚察學問淵博，著述該贍，梁陳史之外，還有漢書訓纂三十卷、説林十卷、西聘道里記、玉璽、建康三鍾等記各一卷，文集二十卷（陳書卷二七姚察傳）。隋書卷三三經籍志二還著録姚察撰漢書集解一卷、定漢書疑二卷，卷三五經籍志四著録姚察撰文章始一卷。舊唐書卷四六經籍志上著録姚察撰傳國璽十卷。

姚思廉字簡之（新唐書卷一〇二姚思廉傳稱思廉本名簡，以字行），陳亡後隨父入隋，始遷關中，遂爲雍州萬年（今陝西西安）人。姚思廉在陳爲揚州主簿，入隋仕至代王侑（即隋恭帝）侍讀，以臨危護主，有「忠烈」之稱。入唐，爲秦王府文學館學士，後遷著作郎、弘文館學士，受到唐太宗的禮遇，「寫其形像列於十八學士圖」。官至散騎常侍，卒於貞觀十一年（六三七），年八十一。隋大業五年（六〇九），姚思廉與起居舍人崔祖濬等修撰區宇圖志，又於貞觀初年，撰寫國史紀傳三十卷，還曾參與修撰文思博要一千二百卷。貞觀二年（六二八）奉詔與祕書監魏徵同撰梁陳二史，並於貞觀十年（六三六）撰成。

姚察、姚思廉父子其他著述今皆亡佚，僅梁書、陳書存世。

二

姚察自梁末參與國史修撰。紹泰元年（五五五），中書侍郎杜之偉領著作，舉薦姚察

「佐著作」，協助修撰國史。陳天康元年（五六六），吏部尚書徐陵領著作，復引爲史佐。陳宣帝時姚察「知撰梁史事」，陳後主時又「領著作」，仍爲史官。隋開皇九年（五八九），姚察受敕編撰梁陳二代史，期間隋文帝曾「遣内史舍人虞世基索本」，其所上之本，後置於「内殿」（陳書卷二七姚察傳）。姚察撰梁陳二史未竟而卒，臨終令子思廉續成其志。據姚思廉在姚察傳中的記述，姚察生前撰成篇幅已頗可觀，「梁、陳二史本多是察之所撰，其中序論及紀、傳有所闕者，臨亡之時，仍以體例誡約子思廉，博訪撰續，思廉泣涕奉行」。今所見陳書高祖紀、世祖紀卷末論贊，稱「陳吏部尚書姚察曰」云云，當爲姚察原稿；卷四至六本紀論贊稱「史臣曰」，未署姚察之名，當經姚思廉筆削續撰。

隋煬帝大業年間，「内史侍郎虞世基奏思廉踵成梁、陳二代史，自爾以來，稍就補續」（陳書卷二七姚察傳），同時，「思廉上表陳父遺言，有詔許其續成梁陳史」（舊唐書卷七三姚思廉傳），旋因戰亂，未及成書。唐武德五年十二月，高祖詔中書令蕭瑀等修魏、周、隋、梁、齊、陳史，其中祕書監竇璡、給事中歐陽詢、秦王文學姚思廉修陳史，歷經數年，不就而罷（唐會要卷六三，舊唐書卷七三令狐德棻傳）。貞觀二年，姚思廉再次奉詔撰修梁陳二史。十年正月，房玄齡、魏徵、姚思廉等撰成周、隋、梁、陳、齊五代史（唐會要卷六三史館上修前代史），五史全部告成。梁書和陳書的修撰，歷經陳、隋、唐三朝，「更數十歲而後乃成」（曾鞏陳書目録序）。若從隋開皇九年（五八九）姚察受命修撰陳書算起，至唐貞觀十年（六三六）成書，姚思廉父子撰修陳書的時間，前後通計近半個世紀。

史通外篇古今正史云：「陳史，初有吴郡顧野王、北地傅縡，各爲撰史學士。其武、文二帝紀，即顧、傅所修。太建初，中書郎陸瓊續撰諸篇，事傷煩雜。姚察就加删改，粗有條貫。」顧野王撰陳書三卷，傅縡撰陳書三卷，見舊唐書卷四六經籍志上，當爲姚察撰修陳書時所參考，今已不傳。姚思廉整飭姚察陳書舊稿時，亦曾「删益傅縡、顧野王所修舊史」（舊唐書卷七三姚思廉傳）。又據隋書經籍志記載，唐朝初年可見有關陳朝的典籍，尚有陸瓊撰陳書四十二卷，迄於宣帝；趙齊旦撰陳王業曆一卷，以及陳永定起居注八卷、陳天嘉起居注二十三卷、陳天康光大起居注十卷、陳太建起居注五十六卷、陳至德起居注四卷等，此外，陳朝禮律典章、職官雜儀之書當時也還多有存世。這些著述，皆屬姚氏父子撰修陳書的參考範圍，其中起居注保存較完備，當是陳書本紀部分的重要史源。

姚思廉編撰梁陳二史時，祕書監魏徵與尚書左僕射房玄齡，奉詔總監梁、陳、北齊、北周、隋五史修撰，所以陳書卷六後主紀末有魏徵總括陳朝一代興亡的論贊。此外，陳書卷七張貴妃傳末「史臣曰」之前，有魏徵對後主在位期間宫廷史事的一段詳述，皆是魏徵以五代史監修官的身份參與陳書撰修的痕迹。

三

陳書是二十四史中篇幅最小的一部史書，僅三十六卷，只有紀、傳而無志、表，但依然有其著述特色和史學成就。

陳書的編次體例，前人多有肯定。清代學者趙翼認爲其編次得宜，優於梁書：「編次卻不循梁書之例。如諸王傳先衡陽王昌、南康王曇朗，次宗室，次文帝諸子，次宣帝諸子，次後主諸子，較梁書最有倫序。故南史亦仍其舊。然南史以衡陽、南康二王並入宗室内，則非也。衡陽乃武帝子，應繼大位。以陷於魏未歸，故不得立。及歸而文帝已立，遂爲所害。此豈得僅入宗室内乎？陳書特立傳於宗室之前，而以南康附之。南康亦武帝從子，爲質於齊，爲齊所害，附於衡陽傳，亦屬位置得宜。則陳書編次，較南史更精當矣。」（陔餘叢考卷七陳書編次得宜）四庫館臣亦認爲，「讀其列傳，體例秩然，出於一手。不似梁書之參差」（四庫全書總目卷四五史部正史類）。

姚氏父子撰史的書法，趙翼亦有裁斷，「至其文筆，亦足稱良史」，「敍事之簡嚴完善，則李延壽亦不能過」。姚察史筆出衆，在於其擺脱同時代的駢儷文風，轉而追模漢書筆意，所謂「宋齊書傳論多四六體，蓋六朝文筆相習如此。至姚察則全作散文，思廉因之亦然，雖魏鄭公所撰梁紀總論亦不及矣」（陔餘叢考卷七梁陳二書）。梁陳以降，至於唐初，駢文流行，史學著述亦受此風氣影響。無論是南北朝時期所撰南齊書、魏書，還是唐初所修晉書、北齊書、周書、隋書，無不受到駢儷文風的影響，陳書後主紀末魏徵總論中的文字，亦大多爲四六偶對之句，可見時代風氣。姚氏父子則脱此窠臼，趙翼言其「雖全據國史，而行文則自出鑪錘，直欲遠追班馬。蓋六朝爭尚駢儷，即序事之文，亦多四字爲句，罕有用散文單行者，梁書則多以古文行之」，「世但知六朝之後古文自唐韓昌黎始，而豈知姚察父子已振於陳末唐初也哉」（廿二史劄記卷九古文自姚察始）。此雖針對梁書而論，亦適用於陳書。

姚察父子崇尚古文，與其家學風氣分不開。姚察以治漢書聞名，出聘北周期間，精於漢史、有「漢聖」之稱的劉臻曾專門拜訪姚察，詢以「漢書疑事十餘條」，姚察「竝爲剖析」（陳書卷二七姚察傳）。姚思廉「少受漢書於察，盡傳其業」（新唐書卷一〇二姚思廉傳）。陳書語言簡練曉暢，若干戰爭場面的敍述尤爲精彩，如高祖紀冶城之戰、莫府山之戰、侯瑱傳虎檻洲之戰，皆勁氣鋭筆，曲折明暢，「南史於他書多所增删，獨至陳書則甚少」（廿二史劄記卷一一南史於陳書無甚增删），與姚察父子史筆精審不無關係。

陳書雖修撰有年，但仍屬於當朝人記當時事，姚察任官陳朝，深受陳後主賞識，因此，在記録陳史時不免有諱言曲筆之處，趙翼不止一次提及陳書「多避諱」之弊（廿二史劄記卷九、陔餘叢考卷七），然若細繹相關記載，仍能發現史家在紀傳等不同篇目留有草蛇灰綫，頗具用心。比如關於陳蒨繼位一事的記載。高祖紀稱，「遺詔追臨川王蒨入纂」；世祖紀稱，「高祖崩，遺詔徵世祖入纂」。本紀敍述内容幾乎一致，但在列傳中，同一史事則有更耐人尋味的記述。卷七高祖章皇后傳云，「高祖崩，后與中書舍人蔡景歷定計，祕不發喪，召世祖入纂，事在蔡景歷及侯安都傳」；卷一二杜稜傳稱，「高祖崩，世祖在南皖。時内無嫡嗣，外有彊敵，侯瑱、侯安都、徐度等竝在軍中，朝廷宿將，唯稜在都，獨典禁兵，乃與蔡景歷等祕不發喪，奉迎世祖，事見景歷傳」；卷一六蔡景歷傳記，「高祖崩，時外有彊寇，世祖鎮于南皖，朝無重臣，宣后呼景歷及江大權、杜稜定議，乃祕不發喪，疾召世祖。景歷躬共宦者及内人，密營斂服。時既暑熱，須治梓宫，恐斤斧之聲或聞于外，仍以蠟爲祕器。文書詔誥，依舊宣行」。本紀所載「遺詔」一語，俱不見於上述列傳，而對世祖繼位一事最生動的記述，則見於謀劃此事的核心人物侯安都傳：「還軍至南皖，而高祖崩，安都隨世祖還朝，仍與羣臣定議，翼奉世祖。時世祖謙讓弗敢當，太后又以衡陽王故，未肯下令，羣臣猶豫不能決。安都曰：『今四方未定，何暇及遠，臨川王有功天下，須共立之。

今日之事，後應者斬。』便按劍上殿，白太后出璽，又手解世祖髮，推就喪次。」史事原委，娓娓道來，世祖在羣臣擁立下繼位的情景得以生動再現。再如衡陽王昌被害一事，亦不見於本傳，而由侯安都傳委婉托出，皆是史家於紀傳、本傳與他傳之間敍事互補，以存録史事委曲之史法。

作爲見證人和親歷者，姚察對陳朝歷史的癥結與矛盾有很深的認識和同情。總監修魏徵出於唐初以史爲鑒的宗旨，在總論中將陳朝滅亡之因歸結於陳後主個人的昏庸荒淫，姚思廉則較能從歷史的角度看待陳朝的滅亡，其後主紀「史臣曰」中寫道「自魏正始、晉中朝以來，貴臣雖有識治者，皆以文學相處，罕關庶務，朝章大典，方參議焉，文案簿領，咸委小吏，浸以成俗，迄至于陳」，在陳後主任用施文慶、沈客卿等「小吏」進而導致「朝經隳廢」的背後，姚思廉看到了南朝由來已久士人「不屑竭智盡心」、君主不得不「以寒人掌機要」的體制流弊。

關於姚思廉在陳書中爲父姚察立傳一事，清代四庫館臣認爲，姚察已「稽首新朝，歷踐華秩，而仍列傳於陳書，揆以史例，失限斷矣」（四庫全書總目卷四五）。對此余嘉錫指出，南北朝諸代多「年祚短促，爲之臣者莫不身歷數朝。當時習俗，惟以其在某朝位望稍高、事功較著者，舉以稱其人，如家訓之署『北齊黄門侍郎顔之推』，梁書之稱『陳吏部尚書姚察』是也」（四庫提要辨證卷三）。除了姚察在陳朝位望稍高、事功較著之外，爲父、祖立傳其實多見於初唐修撰的五代諸史，蓋「朝廷貴臣，必父祖有傳，考其行事，皆子孫所爲」（史通内篇曲筆二五）。由於史家的私人情感，姚察傳的記述難免有溢美之辭，但其中也不乏一些他處所無的重要歷史信息。比如提到陳後主非常看重姚察的文章，以至於自己「所製文筆」也會「别寫一本付察」，希望得到「刊定」，而姚察所作，後主皆索取閲讀，並稱：「我于姚察文章，非唯翫味無已，故是一宗匠。」（陳書卷二七姚察傳）這一記録無意中透露了後主對於文章，亦能轉益多師，並非僅欣賞浮艷之文藻。

與宋書、南齊書、梁書一樣，陳書多載詔策表疏等文字，往往長篇累牘（參陔餘叢考卷七陳書亦多蕪詞）。如高祖紀中，即録有梁敬帝封帝爲陳公詔，加九錫策、禪位詔、策書、武帝登極詔，又勑州郡璽書、封諸王詔、各官進爵詔、南郊大赦詔，又赦罪詔、賑饑詔等。這些顯得非常程式化的文字，多出於有「一代文宗」之稱的徐陵之手，反映了陳朝統治者對於政權合法性的精心論證，也展示了陳朝政權建立的禮儀程序和行政運作方式，以及意圖治世安民的努力，不乏史料價值。值得指出的是，侯景之亂後建立起來的陳朝，看似南朝歷史的尾聲，卻並非僅是晉宋齊梁歷史的簡單延續。誠如陳寅恪先生所指出的，「陳室之興起，其所任大將多爲南方土豪洞主，與東晉劉宋之時，情勢迥異」，「斯誠江左世局之一大變」，趁侯景之亂而起的「郡邑巖穴之長，村屯鄔壁之豪」（陳書卷三五），造成了「南朝民族及社會階級之變動」（陳寅恪金明館叢稿初編魏書司馬叡傳江東民族條釋證及推論）。這些在陳朝政治舞臺上扮演重要角色的鄉里豪族，不少來自巴蜀、嶺南和閩中等邊緣地區，陳書關於這些人物事迹的記載及相關各類公文詔書的收録，展現了陳王朝內部的政治結構、行政運作、軍事制度、文武關係等諸多特色，也爲後世瞭解南北朝末期南方地區的經濟發展、地理交通、階層變化、族羣互動、地域觀念、區域發展等問題，提供了重要的文獻資料。

四

陳書成於唐初，由於李延壽南北史删繁補闕，事增文省，更便於利用，陳書與其他幾部南北朝正史一樣，不爲當時學者所重，以致「世亦傳之者少」（曾鞏陳書目録序）。至北宋嘉祐年間，朝廷始詔校讎，並加以鏤板（參廿二史劄記卷九八朝史至宋始行）。

北宋嘉祐六年（一〇六一）八月，詔曾鞏等負責校理宋、齊、梁、陳、後魏、周、北齊七史，由於各史亡闕情況不一，校成付印時間先後不同。曾鞏自述云：「嘉祐六年八月，始詔校讎，使可鏤板行之天下。而臣等言：『梁、陳等書缺，獨館閣所藏，恐不足以定著。願詔京師及州縣藏書之家，使悉上之。』先皇帝爲下其事。至七年冬，稍稍始集，臣等以相校。至八年七月，陳書三十六篇者始校定，可傳之學者。」（曾鞏陳書目録序）晁公武郡齋讀書志卷五亦載：「曾鞏等以秘閣所藏多誤，不足憑以是正，請詔天下藏書之家，悉上異本，久之始集。治平中，鞏校定南齊、梁、陳三書上之，劉恕等上後魏書，王安國上周書。政和中，始皆畢。」曾鞏負責的南齊、梁、陳三書，在英宗治平年間完成校定，送國子監鏤板頒行。今存宋刻宋元明初遞修本南齊書卷末，保留了崇文院治平二年（一〇六五）六月開板牒文：「嘉祐六年八月十一日敕節文：宋書、齊書、梁書、陳書、後魏書、北齊書、後周書，見今國子監並未有印本。宜令三館祕閣見編校書籍官員精加校勘，同與管勾使臣選擇楷書如法書寫板樣，依唐書例，逐旋封送杭州開板。治平二年六月　日。」目前可知，陳書在治平年間已刊刻成書。

由於北宋國子監刊本「頒之學官，民間傳者尚少」，復值靖康之亂，朝廷播越，頗多亡失。郡齋讀書志卷五云：「中原淪陷，此書幾亡。紹興十四年，井憲孟爲四川漕，始檄諸州學官，求當日所頒本。時四川五十餘州，皆不被兵，書頗有在者，然往往亡闕不全，收合補綴，獨少後魏書十許卷，最後得宇文季蒙家本，偶有所少者，於是七史遂全，因命眉山刊行焉。」此即所謂宋蜀大字本「眉山七史」，以後傳世的各類宋本，應都出自這一版本。在此版本基礎上，南宋又屢有補版重刻。南北七史北宋刊本今固已無存，南宋初之「眉山七史」歷代書目也未見著録，亦當早已無傳。尾崎康正史宋元版之研究引用王國維、趙萬里、長澤規矩也等學者之研究，主張舊稱「眉山七史」之傳本，實爲南宋前期浙刊本。

元代西湖書院收藏諸史書版，没有對陳書進行重刊或覆刻，只在宋代書版基礎上補版遞修，明代仍之，直到嘉靖時期。故傳世的宋本陳書，均爲刻於南宋又經宋元明三朝遞修的版本。其版本大體可分爲兩大類，第一類遞修不晚於明初，尾崎康稱之爲「明前期以前印本，即未經嘉靖八年至十年大規模補修，編入南監二十一史之前所印，保留原版葉較多之善本」。第二類則遞修補版至嘉靖時期，尾崎康謂這種嘉靖補修以後的印本，即俗稱「三朝本」者，其中「原版葉已無一存者，即南宋中期補版葉亦罕見」。這兩類宋刻遞修本，版式、行款等大致相同，但二者之間的不同也是明顯的。

誠如尾崎康所言，「或因卷帙最小，七史中陳書傳本狀態最佳」，「原版葉尚多存在」（正史宋元版之研究第三部解題編九陳書）。目前可見到的遞修至明初爲止的宋刊陳書尚有六種，分别是中國國家圖書館藏宋刻宋元遞修本殘卷（簡稱殘宋本）、原國立北平圖書館甲庫藏宋紹興刻宋元遞修本存二十五卷（現藏臺北故宫博物院圖書文獻館，簡稱宋甲本）、原國立北平圖書館甲庫藏宋紹興刻宋元遞修本存八卷（現藏臺北故宮博物院圖書文獻館，簡稱宋乙本壹）、原國立北平圖書館甲庫藏宋紹興刻宋元遞修本存五卷（現藏臺北故宮博物院圖書文獻館，簡稱宋乙本貳）、日本靜嘉堂文庫藏宋刻宋元遞修本三十六卷（簡稱靜嘉堂本）、中國國家圖書館藏宋刻宋元明初遞修本三十六卷（簡稱國圖本）。

以上諸本中，殘宋本雖僅存十六葉，且並非盡爲「宋刊宋楮」，但保存狀態相當好，所保留的宋版葉，不僅有南宋補版葉，甚至可以見到南宋前期刊原版葉，殊爲可貴。宋甲本所存宋版葉較其餘各本爲多，補版時間最早，尾崎康謂「此帙所存宋原版葉最多，而間有極少數元初補版葉」。陳書卷末的宋人疏語，有些也僅見於此本。宋乙本最後補版時間晚於宋甲本，尾崎康判斷爲「南宋中期、元前期、元中期遞修」，實際上包括「宋末至元代不同時期修、印本，後人綴合幾種殘本」而合訂成册，其壹存八卷，其貳存五卷。此外我們還發現，宋乙本貳所存卷九（傳三）原第十六葉闕失，現有的第十六葉實爲卷一一（傳五）黄法氍傳之第二葉，而同樣誤植亦見於宋甲本之同卷同葉，這一情況頗值得注意。靜嘉堂本爲宋刻宋元遞修本中唯一完整傳世版本，尾崎康認爲此本在元代經過多次補修，最後大規模補修在元中後期，印刷時間恐已入明代，但「仍有二葉原版葉別本皆無，僅存於此本中」。國圖本是靜嘉堂本之外的另一部宋刻足本，此本版心無明代補版標識，因此一九八七年書目文獻出版社出版的北京圖書館古籍善本書目和一九九三年上海古籍出版社出版的中國古籍善本書目史部均著録爲「宋刻宋元遞修本」。二〇〇六年中華再造善本叢書以此本爲底本，影印出版再造善本陳書三函十册，扉頁記亦云「據中國國家圖書館藏宋刻宋元遞修本影印」。但此次修訂中，通過與陳書諸宋刻宋元修版葉詳細比對，並結合所鈐藏書印、版心刻工名等若干旁證，基本可以確定此本曾經明初國子監補刊，當定爲「宋刻宋元明初遞修本」。相較於静嘉堂本以上宋元本，此本宋刻原版葉已完全無存，但南宋中期及元代補版葉尚存相當數量，而其中的明初補刊版葉，則往往在行款字數、版心乃至字體字形上與宋元版有諸多不同。這些差異，爲嘉靖時補版的三朝本所沿襲，但此本在明初補刊中産生的明顯文字訛誤，也或多或少爲三朝本所訂改。而所謂「三朝本」，雖歷來評價不高，但因此故，其在版本校勘上亦有一定價值。

宋刻三朝遞修本之外，陳書在明清時期的刊本還有刊於萬曆十六年（一五八八）的南京國子監本、刊於萬曆三十三年（一六〇五）的北京國子監本、刊於崇禎四年（一六三一）的汲古閣本、刊於乾隆四年（一七三九）的武英殿本及同治十一年（一八七二）據汲古閣本刊刻的金陵書局本等。其中南監本對三朝遞修本的闕失錯訛有所訂正，但亦有不少據南史或明人之理解臆改宋本之處，或有失史家原意。北監本自南監本翻刻，對南監本的改訂不在少數，而這些修改基本上爲殿本所沿用。又汲古閣本作爲私家刊本，其刊刻對宋刻遞修本及明代監本内容都有吸收，在版本文字有出入時，往往依從宋本，或作小注説明「宋本作某」或「一作某」，某些異文，與今所見宋代文獻不無相合，對瞭解宋刻原貌别具參考價值。

此外，日本宫内廳藏有陳書寫本兩卷（卷二〇、卷三六），係日本平安時期鈔自唐寫本。已公佈的這兩卷寫本，其年代遠早於北宋校訂刊刻的版本，較多保留了陳書成書時的面貌，有較高校勘訂訛價值。又據嚴紹璗日藏漢籍善本書録，日本京都府守屋美孝處尚藏有平安時代中期寫本陳書一卷（卷一八），首尾俱全，已被定爲「日本重要文化財」，惜不得寓目，無法在校勘中採用。

五

中華書局點校本陳書，由王仲犖先生總負責，張維華先生承擔點校工作，宋雲彬先生負責編輯整理，一九六六年前基本完成點校和編輯工作，一九七二年出版。點校本以商務印書館影印的百衲本爲底本，參校了南監本、北監本、汲古閣本、武英殿本和金陵書局本等版本，以及南史、通典、册府元龜、太平御覽、資治通鑑和通鑑考異等典籍；對前人的校勘成果，則主要採用了張元濟、張森楷兩種陳書校勘記稿本以及錢大昕廿二史考異等書。由於比較廣泛地參校了各種版本，綜合前人著述，對清代以來學者的校勘成果也多有汲取，點校本在校勘、訂誤等方面有不少創見，在分段和標點方面尤能悉心體察史家敍事的内在邏輯，顧全史文節奏與史事完整性，處理頗見愜當。出版後受到學術界的廣泛好評，是目前最爲通行的整理本。

此次修訂選用中華學藝社本爲底本。此本作爲中華學藝社輯印古書之九，用日本靜嘉堂文庫本及北平圖書館甲庫所藏三種宋刊殘本拼爲全本，於一九三三年十一月由上海涵芬樓影印出版，隨後編入商務印書館百衲本二十四史，故與百衲本陳書實爲同一版本而印行稍早。此外，以平安寫本、殘宋本、宋甲本、宋乙本、靜嘉堂本、國圖本、南監本、北監本、汲本、殿本爲通校本；以三朝本、局本爲參校本。修訂中我們注重參考陳書早期刊本和寫本，以版本對校爲基礎，充分運用本校、他校，審慎使用理校。凡底本有誤者，據校本改正，並出校説明；義可兩通者，保留底本文字，異文寫入校勘記；底本無誤而校本有誤者，一般不出校勘記；底本及校本皆誤者，一般保留底本原貌，出校説明。

修訂遵循點校本二十四史及清史稿修訂工作總則和工作程序，以原點校本爲基礎，訂正其中的錯訛遺漏，統一體例，彌補不足。在充分尊重原點校本校勘成果的前提下，清理覆核了原點校本的全部校勘記。原校勘記無誤者，保留沿用；可補充新的文獻證據者，適當補充改寫；有誤者加以訂正並另擬校勘記；原點校本對底本有重要改動而未出校以及少數失校之處，酌情補加校勘記；原校勘記確實無必要或與修訂體例不合者則予以删除。同時遵照點校本二十四史及清史稿修訂工程標點分段辦法，修改完善標點，對個别分段進行了適當調整。

此次修訂高度重視古今學者的學術成果，對清代以降尤其是點校本陳書出版以來學術界的校勘與研究成果，廣泛收集並充分參考和採納吸收，限於體例，不能在校勘記中逐項標示，詳見主要參考文獻。修訂過程中得到了學術界和圖書館及其他藏書單位的幫助和支持，審稿專家和編輯組提出了很多中肯的意見，謹此一併致謝。

點校本陳書修訂組　二〇二一年六月

點校本陳書修訂凡例

一　中華書局一九七二年點校本陳書，以商務印書館百衲本爲底本。本次修訂，以上海圖書館藏一九三三年上海涵芬樓影印中華學藝社輯印古書之九陳書爲底本，該本與百衲本陳書實爲同一版本而印行稍早。

二　修訂所用通校本及簡稱如下：

（一）平安寫本：日本宮内廳書陵部藏平安時期寫本兩卷（卷二〇、卷三六）；

（二）殘宋本：中國國家圖書館藏宋刻宋元遞修本（存十六葉）；

（三）宋甲本：原國立北平圖書館甲庫藏宋紹興刻宋元遞修本（存二十五卷）；

（四）宋乙本壹：原國立北平圖書館甲庫藏宋紹興刻宋元遞修本（存八卷）；

（五）宋乙本貳：原國立北平圖書館甲庫藏宋紹興刻宋元遞修本（存五卷）；

（六）靜嘉堂本：日本靜嘉堂文庫藏宋刻宋元遞修本；

(七)國圖本:中國國家圖書館藏宋刻宋元明初遞修本;
(八)南監本:日本内閣文庫藏明萬曆十六年南京國子監刊本;
(九)北監本:日本内閣文庫藏明萬曆三十三年北京國子監刊本;
(一〇)汲本:日本早稻田大學圖書館藏明崇禎四年毛晉汲古閣刊本;
(一一)殿本:中華書局圖書館藏清乾隆四年武英殿校刊本。

三　修訂所用參校本及簡稱如下:
(一)三朝本:日本内閣文庫藏南宋初刊宋元明嘉靖遞修本;
(二)局本:中華書局圖書館藏清同治十一年金陵書局刊本。

四　原點校本對底本所作的校改,此次修訂重新覆核,對原點校本的校勘記,主要有以下處理方式:原校勘記無誤者,保留沿用,僅據修訂總則要求,調整校語及引文格式,統一體例;原校勘記可補充新證據者,適當補充改寫;有誤者加以訂正並另擬校勘記;原點校本對底本有重要改動而未出校以及少數失校之處,酌情補加校勘記;原校勘記確實無必要或與修訂體例不合者則予以删除。

五　此次修訂,沿用原點校本重編的全書目録。

六　修訂以版本對校爲基礎,充分運用本校、他校,審慎使用理校。底本有誤者,訂正文字並出校説明;義可兩通者,保留底本文字,異文寫入校勘記;底本無誤而校本有誤者,一般不出校勘記;底本及校本皆誤者,一般保留底本原貌,出校説明;明顯版刻訛誤,隨文改正,不另出校。

七　他本、他書文字内容與底本相同者,一般不記入校勘記;具參考價值者如人名、地名、族名、朝代專名、天文專名等,酌情入校,以按語形式列出。他本、他書之誤,一般不出校勘記。他書人名、地名與本書寫法不一致而可兩通者,如湓(盆)城、盧輝(暉)略、建成(城)、鬱洲(州)、吴郡王蕃(藩)等,一般不出校勘記。

八　當世或前朝諱字,原則上不回改,人名、地名酌情出校。缺筆者徑補爲正字。凡原作「諱」者,補回本字,於各卷首見處出校説明。唐宋以後傳刻中出現的避諱字,一律回改,不出校。有訛作他字者,依例回改。

九　底本中人名、地名寫法前後不一致者,如蕭暎(映)、陳褒(褎)、王褒(裒)、姑熟(孰)、安成(城)、塗(涂)水、蔡洲(州)、建成(城)等,保留原貌,不强爲統一,必要時出校説明。年號與通行寫法不一致者,如太(泰)始之類,一律改正,不出校。涉及北周等政權人名、官名、族稱等與他書不一致者,若非爲後世傳刻之誤,則不出校。無關文義的虚字及通假字、古今字、異體字等,一般不出校。底本所無字,若有空白字位,則表述爲「原闕」，若無空白字位，則表述爲「原無」。

一〇　標點分段按點校本二十四史及清史稿修訂工程標點分段辦法處理。本次修訂，取消原點校本用以標示文字正誤及增删的方圓括號；天文名加標專名綫；並列官名凡同時所任者，一般用頓號以示區分；凡雙頭州郡，取消州郡名之間頓號，僅標專名綫。分段基本依照原點校本，間有調整。

一一　清代和現當代學者的有關校勘與研究成果，本次修訂盡力予以吸收，具體篇目詳見主要參考文獻。

一二　爲行文簡便，以下文獻在校勘記中使用簡稱：

資治通鑑及胡三省注，簡稱通鑑及胡注。

藝文類聚，簡稱類聚。

太平御覽，簡稱御覽。

册府元龜，簡稱册府（修訂所用册府元龜爲宋本與明本二種版本，若宋本闕或二本同則徑稱册府，二本有異則標明版本）。

眉山新編十七史策要，簡稱十七史策要。

錢大昕廿二史考異，簡稱錢大昕考異。

張森楷陳書校勘記，簡稱張森楷校勘記。
林礽乾陳書異文考證，簡稱林礽乾考證。
林礽乾陳書本紀校注，簡稱林礽乾校注。
張元濟百衲本二十四史校勘記，簡稱張元濟校勘記。
周一良魏晉南北朝史札記，簡稱周一良札記。
真大成中古史書校證，簡稱真大成校證。

陳書目録

第一冊

卷一　本紀第一

高祖 陳霸先 上……一

卷二　本紀第二

高祖下……三五

卷三　本紀第三

世祖 蒨……五一

卷四　本紀第四

廢帝 伯宗……七三

卷五　本紀第五

宣帝 頊……八五

卷六　本紀第六

後主 叔寶……一一七

卷七　列傳第一

皇后……一三九

高祖章皇后……一四〇

世祖沈皇后……一四一

兄 欽……一四二

廢帝王皇后……一四二

高宗柳皇后……一四三

弟 盼……一四四
從弟 莊……一四四
後主沈皇后……一四四
張貴妃……一四五

卷八 列傳第二
杜僧明……一五一
周文育……一五三
子 寶安……一五八
孫 碧……一五八
侯安都……一五九
從弟 曉……一六五

卷九 列傳第三
侯瑱……一七一
歐陽頠……一七五
子 紇……一七八
吴明徹……一七八
子 惠覺……一八三
兄子 超……一八三
裴子烈……一八三

卷十 列傳第四
周鐵虎……一八九
馬明……一九一
程靈洗……一九一
子 文季……一九三

卷十一 列傳第五
黄法𣰰……一九九
淳于量……二〇一
章昭達……二〇三
子 大寶……二〇六

卷十二 列傳第六

胡穎……二〇九
弟 鑠……二一〇
徐度……二一一
子 敬成……二一二
杜稜……二一三
沈恪……二一五
卷十三　列傳第七
徐世譜……二二一
從弟 世休……二二三
魯悉達……二二三
周敷……二二四
荀朗……二二六
子 法尚……二二七
周炅……二二七
卷十四　列傳第八
衡陽獻王昌……二三三
南康愍王曇朗……二三六
子 方泰……二三七
方慶……二三九
王勇……二四〇
鄭萬頃……二四〇
卷十五　列傳第九
宗室……二四三
陳擬……二四三
陳詳……二四四
陳慧紀……二四五
卷十六　列傳第十
趙知禮……二四九
蔡景歷……二五〇
劉師知……二五五

謝岐……二五八

第二册

卷十七　列傳第十一
王沖……二六三
王通……二六五
弟 勱……二六六
袁敬……二六七
兄子 樞……二六八
卷十八　列傳第十二
沈衆……二七三
袁泌……二七四
劉仲威……二七五
從弟 廣德……二七六
陸山才……二七六
王質……二七七
韋載……二七九
族弟 翽……二八〇
卷十九　列傳第十三
沈炯……二八五
虞荔……二八八
弟 寄……二九〇
馬樞……二九六
卷二十　列傳第十四
到仲舉……三〇三
韓子高……三〇五
華皎……三〇七
卷二十一　列傳第十五
謝哲……三一五
蕭乾……三一六
謝嘏……三一七

張種……三一八
弟 稜……三一九
族子 稚才……三一九
王固……三二〇
孔奐……三二一
蕭允……三二五
弟 引……三二七
卷二十二　列傳第十六
陸子隆……三三三
弟 子才……三三五
錢道戢……三三五
駱牙……三三六
卷二十三　列傳第十七
沈君理……三三九
叔 邁……三四〇
弟 君高……三四〇
王瑒……三四一
弟 瑜……三四二
陸繕……三四二
兄子 見賢……三四四
卷二十四　列傳第十八
周弘正……三四七
弟 弘直……三五二
弘直子 確……三五三
袁憲……三五四
卷二十五　列傳第十九
裴忌……三六一
孫瑒……三六三
卷二十六　列傳第二十
徐陵……三六九

子 儉……三七九
份……三八〇
儀……三八一
弟 孝克……三八一
卷二十七 列傳第二十一
江總……三八七
姚察……三九二
卷二十八 列傳第二十二
世祖九王……四〇三
始興王伯茂……四〇三
鄱陽王伯山……四〇五
子 君範……四〇七
晉安王伯恭……四〇七
衡陽王伯信……四〇八
廬陵王伯仁……四〇八
江夏王伯義……四〇九
武陵王伯禮……四〇九
永陽王伯智……四一〇
桂陽王伯謀……四一〇
高宗二十九王……四一一
豫章王叔英……四一一
長沙王叔堅……四一三
建安王叔卿……四一四
宜都王叔明……四一四
河東王叔獻……四一五
新蔡王叔齊……四一五
晉熙王叔文……四一五
淮南王叔彪……四一六
始興王叔重……四一七
尋陽王叔儼……四一七

岳陽王叔慎……四一七
義陽王叔達……四一八
巴山王叔雄……四一九
武昌王叔虞……四一九
湘東王叔平……四一九
臨賀王叔敖……四一九
陽山王叔宣……四一九
西陽王叔穆……四二〇
南安王叔儉……四二〇
南郡王叔澄……四二〇
沅陵王叔興……四二〇
岳山王叔韶……四二〇
新興王叔純……四二一
巴東王叔謨……四二一
臨江王叔顯……四二一
新會王叔坦……四二一
新寧王叔隆……四二二
新昌王叔榮……四二二
太原王叔匡……四二二
後主諸子……四二二
皇太子深……四二二
吴興王胤……四二三
南平王嶷……四二三
永嘉王彦……四二四
南海王虔……四二四
信義王祗……四二四
邵陵王兢……四二五
會稽王莊……四二五
東陽王恮……四二五
吴郡王蕃……四二五

錢塘王恬……四二六
卷二十九　列傳第二十三
宗元饒……四三三
司馬申……四三四
毛喜……四三六
蔡徵……四四〇
卷三十　列傳第二十四
蕭濟……四四五
陸瓊……四四六
子從典……四四八
顧野王……四四九
傅縡……四五〇
章華……四五六
卷三十一　列傳第二十五
蕭摩訶……四六一
任忠……四六五
沈客卿……四六七
施文慶……四六七
樊毅……四六七
弟猛……四六八
魯廣達……四七〇
卷三十二　列傳第二十六
孝行……四七七
殷不害……四七八
弟不佞……四七九
謝貞……四八〇
司馬暠……四八三
張昭……四八四
卷三十三　列傳第二十七
儒林……四八九

沈文阿……四九〇
沈洙……四九二
戚衮……四九六
鄭灼……四九七
張崖……四九八
陸詡……四九八
沈德威……四九八
賀德基……四九八
全緩……四九九
張譏……四九九
顧越……五〇一
沈不害……五〇二
王元規……五〇五
陸慶……五〇六

卷三十四　列傳第二十八

文學……五一一
杜之偉……五一二
顔晃……五一三
江德藻……五一四
庾持……五一五
許亨……五一六
褚玠……五一八
岑之敬……五一九
陸琰……五二一
弟 瑜……五二一
從兄 玠……五二三
從弟 琛……五二三
何之元……五二三
徐伯陽……五二六
張正見……五二七

蔡凝……五二八
阮卓……五二九
陰鏗……五三〇
卷三十五　列傳第二十九
熊曇朗……五三七
周迪……五三九
留異……五四四
陳寶應……五四六
卷三十六　列傳第三十
始興王叔陵……五五五
新安王伯固……五五九
附録
陳書目録序　曾鞏……五六三
主要參考文獻……五六七
後記……五八五

陳書卷一

本紀第一

高祖上

高祖武皇帝諱霸先，字興國，小字法生，吳興長城下若里人，漢太丘長陳寔之後也。世居潁川。寔玄孫準，晉太尉。準生匡，匡生達，永嘉南遷，爲丞相掾，歷太子洗馬，出爲長城令，悅其山水，遂家焉。嘗謂所親曰：「此地山川秀麗，當有王者興，二百年後，我子孫必鍾斯運。」達生康，復爲丞相掾，咸和中土斷，故爲長城人。康生盱眙太守英，英生尚書郎公弼，公弼生步兵校尉鼎，鼎生散騎侍郎高，高生懷安令詠，詠生安成太守猛，猛生太常卿道巨，道巨生皇考文讚〔一〕。

高祖以梁天監二年癸未歲生。少俶儻有大志，不治生產。既長，讀兵書，多武藝，明達果斷，爲當時所推服。身長七尺五寸，日角龍顔，垂手過膝。嘗遊義興，館於許氏，夜夢天開數丈，有四人朱衣捧日而至，令高祖開口納焉。及覺，腹中猶熱，高祖心獨負之。

大同初，新喻侯蕭暎爲吴興太守〔二〕，甚重高祖，嘗目高祖謂僚佐曰：「此人方將遠大。」及暎爲廣州刺史，高祖爲中直兵參軍，隨府之鎮。暎令高祖招集士馬，衆至千人，仍命高祖監宋隆郡。所部安化二縣元不賓〔三〕，高祖討平之。尋監西江督護、高要郡守。先是，武林侯蕭諮爲交州刺史，以裒刻失衆心，土人李賁連結數州豪傑同時反，臺遣高州刺史孫冏、新州刺史盧子雄將兵擊之，冏等不時進，皆於廣州伏誅〔四〕。子雄弟子略與冏子姪及其主帥杜天合、杜僧明共舉兵，執南江督護沈顗〔五〕，進寇廣州，晝夜苦攻，州中震恐。高祖率精兵三千，卷甲兼行以救之，頻戰屢捷，天合中流矢死，賊衆大潰，僧明遂降。梁武帝深歎異焉，授直閤將軍，封新安子〔六〕，邑三百户，仍遣畫工圖高祖容貌而觀之。

其年冬，蕭暎卒。明年，高祖送喪還都，至大庾嶺，會有詔高祖爲交州司馬、領武平太守，與刺史楊瞟南討。高祖益招勇敢，器械精利。瞟喜曰：「能剋賊者，必陳司武也。」委以經略。高祖與衆軍發自番禺。是時蕭勃爲定州刺史，於西江相會，勃知軍士憚遠役，陰購誘之，因詭説瞟。瞟集諸將問計，高祖對曰：「交阯叛换〔七〕，罪由宗室，遂使僭亂數州，彌歷年稔。定州復欲昧利目前，不顧大計。節下奉辭伐罪，故當生死以之，豈可畏憚宗室，輕於國憲？今若奪人沮衆，何必交州討賊，問罪之師，即回有所指矣。」於是勒兵鼓行而進。十一年六月，軍至交州，賁衆數萬於蘇歷江口立城栅以拒官軍。瞟推高祖爲前鋒，所向摧陷，賁走典徹湖〔八〕，於屈獠界立砦，大造船艦，充塞湖中，衆軍憚之，頓湖口不敢進。高祖謂諸將曰：「我師已老，將士疲勞，歷歲相持，恐非良計。且孤軍無援，入人心腹，若一戰不捷，豈望生全。今藉其屢奔，人情未固，夷獠烏合，易爲摧殄，正當共出百死，決力取之，無故停留，時事去矣。」諸將皆默然，莫有應者。是夜江水暴起七丈，注湖中，奔流迅激。高祖勒所部兵，乘流先進，衆軍鼓譟俱前，賊衆大潰，賁竄入屈獠洞中。屈獠斬賁，傳首京師。是歲太清元年也〔九〕。賁兄天寶遁入九真，與劫帥李紹隆收餘兵二萬，殺德州刺史陳文戒〔一〇〕，進圍愛州，高祖仍率衆討平之。除振遠將軍、西江督護、高要太守、督七郡諸軍事。

二年冬，侯景寇京師，高祖將率兵赴援，廣州刺史元景仲陰有異志，將圖高祖。高祖知其計，與成州刺史王懷明、行臺選郎殷外臣等密議戒嚴。三年七月，集義兵於南海，馳檄以討景仲。景仲窮蹙，縊于閣下，高祖迎蕭勃鎮廣州。是時臨賀内史歐陽頠監衡州，蘭裕、蘭京禮扇誘始興等十郡，共舉兵攻頠，頠請援於勃。勃令高祖率衆救之，悉擒裕等，仍監始興郡。

十一月，高祖遣杜僧明、胡穎將二千人頓于嶺上，并厚結始興豪傑同謀義舉，侯安都、張偲等率千餘人來附〔一二〕。蕭勃聞之，遣鍾休悦説高祖曰：「侯景驍雄，天下無敵，前者援軍十萬，士馬精彊，然而莫敢當鋒，遂令羯賊得志，君以區區之衆，將何所之？如聞嶺北王侯又皆鼎沸，河東、桂陽相次屠戮，邵陵、開建親尋干戈，李遷仕託身當陽〔一三〕，便奪馬仗，以君疎外，詎可暗投？未若且住始興，遥張聲勢，保此太山，自求多福。」高祖泣謂休悦曰：「僕本庸虚，蒙國成造。往聞侯景渡江，即欲赴援，遭值元、蘭，梗我中道。今京都覆没，主上蒙塵，君辱臣死，誰敢愛命！君侯體則皇枝，任重方岳〔一四〕，不能摧鋒萬里，雪此冤痛，見遣一軍，猶賢乎已，乃降後旨，使人慨然。僕行計決矣，憑爲披述。」乃遣使間道往江陵，稟承軍期節度。時蔡路養起兵據南康，勃遣腹心譚世遠爲曲江令，與路養相結，同遏義軍。大寶元年正月，高祖發自始興，次大庾嶺。路養出軍頓南野，依山水立四城以拒高祖。高祖與戰，大破之，路養脱身竄走，高祖進頓南康。湘東王承制授高祖員外散騎常侍、持節、明威將軍、交州刺史，改封南野縣伯。

六月，高祖脩崎頭古城〔一五〕，徙居焉。高州刺史李遷仕據大皋，遣主帥杜平虜率千人入灨石魚梁，高祖命周文育將兵擊走之，遷仕奔寧都。承制授高祖通直散騎常侍、使持節、信威將軍、豫州刺史、領豫章内史，改封長城縣侯。尋授散騎常侍、使持節、都督六郡諸軍事、軍師將軍、南江州刺史，餘如故。時寧都人劉藹等資遷仕舟艦兵仗〔一六〕，將襲南康，高祖遣杜僧明等率二萬人據白口，築城以禦之，遷仕亦立城以相對。二年三月，僧明等攻拔其城，生擒遷仕送南康，高祖斬之。承制命高祖進兵定江州，仍授江州刺史，餘如故。

六月，高祖發自南康。南康灨石舊有二十四灘，灘多巨石，行旅者以爲難。高祖之發也，水暴起數丈，三百里閒巨石皆没。進軍頓西昌，有龍見于水濱，高五丈許，五采鮮耀〔一七〕，軍民觀者數萬人。是時承制遣征東將軍王僧辯督衆軍討侯景。八月，僧辯軍次湓城，高祖率杜僧明等衆軍及南川豪帥合三萬人將會焉。時西軍乏食，高祖先貯軍糧五十萬石，至是分三十萬以資之。仍頓巴丘。會侯景廢簡文帝，立豫章嗣王棟，高祖遣兼長史沈袞奉表于江陵勸進。十一月，承制授高祖使持節、都督會稽東陽新安臨海永嘉五郡諸軍事、平東將軍、東揚州刺史，領會稽太守、豫章内史，餘竝如故。三年正月，高祖率甲士三萬人、彊弩五千張、舟艦二千乘，發自豫章。二月，次桑落洲，遣中記室參軍江元禮以事表江陵，承制加高祖鼓吹一部。是時僧辯已發湓城，會高祖于白茅灣，乃登岸結壇，刑牲盟約。進軍次蕪湖，侯景城主張黑棄城走。三月，高祖與諸軍進剋姑熟，仍次蔡洲。侯景登石頭城觀望形勢，意甚不悦，謂左右曰：「此軍上有紫氣，不易可當。」乃以舣艄貯石沈塞淮口〔一八〕，緣淮作城，自石頭迄青溪十餘里中，樓雉相接。諸將未有所決，僧辯遣杜崱問計於高祖，高祖曰：「前柳仲禮數十萬兵隔水而坐，韋粲之在青溪，竟不渡岸，賊乃登高望之，表裏俱盡，肆其凶虐，覆我王師。今圍石頭，須渡北岸。諸將若不能當鋒，請先往立柵。」高祖即於石頭城西橫隴築柵，衆軍次連八城，直出東北。賊恐西州路斷，亦於東北果林作五城以遏大路。景率衆萬餘人、鐵騎八百餘匹，結陣而進。高祖曰：「軍志有之，善用兵者，如常山之蛇，首尾相應。今我師既衆，賊徒甚寡，應分賊兵勢，以弱制彊，何故聚其鋒鋭，令必死於我？」乃命諸將分處置兵。賊直衝王僧志，僧志小縮，高祖遣徐度領弩手二千橫截其後，賊乃却。高祖與王琳、杜龕等以鐵騎悉力乘之，賊退據其柵。景儀同盧輝略開石頭北門來降。盪主戴晃〔一九〕、曹宣等攻拔果林一城，衆軍又剋其四城。賊復還，殊死戰，又盡奪所得城柵。高祖大怒，親率攻之，士卒騰柵而入，賊復散走。景與百餘騎棄矟執刀，左右衝陣，陣不動，景衆大潰，逐北至西明門。景至闕下，不敢入臺，遣腹心取其二子而遁。高祖率衆出廣陵應接，會景將郭元建奔齊〔二〇〕，高祖納其部曲三千人而還。僧辯啓高祖鎮京口。

五月，齊遣辛術圍嚴超達於秦郡〔二一〕，高祖命徐度領兵助其固守。齊衆七萬，填壍，起土山，穿地道，攻之甚急。高祖乃自率萬人解其圍，縱兵四面擊齊軍，弓弩亂發，齊平秦王中流矢死，斬首數百級，齊人收兵而退。高祖振旅南歸，遣記室參軍劉本仁獻捷于江陵。

七月，廣陵僑民朱盛、張象潛結兵襲齊刺史溫仲邕，遣使來告，高祖率衆濟江以應之。會齊人來聘，求割廣陵之地，王僧辯許焉，仍報高祖，高祖於是引軍還南徐州，江北人隨軍而南者萬餘口。承制授高祖使持節、散騎常侍、都督南徐州諸軍事、征北大將軍、開府儀同三司、南徐州刺史，餘竝如故。及王僧辯率衆征陸納於湘州，承制命高祖代鎮揚州。十一月，湘東王即位于江陵，改大寶三年爲承聖元年。湘州平〔二二〕，高祖旋鎮京口。三年三月，進高祖位司空〔二三〕，餘如故。

十一月，西魏攻陷江陵，高祖與王僧辯等進啓江州，請晉安王以太宰承制，又遣長史謝哲奉牋勸進。十二月，晉安王至自尋陽，入居朝堂〔二四〕，給高祖班劍二十人。四年五月，齊送貞陽侯深明還主社稷〔二五〕，王僧辯納之，即位，改元曰天成，以晉安王爲皇太子。初，齊之請納貞陽也，高祖以爲不可，遣使詣僧辯苦爭之，往返數四，僧辯竟不從。高祖居常憤歎，密謂所親曰：「武皇雖磐石之宗，遠布四海，至於剋雪讎恥，寧濟艱難，唯孝元而已，功業茂盛，前代未聞。我與王公俱受重寄，語未絕音，聲猶在耳，豈期一旦便有異圖。嗣主高祖之孫，元皇之子，海內屬目，天下宅心，竟有何辜，坐致廢黜，遠求夷狄，假立非次，觀其此情，亦可知矣。」乃密具袍數千領，及錦綵金銀，以爲賞賜之具。九月壬寅，高祖召徐度、侯安都、周文育等謀之，仍部列將士，分賞金帛，水陸俱進。是夜發南徐州討王僧辯。甲辰，高祖步軍至石頭前，遣勇士自城北踰入〔二六〕。時僧辯方視事，外白有兵。俄而兵自內出，僧辯遽走，與其第三子頠相遇，俱出閤，左右尚數十人，苦戰。高祖大兵尋至，僧辯衆寡不敵，走登城南門樓，高祖因風縱火，僧辯窮迫，乃就擒。是夜縊僧辯及頠。景午，貞陽侯遜位，百僚奉晉安王上表勸進。十月己酉，晉安王即位〔二七〕，改承聖四年爲紹泰元年。壬子，詔授高祖侍中、大都督中外諸軍事、車騎將軍、揚南徐二州刺史〔二八〕，持節、司空、班劍、鼓吹竝如故。仍詔高祖甲仗百人，出入殿省。

震州刺史杜龕據吳興，與義興太守韋載同舉兵反。高祖命周文育率衆攻載于義興，龕遣其從弟北叟將兵拒戰，北叟敗歸義興。辛未，高祖表自東討，留高州刺史侯安都、石州刺史杜稜宿衞臺省。甲戌，軍至義興。景子，拔其水柵。秦州刺史徐嗣徽據其城以入齊，又要南豫州刺史任約共舉兵應龕、載，齊人資其兵食。嗣徽等以京師空虛，率精兵五千奄至闕下，侯安都領驍勇五百人出戰，嗣徽等退據石頭。丁丑，載及北叟來降〔二九〕，高祖撫而釋之。以嗣徽寇逼，卷甲還都，命周文育進討杜龕。十一月己卯，齊遣兵五千濟渡據姑熟。高祖命合州刺史徐度於冶城寺立柵，南抵淮渚。齊又遣安州刺史翟子崇、楚州刺史劉仕榮〔三〇〕、淮州刺史柳達摩領兵萬人，於胡墅渡米粟三萬石、馬千匹，入于石頭。癸未，高祖遣侯安都領水軍夜襲胡墅，燒齊船千餘艘，周鐵武率舟師斷齊運輸〔三一〕，擒其北徐州刺史張領州，獲運舫米數千石。仍遣韋載於大航築城，使杜稜據守。齊人又於倉門水南立二栅以拒官軍。甲辰，嗣徽等攻冶城栅，高祖領鐵騎精甲，出自西明門襲擊之，賊衆大潰〔三二〕。嗣徽留柳達摩等守城，自率親屬腹心，往南州、採石，以迎齊援。十二月癸丑，高祖遣侯安都領舟師，襲嗣徽家口于秦州，俘獲數百人。官軍連艦塞淮口，斷賊水路。先是太白自十一月景戌不見，乙卯出于東方。景辰，高祖盡命衆軍分部甲卒，對冶城立航渡兵，攻其水南二栅。柳達摩等渡淮置陣，高祖督兵疾戰，縱火燒栅，煙塵張天，賊潰，爭舟相排擠，溺死者以千數。時百姓夾淮觀戰，呼聲震天地。軍士乘勝，無不一當百，盡收其船艦，賊軍懾氣。是日嗣徽、約等領齊兵水步萬餘人，還據石頭，高祖遣兵往江寧，據要險以斷賊路。賊水步不敢進，頓江寧浦口，高祖遣侯安都領水軍襲破之，嗣徽等乘單舸脱走，盡收其軍資器械。己未，官軍四面攻城，自辰訖酉，得其東北小城，及夜兵不解。庚申，達摩遣使侯子欽、劉仕榮等詣高祖請和〔三三〕，高祖許之，乃於城門外刑牲盟約，其將士部曲一無所問，恣其南北。辛酉，高祖出石頭南門，陳兵數萬，送齊人歸北者。

壬戌，齊和州長史烏丸遠自南州奔還歷陽。江寧令陳嗣、黄門侍郎曹朗據姑熟反，高祖命侯安都、徐度等討平之，斬首數千級，聚爲京觀。石頭、採石、南州悉平，收獲馬仗船米不可勝計。

是月杜龕以城降。二年正月癸未，誅杜龕于吴興，龕從弟北叟〔三四〕、司馬沈孝敦竝賜死。

二月庚申，高祖遣侯安都、周鐵武率舸艦備江州，仍頓梁山起柵。甲子，敕司空有軍旅之事，可騎馬出入城内。戊辰，前寧遠石城公外兵參軍王位於石頭沙際獲玉璽四紐，高祖表以送臺。

三月戊戌，齊遣水軍儀同蕭軌、厙狄伏連、堯難宗、東方老、侍中裴英起、東廣州刺史獨孤辟惡、洛州刺史李希光〔三五〕，并任約、徐嗣徽等，率衆十萬出柵口，向梁山。帳内盪主黄叢逆擊，敗之，燒其前軍船艦，齊頓軍保蕪湖。高祖遣定州刺史沈泰、吴郡太守裴忌就侯安都，共據梁山以禦之。

自去冬至是，甘露頻降于鍾山、梅崗、南澗及京口、江寧縣境，或至三數升，大如弈棊子，高祖表以獻臺。

四月丁巳，高祖詣梁山軍巡撫。五月甲申，齊兵發自蕪湖，景申，至秣陵故治。高祖遣周文育屯方山〔三六〕，徐度頓馬牧，杜稜頓大航南。己亥，高祖率宗室王侯及朝臣將帥，於大司馬門外白獸闕下刑牲告天〔三七〕，以齊人背約，發言慷慨，涕泗交流，同盟皆莫能仰視，士卒觀者益奮。辛丑，齊軍於秣陵故縣跨淮立橋柵，引渡兵馬，其夜至方山。侯安都、周文育、徐度等各引還京師。癸卯，齊兵自方山進及兒塘，游騎至臺。周文育、侯安都頓白土崗，旗鼓相望，都邑震駭。高祖潛撤精卒三千配沈泰，渡江襲齊行臺趙彥深於瓜步〔三八〕，獲舟艦百餘艘，陳粟萬斛。爾日天子總羽林禁兵〔三九〕，頓于長樂寺。六月甲辰，齊兵潛至鍾山龍尾。丁未，進至莫府山。高祖遣錢明領水軍出江乘，要擊齊人糧運，盡獲其船米，齊軍於是大餒，殺馬驢而食之。庚戌，齊軍踰鍾山，高祖衆軍分頓樂遊苑東及覆舟山北，斷其衝要。壬子，齊軍至玄武湖西北莫府山南，將據北郊壇。衆軍自覆舟東移頓郊壇北，與齊人相對。其夜大雨震電，暴風拔木，平地水丈餘，齊軍晝夜坐立泥中，懸鬲以爨，而臺中及潮溝北水退路燥，官軍每得番易。甲寅，少霽，高祖命衆軍秣馬蓐食，遲明攻之。乙卯旦，自率帳內麾下出莫府山南，吳明徹、沈泰等衆軍首尾齊舉，縱兵大戰，侯安都自白下引兵橫出其後，齊師大潰，斬獲數千人，相蹂藉而死者不可勝計，生執徐嗣徽及其弟嗣宗，斬之以徇。追奔至于臨沂。其江乘、攝山、鍾山等諸軍相次克捷，虜蕭軌、東方老、王敬寶、李希光、裴英起等將帥凡四十六人。其軍士得竄至江者，縛荻筏以濟，中江而溺，流屍至京口，翳水彌岸。丁巳，衆軍出南州，燒賊舟艦。己未，斬劉歸義、徐嗣彥、傅野猪于建康市〔四〇〕。是日解嚴〔四一〕。庚申，蕭軌、東方老、王敬寶、李希光、裴英起皆伏誅。高祖表解南徐州以授侯安都。

七月景子，詔授高祖中書監、司徒、揚州刺史，進爵爲公，增邑并前五千户，侍中、使持節、都督中外諸軍事、將軍、尚書令、班劍、鼓吹、甲仗竝如故，并給油幢皁輪車。是月侯瑱以江州入附。遣侯安都鎮上流，定南中諸郡。

八月癸卯，太府卿何敱、新州刺史華志各上玉璽一，高祖表以送臺，詔歸之高祖。是日詔高祖食安吉、武康二縣，合五千户。九月壬寅，改年曰太平元年。進高祖位丞相、録尚書事、鎮衞大將軍，改刺史爲牧，進封義興郡公，侍中、司徒、都督、班劍、鼓吹、甲仗、皁輪車竝如故。丁未，中散大夫王彭牋稱，今月五日平旦於御路見龍跡，自太社至象闕，亘三四里。庚申，詔追贈高祖考侍中、光禄大夫，加金章紫綬，封義興郡公，謚曰恭。十月甲戌，敕丞相自今入問訊，可施别榻以近扆坐。二年正月壬寅，天子朝萬國於太極東堂，加高祖班劍十人，并前三十人，餘如故。丁未，詔贈高祖兄道談散騎常侍、使持節、平北將軍、南兗州刺史、長城縣公，謚曰昭烈；弟休先侍中、使持節、驃騎將軍、南徐州刺史〔四二〕、武康縣侯〔四三〕，謚曰忠壯，食邑各二千户〔四四〕。甲寅，遣兼侍中、謁者僕射陸繕策拜長城縣夫人章氏爲義興國夫人。丁卯，詔贈高祖祖侍中、太常卿，謚曰孝。追封高祖祖母許氏吴郡嘉興縣君，謚曰敬；妣張氏義興國太夫人，謚曰宣。

二月庚午，蕭勃舉兵，自廣州渡嶺，頓南康，遣其將歐陽頠、傅泰及其子孜爲前軍〔四五〕，至于豫章，分屯要險。南江州刺史余孝頃起兵應勃，高祖命周文育、侯安都率衆討平之。

八月甲午，進高祖位太傅，加黄鉞，劍履上殿，入朝不趨，贊拜不名，并給羽葆鼓吹一部，其侍中、都督、録尚書、鎮衛大將軍、揚州牧、義興郡公、班劍、甲仗、油幢皁輪車並如故。景申，加高祖前後部羽葆鼓吹。

是時，湘州刺史王琳擁兵不應命，高祖遣周文育、侯安都率衆討之〔四六〕。

九月辛丑，詔曰：

肇昔元胎剖判〔四七〕，太素氤氲，崇建人皇，必憑洪宰。故賢哲之后，牧伯征于四方，神武之君，大監治乎萬國。又有一匡九合，渠門之賜以隆，戮帶圍温，行宫之寵斯茂，時危所以貞固，運泰所以光熙，斯乃千載同風，百王不刊之道也。

太傅義興公，允文允武，迺聖迺神，固天生德，康濟黔首。昔在休期，早隆朝寄，遠踰滄海，大極交越〔四八〕。皇運不造，書契未聞，中國其亡，兵凶總至，哀哀噍類，譬彼窮牢，悠悠上天，莫云斯極。否終則泰，元輔應期，救此將崩〔四九〕，援茲已溺，乘舟履輂，架險浮深，經略中途，畢殲羣醜。洎乎石頭姑熟，流髓履腸，一朝指撝，六合清晏。是用光昭下武，翼亮中都，雪三后之勍讎，夷三靈之巨慝。堯台禹佐，未始能階，殷相周師，固非云擬。重之以屯剥餘象，荆楚大崩，天地無心，乘輿委御，五胡荐食，競謀諸夏，八方棊跱〔五〇〕，莫有匡救。彊臣放命，黜我沖人，顧影於荼孺之魂，甘心於甯卿之辱。却桉下謍，求哀之路莫從，竊鈇逃責，容身之地無所。公神兵奄至，不日清澄，惟是孱蒙，再膺天録。斯又巍巍蕩蕩，無德而稱焉。

加以仗兹忠義，屠彼祆逆，震部夷氛，稽山罷祲，番禺蠡澤，北鄙西郊，殲厥凶徒，罄無遺種。斯則兆民之命，倐短所縣，率土之基，興亡是賴。於是刑禮兼訓，沿革有章，中外成平，遐邇寧一。用能使陽光合魄，曜象呈暉，棲閣遊庭，抱仁含信，宏勳該於厚地，大道格于玄天。羲農炎昊以來，卷領垂衣之世，聖人濟物，未有如斯者也。

夫備物典策，桓文是膺，助理陰陽，蕭曹不讓，未有功高於寓縣，而賞薄於伊周，凡厥人祇，固懷延佇。寔由公謙撝自牧，降損爲懷，嘉數遲回，永言增歎。豈可申兹雅尚，久廢朝猷，宜戒司勳，敬升鴻典。且重華大聖，嬀滿惟賢〔五一〕，盛德之祀無忘，公侯之門必復。是以殷嘉亶甫，繼后稷之官，堯命羲和，纂重黎之位。況其本枝攸建，宜誓山河者乎？其進公位相國，總百揆，封十郡爲陳公，備九錫之禮，加璽紱、遠遊冠、緑綟綬，位在諸侯王上，其鎮衛大將軍、揚州牧如故。

策曰：

大哉乾元，資日月以貞觀，至哉坤元，憑山川以載物。故惟天爲大，陟配者欽明，惟王建國，翼輔者齊聖。是以文武之佐，磻磎蘊其玉璜，堯舜之臣，滎河鏤其金版。況乎體得一之鴻姿，寧陽九之危厄，拯横流於碣石，撲燎火於崑岑，驅馭於韋彭，跨躡於齊晉，神功行而靡用，聖道運而無名者乎？今將授公典策，其敬聽朕命：

日者昊天不弔，鍾亂于我國家，綱漏吞舟，彊胡内贔，茫茫宇宙，慄慄黎元，方足圓顱，萬不遺一，太清否亢，橋山之痛已深，大寶屯如，平陽之禍相繼。上宰膺運，康救兆民，鞠旅於滇池之南，揚旌於桂嶺之北，懸三光於已墜，謐四海於羣飛，屠猰貐於中原，斮鯨鯢於濛汜。蕩寧上國，光啓中興。此則公之大造於皇家者也。

既而天未悔禍，夷醜荐臻，南夏崩騰，西京蕩覆，羣胡孔熾，藉亂乘間，推納藩枝，盜假神器，冢司昏橈，旁引寇讎，既見貶於桐宫，方謀危於漢閣，皇運已殆，何殊贅旒，中國摇然，非徒如綫。公赫然投袂，匡救本朝，復莒齊都，平戎王室。朕所以還膺寶歷，重履宸居，挹建武之風猷，諷宣王之雅頌。此又公之再造於皇家者也。

公應務之初，登庸惟始，三川五嶺，莫不窺臨，銀洞珠宫，所在寧謐。孫盧肇釁，越貊爲災〔五二〕，番部阽危，勢將淪殄。公赤旗所指，祅壘洞開，白羽纔撝，兇徒粉潰。非其神武，久喪南藩。此又公之功也。

大同之末，邊政不脩，李賁狂迷，竊我交愛，敢稱大號，驕恣甚於尉他，據有連州，雄豪熾於梁碩。公英謩雄筭，電掃風行，馳御樓船，直跨滄海，新昌典澈，備履艱難，蘇歷嘉寧，盡爲京觀。三山獠洞，八角蠻陬，逖矣水寓之鄉〔五三〕，悠哉火山之國，馬援之所不届，陶璜之所未聞〔五四〕，莫不懼我王靈，爭朝邊候，歸賝天府，獻狀鴻臚。此又公之功也。

自寇虜陵江，宮闈幽辱。公枕戈嘗膽，提劍拊心，氣涌青霄，神飛紫闥〔五五〕。而番禺連率，本自諸夷，言得其朋，是懷同惡。公仗此忠誠，乘機勦定，執沛令而釁鼓，平新野而據鞍。此又公之功也。

世道初艱，方隅多難，勳門桀黠，作亂衡嶷，兵切池隍，衆兼夷獠。公以國盜邊警，知無不爲，衈是同盟，誅其醜類，莫不魚驚鳥散，面縛頭懸。南土黔黎，重保蘇息。此又公之功也。

長驅嶺嶠，夢想京畿，緣道酋豪，遞爲榛梗，路養渠率，全據大都，蓄聚逋逃，方謀阻亂，百樓不戰，雲梯之所未窺，萬弩齊張，高輣之所非敵。公龍驤虎步，嘯吒風雲，山靡堅城，野無彊陣，清祅氛於灨石，滅沴氣於雩都。此又公之功也。

遷仕凶悖，屯據大皐，乞活類馬騰之軍，流民多杜弢之衆，推鋒轉鬬，自北徂南，頻歲稽誅，寔惟勍虜。公坐揮三略，遥制六奇，義勇同心，貔貅騁力，雷奔電擊，谷靜山空，列郡無犬吠之驚，叢祠罷狐鳴之盜。此又公之功也。

王師討虜，次届淪波，兵乏兼儲，士有飢色。公回麾蠡澤，積穀巴丘，億庾之詠斯豐，壺漿之迎是衆，軍民轉漕，曾無砥柱之難，艫舳相望，如運敖倉之府，犀渠貝胄，顧蔑雷霆，高艦層樓，仰捫霄漢，故使三軍勇鋭，百戰無前，承此兵粮，遂殄兇逆。此又公之功也。

若夫英圖邁俗，義旅如雲，湓壘猜攜，用淹戎略。公志唯同奬，師克在和，鵲塞非虞，鴻門是會，若晉侯之誓白水，如蕭王之推赤心，屈禮交盟，人袛感咽，故能使舟師竝路，遠邇朋心。此又公之功也。

姑熟襟要，崤函阻憑，寇虜據其關梁，大盜負其扃鐍。公一校裁撝，三雄竝奮，左賢右角，沙潰土崩〔五六〕，木甲殪於中原，氊裘赴於江水，他他藉藉，萬計千羣，鄂坂之隘斯開，夷庚之道無塞。此又公之功也。

義軍大衆，俱集帝京，逆豎兇徒，猶屯皇邑。若夫表裏山河，金湯嶮固，疏龍首以抗殿，揃華岳以爲城，雜虜憑焉，彊兵自若。公回茲地軸，抗此天羅，曾不崇朝，俾無遺噍，軍容甚穆，國政方脩，物重覩於衣冠，民還瞻於禮樂，楚人滿道，爭覩於葉公，漢老銜悲，俱歡於司隸。此又公之功也。

内難初靜，諸侯出關，外郡傳烽，鮮卑犯塞，莫非且渠當户，中貴名王，冀馬迴於淮南，胡笳動於徐北。公舟師步甲，亘野横江，殲厥羣羝，遂殫封豨，莫不絓木而止，戎車靡遺，遇濘而旋，歸驂盡殪。此又公之功也。

公克黜禍難，劬勞皇室，而孫甯之黨，翻啓狄心，伊洛之閒，咸爲虜戍，雖金陵佳氣，石壘天嚴，朝闇戎塵，夜喧胡鼓。公三籌既畫，八陣斯張，裁舉靈鉦〔五七〕，亦抽金僕〔五八〕，咸俘醜類，悉反高墉，異李廣之皆誅〔五九〕，同龐元之盡赦。此又公之功也。

任約叛换，梟聲不悛，戎羯貪婪，狼心無改，穹廬氈幕，抵北闕而爲營，烏孫天馬，指東都而成陣。公左甄右落，箕張翼舒，掃是攙搶，驅其獫狁，長狄之種埋於國門，椎髻之酋烹於軍市，投秦坑而盡沸，噎滍水而不流〔六〇〕。此又公之功也。

一相居中，自折彝鼎，五湖小守，妄懷同惡。公夙駕兼道，衣製杖戈，玉斧將揮，金鉦且戒，袄酋震懾，遽請灰釘，藉櫬以表其含弘，焚書以安其反側。此又公之功也。

賊龕兇横，陵虐具區，阻兵安忍，憑災怙亂，自古蟲言鳥跡，渾沌洪荒，凡或虔劉，未此殘酷。公雖宗居汝潁，世寓東南，育聖誕賢之鄉，含章挺生之地，眷言桑梓，公私憤切，卓爾英狀〔六一〕，丞規奉筭，戮此大憝，如烹小鮮。此又公之功也。

亂離永久，羣盜孔多，浙左兇渠，連兵構逆，豈止千兵、五校、白雀、黄龍而已哉！公以中軍無率，選是親賢，姧寇途窮，潅然冰泮，刑溏又作「唐」。之所，文命動其大威，雷門之閒，句踐行其嚴戮，英規聖跡，異代同風。此又公之功也。

同姓有扈，頑兇不賓，憑藉宗盟，圖危社稷，觀兵滙澤，勢震京師，驅率南蠻，已爲東帝。公論兵於廟堂之上，決勝於罇俎之閒，寇賈樊滕，浮江下瀨，一朝揃撲，無待甸師，萬里澄清，非勞新息。此又公之功也。

豫章祆寇，依憑山澤，繕甲完聚，各歷歲時〔六二〕，結從連横，爰洎交廣。吕嘉既獲，吴濞已擒〔六三〕，命我還師，征其不恪，連營盡拔，僞黨斯擒，曜聖武於匡山，回神旌於蠡派。此又公之功也。

自八紘九野，瓜剖豆分，竊帝偷王，連州比縣。公武靈已暢，文德又宣，折簡馳書，風猷斯遠，至於蒼蒼浴日，杳杳無雷，北洎丈夫之鄉，南踰女子之國，莫不屈膝膜拜，求吏款關。此又公之功也。

京師禍亂，亟積寒暄，雙闕低昂，九門寥豁。寧秦宫之可顧？豈魯殿之猶存？五都簪弁，百僚卿士，胡服縵纓，咸爲戎俗，高冠厚履，希復華風，宋微子麥糍之歌，周大夫黍離之歎，方之於斯，未足爲悲矣。公求衣昧旦，昃食高舂，興構宫闈，具瞻遐邇，郊庠宗稷之典，六符十等之章，還聞太始之風流，重覩永平之遺事。此又公之功也。

公有濟天下之勳，重之以明德，凝神體道，合德符天，用百姓以爲心，隨萬機而成務，恥一物非唐虞之民，歸含靈於仁壽之域。上德不德，無爲以爲，夏長春生，顯仁藏用，忠信爲寶，風雨弗愆，仁惠爲基，牛羊勿踐，功成治定，樂奏咸雲，安上治民，禮兼文質。物色丘園，衣裾里巷，朝多君子，野無遺賢，菽粟同水火之饒，工商富猗頓之旅。是以天無藴寶，地有呈祥，濔露卿雲，朝團曉映，山車澤馬，服馭登閑，既景焕於圖書，方葳蕤於史諜。高勳踰於象緯，積德冠於嵩華，固無德而稱者矣。

朕又聞之，前王宰世，茂賞尊賢，式樹藩長，總征羣伯，二南崇絶，四履遐曠，泱泱表海，祚土維齊，巖巖泰山，俾侯于魯；抑又勤王反鄭，夾輔遷周，召伯之命斯隆，河陽之禮咸備；況復經營宇宙，寧唯斷鼇足之功，弘濟蒼生，非直鑿龍門之嶮；而疇庸報德，寂爾無聞，朕所以垂拱當宁，載懷慙悸者也。今授公相國，以南豫州之陳留、南丹陽、宣城，揚州之吴興、東陽、新安、新寧，南徐州之義興，江州之鄱陽、臨川十郡，封公爲陳公。錫兹青土，苴以白茅，爰定爾邦，用建冢社。昔旦奭分陜，俱爲保師，晉鄭諸侯，咸作卿士，兼其内外，禮實攸宜。今命使持節、兼太尉王通授相國印綬、陳公璽紱。使持節、兼司空王瑒授陳公茅土，金獸符第一至第五左，竹使符第一至第十左〔六四〕。相國秩踰三鉉，任總百司，位絶朝班，禮由事革。其以相國總百揆，除録尚書之號，上所假節、侍中貂蟬、中書監印章、中外都督太傅印綬、義興公印策，其鎮衛大將軍、揚州牧如故。

又加公九錫，其敬聽後命：以公禮爲楨榦，律等銜策，四維皆舉，八柄有章，是用錫公大輅、戎輅各一，玄牡二駟。以公賤寶崇穀，疏爵待農，室富京坻，民知榮辱，是用錫公衮冕之服，赤舃副焉。以公調理陰陽，燮諧風雅，三靈允降，萬國同和，是用錫公軒縣之樂，六佾之舞。以公宣導王猷，弘闡風教，光景所照，鞮象必通，是用錫公朱户以居。以公抑揚清濁，褒德進賢，髦士盈朝，幽人虚谷，是用錫公納陛以登。以公嶷然廊廟，爲世鎔範，折衝四表，臨御八荒，是用錫公武賁之士三百人。以公執兹明罰，期在刑措，象恭無赦，干紀必誅，是用錫公斧、鉞各一。以公英猷遠量，跨厲嵩溟，包一車書，括囊寰宇，是用錫公彤弓一、彤矢百、玈弓十、玈矢千。以公天經地義，貫徹幽明，春露秋霜，允恭粢盛，是用錫公秬鬯一卣，圭瓚副焉。陳國置丞相已下，一遵舊式。往欽哉！其恭循朕命，克相皇天，弘建邦家，允興洪業，以光我高祖之休命！

十月戊辰，進高祖爵爲王，以揚州之會稽、臨海、永嘉、建安，南徐州之晉陵、信義，江州之尋陽、豫章、安成、廬陵并前爲二十郡，益封陳國。其相國、揚州牧、鎮衞大將軍竝如故。又命陳王冕十有二旒，建天子旌旗，出警入蹕，乘金根車，駕六馬，備五時副車，置旄頭雲罕，樂舞八佾，設鍾簴宫縣。王妃、王子、王女爵命之號，陳臺百官，一依舊典。

辛未，梁帝禪位于陳，詔曰：

五運更始，三正迭代，司牧黎庶，是屬聖賢，用能經緯乾坤〔六五〕，彌綸區宇，大庇黔首，闡揚鴻烈。革晦以明，積代同軌，百王踵武，咸由此則。梁德湮微，禍亂荐發，太清云始，見困長蛇，承聖之季，又罹封豕。爰至天成，重竊神器，三光亟沈，七廟乏祀，含生已泯，鼎命斯墜，我武元之祚，有如綴旒，靜惟屯剥，夕惕載懷。

相國陳王，有命自天，降神惟嶽，天地合德，晷曜齊明，拯社稷之横流，提億兆之塗炭，東誅逆叛，北殲獯醜，威加四海，仁漸萬國，復張崩樂，重興絶禮，儒館聿脩，戎亭虛候，大功在舜，盛績惟禹，巍巍蕩蕩，無得而稱。來獻白環，豈直皇虞之世，入貢素雉，非止隆周之日。固以效珍川陸，表瑞煙雲，甘露醴泉，旦夕凝涌，嘉禾朱草，孳植郊甸。道昭於悠代，勳格於皇穹，明明上天，光華日月，革故著於玄象，代德彰於圖讖，獄訟有歸，謳謌爰適，天之歷數，寔有攸在。朕雖庸藐，闇於古昔，永稽崇替，爲日已久，敢忘列代之遺典，人祇之至願乎。今便遜位別宫，敬禪于陳，一依唐虞、宋齊故事。

策曰：

咨爾陳王：惟昔上古，厥初生民，驪連栗陸之前，容成大庭之代，竝結繩寫鳥，杳冥慌忽，故靡得而詳焉。自羲農軒昊之君，陶唐有虞之主，或垂衣而御四海，或無爲而子萬姓，居之如馭朽索，去之如脱敝屣。裁遇許由，便能捨帝，暫逢善卷，即以讓王。故知玄扈琁璣，非關尊貴，金根玉輅，示表君臨。及南觀河渚，東沈刻璧，精華既竭，耄勤已倦，則抗首而笑，唯賢是與，謳然作歌，簡能斯授，遺風餘烈，昭晰圖書。漢魏因循，是爲故實，宋齊授受，又弘斯義。我高祖應期撫運，握樞御宇，三后重光，祖宗齊聖。及時屬陽九，封豕荐食，西都失馭，夷狄交侵，乃皐天成，輕弄龜鼎，偞偞黔首，若崩厥角，微微皇極〔六六〕，將甚綴旒。

惟王乃聖乃神，欽明文思，二儀竝運，四時合序，天錫智勇，人挺雄傑，珠庭日角，龍行武步，爰初投袂，日廼勤王〔六七〕，電掃番禺，雲撤彭蠡，揃其元惡，定我京畿。及王賀帝弘，貿茲冠屨，既行伊霍，用保沖人。震澤稽陰，竝懷叛逆，獯羯醜虜，三亂皇都，裁命偏師，二邦自殄，薄伐獫狁，六戎盡殪。嶺南叛渙，湘郢結連，賊帥既擒，兇渠傳首〔六八〕，用能百揆時序，四門允穆，無思不服，無遠不屆，上達穹昊，下漏深泉，蛟魚竝見，謳歌攸屬。況乎長彗橫天，已徵布新之兆，璧日斯既，寔表更姓之符。是以始創義師，紫雲曜彩，肇惟尊主，黃龍負舟。楛矢素翬，梯山以至，白環玉玦，慕德而臻。若夫安國字萌，本因萬物之志，時乘御辯，良會樂推之心。七百無常期，皇王非一族，昔木德既季，而傳祚于我有梁，天之歷數，允集明哲。式遵前典，廣詢羣議，王公卿尹，莫不攸屬，敬從人祇之願，授帝位于爾躬。四海困窮，天禄永終，王其允執厥中，軌儀前式，以副溥天之望！禋祀上帝，時膺大禮，永固洪業，豈不盛歟！

又璽書曰：

君子者自昭明德，達人者先天弗違，故能進退咸亨，動靜元吉。朕雖蒙寡，庶乎景行。何則？三才剖判，九有區分，情性相乖，亂離云起，是以建彼司牧，推乎聖賢，授受者任其時來，皇王者本非一族，人謀是與，屈己從萬物之心，天意斯歸，鞠躬奉百靈之命。謳謌所往，則攘袂以膺之，菁華已竭，乃褰裳而去之。昔在唐虞，鑒于天道，舉其黎獻，授彼明哲，雖復質文殊軌，沿革不同，歷代因循，斯風靡替。我大梁所以考庸太室，接禮貳宮，月正元日，受終文祖。但運不常夷，道無恒泰，山岳傾偃，河海沸騰，電目雷聲之禽，鉤爪鋸牙之獸，咀嚼含生，不知紀極。二后英聖，相仍在天，六夷貪狡，爭侵中國，縣五都帝〔六九〕，人懷干紀，一民尺土，皆非梁地。朕以不造，幼罹閔凶，仰憑衡佐，亟移年序。周成漢惠，邈矣無階，惟是童蒙，必貽顛蹷。若使時無聖哲，世靡艱難，猶當高蹈於滄洲，自求於泰伯者矣。

惟王應期誕秀，開籙握圖，性道故其難聞，嘉庸已其被物，乾行同其燾覆，日御比其貞明，登承聖於復禹之功，樹鞠子於興周之業，滅陸渾於伊洛，殲驪戎於鎬京，大小二震之驍徒，東南兩越之勍寇，遽行天討，無遺神策。於是祖述堯舜，憲章文武，大樂與天地同和，大禮與天地同節，鼓之以雷霆，潤之以風雨，仁霑葭葦，信及豚魚，殷牖斯空，夏臺虛設，民惟大畜，野有同人，升平頌平，無偏無黨，固以雲飛紫蓋，水躍黃龍，東伐西征，晻映川陸，榮光曖曖，已冐郊壥，甘露瀼瀼，亟流庭苑。車轍馬跡，誰不率從，蟠水流沙，誰不懷德。祥圖遠至，非唯赤伏之符，靈命昭然，何止黃星之氣。海口河目，賢聖之表既彰，握旄執鉞，君人之狀斯偉。且自攝提無紀，孟陬殄滅，枉矢宵飛，天弧曉映，久矣夷羊之在牧，時哉蛟龍之出泉。革運之兆咸徵，惟新之符竝集，朕所以欽若勛華，屢回星琯。昔者木運斯盡，予高祖受焉。今歷去炎精，神歸樞紐，敬以火德，傳于爾陳。遠鑒前王，近謀羣辟，明靈有悅，率土同心。今遣使持節、兼太保、侍中、尚書左僕射平樂亭侯王通，兼太尉、司徒左長史王瑒奉皇帝璽綬。受終之禮，一依唐虞故事。王其時陟元后，寧育兆民，光闡洪猷，以承昊天之休命！是日梁帝遜于別宮。高祖謙讓再三，羣臣固請，乃許。

「典澈」，或本作「曲澈」，前有「典澈湖」亦同，皆疑。

校勘記

〔一〕道巨生皇考文讚　「文讚」，建康實録卷一九案語引陳書作「文纘」。按元和姓纂卷三載陳文帝、宣帝之祖名「文瓚」。

〔二〕新喻侯蕭暎爲吳興太守　「新喻侯」，按本書卷八杜僧明傳、卷一二杜稜傳、卷一二沈恪傳作「新渝侯」。「新喻」本作「新渝」，因渝水得名，唐天寶後因聲變而相承作「新喻」，詳見元和郡縣圖志卷二八江南道四及新唐書卷四一地理志五。

〔三〕所部安化二縣元不賓　按「安化二縣」有疑。隋書卷三一地理志下信安郡平興縣「舊置宋隆郡，領初寧、建寧、熙穆、崇德、召興、崇化、南安等縣」，未見「安化」之名。

〔四〕冏等不時進皆於廣州伏誅　御覽卷一三三引陳書作「冏等不時而進皆敗於廣州伏誅」，其事可參本書卷八杜僧明傳。

〔五〕執南江督護沈顗　「沈顗」，御覽卷一三三引陳書、册府卷一八六閏位部作「沈覬」。

〔六〕封新安子　「新安子」，南史卷九陳本紀上、建康實録卷一九作「新枋縣子」。按錢大昕長興縣志辨證：「按新枋縣不見於地理志，陳書作新安，當得其實。」

〔七〕交阯叛换　「叛换」，三朝本、南監本、北監本、汲本、殿本及建康實録卷一九作「叛涣」。按叛换、叛涣皆疊韻聯緜字，音同義近。

〔八〕賁走典徹湖　「典徹湖」，御覽卷一三三引陳書作「典澈湖」。按本卷末曾鞏等疏語，宋人所見版本亦作「典澈湖」。

〔九〕是歲太清元年也　按梁書卷三武帝紀下繫李賁傳首京師事在太清二年三月。

〔一〇〕殺德州刺史陳文戒　「陳文戒」，册府卷一八六閏位部作「陳文武」。

〔一一〕侯安都張偲等率千餘人來附　「張偲」，册府卷一八六閏位部作「張德偲」。

〔一二〕李遷仕託身當陽　「託」，三朝本、北監本、汲本、殿本作「許」。

〔一三〕任重方岳　「重」，御覽卷一三三引陳書作「崇」，册府卷一八六閏位部作「董」。

〔一四〕不能摧鋒萬里　「摧」，册府卷一八六閏位部宋本作「推」。

〔一五〕高祖脩崎頭古城　「崎頭」，御覽卷一三三引陳書、册府卷一八六閏位部作「嶂頭」。

〔一六〕時寧都人劉藹等資遷仕舟艦兵仗　「劉藹」，按本書卷八杜僧明傳、周文育傳記載李遷仕方有寧都人劉孝尚，疑與本卷劉藹爲同一人。

〔一七〕五采鮮耀　建康實録卷一九案語引陳書作「五綵鮮明」，册府卷二〇三閏位部作「文采鮮耀」。

〔一八〕乃以舣艕貯石沈塞淮口　「舣艕」，御覽卷一三三引陳書作「船艕」。

〔一九〕盪主戴冕　「戴冕」，汲本及御覽卷一三三引陳書、册府卷一八六閏位部作「戴晃」。

〔二〇〕高祖率衆出廣陵應接會景將郭元建奔齊　按此處疑有脱訛。御覽卷一三三引陳書作「高祖率衆出廣陵應接景將郭元建會元建奔齊」，册府卷一八六閏位部同。本書卷二一謝哲傳亦云「高祖自京口渡江應接郭元建」，與御覽、册府相合。

〔二一〕齊遣辛術圍嚴超達於秦郡　「嚴超達」，册府卷一八六閏位部作「嚴起達」。按梁書卷四六杜崱傳載，時秦郡有齊「秦州刺史嚴超遠」。

〔二二〕改大寶三年爲承聖元年湘州平　「湘州」上御覽卷一三三引陳書有「明年」二字。按梁書卷五元帝紀載承聖二年六月「湘州平」，南史卷九陳本紀上、册府卷一八六閏位部亦繫此事在承聖二年。此處疑有脱文。

〔二三〕三年三月進高祖位司空　按梁書卷五元帝紀繫此事在承聖三年四月癸酉。

〔二四〕十二月晉安王至自尋陽入居朝堂　按梁書卷六敬帝紀繫此事在承聖四年二月癸丑。

〔二五〕齊送貞陽侯深明還主社稷　按「深明」即「淵明」，姚思廉避唐諱改。

〔二六〕高祖步軍至石頭前遣勇士自城北踰入　「遣」，御覽卷一三三引陳書、册府卷一八六閏位部作

「進遣」。

〔二七〕十月己酉晉安王即位　按梁書卷六敬帝紀繫此事在承聖四年九月丙午。

〔二八〕壬子詔授高祖侍中大都督中外諸軍事車騎將軍揚南徐二州刺史　按梁書卷六敬帝紀載紹泰元年十月「壬子，以司空陳霸先爲尚書令、都督中外諸軍事、車騎將軍、揚南徐二州刺史，司空如故」，此處疑脱「尚書令」。

〔二九〕載及北叟來降　「及」，原作「反」，據三朝本、南監本、北監本、汲本、殿本及南史卷九陳本紀上、册府卷一八六閏位部改。

〔三〇〕楚州刺史劉仕榮　「劉仕榮」，南史卷九陳本紀上、通鑑卷一六六梁紀二二敬帝紹泰元年作「劉士榮」。

〔三一〕周鐵武率舟師斷齊運輸　「周鐵武」，北監本、汲本、殿本作「周鐵虎」。按「周鐵武」即「周鐵虎」，本書卷一〇有周鐵虎傳，此處作「周鐵武」乃避唐諱改字。下同不另出校。

〔三二〕賊衆大潰　「衆」，册府卷一八六閏位部宋本作「戰」。

〔三三〕達摩遣使侯子欽劉仕榮等詣高祖請和　「詣高祖」，册府卷一八六閏位部作「潛來」。

〔三四〕龕從弟北叟　「北叟」，原作「北史」，據南監本、北監本、汲本、殿本、局本及南史卷九陳本紀上、御覽卷一三三引陳書、册府卷一八六閏位部改。

〔三五〕洛州刺史李希光　按北齊書卷二一高乾傳附李希光傳載李希光齊天保中爲「揚州刺史，與蕭軌等渡江，戰没」，與本書異。

〔三六〕高祖遣周文育屯方山　「方山」，梁書卷六敬帝紀作「方丘」。

〔三七〕於大司馬門外白獸闕下刑牲告天　「白獸闕」，北監本、汲本、殿本作「白虎闕」。按「白獸闕」即「白虎闕」，姚思廉避唐諱改。

〔三八〕渡江襲齊行臺趙彦深於瓜步　「趙彦深」，原作「趙彦琛」，據南史卷九陳本紀上、御覽卷一三三引陳書改。按趙彦深北齊書卷三八、北史卷五五有傳，傳云彦深本名隱，「避齊廟諱，改以字行」。古人名字相應，當以作「彦深」爲是。

〔三九〕爾日天子總羽林禁兵　「爾日」，三朝本、南監本、北監本、汲本、殿本作「即日」。

〔四〇〕斬劉歸義徐嗣彦傳野猪于建康市　「徐嗣彦」，南史卷九陳本紀上作「徐嗣産」。按梁書卷六敬帝紀亦作「徐嗣産」。又據南史卷六三王神念傳附徐嗣徽傳，嗣徽有弟嗣産。

〔四一〕是日解嚴　此處「是日」即上文「己未」，爲紹泰二年六月十六日。按梁書卷六敬帝紀繫「解嚴」事在「辛酉」，爲該月十八日。

〔四二〕弟休先侍中使持節驃騎將軍南徐州刺史　「休先」，三朝本、北監本、汲本、殿本及南史卷九陳本紀上、建康實録卷一九作「休光」。

〔四三〕武康縣侯　本書卷一四南康愍王曇朗傳作「武康縣公」。按本書卷二高祖紀下云陳武帝即位後追封陳休先爲南康郡王，所記前爵亦作「武康縣侯」。

〔四四〕食邑各二千户　按本書卷一四南康愍王曇朗傳載陳休先於梁敬帝時追封「武康縣公，邑一千户」，後「高祖受禪」乃追封「南康郡王，邑二千户」，與本卷異。

〔四五〕遣其將歐陽頠傅泰及其子孜爲前軍　「子孜」，按梁書卷六敬帝紀，蕭孜爲蕭勃從子，與本書異。

〔四六〕是時湘州刺史王琳擁兵不應命高祖遣周文育侯安都率衆討之　「是時」，册府卷一八六閏位部作「是月」。按本書及册府均繫此事在太平二年八月，通鑑卷一六七陳紀一武帝永定元年則云「六月，戊寅，霸先以開府儀同三司侯安都爲西道都督，周文育爲南道都督，將舟師二萬會武昌」以擊王琳。

〔四七〕肇昔元胎剖判　「胎」，册府卷一八六閏位部作「台」。

〔四八〕大極交越　「極」，北監本、汲本、殿本作「拯」。按此處「大極」與上文「遠踰」相對成文，義自可通。

〔四九〕救此將崩　册府卷一八六閏位部作「將此方摧」。

〔五〇〕八方綦跱　「綦」，原作「基」，據南監本、北監本、汲本、殿本、局本改。按張元濟校勘記云作「基」誤，三國志卷五八吴書一三陸遜傳云「英雄綦跱」，可參。

〔五一〕嬀滿惟賢　「嬀滿」，三朝本、南監本、北監本、汲本、殿本及册府卷一八六閏位部作「嬀汭」。按嬀滿即陳氏始祖，見史記卷三六陳杞世家：「至于周武王克殷紂，乃復求舜後，得嬀滿，封之於陳，以奉帝舜祀，是爲胡公。」

〔五二〕越貊爲災　「災」，册府卷一八六閏位部宋本作「群」，明本作「羣」。

〔五三〕逖矣水寓之鄉　「寓」，册府卷一八六閏位部、文苑英華卷四四七徐陵册陳王九錫文作「寓」。

〔五四〕陶璜之所未聞　「聞」，北監本、汲本、殿本及南史卷九陳本紀上作「開」。

〔五五〕神飛紫闥　「闥」，册府卷一八六閏位部作「閣」。

〔五六〕左賢右角沙潰土崩　「右角」，册府卷一八六閏位部作「右谷」，「谷」下小字注：「音祿。」按文苑英華卷四四七徐陵册陳王九錫文作「右角沙潰左廣土崩」。

〔五七〕裁舉靈鉦　「靈鉦」，原作「靈鉢」，據北監本、汲本、殿本及南史卷九陳本紀上、册府卷一八六閏位部、文苑英華卷四四七徐陵册陳王九錫文改。按南監本作「靈旗」，林礽乾校注謂「靈鉦」即左傳昭公十年所云「靈姑銔」旗，鉦同銔。

〔五八〕亦抽金僕　「亦」，册府卷一八六閏位部作「未」。

〔五九〕異李廣之皆誅　「李廣」，原作「季廣」，據三朝本、南監本、北監本、汲本、殿本、局本改。

〔六〇〕噎滍水而不流　「滍水」，南監本及册府卷一八六閏位部宋本作「濉水」。按「滍水」典出後漢書卷一上光武帝紀上載劉秀破王莽於昆陽，莽軍士卒溺死於滍川，「水爲不流」；「濉水」則見於史記卷七項羽本紀及卷八高祖本紀載項羽於彭城破漢軍，「睢水爲之不流」。此處「滍水」義長。

〔六二〕卓爾英狀　「英狀」，册府卷一八六閏位部、文苑英華卷四四七徐陵册陳王九錫文作「英猷」。

〔六三〕各歷歲時　「各」，宋甲本、國圖本、三朝本、南監本、北監本、汲本作「名」，殿本及南史卷九陳本紀上、册府卷一八六閏位部、文苑英華卷四四七徐陵册陳王九錫文作「多」。

〔六四〕吴濞已摐　「摐」，南史卷九陳本紀上、册府卷一八六閏位部宋本作「鏦」。按史記卷一〇六吴王濞列傳云東越「使人鏦殺吴王」。

〔六五〕竹使符第一至第十左　「左」字原無，據南史卷九陳本紀上補。按東晉南朝加九錫策文皆有「竹使符第一至第十左」，見宋書卷二武帝紀中、南齊書卷一高帝紀上、梁書卷一武帝紀上。

〔六六〕用能經緯乾坤　「坤」，原作「理」，據南監本、北監本、汲本、殿本、局本及梁書卷六敬帝紀改。

〔六七〕微微皇極　「微微」，北監本、殿本及南史卷九陳本紀上作「徽徽」。

〔六八〕日廼勤王　「廼」，建康實録卷一九作「夜」。

〔六九〕兇渠傳首　「渠」，原作「集」，據南監本、北監本、汲本、殿本及南史卷九陳本紀上改。

〔七〇〕縣五都帝　「五」，三朝本、南監本、北監本、汲本、殿本作「王」。

陳書卷二

本紀第二

高祖下

永定元年冬十月乙亥，高祖即皇帝位于南郊，柴燎告天曰：

皇帝臣霸先〔一〕，敢用玄牡昭告于皇皇后帝：梁氏以圮剥荐臻，歷運有極，欽若天應，以命于霸先。夫肇有烝民，乃樹司牧，選賢與能，未常厥姓。放勛重華之世，咸無意於受終，當塗典午之君，雖有心於揖讓，皆以英才處萬乘，高勳御四海，故能大庇黔首，光宅區縣。有梁末運，仍葉遘屯，獯醜憑陵，久移神器，承聖在外，非能祀夏，天未悔禍，復罹寇逆，嫡嗣廢黜，宗枝僭詐，天地蕩覆，紀綱泯絶。霸先爰初投袂，大拯横流，重舉義兵，實戡多難，廢王立帝，寔有厥功，安國定社，用盡其力。是謂小康，方期大道。既而煙雲表色，日月呈瑞，緯聚東井，龍見譙邦，除舊布新，既彰玄象，遷虞事夏，且協謳訟〔二〕，九域八荒，同布衷款，百神羣祀，皆有誠願。梁帝高謝萬邦，授以大寶，霸先自惟菲薄，讓德不嗣，至于再三，辭弗獲許。僉以百姓須主，萬機難曠，皇靈眷命，非可謙拒。畏天之威，用膺嘉祚，永言夙志，能無慚德。敬簡元辰，升壇受禪，告類上帝，用答民心，永保于我有陳。惟明靈是饗！

先是氛霧〔三〕，晝夜晦冥，至于是日，景氣清晏，識者知有天道焉。禮畢，輿駕還宮，臨太極前殿。詔曰：

五德更運，帝王所以御天，三正相因，夏殷所以宰世，雖色分騂翰〔四〕，時異文質，揖讓征伐，迄用參差，而育德振民，義歸一揆。朕以寡昧，時屬艱危，國步屢屯，天維三絶，肆勤先后，拯厥横流，藉將帥之功，兼猛士之力，一匡天下，再造黔黎。梁氏以天禄永終，曆數攸在，遵與能之典，集大命于朕躬。顧惟菲德，辭不獲亮，式從天睠，俯協民心，受終文祖，升禋上帝，繼迹百王，君臨萬宇，若涉川水，罔知攸濟。寶業初建，皇祚惟新，思俾惠澤，覃被億兆。可大赦天下，改梁太平二年爲永定元年。賜民爵二級，文武二等。鰥寡孤獨不能自存者，人穀五斛。逋租宿債，皆勿復收。其有犯鄉里清議贓汙淫盜者，皆洗除先注，與之更始。長徒敕繫，特皆原之。亡官失爵，禁錮奪勞，一依舊典。

又詔曰：「禮陳杞宋，詩詠二客，弗臣之重，歷代斯敦。梁氏欽若人祇，憲章在昔，濟河沈璧，高謝萬邦，茅賦所加，宜遵舊典。其以江陰郡奉梁主爲江陰王，行梁正朔，車旗服色，一依前準，宮館資待，務盡優隆。」又詔梁皇太后爲江陰國太妃，皇后爲江陰國妃。又詔百司依位攝職。

景子，輿駕幸鍾山，祠蔣帝廟。戊寅，輿駕幸華林園，親覽詞訟，臨赦囚徒。己卯，分遣大使宣勞四方，下璽書勑州郡曰：

夫四王革代，商周所以應天，五勝相推，軒羲所以當運。梁德不造，喪亂積年，東夏崩騰，西都蕩覆。蕭勃干紀，非唯趙倫，侯景滔天，踰於劉載。貞陽反篡，賊約連兵，江左累屬於鮮卑，金陵久非於梁國。有自氤氳混沌之世〔五〕，龍圖鳳紀之前，東漢興平之初，西朝永嘉之亂，天下分崩，未有若於梁朝者也。朕以虛薄，屬當興運，自昔登庸，首清諸越，徐門浪泊，靡不征行〔六〕，浮海乘山，所在戡定。冒愬風塵，驅馳師旅，六延梁祀，十翦彊寇，豈曰人謀，皆由天啓。梁氏以天祿斯改，期運永終，欽若唐虞，推其鼎玉，朕東西退讓，拜手陳辭，避舜子於箕山之陽，求支伯於滄洲之野，而公卿敦逼，率土翹惶，天命難稽，遂享嘉祚。今月乙亥，升禮太壇，言念遷坰，但有慙德〔七〕。自梁氏將末，頻月亢陽，火運斯終，秋霖奄降。翌日成禮，圓丘宿設，埃雲晚霽，星象夜張。朝景重輪，泫三危之膏露，晨光合璧，帶五色之卿雲。顧惟寡薄，彌慙休祉，昧旦丕顯，方思至治。卿等擁旄方岳，相任股肱，剖符名守〔八〕，方寄恤隱。王曆惟新，念有欣慶，想深求民瘼，務在廉平，愛惠以撫孤貧，威刑以禦彊猾。若有萑蒲之盜，或犯戎商，山谷之酋，擅彊出險〔九〕，皆從肆赦，咸使知聞。如或迷途，俾在無貸。今遣使人具宣往旨，念思善政，副此虛懷。

庚辰，詔出佛牙於杜姥宅，集四部設無遮大會，高祖親出闕前禮拜。初，齊故僧統法獻於烏纏國得之，常在定林上寺。梁天監末，爲攝山慶雲寺沙門慧興保藏〔一〇〕，慧興將終，以屬弟慧志〔一一〕。承聖末，慧志密送于高祖，至是乃出。

辛巳，追尊皇考曰景皇帝，廟號太祖；皇妣董太夫人曰安皇后。追謚前夫人錢氏號爲昭皇后，世子克爲孝懷太子。立夫人章氏爲皇后。癸未，尊景帝陵曰瑞陵，昭皇后陵曰嘉陵，依梁初園陵故事。立删定郎，治定律令。戊子，遷景皇帝神主祔于太廟。辛卯，以中權將軍、開府儀同三司、丹陽尹王沖爲左光禄大夫。癸巳，追贈皇兄梁故散騎常侍、平北將軍、兗州刺史長城縣公道譚驃騎大將軍、太尉〔一二〕，封始興郡王；弟梁故侍中、驃騎將軍、南徐州刺史武康縣侯休先車騎大將軍〔一三〕、司徒，封南康郡王。

是月，西討都督周文育、侯安都於郢州敗績，囚于王琳。

十一月景申，詔曰：「東都齊國，義乃親賢，西漢城陽，事兼功烈。散騎常侍、使持節、都督會稽等十郡諸軍事、宣毅將軍、會稽太守長城縣侯蒨，學尚清優，神寓凝正，文參禮樂，武定妖氛，心力謀猷，爲家治國。擁旄作守，朞月有成，壁彼關河〔一四〕，功踰蕭寇，萑蒲之盜，自反耕農，篁竹之豪，用稟聲朔。朕以虛寡，屬當興運，提彼三尺，賓于四門，王業艱難，賴乎此子，宜隆上爵，稱是元功。可封臨川郡王，邑二千户。兄子梁中書侍郎頊襲封始興王，弟子梁中書侍郎曇朗襲封南康王，禮秩一同正王。」己亥，甘露降于鍾山松林，彌滿巖谷。庚子，開善寺沙門採之以獻，敕頒賜羣臣。景辰，以鎮西將軍、南豫州刺史徐度爲鎮右將軍、領軍將軍。庚申，京師大火。

十二月庚辰，皇后謁太廟。

二年春正月乙未，詔曰：「夫設官分職，因事重輕，羽儀車馬，隨時隆替，晉之五校，鳴笳啓途，漢之九卿，傳呼竝迾，虞官夏禮，豈曰同科，殷朴周文，固無恒格。朕膺茲寶歷，代是天工，留念官方，庶允時衷。梁天監中，左右驍騎領朱衣直閤，竝給儀從，北徐州刺史昌義之初首爲此職〔一五〕。亂離歲久，朝典不存，後生年少，希聞舊則。今去左右驍騎，宜通文武，文官則用腹心，武官則用功臣，所給儀從，同太子二衞率。此外衆官，尚書詳爲條制。」車騎將軍、開府儀同三司侯瑱進位司空，中權將軍、開府儀同三司、新除左光禄大夫王沖爲太子少傅。左衞將軍徐世譜爲護軍將軍，南兗州刺史吴明徹進號安南將軍，衡州刺史歐陽頠進號鎮南將軍。辛丑，輿駕親祠南郊。詔曰：「朕受命君臨，初移星琯，孟陬嘉月，備禮泰壇，景候昭華，人祇允慶，思令億兆，咸與惟新。且往代祆氛，于今猶梗，軍機未息，徵賦咸繁，事不獲已，久知下弊，言念黔黎，無忘寢食。夫罪無輕重，已發覺未發覺，在今昧爽以前，皆赦除之。西寇自王琳以下，竝許返迷，一無所問。近所募義軍，本擬西寇，竝宜解遣，留家附業。晚訂軍資未送者竝停，元年軍粮逋餘者原其半。州郡縣軍戍竝不得輒遣使民間，務存優養。若有侵擾，嚴爲法制。」乙巳，輿駕親祠北郊。甲辰，振遠將軍、梁州刺史張立表稱〔一六〕：去乙亥歲八月〔一七〕，丹徒、蘭陵二縣界遺山側，一旦因濤水涌生，沙漲，周旋千餘頃，竝膏腴，堪墾植。戊午，輿駕親祠明堂。

二月壬申，南豫州刺史沈泰奔于齊〔一八〕。辛卯，詔車騎將軍、司空侯瑱總督水步衆軍以遏齊寇。

三月甲午，詔曰：「罰不及嗣，自古通典，罪疑惟輕，布在方策。沈泰反覆無行，遐邇所知，昔有微功，仍荷朝寄，剖符名郡〔一九〕，推轂累藩，漢口班師，還居方岳，良田有逾於四百，食客不止於三千，富貴顯榮，政當如此。鬼害其盈，天奪之魄，無故猖狂，自投獯醜。雖復知人則哲，惟帝其難，光武有蔽於龐萌，魏武不知於于禁，但令朝廷無我負人。其部曲妻兒各令復業，所在及軍人若有恐脅侵掠者[二〇]，皆以劫論。若有男女口爲人所藏，竝許詣臺申訴。若樂隨臨川王及節將立効者，悉皆聽許。」乙卯，高祖幸後堂聽訟，還於橋上觀山水，賦詩示羣臣。是月，王琳立梁永嘉王蕭莊于郢州。

夏四月甲子，輿駕親祠太廟。乙丑，江陰王薨，詔遣太宰弔祭，司空監護喪事，凶禮所須，隨由備辦。以梁武林侯蕭諮息季卿嗣爲江陰王。景寅，輿駕幸石頭，餞司空侯瑱。戊辰，重雲殿東鴟尾有紫煙屬天。

五月乙未，京師地震。癸丑，齊廣陵南城主張顯和、長史張僧那各率其所部入附。辛酉，輿駕幸大莊嚴寺捨身。壬戌，羣臣表請還宮。

六月己巳，詔司空侯瑱、領軍將軍徐度率舟師爲前軍，以討王琳。

秋七月戊戌，輿駕幸石頭，親送瑱等。己亥，江州刺史周迪擒王琳將李孝欽、樊猛、余孝頃于工塘。甲辰，遣吏部尚書謝哲諭王琳。甲寅，嘉禾一穗六岐生五城。初，侯景之平也，火焚太極殿，承聖中議欲營之，獨闕一柱，至是有樟木大十八圍，長四丈五尺，流泊陶家後渚，監軍鄒子度以聞。詔中書令沈衆兼起部尚書，少府卿蔡儔兼將作大匠，起太極殿。

八月景寅，以廣梁郡爲陳留郡。辛未，詔臨川王蒨西討〔二一〕，以舟師五萬發自京師，輿駕幸冶城寺親送焉。前開府儀同三司、南豫州刺史周文育，前鎮北將軍、南徐州刺史、新除開府儀同三司侯安都等，於王琳所逃歸，自劾廷尉。即日引見，竝宥之。戊寅，詔復文育等本官。壬午，追封皇子立爲豫章王，謚曰獻；權爲長沙王，謚曰思；長女爲永世公主，謚曰懿。謝哲反命，王琳請還鎮湘川〔二二〕，詔追衆軍緩其伐。癸未，西討衆軍至自大雷。丁亥，以信威將軍、江州刺史周迪爲開府儀同三司，進號平南將軍。改南徐州所領南蘭陵郡復爲東海郡。

冬十月庚午，遣鎮南將軍、開府儀同三司周文育都督衆軍出豫章，討余孝勱〔二三〕。乙亥，輿駕幸莊嚴寺，發金光明經題。丁酉〔二四〕，以仁威將軍、高州刺史黃法𣰋爲開府儀同三司〔二五〕，進號鎮南將軍〔二六〕。甲寅〔二七〕，太極殿成，匠各給復。

十二月庚申，侍中、安東將軍臨川王蒨率百僚朝前殿，拜上牛酒。甲子，輿駕幸大莊嚴寺，設無㝵大會，捨乘輿法物。羣臣備法駕奉迎，即日輿駕還宮。景寅，高祖於太極殿東堂宴羣臣，設金石之樂，以路寢告成也。壬申，割吴郡鹽官、海鹽、前京三縣置海寧郡，屬揚州。以安成所部廣興六洞置安樂郡。景戌，以寧遠將軍、北江州刺史熊曇朗爲開府儀同三司，進號平西將軍。丁亥，詔曰：「梁時舊仕，亂離播越，始還朝廷，多未銓序。又起兵已來，軍動甚衆。選曹即條文武簿及節將應九流者，量其所擬。」於是隨材擢用者五十餘人。

三年春正月己丑，青龍見于東方。丁酉，以鎮南將軍、廣州刺史歐陽頠即本號開府儀同三司。是夜大雪，及旦，太極殿前有龍跡見。甲午〔二八〕，廣州刺史歐陽頠表稱白龍見于州江南岸，長數十丈，大可八九圍，歷州城西道入天井崗。仙人見于羅浮山寺小石樓，長三丈所，通身潔白，衣服楚麗。辛丑，詔曰：「南康、始興王諸妹，已有封爵，依禮止是藩主。此二王者，有殊恒情，宜隆禮數。諸主儀秩及尚主，可竝同皇女。」戊申，詔臨川王蒨省揚、徐二州辭訟。

二月辛酉，以平西將軍、桂州刺史淳于量爲開府儀同三司，進號鎮西大將軍。壬午，司空侯瑱督衆軍自江入合州，焚齊舟艦。

三月景申，侯瑱至自合肥，衆軍獻捷。

夏閏四月庚寅，詔曰：「開廩賑絶，育民之大惠，巡方恤患，前王之令典。朕當斯季俗，膺此樂推，君德未孚，民瘼猶甚，重茲多壘，彌疢納隍。良由四聰弗遠〔二九〕，千里勿應〔三〇〕。博施之仁，何其或爽，殘弊之軌，致此未康。吴州、縉州去歲蝗旱，郢田雖呪，鄭渠終涸，室靡盈積之望，家有填壑之嗟。百姓不足，兆民何賴？近已遣中書舍人江德藻銜命東陽，與令長二千石問民疾苦，仍以入臺倉見米分恤。雖德非既飽，庶微慰阻飢。」甲午，詔依前代置西省學士，兼以伎術者預焉。丁酉，遣鎮北將軍徐度率衆城南皖口。是時久不雨，景午，輿駕幸鍾山祠蔣帝廟，是日降雨，迄于月晦。

五月景辰朔，日有食之，有司奏：「舊儀，御前殿，服朱紗袍、通天冠。」詔曰：「此乃前代承用，意有未同。合朔仰助太陽，宜備衮冕之服。自今已去，永可爲准。」景寅，扶南國遣使獻方物。乙酉，北江州刺史熊曇朗殺都督周文育于軍，舉兵反。王琳遣其將常衆愛、曹慶率兵援余孝勱。

六月戊子，儀同侯安都敗衆愛等於左里，獲琳從弟襲、主帥羊暕等三十餘人〔三一〕，衆愛遁走，庚寅，廬山民斬之，傳首京師。甲午，衆師凱歸。詔曰：「曇朗噬逆，罪不容誅，分命衆軍，仍事掩討，方加梟磔，以明刑憲。」徵臨川王蒨往皖口置城栅，以錢道戢守焉。丁酉，高祖不豫，遣兼太宰、尚書左僕射王通以疾告太廟，兼太宰、中書令謝哲告大社、南北郊。辛丑，高祖疾小瘳。故司空周文育之柩至自建昌。壬寅，高祖素服哭于東堂，哀甚。癸卯，高祖臨訊獄省訟〔三二〕。是夜，熒惑在天尊。高祖疾又甚〔三三〕。景午，崩于璿璣殿，時年五十七。遺詔追臨川王蒨入纂。甲寅，大行皇帝遷殯于太極殿西階。

秋八月甲午，羣臣上謚曰武皇帝，廟號高祖。景申，葬萬安陵。

高祖智以綏物，武以寧亂，英謀獨運，人皆莫及，故能征伐四克，靜難夷凶。至升大麓之日，居阿衡之任，恒崇寬政，愛育爲本。有須發調軍儲，皆出於事不可息。加以儉素自率，常膳不過數品，私饗曲宴，皆瓦器蚌盤，肴核庶羞，裁令充足而已，不爲虚費。初平侯景，及立紹泰，子女玉帛，皆班將士。其充閳房者，衣不重綵，飾無金翠，哥鍾女樂，不列於前。及乎踐祚，彌厲恭儉。故隆功茂德，光有天下焉。

陳吏部尚書姚察曰：高祖英略大度，應變無方，蓋漢高、魏武之亞矣。及西都盪覆，誠貫天人。王僧辯闕伊尹之才，空結桐宫之慣，貞陽假秦兵之送，不思穆嬴之泣。高祖乃蹈玄機而撫末運，乘勢隙而拯横流，王迹所基，始自於此，何至戡黎升陑之捷而已焉〔三四〕。故於慎徽時序之世，變聲改物之辰，兆庶歸以謳謌，炎靈去如釋負，方之前代，何其美乎！

校勘記

〔一〕皇帝臣霸先　「霸先」，原避陳諱作「諱」，依例改。下同不另出校。

〔二〕且協謳訟　「謳訟」，北監本、汲本、殿本及南史卷九陳本紀上作「謳謌」。按「謳訟」義長。

〔三〕先是氛霧　「氛霧」，南史卷九陳本紀上、建康實録卷一九作「氛霧雨雪」。按册府卷二〇三閏位部同本書。

〔四〕雖色分騂翰　「騂」，原作「辭」，據文館詞林卷六六八陳武帝即位改元大赦詔、册府卷二〇八閏位部改。按禮記檀弓上云「殷人尚白」而「戎事乘翰」，「周人尚赤」而「牲用騂」。鄭玄注：「翰，白色馬也。」「騂，赤類。」文館詞林、册府作「騂」是。

〔五〕有自氤氲混沌之世　「有自」，北監本、汲本、殿本及册府卷二一三閏位部作「自有」。

〔六〕徐門浪泊靡不征行　按文苑英華卷六六七徐陵爲陳高祖與周宰相書云「徐聞浪泊，靡不征行」，「徐門」作「徐聞」。

〔七〕言念遷坰但有慙德　「坰」，南監本、北監本、汲本、殿本、局本及册府卷二一三閏位部作「桐」。按作「坰」是，「言念遷坰，但有慙德」典出尚書仲虺之誥「湯歸自夏，至于大坰」、「成湯放桀于南巢，惟有慙德」。文苑英華卷六六七徐陵爲陳高祖與周宰相書亦云：「言念遷坰，但有慙懼。」

〔八〕剖符名守　「剖」，册府卷二一三閏位部作「割」。

〔九〕擅彊出險　「出」，國圖本、三朝本、南監本、北監本、汲本、殿本、局本及册府卷二一三閏位部作「幽」。

〔一〇〕爲攝山慶雲寺沙門慧興保藏　「慧興」，册府卷一九四閏位部作「惠興」，下同不另出校。「保藏」，册府同卷作「所得」。

〔一一〕以屬弟慧志　「慧志」，册府卷一九四閏位部作「惠志」，下同不另出校。

〔一二〕追贈皇兄梁故散騎常侍平北將軍兖州刺史長城縣公道譚驃騎大將軍太尉　「兖州刺史」，按本書卷一高祖紀上載梁太平二年贈陳霸先兄道談「南兖州刺史」。「道譚」，高祖紀上、卷二八世祖九王始興王伯茂傳作「道談」。「太尉」，按始興王伯茂傳云高祖受禪後贈道談官有「太傅、揚州牧」，與本卷所記異。

〔一三〕南徐州刺史武康縣侯休先車騎大將軍　「武康縣侯」，本書卷一四南康愍王曇朗傳作「武康縣公」，按本書卷一高祖紀上載梁太平二年贈休先爵，亦作「武康縣侯」。「休先」，按建康實録卷一九作「休光」。

〔一四〕壁彼關河　「壁」，南監本、北監本、汲本、殿本、局本作「辟」。

〔一五〕北徐州刺史昌義之初首爲此職　「昌義之」，原作「唱義之」，據北監本、殿本、局本及通典卷二八職官一〇改，按錢大昕考異卷二七云「『唱』當作『昌』」。昌義之梁時爲北徐州刺史」。「初」，局本及通典卷二八職官一〇無此字。

〔一六〕乙巳輿駕親祠北郊甲辰振遠將軍梁州刺史張立表稱　按此處紀事干支失序，疑有舛訛。永定二年正月乙未朔，乙巳爲十一日，甲辰爲初十日，不當在乙巳後。

〔一七〕去乙亥歲八月　「去」，三朝本、南監本、北監本、汲本、殿本、局本作「云」，屬上讀。按作「去」是，「去乙亥歲」即此前最近之乙亥年，爲梁之承聖四年、天成元年及紹泰元年。

〔一八〕二月壬申南豫州刺史沈泰奔于齊　按陳永定二年即北齊天保九年，北齊書卷四文宣帝紀繫此事於該年八月，云「是月，陳江州刺史沈泰以三千人内附」。

〔一九〕剖符名郡　「剖」，文館詞林卷六七〇徐陵陳武帝宥沈泰家口詔、册府卷二〇九閏位部作「割」。

〔二〇〕所在及軍人若有恐脅侵掠者　「所在」，文館詞林卷六七〇徐陵陳武帝宥沈泰家口詔作「在所」。

〔二一〕詔臨川王蒨西討　「蒨」，原避陳諱作「諱」，依例改。下同不另出校。

〔二二〕王琳請還鎮湘川　「湘川」，册府卷二一五閏位部作「湘州」。

〔二三〕討余孝勱　「孝勱」，册府卷二一六閏位部作「孝勵」。按本書卷八周文育傳、侯安都傳、卷三五熊曇朗傳亦作「孝勱」。

〔二四〕丁酉　按永定二年十月辛酉朔，無丁酉。十一月庚寅朔，丁酉爲初八日。

〔二五〕以仁威將軍高州刺史黄法𣰰爲開府儀同三司　按本書卷一一黄法𣰰傳云法𣰰先「進號宣毅將軍」，其後始「授平南將軍、開府儀同三司」。

〔二六〕進號鎮南將軍　按南史卷九陳本紀上云黄法𣰰此時所加爲平南將軍，本書卷一一黄法𣰰傳亦云法氍「以拒王琳功，授平南將軍」，本書卷三世祖紀並載永定三年七月己未黄法氍自平南將軍進號安南將軍。

〔二七〕甲寅　按永定二年十月辛酉朔，無甲寅。十一月庚寅朔，甲寅爲廿五日。

〔二八〕甲午　按永定三年正月己丑朔，甲午爲初六日，然上文「丁酉」爲正月初九日，此處記事疑有失序或干支訛誤。

〔二九〕良由四聰弗遠　「遠」，南監本、北監本、汲本、殿本、局本作「達」。按册府卷一九五閏位部亦作「遠」。

〔三〇〕千里勿應　「勿」，原作「功」，據南監本、北監本、汲本、殿本、局本及册府卷一九五閏位部改。

〔三一〕獲琳從弟襲主帥羊暕等三十餘人　「三十」，南史卷九陳本紀上作「四十」。

〔三二〕高祖臨訊獄省訟　「省」字北監本、汲本、殿本、局本及南史卷九陳本紀上無。按御覽卷一三三引陳書有「省」字。

〔三三〕高祖疾又甚　「又」字北監本、汲本、殿本、局本無。

〔三四〕何至戡黎升陑之捷而已焉　「至」，北監本、汲本、殿本、局本作「止」。

陳書卷三

本紀第三

世祖

世祖文皇帝諱蒨，字子華，始興昭烈王長子也。少沈敏有識量，美容儀，留意經史，舉動方雅，造次必遵禮法。高祖甚愛之，常稱「此兒吾宗之英秀也」。梁太清初，夢兩日鬭，一大一小，大者光滅墜地，色正黄，其大如斗，世祖因三分取一而懷之。侯景之亂，鄉人多依山湖寇抄，世祖獨保家無所犯。時亂日甚，乃避地臨安。及高祖舉義兵，侯景遣使收世祖及衡陽獻王，世祖乃密袖小刀，冀因入見而害景，至便屬吏，故其事不行。高祖大軍圍石頭，景欲加害者數矣，會景敗，世祖乃得出赴高祖營。

起家爲吴興太守。時宣城劫帥紀機、郝仲等各聚衆千餘人，侵暴郡境，世祖討平之。

承聖二年，授信武將軍、監南徐州。三年，高祖北征廣陵，使世祖爲前軍，每戰克捷。

高祖之將討王僧辯也，先召世祖與謀。時僧辯女婿杜龕據吴興，兵衆甚盛，高祖密令世祖還長城，立柵以備龕。世祖收兵纔數百人，戰備又少，龕遣其將杜泰領精兵五千，乘虚奄至，將士相視失色，而世祖言笑自若，部分益明，於是衆心乃定。泰知柵内人少，日夜苦攻，世祖激厲將士，身當矢石，相持數旬，泰乃退走。及高祖遣周文育率兵討龕，世祖與并軍往吴興。時龕兵尚衆，斷據衝要，水步連陣相結，世祖命將軍劉澄、蔣元舉率衆攻龕，龕軍大敗，窘急，因請降。

東揚州刺史張彪起兵圍臨海太守王懷振，懷振遣使求救，世祖與周文育輕兵往會稽以掩彪後。彪將沈泰開門納世祖，世祖盡收其部曲家累，彪至，又破走，若邪村民斬彪，傳其首。以功授持節、都督會稽等十郡諸軍事、宣毅將軍、會稽太守。山越深險，皆不賓附，世祖分命討擊，悉平之，威惠大振。

高祖受禪，立爲臨川郡王，邑二千户，拜侍中、安東將軍。及周文育、侯安都敗於沌口，高祖詔世祖入衛，軍儲戎備，皆以委焉。尋命率兵城南皖。

永定三年六月景午，高祖崩，遺詔徵世祖入纂〔一〕。甲寅，至自南皖，入居中書省。皇后令曰：「昊天不弔，上玄降禍。大行皇帝奄捐萬國，率土哀號，普天如喪，窮酷煩冤，無所迨及。諸孤藐爾，反國無期，須立長主，以寧寓縣。侍中、安東將軍臨川王蒨〔二〕，體自景皇，屬惟猶子，建殊功於牧野，敷盛業於戡黎，納麓時敍之辰，負扆乘機之日，竝佐時雍，是同草創。祧祏所繫，遐邇宅心，宜奉大宗，嗣膺寶錄，使七廟有奉，兆民寧晏。未亡人假延餘息，嬰此百罹，尋繹纏綿，興言感絶。」世祖固讓，至于再三，羣公卿士固請，其日即皇帝位於太極前殿。詔曰：「上天降禍，奄集邦家，大行皇帝背離萬國，率土崩心，若喪考妣。龍圖寶曆，眇屬朕躬，運鍾擾攘，事切機務，南面須主，西讓禮輕，今便式膺景命，光宅四海。可大赦天下，罪無輕重，悉皆蕩滌。逋租宿債，吏民愆負，可勿復收。文武内外，量加爵敍。孝悌力田爲父後者，賜爵一級。庶祇畏在心，公卿畢力，勝殘去殺，無待百年。興言號哽，深增慟絶。」又詔州郡悉停奔赴。

秋七月景辰，尊皇后爲皇太后。己未，以鎮南將軍、開府儀同三司、廣州刺史歐陽頠進號征南將軍，平南將軍、開府儀同三司周迪進號鎮南將軍〔三〕，平南將軍、開府儀同三司、高州刺史黄法𣰰進號安南將軍。庚申，以鎮南大將軍、開府儀同三司、桂州刺史淳于量進號征南大將軍。辛酉，以侍中、車騎將軍、司空侯瑱爲太尉，鎮西將軍、開府儀同三司、南豫州刺史侯安都爲司空，侍中、中權將軍、開府儀同三司王沖爲特進、左光禄大夫，鎮北將軍、南徐州刺史徐度爲侍中、中撫軍將軍、開府儀同三司。壬戌，以侍中、護軍將軍徐世譜爲特進、安右將軍，侍中、忠武將軍杜稜爲領軍將軍。乙丑，重雲殿災。

八月癸巳，以平北將軍、南徐州刺史留異爲安南將軍、縉州刺史，平南將軍、北江州刺史魯悉達進號安左將軍。庚戌，封皇子伯茂爲始興王〔四〕，奉昭烈王後。徙封始興嗣王頊爲安成王〔五〕。

九月辛酉，立皇子伯宗爲皇太子，王公以下賜帛各有差〔六〕。乙亥，立妃沈氏爲皇后。

冬十一月乙卯，王琳寇大雷，詔遣太尉侯瑱、司空侯安都、儀同徐度率衆以禦之。

天嘉元年春正月癸丑，詔曰：「朕以寡昧，嗣纂洪業，哀惸在疚，治道弗昭，仰惟前德，幽顯遐暢，恭己不言，庶幾無改。雖宏圖懋軌，日月方弘，而清廟廓然，聖靈浸遠，感尋永往，瞻言罔極。今四象運周，三元告獻，華夷胥洎，玉帛駿奔，思覃遺澤，播之億兆。其大赦天下，改永定四年爲天嘉元年。鰥寡孤獨不能自存立者，賜穀人五斛。孝悌力田殊行異等，加爵一級。」甲寅，分遣使者宣勞四方。辛酉，輿駕親祠南郊，詔曰：「朕式饗上玄，虔奉牲玉，高禋禮畢，誠敬兼弘。且陰霾浹辰，褰霽在日，雲物韶朗，風景清和，慶動人祇，抃流庶俗〔七〕，思俾黎元，同此多祐。可賜民爵一級。」辛未，輿駕親祠北郊。日有冠。

二月辛卯，老人星見。乙未，高州刺史紀機自軍叛還宣城，據郡以應王琳，涇令賀當遷討平之。景申，太尉侯瑱敗王琳于梁山，敗齊兵于博望〔八〕，生擒齊將劉伯球，盡收其資儲船艦，俘馘以萬計，王琳及其主蕭莊奔于齊。

戊戌，詔曰：「夫五運遞來，三靈眷命，皇王因之改創，殷周所以樂推。朕統曆承基，丕隆鼎運，期理攸屬，數祚斯在，豈僥倖所至，寧卜祝可求。故知神器之重，必在符命。是以逐鹿貽譏，斷蚍定業，亂臣賊子，異世同尤。王琳識暗挈瓶，智慚衞足，干紀亂常，自貽顛沛，而縉紳君子，多被縶維，雖涇渭合流，蘭鮑同肆，求之厥理，或有脅從。今九罭既設，八紘斯掩，天網恢恢，吞舟是漏。至如伏波遊説，永作漢蕃，延壽脱歸，終爲魏守，器改秦虞，材通晉楚，行藏用捨，亦豈有恒，宜加寬仁，以彰雷作。其衣冠士族，預在凶黨，悉皆原宥，將帥戰兵，亦同肆眚〔九〕，並隨才銓引，庶收力用。」又詔師旅以來，將士死王事者，並加贈謚。己亥，詔曰：「日者凶渠肆虐，衆軍進討，舟艦輸積，權倩民丁，師出經時，役勞日久。今氣祲廓清〔一〇〕，宜有甄被，可蠲復丁身。夫妻三年，於役不幸者，復其妻子。」庚子，分遣使者賫璽書宣勞四方。乙巳，遣太尉侯瑱鎮湓城。庚戌，以高祖第六子昌爲驃騎將軍、湘州牧，立爲衡陽王。

三月景辰，詔曰：「自喪亂以來，十有餘載，編户凋亡，萬不遺一，中原氓庶，蓋云無幾。頃者寇難仍接，筭斂繁多，且興師已來，千金日費，府藏虛竭，杼軸歲空。近所置軍資，本充戎備，今元惡克殄，八表已康，兵戈靜戢，息肩方在，思俾餘黎，陶此寬賦，今歲軍糧通減三分之一〔一一〕。尚書申下四方，稱朕哀矜之意。守宰明加勸課，務急農桑，庶鼓腹含哺，復在茲日。」蕭莊所署郢州刺史孫瑒舉州內附。丁巳，江州刺史周迪平南中，斬賊率熊曇朗，傳首京師。先是，齊軍守魯山城，戊午，齊軍棄城走，詔南豫州刺史程靈洗守之。甲子，分荊州之天門義陽南平、郢州之武陵四郡，置武州，其刺史督沅州，領武陵太守，治武陵郡；其都尉所部六縣爲沅州，別置通寧郡，以刺史領太守，治都尉城，省舊都尉。以安南將軍、南兗州刺史、新除右衞將軍吳明徹爲安西將軍、武州刺史，僞郢州刺史孫瑒爲安南將軍、湘州刺史。景子，衡陽王昌薨。丁丑，詔曰：「蕭莊僞署文武官屬還朝者，量加録序。」

夏四月丁亥，立皇子伯信爲衡陽王，奉獻王後。乙未，以安南將軍荀朗爲安北將軍、合州刺史。

五月乙卯，改桂陽之汝城縣爲盧陽郡，分衡州之始興安遠二郡，置東衡州。

六月辛巳，改謚皇祖妣景安皇后曰景文皇后。壬辰，詔曰：「梁孝元遭離多難，靈櫬播越，朕昔經北面，有異常倫，遣使迎接，以次近路。江寧既是舊塋〔一二〕，宜即安卜，車旗禮章，悉用梁典，依魏葬漢獻帝故事。」甲午，追策故始興昭烈王妃曰孝妃。丁酉，以開府儀同三司徐度爲侍中、中軍將軍。辛丑，國哀周忌，上臨于太極前殿，百僚陪哭。赦京師殊死已下。是月，葬梁元帝於江寧。

秋七月甲寅，詔曰：「朕以眇身，屬當大寶，負荷至重，憂責實深，而庶績未康，胥怨猶結。佇咨賢良，發於夢想，每有一言入聽，片善可求，何嘗不褒獎抽揚，緘書紳帶。而傅巖虛往，穹谷尚淹〔三〕，蒲幣空陳，旌弓不至。豈當有乖則哲，使草澤遺才，將時運澆流，今不逮古？側食長懷，寢興增歎。新安太守陸山才有啓，薦梁前征西從事中郎蕭策，梁前尚書中兵郎王暹，竝世胄清華，羽儀著族，或文史足用，或孝德可稱，竝宜登之朝序，擢以不次。王公已下，其各進舉賢良，申薦淪屈，庶衆才必萃，大廈可成，使棫樸載哥，由庚在詠。」乙卯，詔曰：「自頃喪亂，編户播遷，言念餘黎，良可哀惕。其亡鄉失土，逐食流移者，今年内隨其適樂，來歲不問僑舊，悉令著籍，同土斷之例。」景辰，立皇子伯山爲鄱陽王。

八月庚辰，老人星見。壬午，詔曰：「菽粟之貴，重於珠玉。自頃寇戎，游手者衆，民失分地之業，士有佩犢之譏。朕哀矜黔庶，念康弊俗，思俾阻饑，方存富教。麥之爲用，要切斯甚，今九秋在節，萬實可收，其班宣遠近，竝令播種。守宰親臨勸課，務使及時。其有尤貧，量給種子。」癸未，世祖臨景陽殿聽訟。戊子，詔曰：「汙罇土鼓，誠則難追，畫卵彫薪，或可易革。梁氏末運，奢麗已甚，芻豢厭於胥史，哥鍾列於管庫，土木被朱丹之采，車馬飾金玉之珍，逐欲澆流，遷訛遂遠。朕自諸生，頗爲内足，而家敦朴素〔一四〕，室靡浮華，觀覽時俗，常所扼腕。今妄假時乘，臨馭區極，屬當瀹季，思聞治道，菲食卑宫，自安儉陋，俾兹薄俗，獲反淳風。維雕鏤淫飾〔一五〕，非兵器及國容所須，金銀珠玉，衣服雜玩，悉皆禁斷。」甲午，周將賀若敦率馬步一萬，奄至武陵，武州刺史吴明徹不能拒，引軍還巴陵。丁酉，上幸正陽堂閲武。

九月癸丑，彗星見。乙卯，周將獨孤盛領水軍將趣巴、湘，與賀若敦水陸俱進，太尉侯瑱自尋陽往禦之。辛酉，遣儀同徐度率衆會瑱于巴丘。景子，太白晝見。丁丑，詔侯瑱衆軍進討巴、湘。

十月癸巳，侯瑱襲破獨孤盛於楊葉洲，盡獲其船艦，盛收兵登岸，築城以保之。丁酉，詔司空侯安都率衆會侯瑱南討。

十二月乙未，詔曰：「古者春夏二氣，不決重罪。蓋以陽和布澤，天秩是弘，寬網省刑〔一六〕，義符含育，前王所以則天象地，立法垂訓者也。朕屬當澆季，思求民瘼，哀矜惻隱，念甚納隍，常欲式遵舊軌，用長風化。自今孟春訖于夏首，罪人大辟事已款者，宜且申停。」己亥，周巴陵城主尉遲憲降，遣巴州刺史侯安鼎守之。庚子，獨孤盛將餘衆自楊葉洲潛遁。

二年春正月庚戌，大赦天下。以雲麾將軍、晉陵太守杜稜爲侍中、領軍將軍。辛亥，以始興王伯茂爲宣惠將軍、揚州刺史。乙卯，合州刺史裴景徽奔于齊〔一七〕。辛未，周湘州城主殷亮降，湘州平。

二月景戌，以太尉侯瑱爲車騎將軍、湘州刺史。庚寅，曲赦湘州諸郡。

三月乙卯〔一八〕，太尉、車騎將軍、湘州刺史侯瑱薨。丁丑〔一九〕，以鎮東將軍、會稽太守徐度爲鎮南將軍、湘州刺史。

夏四月，分荆州之南平宜都羅河東四郡，置南荆州，鎮河東郡，以安西將軍、武州刺史吴明徹爲南荆州刺史。庚寅，以安左將軍魯悉達爲安南將軍、吴州刺史。辛卯，老人星見。

秋七月景午，周將賀若敦自拔遁歸，人畜死者十七八。武陵、天門、南平、義陽、河東、宜都郡悉平。

九月甲寅，詔曰：「姬業方闡，望載渭濱，漢曆既融，道通圯上。若乃摛精辰宿〔二〇〕，降靈惟岳，風雲有感，夢寐是求。斯固舟檝鹽梅，遞相表裏，長世建國，罔或不然。至於銘德太常，從祀清廟，以貽厥後來，垂諸不朽者也。前皇經濟區宇，裁成品物，靈貺式甄，光膺寶命。雖蓍明濬發，幽顯協從，亦文武賢能，翼宣王業。故大司馬、驃騎大將軍瑱，故司空文育，故平北將軍、開府儀同三司僧明，故中護軍潁，故領軍將軍擬，或締構艱難，經綸夷險，或摧鋒冒刃，殉義遺生，或宣哲協規，綢繆帷幄，或披荆汗馬，終始勤劬，莫不罄誠悉力，屯泰以之。朕以寡昧，嗣膺丕緒，永言勳烈，思弘典訓，便可式遵故實，載揚盛軌，可竝配食高祖廟庭，俾茲大猷，永傳宗祏。」景辰，以侍中、中權將軍、特進、左光禄大夫、開府儀同三司王沖爲丹陽尹，丹陽尹沈君理爲左民尚書、領步兵校尉。

冬十月乙巳〔二一〕，霍州西山蠻率部落内屬。

十一月乙卯，高麗國遣使獻方物。甲子，以武昌、國川爲竟陵郡，以安流民。

十二月辛巳，以安東將軍、吴郡太守孫瑒爲中護軍。甲申，立始興國廟於京師，用王者之禮。太子中庶子虞荔、御史中丞孔奂以國用不足，奏立煮海鹽賦及榷酤之科〔二二〕，詔竝施行。先是，縉州刺史留異應于王琳等反，景戌，詔司空侯安都率衆討之。

三年春正月庚戌，設帷宫於南郊，幣告胡公以配天。辛亥，輿駕親祠南郊。詔曰：「朕負荷寶圖，亟回星琯，兢兢業業，庶幾治定，而德化不孚，俗弊滋甚，永言念之，無忘日夜。陽和布氣，昭事上玄，躬奉牲玉，誠兼饗敬，思與黎元被斯寬惠。可普賜民爵一級，其孝悌力田別加一等。」辛酉，輿駕親祠北郊。

閏二月己酉，以百濟王餘明爲撫東大將軍，高句驪王高湯爲寧東將軍〔三〕。江州刺史周迪舉兵應留異，襲湓城，攻豫章郡，竝不剋。辛亥，以南荆州刺史吴明徹爲安右將軍。甲子，改鑄五銖錢。

三月景子，安成王頊至自周，詔授侍中、中書監、中衛將軍，置佐史。丁丑，以安右將軍吴明徹爲安南將軍、江州刺史，督衆軍南討。甲申，大赦天下。庚寅，司空侯安都破留異於桃支嶺，異脱身奔晉安，東陽郡平。

夏四月癸卯，曲赦東陽郡。乙巳，齊遣使來聘。

六月景辰，以侍中、中衛將軍安成王頊爲驃騎將軍、揚州刺史。以會稽東陽臨海永嘉新安新寧晉安建安八郡置東揚州。以揚州刺史始興王伯茂爲鎮東將軍、東揚州刺史，征北將軍、司空、南徐州刺史侯安都爲侍中、征北大將軍。

秋七月己丑，皇太子納妃王氏，在位文武賜帛各有差，孝悌力田爲父後者賜爵二級。

九月戊辰朔，日有食之。以侍中、都官尚書到仲舉爲尚書右僕射、丹陽尹。丁亥，周迪請降，詔安成王頊督衆軍以招納之。

是歲，周所立梁王蕭詧死，子巋代立。

四年春正月景子，干陁利國遣使獻方物。甲申，周迪棄城走，閩州刺史陳寶應納之，臨川郡平。壬辰，以平西將軍、郢州刺史章昭達爲護軍將軍，仁武將軍、新州刺史華皎進號平南將軍，鎮南將軍、開府儀同三司、高州刺史黄法𣰰爲鎮北大將軍、南徐州刺史，安西將軍、領臨川太守周敷爲南豫州刺史，中護軍孫瑒爲鎮右將軍。罷高州隸入江州。

二月戊戌，征南將軍、開府儀同三司、廣州刺史歐陽頠進號征南大將軍。庚戌，以侍中、司空、征北大將軍侯安都爲征南大將軍、江州刺史。庚申，以平南將軍華皎爲南湘州刺史〔二四〕。

三月辛未，以鎮南將軍、開府儀同三司徐度爲侍中、中軍大將軍。辛巳，詔贈討周迪將士死王事者。

夏四月辛丑，設無㝵大會於太極前殿。乙卯，以侍中、中書監、中衞將軍、驃騎將軍、揚州刺史安成王頊爲開府儀同三司。

五月丁卯，安前將軍、右光禄大夫徐世譜卒。

六月癸巳，太白晝見。司空侯安都賜死〔二五〕。

七月丁丑，以鎮北大將軍、開府儀同三司、南徐州刺史黃法𣰋爲鎮南大將軍、江州刺史。

九月壬戌，開府儀同三司、廣州刺史歐陽頠薨。癸亥，曲赦京師。辛未，周迪復寇臨川，詔護軍章昭達率衆討之。

十一月辛酉，章昭達大破周迪，悉擒其黨與，迪脱身潛竄。

十二月景申，大赦天下。詔護軍將軍章昭達進軍建安，以討陳寶應，信威將軍、益州刺史余孝頃督會稽、東陽、臨海、永嘉諸軍自東道會之。癸丑，以前安南將軍、江州刺史吳明徹爲鎮前將軍。

五年春正月庚辰，以吏部尚書、領右軍將軍袁樞爲丹陽尹。辛巳，輿駕親祠北郊。乙酉，江州溢城火，燒死者二百餘人。

三月丁丑，以征南大將軍、開府儀同三司、桂州刺史淳于量爲中撫軍大將軍〔二六〕。壬午，詔以故護軍將軍周鐵虎配食高祖廟庭。

夏四月庚子，周遣使來聘。

五月庚午，罷南丹陽郡。是月，周、齊並遣使來聘。

六月丁未，夜有白氣兩道，出于北斗東南，屬地。

秋七月丁丑，詔曰：「朕以寡昧，屬當負重，星籥亟改，冕旒弗曠，不能仰協璿衡，用調玉燭，傍慰蒼生，以安黔首。兵無寧歲，民乏有年，移風之道未弘，習俗之患猶在，致令氓多觸網，吏繁筆削，獄犴滋章，雖由物犯，囹圄淹滯，亦或有冤。念俾納隍，載勞負扆，加以膚湊不適，攝衛有虧，比獲微痊，思覃寬惠，可曲赦京師。」

九月，城西城。

冬十一月丁亥，以左衛將軍程靈洗爲中護軍。己丑，章昭達破陳寶應于建安，擒寶應、留異，送京師，晉安郡平。甲辰，以護軍將軍章昭達爲鎮前將軍、開府儀同三司。

十二月甲子，曲赦建安、晉安二郡。討陳寶應將士死王事者，竝給棺槥，送還本鄉，并復其家。瘡痍未瘳者，給其醫藥。癸未，齊遣使來聘。

六年春正月甲午，皇太子加元服〔二七〕，王公以下賜帛各有差，孝悌力田爲父後者賜爵一級，鰥寡孤獨不能自存者穀人五斛。庚戌，以領軍將軍杜稜爲翊左將軍、丹陽尹，丹陽尹袁樞爲吏部尚書，衛尉卿沈欽爲中領軍。

三月乙未，詔侯景以來遭亂移在建安、晉安、義安郡者，竝許還本土，其被略爲奴婢者，釋爲良民。

夏四月甲寅，以侍中、中書監、中衛將軍、驃騎將軍、開府儀同三司、揚州刺史安成王頊爲司空。辛酉，有彗星見[二八]。周遣使來聘。

秋七月癸未，大風至自西南，廣百餘步，激壞靈臺候樓。甲申，儀賢堂無故自壞。景戌，臨川太守駱文牙斬周迪[二九]，傳首京師，梟於朱雀航。丁酉，太白晝見。

八月丁丑，詔曰：「梁室多故，禍亂相尋，兵甲紛紜，十年不解，不逞之徒虐流生氣，無賴之屬暴及徂魂。江左肇基，王者攸宅，金行水位之主，木運火德之君，時更四代，歲逾二百。若其經綸王業[三〇]，縉紳民望，忠臣孝子，何世無才[三一]，而零落山丘，變移陵谷，或皆剪伐[三二]，莫不侵殘。玉杯得於民間，漆簡傳於世載，無復五株之樹，罕見千年之表。自大祚光啓，恭惟揖讓，爰曁朕躬，聿脩祖武，雖復旂旗服色，猶行杞宋之計[三三]，每車駕巡遊，眇瞻河雒之路，故喬山之祀，蘋藻弗虧，驪山之墳，松柏恒守。唯戚藩舊壟，士子故塋，掩殣未周，樵牧猶衆。或親屬流隸，負土無期，子孫冥滅，手植何寄。漢高留連於無忌，宋祖惆悵於子房，丘墓生哀，性靈共惻者也[三四]。朕所以興言永日，思慰幽泉。維前代王侯，自古忠烈，墳冢被發絶無後者，可檢行脩治，墓中樹木，勿得樵採，庶幽顯咸暢，稱朕意焉。」己卯，立皇子伯固爲新安郡王，伯恭爲晉安王，伯仁爲廬陵王，伯義爲江夏王。

九月癸未，罷豫章郡。是月，新作大航。

冬十月辛亥，齊遣使來聘。

十二月乙卯，立皇子伯禮爲武陵王。丁巳，以鎮前將軍、開府儀同三司章昭達爲鎮南將軍、江州刺史，鎮南大將軍、江州刺史黄法𣰰爲中衞大將軍，中護軍程靈洗爲宣毅將軍、郢州刺史，軍師將軍、郢州刺史沈恪爲中護軍，鎮東將軍、吴興太守吴明徹爲中領軍。戊午，以東中郎將、吴郡太守鄱陽王伯山爲平北將軍、南徐州刺史。癸亥，詔曰：「朕自居民牧之重，託在王公之上，顧其寡昧，鬱于治道。加以屢虧聽覽，事多壅積，冤滯靡申，幽枉弗鑒。念茲罪隸〔三五〕，有甚納隍，而惠澤未流，愆陽累月。今歲序云暮，元正向肇，欲使幽圄之内，同被時和，可曲赦京師。」

天康元年春二月景子，詔曰：「朕以寡德，纂承洪緒，日昃劬勞，思弘景業，而政道多昧，黎庶未康，兼疹患淹時，亢陽累月，百姓何咎，寔由朕躬，念茲在茲，痛如疾首。可大赦天下，改天嘉七年爲天康元年。」

三月己卯，以驃騎將軍、開府儀同三司、揚州刺史、司空安成王頊爲尚書令。

夏四月乙卯，皇孫至澤生，在位文武賜絹帛各有差，爲父後者賜爵一級。癸酉，世祖疾甚。是日，崩于有覺殿。遺詔曰：「朕疾苦彌留，遂至不救，脩短有命，夫復何言。但王業艱難，頻歲軍旅，生民多弊，無忘愧惕。今方隅乃定，俗教未弘，便及大漸，以爲遺恨。社稷任重，太子可即君臨，王侯將相，善相輔翊，内外協和，勿違朕意。山陵務存儉速，大斂竟，羣臣三日一臨，公除之制，率依舊典。」

六月甲子，羣臣上謚曰文皇帝，廟號世祖。景寅，葬永寧陵。

世祖起自艱難，知百姓疾苦，國家資用，務從儉約。常所調斂，事不獲已者，必咨嗟改色，若在諸身。主者奏決，妙識真僞，下不容姦，人知自勵矣。一夜内刺閨取外事分判者，前後相續。每雞人伺漏，傳更籤於殿中，乃勑送者必投籤於階石之上，令鎗然有聲，云「吾雖眠，亦令驚覺也」。始終梗槩，若此者多焉。

陳吏部尚書姚察曰：世稱繼體守文，宗枝承統，得失之間，蓋亦詳矣。大氐以奉而勿墜爲賢能，橈而易之爲不肖，其有光揚前軌，克荷曾構，固以少焉。世祖自初發跡，功庸顯著，寧亂靜寇，首佐大業。及國祻奄臻，入承寶祚，兢兢業業，其若馭朽〔三六〕。加以崇尚儒術，愛悦文義，見善如弗及，用人如由己，恭儉以御身，勤勞以濟物。自昔允文允武之君，東征西怨之后，賓實之迹，可爲聯類。至於杖聰明，用鑒識，斯則永平之政，前史其論諸。

天嘉三年，高句驪王「高湯」，或本作「高陽」。

校勘記

〔一〕遺詔徵世祖入纂　「入」，原作「大」，據三朝本、南監本、北監本、汲本、殿本及南史卷九陳本紀上、御覽卷一三四引陳書、册府卷一八八閏位部改。

〔二〕侍中安東將軍臨川王蒨　「蒨」，原作「諱」，依例改。下同不另出校。

〔三〕平南將軍開府儀同三司周迪進號鎮南將軍　「鎮南將軍」，按本書卷三五周迪傳云「世祖嗣位，進號安南將軍」。

〔四〕庚戌封皇子伯茂爲始興王　按本書卷二八世祖九王始興王伯茂傳，永定三年十月世祖下詔封伯茂爲始興王。

〔五〕徙封始興嗣王頊爲安成王　「頊」，原作「諱」，依例改。下同不另出校。

〔六〕九月辛酉立皇子伯宗爲皇太子王公以下賜帛各有差　按本書卷四廢帝紀，伯宗於永定三年八月庚戌立爲太子。

〔七〕抃流庶俗　「抃」，南監本、北監本、汲本、殿本作「忭」，「忭」字義長。

〔八〕敗齊兵于博望　「敗」，三朝本、南監本、北監本、汲本、殿本作「攻」。

〔九〕亦同肆眚　「肆」，原作「拜」，據南監本、北監本、汲本、殿本及册府卷二〇八閏位部改。

〔一〇〕今氣祲廓清　「氣」，國圖本、三朝本、南監本、北監本、汲本、殿本及册府卷四八九邦計部作「氛」。

〔一一〕今歲軍糧通減三分之一　册府卷四九八邦計部作「令歲供軍糧減三分之一」。

〔一二〕江寧既是舊塋　「是」，北監本、汲本、殿本作「有」。

〔一三〕穹谷尚淹　「穹」，北監本、汲本、殿本作「窮」，册府卷二一三閏位部作「空」。

〔一四〕而家敦朴素　「朴素」，册府卷一九一閏位部、卷一九八閏位部作「退素」。

〔一五〕維雕鏤淫飾　「維」，册府卷一九八閏位部作「往者」。

〔一六〕寬網沓刑　「沓」，三朝本、南監本、北監本、汲本、殿本作「省」。按「沓」，古「慎」字，作「省」者疑後人臆改。

〔一七〕合州刺史裴景徽奔于齊　「裴景徽」，按南史卷六四王琳傳作「裴景暉」。

〔一八〕三月乙卯　「三月」，原作「二月」，據北監本、汲本、殿本及南史卷九陳本紀上改。按本書卷九侯瑱傳，瑱卒於天嘉二年三月。

〔一九〕丁丑　按是年三月丁未朔，無丁丑。

〔二〇〕若乃擿精辰宿　「擿」，南監本作「儲」。

〔二一〕冬十月乙巳　「乙巳」，南史卷九陳本紀上作「癸丑」。按是年十月癸酉朔，無乙巳，亦無癸丑。

〔二二〕奏立煮海鹽賦及榷酤之科　「賦」，南史卷九陳本紀上、册府卷四九三邦計部、卷五〇四邦計部作「傳」。「科」，御覽卷一三四引陳書作「税」。

〔二三〕高句驪王高湯爲寧東將軍　「高湯」，按本卷末曾鞏等疏語云「或本作『高陽』」，隋書卷一高祖紀上、卷二高祖紀下亦作「高陽」。

〔二四〕以平南將軍華皎爲南湘州刺史　「南湘州刺史」，按本書卷二〇華皎傳作「湘州刺史」，錢大昕考異卷二七云：「『南』字疑衍。」

〔二五〕六月癸巳太白晝見司空侯安都賜死　按建康實録卷一九云：「五月己巳，太白晝見，是日侯安都自盡。」

〔二六〕以征南大將軍開府儀同三司桂州刺史淳于量爲中撫軍大將軍　「中撫軍大將軍」，按本書卷一一淳于量傳作「中撫大將軍」。

〔二七〕六年春正月甲午皇太子加元服　「正月甲午」，按建康實録卷一九繫此事於正月乙酉。

〔二八〕辛酉有彗星見　「辛酉」上南史卷九陳本紀上有「六月」二字。按隋書卷二一天文志下載，陳天嘉六年六月辛酉，「有彗長可丈餘」。

〔二九〕臨川太守駱文牙斬周迪　「駱文牙」，南史卷九陳本紀上、建康實録卷一九作「駱牙」。按本書卷二二有駱牙傳。

〔三〇〕若其經綸王業　「其」，冊府卷一九一閏位部作「有」。「王」，原作「三」，據冊府卷一九一閏位部改。

〔三一〕何世無才　「才」，冊府卷一九一閏位部作「之」。按作「之」義較長。

〔三二〕或皆剪伐　「或」，冊府卷一九一閏位部作「咸」。

〔三三〕猶行杞宋之計　「計」，冊府卷一九一閏位部作「邦」。

〔三四〕性靈共惻者也　「惻」，原作「測」，據三朝本、南監本、北監本、汲本、殿本及冊府卷一九一閏位部改。

〔三五〕念茲罪隸　「罪隸」，三朝本、南監本、北監本、汲本、殿本作「罪戾」。

〔三六〕其若馭朽　「其」，三朝本、南監本、北監本、汲本、殿本作「真」。

陳書卷四

本紀第四

廢帝

廢帝諱伯宗，字奉業，小字藥王，世祖嫡長子也。梁承聖三年五月庚寅生。永定二年二月戊辰，拜臨川王世子。三年，世祖嗣位，八月庚戌，立爲皇太子〔一〕。自梁室亂離，東宮焚燼，太子居于永福省。

天康元年四月癸酉，世祖崩，其日，太子即皇帝位于太極前殿。詔曰：「上天降禍，大行皇帝奄棄萬國，攀號靡及，五內崩殞。朕以寡德，嗣膺寶命，煢煢在疚，懼甚綴旒，方賴宰輔，匡其不逮。可大赦天下。」又詔內外文武，各復其職，遠方悉停奔赴。

五月己卯〔二〕，尊皇太后曰太皇太后，皇后曰皇太后。庚寅，以驃騎將軍、司空、揚州刺史、新除尚書令安成王頊爲驃騎大將軍〔三〕，進位司徒、録尚書、都督中外諸軍事。丁酉，中軍大將軍、開府儀同三司徐度進位司空；鎮南將軍、開府儀同三司、江州刺史章昭達爲侍中，進號征南將軍；鎮東將軍、東揚州刺史始興王伯茂進號征東將軍、開府儀同三司；平北將軍、南徐州刺史鄱陽王伯山進號鎮北將軍；吏部尚書袁樞爲尚書左僕射；雲麾將軍、吴興太守沈欽爲尚書右僕射；新除中領軍吴明徹爲領軍將軍；新除中護軍沈恪爲護軍將軍〔四〕；平南將軍、湘州刺史華皎進號安南將軍；散騎常侍、御史中丞徐陵爲吏部尚書。

六月辛亥，翊右將軍、右光禄大夫王通進號安右將軍。

秋七月丁酉〔五〕，立妃王氏爲皇后。

冬十月庚申，輿駕奉祠太廟。

十一月乙亥，周遣使來弔。

十二月甲子，高麗國遣使獻方物。

光大元年春正月癸酉，尚書左僕射袁樞卒。乙亥，詔曰：「昔昊天成命，降集寶圖，二后重光，九區咸乂〔六〕。閔余沖薄〔七〕，王道未昭，荷兹神器，如涉靈海，庶親賢竝建，牧伯惟良，天下雍熙，緬同刑措。今三元改曆，萬國充庭，清廟無追，具僚斯在，言瞻宁位〔八〕，觸感崩心，思播遺恩〔九〕，俾覃黎獻。可大赦天下，改天康二年爲光大元年。孝悌力田，賜爵一級。」己卯，以領軍將軍吴明徹爲丹陽尹。辛卯，輿駕親祠南郊。

二月辛亥，宣毅將軍、南豫州刺史余孝頃謀反伏誅。癸丑，以征東將軍、開府儀同三司、東揚州刺史始興王伯茂爲中衞大將軍開府儀同三司黄法𣰰爲鎮北將軍、南徐州刺史〔一〇〕，鎮北將軍、南徐州刺史鄱陽王伯山爲鎮東將軍、東揚州刺史。

三月甲午，以尚書右僕射沈欽爲侍中、尚書左僕射〔一一〕。

夏四月乙卯，太白晝見。

五月癸巳，以領軍將軍、丹陽尹吴明徹爲安南將軍、湘州刺史。乙未，以鎮右將軍杜稜爲領軍將軍。安南將軍、湘州刺史華皎謀反〔一二〕，景申，以中撫大將軍淳于量爲使持節、征南大將軍，總率舟師以討之。

六月壬寅，以中軍大將軍、司空徐度進號車騎將軍，總督京邑衆軍，步道襲湘州。

閏月癸巳，以雲麾將軍新安王伯固爲丹陽尹。

秋七月戊申，立皇子至澤爲皇太子，賜天下爲父後者爵一級，王公卿士已下賚帛各有差。

九月乙巳，詔曰：「逆賊華皎，極惡窮凶，遂樹立蕭巋，謀危社稷，棄親即讎，人神憤惋。王師電邁〔一三〕，水陸爭前，梟剪之期，匪朝伊暮。其家口在北里尚方，宜從誅戮，用明國憲。」景辰，百濟國遣使獻方物。是月，周將長胡公拓跋定率步騎二萬入郢州，與華皎水陸俱進，都督淳于量、吴明徹等與戰，大破之。皎單舸奔江陵。擒拓跋定，俘獲萬餘人，馬四千餘匹，送京師。

冬十月辛巳，赦湘、巴二郡爲皎所詿誤者〔一四〕。甲申，輿駕親祠太廟。

十一月己未，以護軍將軍沈恪爲平西將軍、荆州刺史〔一五〕。甲子，侍中、中權將軍、開府儀同三司、特進、左光禄大夫王沖薨。

十二月庚寅，以兼從事中郎孔英哲爲奉聖亭侯，奉孔子祀。

二年春正月己亥，侍中、都督中外諸軍事、驃騎大將軍、司徒、録尚書、揚州刺史安成王頊進位太傅、領司徒，加殊禮，劍履上殿；侍中、征南將軍、開府儀同三司、江州刺史章昭達進號征南大將軍；中撫大將軍、新除征南大將軍淳于量爲侍中、中軍大將軍、開府儀同三司；安南將軍、湘州刺史吴明徹即本號開府儀同三司，進號鎮南將軍〔一六〕；雲麾將軍、郢州刺史程靈洗進號安西將軍。庚子，詔討華皎軍人死王事者，並給棺槥，送還本鄉，仍復其家。甲子，罷吴州，以鄱陽郡還屬江州。侍中、司空、車騎將軍徐度薨。

夏四月辛巳，太白晝見。丁亥，割東揚州晉安郡爲豐州。

五月景辰，太傅安成王頊獻玉璽一。

六月丁卯，彗星見。

秋七月景午，輿駕親祠太廟。戊申，新羅國遣使獻方物。壬戌，立皇弟伯智爲永陽王，伯謀爲桂陽王[一七]。

九月甲辰，林邑國遣使獻方物。景午，狼牙脩國遣使獻方物。以侍中、征南大將軍、開府儀同三司、江州刺史章昭達爲中撫大將軍。戊午，太白晝見。

冬十月庚午，輿駕親祠太廟。

十一月景午，以前平西將軍、荆州刺史沈恪爲護軍將軍。壬子，以鎮北將軍、開府儀同三司、南徐州刺史黄法𣰰爲鎮西將軍、郢州刺史，新除中軍大將軍、開府儀同三司淳于量爲鎮北將軍、南徐州刺史。甲寅，慈訓太后集羣臣於朝堂，令曰：

中軍儀同、鎮北儀同、鎮右將軍、護軍將軍、八座卿士：昔梁道季末[一八]，海內沸騰，天下蒼生，殆無遺噍。高祖武皇帝撥亂反正，膺圖御籙，重懸三象，還補二儀；世祖文皇帝克嗣洪基，光宣寶業，惠養中國，綏寧外荒；並戰戰兢兢，劬勞締構，庶幾鼎運，方隆殷夏。

伯宗昔在儲宮，本無令問，及居崇極，遂騁凶淫。居處諒闇，固不哀慼，嬪嬙弗隔〔一九〕，就館相仍，豈但衣車所納，是譏宗正，衰絰生子，得誚右師。七百之祚何憑，三千之罪爲大。且費引金帛，令充椒閫，內府中藏，軍備國儲，未盈朞稔，皆已空竭。太傅親承顧託，鎮守宮闈，遺誥綢繆，義深垣屏，而欑塗未御，翌日無淹，仍遣劉師知、殷不佞等顯言排斥。韓子高小豎輕佻，推心委仗，陰謀禍亂，決起蕭牆，元相雖持，但除君側。又以余孝頃密邇京師，便相徵召〔二〇〕，殃慝之咎，凶徒自擒，宗社之靈，祆氛是滅。於是密詔華皎，稱兵上流，國祚憂惶，幾移醜類。乃至要招遠近，叶力巴湘，支黨縱橫，寇擾黟歙。又別勑歐陽紇等攻逼衡州，嶺表紛紜，殊淹弦望。豈止罪浮於昌邑，非唯聲醜於太和。但賊豎皆亡，祆徒已散，日望懲改，猶加掩抑，而悖禮忘德，情性不悛，樂禍思亂，昏慝無已。張安國蕞爾凶狡，窮爲小盜，仍遣使人蔣裕鉤出上京，即置行臺，分選凶黨。賊皎妻呂，春徒爲戮，納自奚宮〔二一〕，藏諸永巷，使其結引親舊，規圖戕禍。盪主侯法喜等，太傅麾下，恒遊府朝，啗以深利〔二二〕，謀興肘腋。適又盪主孫泰等潛相連結，大有交通，兵力殊彊，指期挻亂。皇家有慶，歷數遐長，天誘其衷，同然開發〔二三〕。此諸文迹，今以相示，是而可忍，誰則不容？祖宗基業，將懼傾賈，豈可復肅恭禋祀，臨御兆民？式稽故實，宜在流放，今可特降爲臨海郡王，送還藩邸。太傅安成王固天生德，齊聖廣深，二后鍾心，三靈佇眷。自前朝不悆，任總邦家，威惠相宣，刑禮兼設。指揮嘯吒，湘郢廓清，闢地開疆，荆益風靡。若太戊之承殷歷，中都之奉漢家〔一四〕，校以功名，曾何髣髴。且地彰靈璽，天表長彗，布新除舊，禎祥咸顯。文皇知子之鑒，事甚帝堯，傳弟之懷，又符太伯〔一五〕。今可還申曩志，崇立賢君，方固宗祧，載貞辰象。中外宜依舊典，奉迎輿駕。

未亡人不幸屬此殷憂，不有崇替，容危社稷，何以拜祠高寢，歸祔武園？攬筆潸然，兼懷悲慶。

是日，出居別第。太建二年四月薨，時年十九〔一六〕。

帝仁弱無人君之器，世祖每慮不堪繼業，既居冢嫡，廢立事重，是以依違積載。及疾將大漸，召高宗謂曰「吾欲遵太伯之事」。高宗初未達旨，後寤，乃拜伏涕泣，固辭。其後宣太后依詔廢帝焉。

史臣曰：臨海雖繼體之重，仁厚儒弱〔一七〕，混一是非，不驚得喪，蓋帝摯、漢惠之流也。世祖知神器之重，諒難負荷，深鑒堯旨，弗傳寶祚焉。

校勘記

〔一〕八月庚戌立爲皇太子　按本書卷三世祖紀，永定三年九月辛酉，「立皇子伯宗爲皇太子，王公以下賜帛各有差」。

〔二〕五月己卯　「己卯」，原作「乙卯」，據南史卷九陳本紀上改。按是年五月丁丑朔，無乙卯，己卯爲初三日。

〔三〕以驃騎將軍司空揚州刺史新除尚書令安成王頊爲驃騎大將軍　「頊」，原作「諱」，依例改。下同不另出校。

〔四〕新除中護軍沈恪爲護軍將軍　「沈恪」，原作「沈略」，據南監本、北監本、汲本、殿本改。按本書卷一二沈恪傳，恪於天嘉六年爲中護軍，尋遷爲護軍將軍。

〔五〕秋七月丁酉　「秋七月」三字原爲墨釘，據南史卷九陳本紀上補。按國圖本、三朝本、南監本、北監本、汲本、殿本作「秋八月」，是年八月乙巳朔，無丁酉日，七月丙子朔，二十二日丁酉。

〔六〕二后重光九區咸乂　「光九」二字原爲墨釘，據國圖本、三朝本、南監本、北監本、汲本、殿本補。

〔七〕閔余沖薄　「薄」，册府卷二〇八閏位部作「眇」。

〔八〕言瞻宁位　「瞻」，原作「贍」，據南監本、北監本、殿本改。

〔九〕思播遺恩　「播」字原爲墨釘，據國圖本、三朝本、南監本、北監本、汲本、殿本補。

〔一〇〕以征東將軍開府儀同三司東揚州刺史始興王伯茂爲中衛大將軍開府儀同三司黄法𣰰爲鎮北將軍南徐州刺史　此處「中衛大將軍」未知爲伯茂授官或黄法𣰰原官。按本書卷二八世祖九王始興王伯茂傳云伯茂光大元年進號「中衛將軍」。又按本書卷一一黄法𣰰傳云黄法𣰰天嘉六年爲「中衛大將軍」，至光大元年爲鎮北將軍。疑此或有脱誤。

〔一一〕以尚書右僕射沈欽爲侍中尚書左僕射　「尚書左僕射」，南史卷九陳本紀上、册府卷一九九閏位部作「尚書僕射」，疑是。按本書卷五宣帝紀載，太建元年春正月丁酉以「尚書僕射沈欽爲尚書左僕射」。

〔一二〕安南將軍湘州刺史華皎謀反　「謀」，原作「誅」，據三朝本、南監本、北監本、汲本、殿本及册府卷二一六閏位部改。

〔一三〕王師電邁　「邁」，三朝本、南監本、北監本、汲本、殿本作「速」。

〔一四〕赦湘巴二郡爲皎所詿誤者　「郡」，南史卷九陳本紀上作「州」，疑是。

〔一五〕十一月己未以護軍將軍沈恪爲平西將軍荆州刺史　按本書卷一二沈恪傳，沈恪於光大二年遷使持節、都督荆武祐三州諸軍事、平西將軍、荆州刺史。

〔一六〕安南將軍湘州刺史吴明徹即本號開府儀同三司進號鎮南將軍　「進號鎮南將軍」六字疑衍。南史卷九陳本紀上載光大二年正月己亥「安南將軍、湘州刺史吴明徹即本號並開府儀同三司」，無「進號鎮南將軍」六字。按本書卷五宣帝紀載太建元年正月丁酉「新除安南將軍、開南將軍。

府儀同三司、湘州刺史吴明徹進號鎮南將軍」，卷九吴明徹傳亦云「太建元年，授鎮南將軍」，可知廢帝光大二年吴明徹受開府儀同三司時之軍號當爲安南將軍，至宣帝即位後，始進號鎮南將軍。

〔一七〕壬戌立皇弟伯智爲永陽王伯謀爲桂陽王　按本書卷二八世祖九王永陽王伯智傳、桂陽王伯謀傳，伯智爲永陽王、伯謀爲桂陽王皆在太建中。

〔一八〕昔梁道季末　「道」，三朝本、南監本、北監本、汲本、殿本作「運」。

〔一九〕嬪嬙弗隔　「弗隔」，三朝本、南監本、北監本、汲本、殿本作「丱角」。

〔二〇〕便相徵召　「徵」，國圖本作「微」。

〔二一〕納自奚宫　「奚宫」，疑爲「奚官」之訛。按「奚官」爲官署專名，隋書卷二六百官志上載梁大長秋「統黄門、中署、奚官、暴室、華林等署」，通典卷二七職官九云：「齊、梁、陳、隋有奚官署令。」

〔二二〕啗以深利　「啗」，原作「陷」，據南監本、北監本、汲本、殿本改。

〔二三〕同然開發　「同然」，南史卷九陳本紀上作「自然」。

〔二四〕中都之奉漢家　「中都」，册府卷一八八閏位部作「中宗」。「漢家」，册府卷一八八閏位部作「漢嗣」。

〔二五〕又符太伯　「又」，北監本、汲本、殿本及南史卷九陳本紀上作「久」，建康實録卷一九作「允」。

〔二六〕時年十九　「十九」或有疑。按本卷所載，廢帝生於承聖三年五月，薨於太建二年四月，終年或非十九歲。

〔二七〕仁厚懦弱　「懦」，國圖本、三朝本、南監本、北監本、汲本、殿本作「愞」。

陳書卷五

本紀第五

宣帝

高宗孝宣皇帝諱頊〔一〕，字紹世，小字師利，始興昭烈王第二子也。梁大通二年七月辛酉生〔二〕，有赤光滿堂室。少寬大，多智略。及長，美容儀，身長八尺三寸，手垂過膝。有勇力，善騎射。高祖平侯景，鎮京口，梁元帝徵高祖子姪入侍，高祖遣高宗赴江陵，累官爲直閤將軍、中書侍郎。時有馬軍主李總與高宗有舊，每同遊處。高宗嘗夜被酒，張燈而寐，總適出，尋返，乃見高宗身是大龍，總便驚駭，走避佗室。及江陵陷，高宗遷于關右。永定元年，遥襲封始興郡王〔三〕，邑二千户。三年，世祖嗣位，改封安成王。天嘉三年，自周還，授侍中、中書監、中衛將軍，置佐史。尋授使持節、都督揚南徐東揚南豫北江五州諸軍事、揚州刺史，進號驃騎將軍，餘如故。四年，加開府儀同三司。六年，遷司空。天康元年，授尚書令，餘並如故。廢帝即位，拜司徒、進號驃騎大將軍、録尚書、都督中外諸軍事，給班劍三十人。光大二年正月，進位太傅、領司徒，加殊禮，劍履上殿，增邑并前三千户，餘並如故。十一月甲寅，慈訓太后令廢帝爲臨海王，以高宗入纂。

太建元年春正月甲午，即皇帝位于太極前殿，詔曰：

夫聖人受命，王者中興，並由懿德，方作元后。高祖武皇帝揖拜堯圖，經綸禹跡，配天之業，光辰象而利貞，格地之功，侔川岳而長遠。世祖文皇帝體上聖之姿，當下武之運，築宫示儉，所務唯德，定鼎初基，厥謀斯在。朕以寡薄，才非聖賢，夙荷前規，方傳景祚。雖復親承訓誨，志守藩維，詠季子之高風，思城陽之遠託。自元儲紹國，正位君臨，無道非幾，佇聞刑措。豈圖王室不造，頻謀亂階，天步艱難，將傾寶曆，仰惟嘉命，爰集朕躬。我心貞確，空誓蒼昊〔四〕，而羣辟啓請，相誼渭橋，文母尊嚴，懸心長樂，對揚璽紱，非止殷湯之三辭，履涉春冬〔五〕，何但代王之五讓。今便肅奉天策，欽承介圭。若據滄溟，踰增兢業。思所以雲行雨施，品物咸亨，當與黔黎，普同斯慶。可改光大三年爲太建元年。大赦天下。在位文武賜位一階〔六〕，孝悌力田及爲父後者賜爵一級，異等殊才，竝加策序。鰥寡孤獨不能自存者，人賜穀五斛。復太皇太后尊號曰皇太后。立妃柳氏爲皇后，世子叔寶爲皇太子，皇子南中郎將、江州刺史康樂侯叔陵爲始興王，奉昭烈王祀。乙未，輿駕謁太廟。丁酉，分命大使巡行四方，觀省風俗。征南大將軍、開府儀同三司、新除中撫大將軍章昭達進號車騎大將軍，新除中軍大將軍、開府儀同三司、南徐州刺史淳于量爲征北大將軍，鎮北將軍、開府儀同三司、南徐州刺史、新除鎮西將軍、郢州刺史黃法𣰋進號征西大將軍，新除安南將軍、開府儀同三司、湘州刺史吳明徹進號鎮南將軍，鎮東將軍、揚州刺史、鄱陽王伯山進號中衞將軍，尚書僕射沈欽爲尚書左僕射，度支尚書王勱爲尚書右僕射，護軍將軍沈恪爲鎮南將軍、廣州刺史。辛丑，輿駕親祠南郊。壬寅，以皇子建安侯叔英爲宣惠將軍、東揚州刺史，改封豫章王。豐城侯叔堅改封長沙王。癸卯，以明威將軍周弘正爲特進。戊午，輿駕親祠太廟。

二月庚午，皇后謁太廟。辛未，皇太子謁太廟。乙亥，輿駕親耕藉田。

夏五月甲午，齊遣使來聘。丁巳，以吏部尚書、領大著作徐陵爲尚書右僕射，太子詹事、駙馬都尉沈君理爲吏部尚書。

秋七月辛卯，皇太子納妃沈氏，王公已下賜帛各有差。丁酉，以平東將軍、吳郡太守晉安王伯恭爲中護軍，進號安南將軍〔七〕。

九月甲辰，以新除中護軍晉安王伯恭爲中領軍。

冬十月，新除左衞將軍歐陽紇據廣州舉兵反。辛未，遣車騎將軍、開府儀同三司章昭達率衆討之。壬午，輿駕親祠太廟。

二年春正月乙酉，以征西大將軍、開府儀同三司、郢州刺史黄法氍爲中權大將軍。景午，輿駕親祠太廟。

二月癸未，儀同章昭達擒歐陽紇送都，斬于建康市，廣州平。

三月景申，皇太后崩。景午，曲赦廣衡二州。丁未，大赦天下。又詔自討周迪、華皎已來，兵交之所有死亡者，竝令收斂，并給棺槥，送還本鄉，瘡痍未瘳者各給醫藥。

夏四月乙卯，臨海王伯宗薨。戊寅，皇太后祔葬萬安陵。

閏月戊申，輿駕謁太廟。己酉，太白晝見。

五月乙卯，儀同黄法氍獻瑞璧一。壬午，齊遣使來弔。

六月戊子，新羅國遣使獻方物。辛卯，大雨雹。乙巳，分遣大使巡行州郡，省理冤屈。戊申，車騎將軍、開府儀同三司章昭達進號車騎大將軍，安南將軍、廣州刺史沈恪進號鎮南將軍。

秋八月甲申，詔曰：「懷遠以德，抑惟恒典，去戎即華，民之本志。頃年江介繦負相隨，崎嶇歸化，亭候不絶，宜加卹養，答其誠心。維是荒境自拔〔八〕，有在都邑及諸州鎮，不問遠近，竝蠲課役。若克平舊土，反我侵地，皆許還鄉，一無拘限。州郡縣長明加甄別，良田廢村，隨便安處。若輒有課訂，即以擾民論。」又詔曰：「民惟邦本，著在典謨，治國愛民，抑又通訓。朕聽朝晏罷，日仄劬勞，方流惠澤，覃被億兆。有梁之季，政刑廢缺，條綱弛紊，僭盜荐興，役賦征徭，尤爲煩刻。大陳御寓，拯兹餘弊，滅扈戡黎，弗遑創改，年代彌流，將及成俗，如弗解張，物無與厝，夕惕疚懷，有同首疾。思從卑菲，約己濟民，雖府帑未充〔九〕，君孰與足，便可删革，去其甚泰〔一〇〕，冀永爲定准，令簡而易從。自今維作田，值水旱失收，即列在所，言上折除。軍士年登六十，悉許放還。巧手於役死亡及與老疾，不勞訂補。其籍有巧隱，并王公百司輒受民爲程蔭，解還本屬，開恩聽首。在職治事之身，須遞相檢示，有失不推，當局任罪。令長代换，具條解舍户數，付度後人。户有增進，即加擢賞，若致减散，依事准結。有能墾起荒田，不問頃畝少多，依舊蠲税。」戊子，太白晝見。

九月乙丑，以散騎常侍、鎮東將軍、吴興太守杜稜爲特進、護軍將軍。

冬十月乙酉，輿駕親祠太廟。

十一月辛酉，高麗國遣使獻方物。

十二月癸巳夜，西北有雷聲。

三年春正月癸丑，以尚書右僕射、領大著作徐陵爲尚書僕射。辛酉，輿駕親祠南郊。辛未，親祠北郊。

二月辛巳，輿駕親祠明堂。丁酉，親耕藉田。

三月丁丑，大赦天下。自天康元年訖太建元年，逋餘軍糧、禄秩、夏調未入者，悉原之。又詔犯逆子弟支屬逃亡異境者悉聽歸首，見縶繫者量可散釋，其有居宅竝追還。

夏四月壬辰，齊遣使來聘。

五月戊申，太白晝見。辛亥，遼東、新羅、丹丹、天竺、盤盤等國並遣使獻方物〔一二〕。

六月丁亥，江陰王蕭季卿以罪免。甲辰，封東中郎將長沙王府諮議參軍蕭彝爲江陰王。

秋八月辛丑，皇太子親釋奠于太學，二傅、祭酒以下可賚帛各有差〔一三〕。

九月癸酉，太白晝見。

冬十月甲申，輿駕親祠太廟。乙酉，周遣使來聘。己亥，丹丹國遣使獻方物。

十二月壬辰，車騎大將軍、司空章昭達薨。

四年春正月景午，以雲麾將軍、江州刺史始興王叔陵爲湘州刺史，進號平南將軍。東中郎將、吴郡太守長沙王叔堅爲宣毅將軍、江州刺史。尚書僕射、領大著作徐陵爲尚書左僕射。中書監王勱爲尚書右僕射。庚申，以丹陽尹衡陽王伯信爲信威將軍、中護軍。庚午，輿駕親祠太廟。

二月乙酉，立皇子叔卿爲建安王，授東中郎將、東揚州刺史。

三月壬子，以散騎常侍孫瑒爲安西將軍、荆州刺史。乙丑，扶南、林邑國竝遣使來獻方物。

夏四月戊子，以中權大將軍、開府儀同三司黄法𣰰爲征南大將軍、南豫州刺史。

五月癸卯，尚書右僕射王勱卒。

六月辛巳，侍中、鎮右將軍、右光禄大夫杜稜卒。

秋八月辛未，周遣使來聘。丁丑，景雲見。戊寅，詔曰：「國之大事，受脤興戎。師出以律，禀策於廟，所以乂安九有，克成七德。自頃掃滌羣穢，廓清諸夏，乃貔貅之戮力，亦帷幄之運籌。雖左衽已戡，干戈載戢，呼韓來謁，亭鄣無警；但不教民戰，是謂棄之，仁必有勇，無忘武備。磻溪之傳韜決，穀城之授神符，文叔懸制戎規，孟德頗言兵略，朕既慙暗合〔一三〕，良皆披覽。兼昔經督戎，備嘗行陣，齊以七步，肅之三鼓，得自胸襟，指掌可述。今竝條制〔一四〕，凡十三科，宜即班宣，以爲永准。」乙未，詔停督湘江二州逋租，無錫等十五縣流民，竝蠲其繇賦。

秋九月庚子朔〔一五〕，日有蝕之。辛亥，大赦天下。又詔曰：「舉善從諫，在上之明規，進賢謁言，爲臣之令範。朕以寡德，嗣守寶圖，雖世襲隆平，治非寧一。辨方分職，旰食早衣。傍闕爭臣，下無貢士，何其闕爾，鮮能抗直，豈余獨運，匪薦讜言，置鼓公車，罕論得失，施石象魏，莫陳可否。朱雲攉檻，良所不逢，禽息觸楹，又爲難值。至如衣褐以見，檐簦以遊，或耆艾絶倫，或妙年異等，干時而不偶，左右莫之譽，黑貂改弊，黄金且殫，終其滯淹〔一六〕，可爲太息。又貴爲百辟，賤有十品，工拙竝騖，勸沮莫分，街謡徒擁，廷議斯闕。寔朕之弗明，而時無獻替，永言至治，何廼爽歟？外可通示文武，凡厥在位，風化乖殊，朝政紕蠹，正色直辭，有犯無隱。兼各舉所知，隨才明試。其莅政廉穢，在職能否，分別矢言，俟茲黜陟。」景寅，以故太尉徐度、儀同杜稜、儀同程靈洗配食高祖廟庭，故車騎將軍章昭達配食世祖廟庭〔一七〕。

冬十月乙酉，輿駕親祠太廟。戊戌，以鎮南將軍、廣州刺史沈恪爲領軍將軍。

十一月己亥夜，地震〔一八〕。

閏月辛未，詔曰：「姑熟饒曠，荆河斯擬，博望關畿，天限嚴峻，龍山南指，牛渚北臨，對熊繹之餘城，邇全琮之故壘。良疇美柘，畦畎相望，連宇高甍，阡陌如繡。自梁末兵災，凋殘略盡，比雖務優寬，猶未克復，咫尺封畿，宜須殷阜。且衆將部下，多寄上下，軍民雜俗，極爲蠹耗。自今有罷任之徒，許分留部下，其已在江外，亦令迎還，悉住南州津裏安置〔九〕。有無交貨，不責市估，萊荒墾闢，亦停租税。臺遣鎮監一人，共刺史、津主分明檢押，給地賦田，各立頓舍。」

十二月壬寅，甘露降樂遊苑。甲辰，輿駕幸樂遊苑，採甘露，宴羣臣。丁卯，詔曰：「梁氏之季，兵火荐臻，承華焚蕩，頓無遺構。寶命惟新，迄將二紀，頻事戎旅，未遑脩繕。今工役差閑，椽楹有擬，來歲開肇，創築東宮，可權置起部尚書、將作大匠，用主監作。」

五年春正月癸酉，以征北大將軍、開府儀同三司、南徐州刺史淳于量爲中權大將軍。宣惠將軍、豫章王叔英爲南徐州刺史，進號平北將軍。吏部尚書、駙馬都尉沈君理爲尚書右僕射、領吏部。辛巳，輿駕親祠南郊。甲午，輿駕親祠太廟。

二月辛丑，輿駕親祠明堂。乙卯，夜有白氣如虹，自北方貫北斗紫宫。

三月壬午，分命衆軍北伐，以鎮前將軍、開府儀同三司吴明徹都督征討諸軍事。景戌，西衡州獻馬生角。己丑，皇孫胤生，内外文武賜帛各有差，爲父後者爵一級。北討大都督吴明徹統衆十萬，發自白下。

夏四月癸卯，前巴州刺史魯廣達克齊大峴城。辛亥，吴明徹克秦州水柵。庚申，齊遣兵十萬援歷陽，儀同黄法𣰰破之。辛酉，齊軍救秦州，吴明徹又破之。癸亥，詔北伐衆軍所殺齊兵，竝令埋掩。甲子，南譙太守徐槾克石梁城。

五月己巳，瓦梁城降。癸酉，陽平郡城降。甲戌，徐槾克廬江郡城。景子，黄法𣰰克歷陽城。己卯，北高唐郡城降。辛巳，詔征南大將軍、開府儀同三司、南豫州刺史黄法𣰰徙鎮歷陽，齊改縣爲郡者竝復之。乙酉，南齊昌太守黄詠克齊昌外城。景戌，廬陵内史任忠軍次東關，克其東西二城，進克蘄城。戊子，又克譙郡城，秦州城降。癸巳，瓜步、胡墅二城降。

六月庚子，郢州刺史李綜克灄口城。乙巳，任忠克合州外城。庚戌，淮陽、沭陽郡竝棄城走。癸丑，景雲見。豫章内史程文季克涇州城。乙卯，宣毅司馬湛陁克新蔡城。癸卯，周遣使來聘。黄法𣰰克合州城〔二〇〕。吴明徹師次仁州，甲子，克其州城。是月，治明堂。

秋七月乙丑，鎮前將軍、開府儀同三司吴明徹進號征北大將軍。戊辰，齊遣衆二萬援齊昌，西陽太守周炅破之。己巳，吴明徹軍次峽口，克其北岸城，南岸守者棄城走。周炅克巴州城。淮北絳城及穀陽士民〔二一〕，竝誅其渠帥，以城降。景戌，吴明徹克壽陽外城。

八月乙未，山陽城降。壬寅，盱眙城降。戊申，罷南齊昌郡。壬子，戎昭將軍徐敬辯克海安城。青州東海城降。戊午，平固侯陳敬泰等克晉州城。

九月甲子，陽平城降。壬申，高唐太守沈善度克馬頭城〔二二〕。甲戌，齊安城降。景子，左衞將軍樊毅克廣陵楚子城。癸未，尚書右僕射、領吏部、駙馬都尉沈君理卒。丁亥，前鄱陽内史魯天念克黄城小城，齊軍退保大城。戊子，割南兗州之盱眙郡屬譙州。壬辰晦，夜明。黄城大城降。

冬十月甲午，郭默城降。戊戌，以中書令王瑒爲吏部尚書。己亥，以特進、領國子祭酒周弘正爲尚書右僕射。乙巳，吴明徹克壽陽城，斬王琳，傳首京師，梟于朱雀航。丁未，齊兵萬人至潁口，樊毅擊走之。辛亥，齊遣兵援蒼陵，又破之。景辰，詔曰：「梁末得懸瓠，以壽陽爲南豫州，今者克復，可還爲豫州。以黄城爲司州，治下爲安昌郡，滻湍爲漢陽郡，三城依梁爲義陽郡，竝屬司州。」以征北大將軍、開府儀同三司吴明徹爲豫州刺史，進號車騎大將軍。征南大將軍、開府儀同三司、南豫州刺史黄法氍爲征西大將軍、合州刺史。戊午，湛陁克齊昌城。

十一月甲戌，淮陰城降。庚辰，威虜將軍劉桃根克朐山城〔二三〕。辛巳，樊毅克濟陰城。己丑，魯廣達等克北徐州。

十二月壬辰朔，詔曰：「古者反噬叛逆，盡族誅夷，所以藏其首級，誡之後世。比者所戮止在一身，子胤或存，梟懸自足，不容久歸武庫，長比月支。惻隱之懷，有仁不忍。維熊曇朗、留異、陳寶應、周迪、鄧緒等及今者王琳首，竝還親屬，以弘廣宥。」乙未，譙城降。乙巳，立皇子叔明爲宜都王，叔獻爲河東王。壬午〔二四〕，任忠克霍州城。

六年春正月壬戌朔，詔曰：「王者以四海爲家，萬姓爲子，一物乖方，夕惕猶厲，六合未混，旰食彌憂。朕嗣纂鴻基，思弘經略，上符景宿，下叶人謀，命將興師，大拯淪溺。灰琯未周，凱捷相繼，拓地數千，連城將百。蠢彼餘黎，毒茲異境，江淮年少，猶有剽掠，鄉閭無賴，摘出陰私，將帥軍人，罔顧刑典，今使苛法蠲除，仁聲載路。且肇元告慶，邊服來荒，始覩皇風，宜覃曲澤，可赦江右淮北，南司定霍光建朔合豫北徐仁北兗青冀南譙南兗十五州、郢州之齊安西陽、江州之齊昌新蔡高唐、南豫州之歷陽臨江郡士民〔二五〕，罪無輕重，悉皆原宥。將帥職司，軍人犯法，自依常科。」以翊前將軍新安王伯固爲中領軍，進號安前將軍。安前將軍、中領軍晉安王伯恭爲安南將軍、南豫州刺史。壬午，輿駕親祠太廟。甲申，廣陵金城降。周遣使來聘。高麗國遣使獻方物。

二月壬辰朔，日有蝕之。辛亥，輿駕親耕藉田。景辰，以中權大將軍、開府儀同三司淳于量爲征西大將軍、郢州刺史。

三月癸亥，詔曰：「去歲南川頗言失稔，所督田租于今未即。豫章等六郡太建五年田租，可申半至秋。豫章又逋太建四年檢首田税〔二六〕，亦申至秋。南康一郡，嶺下應接，民間尤弊，太建四年田租未入者，可特原除。庶俻墾無廢，歲取方實。」

夏四月庚子，彗星見。辛丑，詔曰：「戢情懷善，有國之令圖，拯弊救危，聖範之通訓。近命師薄伐，義在濟民，青齊舊隸，膠光部落，久患凶戎，爭歸有道，棄彼農桑，忘其衣食。而大軍未接，中途止憩，朐山黄郭，車營布滿，扶老攜幼，蓬流草跋，既喪其本業，咸事遊手，饑饉疾疫，不免流離。可遣大使精加慰撫，仍出陽平倉穀，拯其懸磬，并充糧種。勸課士女，隨近耕種。石鼈等屯，適意俻墾。」

六月壬辰，尚書右僕射、領國子祭酒周弘正卒。乙巳，以中衞將軍、揚州刺史鄱陽王伯山爲征北將軍、南徐州刺史，中護軍衡陽王伯信爲宣毅將軍、揚州刺史。

冬十一月乙亥，詔北討行軍之所，竝給復十年。

十二月癸巳，平南將軍、湘州刺史始興王叔陵進號鎮南將軍。戊戌，以吏部尚書王瑒爲尚書右僕射，度支尚書孔奐爲吏部尚書。景午，安右將軍、左光禄大夫王通加特進。

七年春正月辛未，輿駕親祠南郊。乙亥，左衛將軍樊毅克潼州城。辛巳，輿駕親祠北郊。

二月戊申，樊毅克下邳高柵等六城。

三月辛未，詔豫二兗譙徐合霍南司定九州及南豫江郢所部在江北諸郡置雲旗義士，往大軍及諸鎮備防。戊寅，以新除征西大將軍、合州刺史、開府儀同三司黄法𣰰爲豫州刺史。改梁東徐州爲安州，武州爲沅州。移譙州鎮於新昌郡，以秦郡屬之。盱眙神農二郡還隸南兗州。

夏四月景戌，有星孛于大角。庚寅，監豫州陳桃根於所部得青牛，獻之，詔遣還民。甲午，輿駕親祠太廟。乙未，陳桃根又表上織成羅又錦被各二百首〔二七〕，詔於雲龍門外焚之。壬子，郢州獻瑞鍾六。

五月乙卯，割譙州之秦郡還隸南兗州。分北譙縣置北譙郡，領陽平所屬北譙西譙二縣。合州之南梁郡，隸入譙州。

六月景戌，爲北討將士死王事者克日舉哀。壬辰，以尚書右僕射王瑒爲尚書僕射。

己酉，改作雲龍、神獸門〔三八〕。

秋八月壬寅，移西陽郡治保城。癸卯，周遣使來聘。

閏九月壬辰，都督吴明徹大破齊軍於吕梁。是月，甘露頻降樂遊苑。丁未，輿駕幸樂遊苑，採甘露，宴羣臣，詔於苑龍舟山立甘露亭。

冬十月戊午，以征北將軍、南徐州刺史鄱陽王伯山爲征南將軍、江州刺史。安前將軍、中領軍新安王伯固爲南徐州刺史，進號鎮北將軍。信威將軍、江州刺史長沙王叔堅爲雲麾將軍、中領軍。己巳，立皇子叔齊爲新蔡王，叔文爲晉熙王。

十一月庚戌，以征西大將軍、開府儀同三司、郢州刺史淳于量爲中軍大將軍。

十二月景辰，以新除雲麾將軍、郢州刺史長沙王叔堅爲平越中郎將、廣州刺史，東中郎將、東揚州刺史建安王叔卿爲雲麾將軍、郢州刺史，宣惠將軍宜都王叔明爲東揚州刺史。壬戌，以尚書僕射王瑒爲尚書左僕射，太子詹事、揚州大中正陸繕爲尚書右僕射，國子祭酒徐陵爲領軍將軍。甲子，南康郡獻瑞鍾。

八年春正月庚辰，西南有紫雲見。

二月壬申，車騎大將軍、開府儀同三司吴明徹進位司空。丁丑，詔江東道太建五年以前租稅夏調逋在民間者，皆原之。

夏四月甲寅，詔曰：「元戎凱旋，羣師振旅，旌功策賞，宜有饗宴。今月十七日，可幸樂遊苑，設絲竹之樂，大會文武。」己未，輿駕親祠太廟。庚寅，尚書左僕射王瑒卒〔二九〕。

六月癸丑，以雲麾將軍、廣州刺史長沙王叔堅爲合州刺史，進號平北將軍。甲寅，以尚書右僕射陸繕爲尚書左僕射，新除晉陵太守王克爲尚書右僕射。

秋八月丁卯，以車騎大將軍、司空吴明徹爲南兗州刺史。

九月戊戌，以皇子叔彪爲淮南王。

冬十一月乙酉，以平南將軍、湘州刺史長沙王叔堅爲平西將軍、郢州刺史。丁酉，分江州晉熙、高唐、新蔡三郡爲晉州。辛丑，以冠軍將軍廬陵王伯仁爲中領軍。

十二月丁卯，以新除太子詹事徐陵爲右光禄大夫。

九年春正月辛卯，輿駕親祠北郊。壬寅，以湘州刺史、新除中衞將軍始興王叔陵爲揚州刺史。雲麾將軍建安王叔卿爲湘州刺史，進號平南將軍。

二月壬午〔三〇〕，輿駕親耕藉田。

夏五月景子，詔曰：「朕昧旦求衣，日旰方食，思弘億兆，用臻俾乂，而牧守莅民，廉平未洽，年常租賦，多致逋餘，即此務農，宜弘寬省。可起太建已來訖八年流移叛户所帶租調，七年八年叛義丁，五年訖八年叛軍丁，六年七年逋租田米粟、夏調綿絹絲布麥等〔三一〕，五年訖七年逋貲絹，皆悉原之。」

秋七月乙亥，以輕車將軍、丹陽尹江夏王伯義爲合州刺史。己卯，百濟國遣使獻方物。庚辰，大雨，震萬安陵華表。己丑，震慧日寺刹及瓦官寺重門，一女子於門下震死。

冬十月戊午，司空吴明徹破周將梁士彦衆數萬于吕梁。

十二月戊申，東宫成，皇太子移于新宫。

十年春正月己巳朔，以中領軍廬陵王伯仁爲平北將軍、南徐州刺史，翊左將軍、右光禄大夫、領太子詹事徐陵爲領軍將軍〔三二〕。

二月甲子，北討衆軍敗績於吕梁，司空吴明徹及將卒已下，並爲周軍所獲。

三月辛未，震武庫。景子，分命衆軍以備周。中軍大將軍、開府儀同三司淳于量爲大都督，總水陸諸軍事。明威將軍孫瑒都督荆郢水陸諸軍事，進號鎮西將軍。左衛將軍樊毅爲大都督，督朱沛、清口上至荆山緣淮衆軍，進號平北將軍。武毅將軍任忠都督壽陽新蔡、霍州等衆軍，進號寧遠將軍。乙酉，大赦天下。丁酉，以中軍大將軍、開府儀同三司、護軍將軍淳于量爲南兗州刺史，進號車騎將軍。

夏四月庚戌，詔曰：「懋賞之言，明於訓誥，挾纊之美，著在撫巡。近歲薄伐，廓清淮泗，摧鋒致果〔三三〕，文武畢力，櫛風沐雨，寒暑亟離，念功在茲，無忘終食。宜班榮賞，用酬厥勞。應在軍者可竝賜爵二級〔三四〕，并加賚卹，付選即便量處。」又詔曰：「惟堯葛衣鹿裘，則天爲大，伯禹弊衣菲食，夫子曰『無間然』，故儉德之恭，約失者鮮。朕君臨宇宙，十變年籥，旰日勿休，乙夜忘寢，跂予思治，若濟巨川，念茲在茲，懍同馭朽。非貪四海之富，非念黃屋之尊，導仁壽以寘羣生，寧勞役以奉諸己。但承梁季，亂離斯瘼，宮室禾黍，有名亡處，雖輪奐未覩，頗事經營，去泰去甚，猶爲勞費。加以戎車屢出，千金日損，府帑未充，民疲征賦。百姓不足，君孰與足？興言靜念，夕惕懷抱，垂訓立法，良所多慚。斲雕爲朴，庶幾可慕，雉頭之服既焚，弋綈之衣方襲，損撤之制，前自朕躬，草偃風行，冀以變俗。應御府堂署所營造禮樂儀服軍器之外〔三五〕，其餘悉皆停息。掖庭常供、王侯妃主諸有俸卹，竝各量減。」丁巳，以新除鎮右將軍新安王伯固爲護軍將軍。戊午，樊毅遣軍度淮北對清口築城。庚申，大雨雹。壬戌，清口城不守。

五月甲申，太白晝見。

六月丁卯，大雨，震大皇寺刹、莊嚴寺露盤、重陽閣東樓、千秋門內槐樹、鴻臚府門。

秋七月戊戌，新羅國遣使獻方物。乙巳，以散騎常侍、兼吏部尚書袁憲爲吏部尚書。

八月乙丑朔，改秦郡爲義州。戊寅，隕霜，殺稻菽。

九月壬寅，以平北將軍樊毅爲中領軍。乙巳，立方明壇于婁湖。戊申，以中衞將軍、揚州刺史始興王叔陵兼王官伯臨盟。甲寅，輿駕幸婁湖臨誓。乙卯，分遣大使以盟誓班下四方，上下相警戒也。壬戌，以宣惠將軍江夏王伯義爲東揚州刺史。

冬十月戊寅，罷義州及琅邪彭城二郡。立建興，領建安同夏烏山江乘臨沂湖熟等六縣，屬揚州。戊子，以尚書左僕射陸繕爲尚書僕射。

十一月辛丑，以鎮西將軍孫瑒爲郢州刺史。

十二月乙亥，合州廬江蠻田伯興出寇樅陽，刺史魯廣達討平之。

十一年春正月丁酉，龍見于南兗州永寧樓側池中。

二月癸亥，輿駕親耕藉田。

三月丁未，詔淮北義人率戶口歸國者，建其本屬舊名，置立郡縣，即隸近州，賦給田宅，喚訂一無所預。

五月乙巳〔三六〕，詔曰：「昔軒轅命于風后力牧，放勛咨爾稷契朱武〔三七〕，冕旒垂拱，化致隆平。爰逮漢列五曹，周分六職，設官理務，各有攸司，亦幾期刑措，卜世彌永，並賴羣才，用康庶績。朕日昃劬勞，思弘治要，而機事尚擁，政道未凝，夕惕于懷，罔知攸濟。方欲仗茲舟檝，委成股肱，徵名責實，取寧多士。自今應尚書曹、府寺、內省、監司文案〔三八〕，悉付局參議分判。其軍國興造、徵發、選序、三獄等事，前須詳斷，然後啓聞。凡諸辯決，務令清乂，約法守制，較若畫一，不得前後舛互，自相矛楯，致有枉滯。紆意舞文，糾聽所知，靡有攸赦。」甲寅，詔曰：「舊律以枉法受財爲坐雖重，直法容賄其制甚輕，豈不長彼貪殘，生其舞弄？事涉貨財，寧不尤切？今可改不枉法受財者，科同正盜。」

六月庚辰，以鎮前將軍豫章王叔英爲鎮南將軍、江州刺史。景戌，以征南將軍、江州刺史鄱陽王伯山爲中權將軍、護軍將軍。

秋七月辛卯，初用大貨六銖錢。

八月甲子，青州義主朱顯宗等率所領七百户入附。丁卯，輿駕幸大壯觀閱武。戊寅，輿駕還宮。

冬十月甲戌，以安前將軍、祠部尚書晉安王伯恭爲軍師將軍〔三九〕，尚書僕射陸繕爲尚書左僕射。

十一月辛卯，詔曰：「畫冠弗犯，革此澆風，孥戮是蹈〔四〇〕，化於薄俗。朕肅膺寶命，迄將一紀，思經邦濟治，憂國愛民，日仄劬勞，夜分輟寢，而還淳反朴，其道靡階，雍熙盛美，莫云能致。遂乃鞫訊之牒，盈於聽覽，舂鈇之人，煩於牢犴。周成刑措，漢文斷獄，杼軸空勞，邈焉既遠。加以蕞爾醜徒，軼我彭汴，淮汝氓庶，企踵王略，治兵誓旅，義存拯救。飛芻挽粟，征賦頗煩，暑雨祁寒，寧忘咨怨。兼宿度乖舛，次舍違方，若曰之誠，責歸元首，愧心斯積，馭朽非懼。即建子令月〔四一〕，微陽初動，應此嘉辰，宜播寬澤，可大赦天下。」甲午，周遣柱國梁士彥率衆至肥口。戊戌，周軍進圍壽陽。辛丑，以車騎將軍、開府儀同三司、南兗州刺史淳于量爲上流水軍都督，中領軍樊毅都督北討諸軍事，加安北將軍。散騎常侍、左衞將軍任忠都督北討前軍事，加平北將軍。前豐州刺史皋文奏率步騎三千趣陽平郡。癸卯，任忠率步騎七千趣秦郡。景午，新除仁威將軍、右衞將軍魯廣達率衆入淮。是日，樊毅領水軍二萬自東關入焦湖，武毅將軍蕭摩訶率步騎趣歷陽。戊申，豫州陷。辛亥，霍州又陷。癸丑，以新除中衞大將軍、揚州刺史始興王叔陵爲大都督，總督水步衆軍。

十二月乙丑，南北兗、晉三州，及盱眙、山陽、陽平、馬頭、秦、歷陽、沛、北譙、南梁等九州，並自拔還京師〔四二〕。譙北徐州又陷。自是淮南之地盡没于周矣。己巳，詔曰：「昔堯舜在上，茅屋土階，湯禹爲君，藜杖韋帶。至如甲帳珠絡，華榱璧璫，未能雍熙，徒聞侈欲。

朕企仰前聖，思求訟平，正道多違，澆風靡乂〔四三〕。至今貴里豪家，金鋪玉舃，貧居陋巷，彘食牛衣，稱物平施，何其遼遠。爟烽未息，役賦兼勞，文吏姦貪，妄動科格。重以旗亭關市，税斂繁多，不廣都内之錢，非供水衡之費，逼遏商賈，營謀私蓄。靖懷衆弊，宜事改張，弗弘王道，安拯民蠹〔四四〕。今可宣勒主衣、尚方諸堂署等，自非軍國資須，不得繕造衆物。後宮僚列，若有游長，掖庭啓奏，即皆量遣。大予祕戲，非會禮經，樂府倡優，不合雅正〔四五〕，竝可刪改。市估津税，軍令國章，更須詳定，唯務平允。别觀離宮，郊閒野外，非恒饗宴，勿復脩治。并勒内外文武，車馬宅舍皆循儉約，勿尚奢華。違我嚴規，抑有刑憲。所由具爲條格，標榜宣示，令喻朕心焉。」癸酉，遣平北將軍沈恪、電威將軍裴子烈鎮南徐州，開遠將軍徐道奴鎮栅口，前信州刺史楊寶安鎮白下。戊寅，以中領軍樊毅爲鎮西將軍、都督荆郢巴武四州水陸諸軍事。

十二年春正月戊戌，以散騎常侍、左衞將軍任忠爲平南將軍、南豫州刺史，督緣江軍防事。

三月壬辰，以平北將軍廬陵王伯仁爲翊左將軍、中領軍。

夏四月癸亥，尚書左僕射陸繕卒。乙丑，以宣毅將軍河東王叔獻爲南徐州刺史。己卯，大雩。壬午，雨。

五月癸巳，以軍師將軍、尚書右僕射晉安王伯恭爲尚書僕射。

六月壬戌，大風壞皋門中闥。

秋八月己未，周使持節、上柱國、鄖州總管滎陽郡公司馬消難以鄖隨温應土順沔儇岳等九州〔四六〕、魯山甑山沌陽應城平靖武陽上明涢水等八鎮内附〔四七〕。詔以消難爲使持節、侍中、大都督、總督安隨等九州八鎮諸軍事、車騎將軍、司空，封隨郡公，給鼓吹、女樂各一部。庚申，詔鎮西將軍樊毅進督沔漢諸軍事。遣平南將軍、南豫州刺史任忠率衆趣歷陽，通直散騎常侍、超武將軍陳慧紀爲前軍都督趣南兖州。戊辰，以新除司空司馬消難爲大都督水陸諸軍事。庚午，通直散騎常侍淳于陵克臨江郡〔四八〕。癸酉，智武將軍魯廣達克郭默城。甲戌，大雨霖。景子，淳于陵克祐州城。

九月癸未，周臨江太守劉顯光率衆内附。是夜，天東南有聲，如風水相擊，三夜乃止。景戌，改安陸郡爲南司州。丁亥，周將王延貴率衆援歷陽，任忠擊破之，生擒延貴等。己酉，周廣陵義主曹藥率衆入附〔四九〕。

冬十月癸丑，大雨雹震。

十一月己丑，詔曰：「朕君臨四海，日旰劬勞，思弘至治，未臻斯道。而兵車驟出，軍費尤煩，芻漕控引，不能徵賦。夏中亢旱傷農，畿内爲甚，民天所資〔五〇〕，歲取無託。此則政刑未理，陰陽舛度，黎元阻饑，君孰與足。靖言興念，余責在躬，宜布惠澤，溥沾氓庶。其丹陽、吴興、晉陵、建興、義興、東海、信義、陳留、江陵等十郡〔五一〕，并謝署即年田税、禄秩，竝各原半〔五二〕，其丁租半申至來歲秋登。」

十二月庚辰，宣毅將軍、南徐州刺史河東王叔獻薨。

十三年春正月壬午，以車騎將軍、開府儀同三司淳于量爲左光禄大夫，中權將軍、護軍將軍鄱陽王伯山即本號開府儀同三司，鎮右將軍、國子祭酒新安王伯固爲揚州刺史，軍師將軍、尚書僕射晉安王伯恭爲尚書左僕射，右將軍、丹陽尹徐陵爲中書監、領太子詹事〔五三〕，吏部尚書袁憲爲尚書右僕射。庚寅，以輕車將軍、衛尉卿宜都王叔明爲南徐州刺史。

二月甲寅，詔賜司馬消難所部周大將軍田廣等封爵各有差。乙亥，輿駕親耕藉田。

夏四月乙巳，分衡州始興郡爲東衡州，衡州爲西衡州。

五月景辰，以前鎮西將軍樊毅爲中護軍。

六月辛卯，以新除中護軍樊毅爲護軍將軍。

秋九月癸亥，夜，大風至自西北，發屋拔樹，大雷震，雹。

冬十月癸未，以散騎常侍、丹陽尹毛喜爲吏部尚書，護軍將軍樊毅爲鎮西將軍、荆州刺史。改鄱陽郡爲吴州。壬寅，丹丹國遣使獻方物。

十二月辛巳，彗星見。己亥，以翊右將軍、衛尉卿沈恪爲護軍將軍。

十四年春正月己酉，高宗弗豫。甲寅，崩于宣福殿，時年五十三。遺詔曰：「朕爰自遘疾，曾未浹旬，醫藥不瘳，便屬大漸，終始定分，夫復奚言。但君臨寰宇，十有四載，誠則雖休勿休，日慎一日，知宗廟之負重，識王業之艱難。而邊鄙多虞，生民未乂，方欲蕩清四海，包吞八荒，有志莫從，遺恨幽壤。皇太子叔寶繼體正嫡，年業韶茂，纂統洪基，社稷有主。羣公卿士、文武内外，俱罄心力，同竭股肱，送往事居，盡忠誠之節，當官奉職，弘翼亮之功。務在叶和，無違朕意。凡厥終制，事從省約。金銀之飾，不須入壙，明器之具，皆令用瓦。唯使儉而合禮，勿得奢而乖度。以日易月，既有通規，公除之制，悉依舊准〔五四〕。在位百司，三日一臨，四方州鎮，五等諸侯，各守所職，並停奔赴。」

二月辛卯，上謚孝宣皇帝，廟號高宗。癸巳，葬顯寧陵。

高宗在田之日，有大度幹略，及乎登庸，寔允天人之望。梁室喪亂，淮南地並入齊，高宗太建初，志復舊境，乃運神略，授律出師，至於戰勝攻取，獻捷相繼，遂獲反侵地，功實懋焉。及周滅齊，乘勝略地，還達江際矣。

史臣曰：高宗器度弘厚，亦有人君之量焉。世祖知冢嗣仁弱，弗可傳於寶位，高宗地居姬旦，世祖情存太伯，及乎弗悆，大事咸委焉。至於纂業，萬機平理，命將出師，克淮南之地，開拓土宇，靜謐封疆。享國十餘年，志大意逸，呂梁覆車〔五五〕，大喪師徒矣。江左削弱，抑此之由。嗚呼！蓋德不逮文，智不及武，雖得失自我，無禦敵之略焉。

校勘記

〔一〕高宗孝宣皇帝諱頊　按北齊書卷四三源彪傳、文苑英華卷六四五盧思道爲北齊檄陳文、新唐書卷七一下宰相世系表一下、古今姓氏書辨證卷六記陳頊之名，「頊」作「曇頊」。

〔二〕梁大通二年七月辛酉生　「大通」，南史卷一〇陳本紀下、建康實録卷二〇作「中大通」。按本卷下文云太建十四年陳頊卒，終年「五十三」，則其生年當在梁中大通二年。然梁大通二年七月丙辰朔，辛酉爲初六日，中大通二年七月甲戌朔，無辛酉日，「大通」「中大通」未知孰是。

〔三〕永定元年遥襲封始興郡王　按本書卷二八世祖九王始興王伯茂傳云高祖受禪，「遥以高宗襲封始興嗣王」。

〔四〕空誓蒼昊　「空」，南監本、北監本、汲本、殿本、局本作「堅」。

〔五〕履涉春冬　「冬」，册府卷二〇八閏位部作「冰」。按真大成校證云：「當從册府作『冰』是。『春冰』語出書君牙：『心之憂危，若蹈虎尾，涉於春冰。』」

〔六〕在位文武賜位一階　按建康實録卷二〇載陳頊即位，「進文武位一等」。

〔七〕以平東將軍吴郡太守晉安王伯恭爲中護軍進號安南將軍　「安南」疑當作「安前」。按本書卷二八世祖九王晉安王伯恭傳云太建元年伯恭「入爲安前將軍、中護軍，遷中領軍」，又本卷下文載太建六年正月壬戌，伯恭以「安前將軍、中領軍」爲「安南將軍、南豫州刺史」。

〔八〕維是荒境自拔　「拔」，南監本、北監本、汲本、殿本、局本作「投」。

〔九〕雖府帑末充　「末」，三朝本、南監本、北監本、汲本、殿本、局本作「未」。

〔一〇〕去其甚泰　「甚泰」，三朝本、南監本、北監本、汲本、殿本、局本作「泰甚」。

〔一一〕遼東新羅丹丹天竺盤盤等國並遣使獻方物　「遼東」，南史卷一〇陳本紀下作「高麗」。

〔一二〕二傅祭酒以下可賚帛各有差　「可」字册府卷二六〇儲宫部無。按張元濟校勘記：「『可』字疑衍。」

〔一三〕朕既慙暗合　「暗合」，册府卷一九一閏位部作「暗昧」。

〔一四〕今竝條制　「今竝」，册府卷一九一閏位部宋本作「並令」。

〔一五〕秋九月庚子朔　按上已書「秋八月」，此更著「秋」字有疑。

〔一六〕終其滯淹　「其」，南監本、北監本、汲本、殿本、局本作「身」。按册府卷二一三閏位部亦作「其」。

〔一七〕故車騎將軍章昭達配食世祖廟庭　「車騎將軍」，按上文云章昭達於太建三年十二月壬辰以「車騎大將軍」卒於位，本書卷一一章昭達傳云昭達卒後「贈大將軍」。

〔一八〕十一月己亥夜地震　「十一月」，原作「十月」，據南史卷一〇陳本紀下改。按上文書「冬十月」，此不應複書「十月」，又太建四年十月無己亥，十一月己亥朔，「十」下當脱「一」字。建康實録卷二〇亦云是年「十一月己亥，夜，地大震」。

〔一九〕亦令迎還悉住南州津裹安置　「令」，册府卷四八九邦計部作「悉」。「悉住」，册府卷四八九邦計部作「任」。

〔二〇〕癸卯周遣使來聘黄法氍克合州城　「癸卯」，按通鑑卷一七一陳紀五宣帝太建五年記「黄法氍克合州」事在六月「癸亥」。南史卷一〇陳本紀下書「周人來聘」、册府卷二一七閏位部書「黄法氍克合州城」事在「癸卯」。是年六月乙未朔，「癸卯」爲初九日，但上文「乙卯」爲廿一日，下文「甲子」爲三十日，其間有癸亥，爲廿九日。

〔二一〕淮北絳城及穀陽士民　「淮北絳城」，按本書卷一三周炅傳作「江北諸城」。錢大昕考異卷二七云：「『淮』、『絳』二字蓋轉寫之誤耳。穀陽亦當在江北，與蘄、黄相近。」

〔三〕高唐太守沈善度克馬頭城　「高唐太守沈善度」，通鑑卷一七一陳紀五宣帝太建五年作「高陽太守沈善慶」。

〔三〕威虜將軍劉桃根克朐山城　「劉桃根」，通鑑卷一七一陳紀五宣帝太建五年作「劉桃枝」。

〔四〕壬午　按太建五年十二月壬辰朔，無壬午。

〔五〕南豫州之歷陽臨江郡士民　「士」，南監本及御覽卷一三四引陳書、册府卷二〇八閏位部作「土」。又汲本、局本「士」下小字注云「一作『土』」。

〔六〕豫章又逋太建四年檢首田税　「税」，册府卷四八九邦計部作「租」。

〔七〕陳桃根又表上織成羅又錦被各二百首　「羅又」，三朝本、南監本、北監本、汲本、殿本、局本及御覽卷一三四引陳書、册府卷一九八閏位部宋本作「羅文」，疑是。按南史卷一〇陳本紀下作「羅紋」。「二百首」，北監本、殿本及南史卷一〇陳本紀下作「二」，御覽卷一三四引陳書作「一二首」。

〔八〕改作雲龍神獸門　「神獸門」，北監本、汲本、殿本作「神虎門」。按「神獸門」即「神虎門」，姚思廉避唐諱改。

〔九〕庚寅尚書左僕射王瑒卒　「庚寅」，南史卷一〇陳本紀下作「五月庚寅」。按太建八年四月己酉朔，無庚寅，五月戊寅朔，庚寅爲十三日。通鑑卷一七二陳紀六宣帝太建八年繫其事在四月己未之後，不書日期，其考異云「陳書誤」。

〔二〇〕二月壬午　「壬午」，南史卷一〇陳本紀下作「壬子」。按是年二月甲辰朔，無壬午，壬子爲初九日。

〔二一〕六年七年逋租田米粟夏調綿絹絲布麥等　「麥」，册府卷四八九邦計部作「帛」。

〔二二〕翊左將軍右光禄大夫領太子詹事徐陵爲領軍將軍　「翊左將軍」，按本書卷二六徐陵傳云徐陵於太建八年「加翊右將軍」，至太建十年「重爲領軍將軍」。

〔二三〕摧鋒致果　「摧」，册府卷一九五閏位部宋本作「推」。

〔二四〕應在軍者可竝賜爵二級　「應」，南史卷一〇陳本紀下、册府卷一九五閏位部明本作「絓」，宋本作「維」。按真大成校證云「『絓』、『應』均猶言『凡』」。

〔二五〕應御府堂署所營造禮樂儀服軍器之外　「應」，册府卷一九八閏位部作「往者」。

〔二六〕五月乙巳　按上文書「三月丁未」，此處「五月」上疑脱「夏」字。

〔二七〕放勛咨爾稷契朱武　「朱武」，北監本、汲本、殿本、局本作「朱虎」。按「朱武」即「朱虎」，姚思廉避唐諱改。

〔二八〕自今應尚書曹府寺内省監司文案　「應」，册府卷一九一閏位部作「維」。

〔二九〕以安前將軍祠部尚書晉安王伯恭爲軍師將軍　按本書卷二八世祖九王晉安王伯恭傳云伯恭太建十一年「進號軍師將軍、尚書右僕射」，南史卷一〇陳本紀下亦云「以祠部尚書晉安王伯恭爲右僕射」。

〔四〇〕拏戮是蹈　「蹈」，按文館詞林卷六六七陳宣帝辰象愆度大赦詔作「陷」。

〔四一〕即建子令月　「令」，按文館詞林卷六六七陳宣帝辰象愆度大赦詔作「今」。

〔四二〕及盱眙山陽陽平馬頭秦歷陽沛北譙南梁等九州並自拔還京師　「九州」疑有訛脱。按上所舉皆郡名，通鑑考異云陳紀「作『九州』，蓋字誤」。南史卷一〇陳本紀下、建康實録卷二〇、通鑑卷一七三陳紀七宣帝太建十一年「州」作「郡民」。

〔四三〕澆風靡乂　「靡乂」，宋甲本、宋乙本貳、靜嘉堂本作「靡又」，國圖本、三朝本、南監本、北監本、汲本、殿本、局本作「又靡」。按册府卷一九一閏位部亦作「靡乂」。

〔四四〕安拯民蠹　「拯」，册府卷一九一閏位部宋本作「極」。

〔四五〕不合雅正　「雅正」，原作「推正」，據三朝本、南監本、北監本、汲本、殿本、局本改。

〔四六〕周使持節上柱國鄖州總管滎陽郡公司馬消難以鄖隨温應土順沔儇岳等九州　「儇」，按周書卷二一司馬消難傳作「環」。又隋書卷三一地理志下安陸郡吉陽縣：「後周置澴州，尋州郡並廢。大業初改縣曰吉陽。」

〔四七〕魯山甑山沌陽應城平靖武陽上明溳水等八鎮内附　「溳水」，原作「涓水」，據册府卷二一五閏位部改。按北周有溳水郡，見隋書卷三一地理志下漢東郡安貴縣條。

〔四八〕通直散騎常侍淳于陵克臨江郡　「通直散騎常侍」，按建康實録卷二〇作「散騎侍郎」。

〔四九〕周廣陵義主曹藥率衆入附　「義主」，南史卷一〇陳本紀下、建康實録卷二〇作「義軍主」。

〔五〇〕民天所資　「天」，南監本、北監本、汲本、殿本、局本作「失」。

〔五一〕其丹陽吴興晉陵建興義興東海信義陳留江陵等十郡　此句疑有訛脱。按錢大昕考異卷二七云：「今數之，止九郡。」又按「江陵」有疑，上所舉郡名皆揚州屬郡，而江陵屬荆州，時爲後梁所控制。

〔五二〕并謝署即年田税禄秩竝各原半　「謝」，册府卷四八九邦計部作「諸」。「各」，册府卷四八九邦計部作「令」。

〔五三〕右將軍丹陽尹徐陵爲中書監領太子詹事　「右將軍」疑當作「安右將軍」。按梁陳時無右將軍，此「右」上或脱「安」字。本書卷二六徐陵傳載陵太建十年後「遷安右將軍、丹陽尹」。

〔五四〕悉依舊准　「准」，國圖本、三朝本、南監本、北監本、汲本、殿本、局本作「制」。

〔五五〕吕梁覆車　「車」，三朝本、南監本、北監本、汲本、殿本、局本作「軍」。

陳書卷六

本紀第六

後主

後主諱叔寶，字元秀，小字黄奴，高宗嫡長子也。梁承聖二年十一月戊寅生于江陵。明年，江陵陷，高宗遷關右，留後主于穰城。天嘉三年，歸京師，立爲安成王世子。天康元年，授寧遠將軍，置佐史。光大二年，爲太子中庶子，尋遷侍中，餘如故。太建元年正月甲午，立爲皇太子。

十四年正月甲寅，高宗崩。乙卯，始興王叔陵作逆，伏誅。丁巳，太子即皇帝位于太極前殿。詔曰：「上天降禍，大行皇帝奄棄萬國，攀號擗踴，無所迨及。朕以哀煢，嗣膺寶歷，若涉巨川，罔知攸濟，方賴羣公，用匡寡薄。思播遺德，覃被億兆，凡厥遐邇，咸與惟新。可大赦天下。在位文武及孝悌力田爲父後者，並賜爵一級。孤老鰥寡不能自存者，賜穀人五斛、帛二匹。」癸亥，以侍中、翊前將軍、丹陽尹長沙王叔堅爲驃騎將軍、開府儀同三司、揚州刺史，右衞將軍蕭摩訶爲車騎將軍、南徐州刺史，鎮西將軍、荆州刺史樊毅進號征西將軍，平南將軍、豫州刺史任忠進號鎮南將軍〔一〕，護軍將軍沈恪爲特進、金紫光禄大夫，平西將軍魯廣達進號安西將軍，仁武將軍、豐州刺史章大寶爲中護軍。乙丑，尊皇后爲皇太后，宫曰弘範。景寅，以冠軍將軍晉熙王叔文爲宣惠將軍、丹陽尹。丁卯，立弟叔重爲始興王〔二〕，奉昭烈王祀。己巳，立妃沈氏爲皇后。辛未，立皇弟叔儼爲尋陽王，皇弟叔慎爲岳陽王〔三〕，皇弟叔達爲義陽王，皇弟叔熊爲巴山王〔四〕，皇弟叔虞爲武昌王。壬申，侍中、中權將軍、開府儀同三司鄱陽王伯山進號中權大將軍，軍師將軍、尚書左僕射晉安王伯恭進號翊前將軍，侍中、翊右將軍、中領軍廬陵王伯仁進號安前將軍，鎮南將軍、江州刺史豫章王叔英進號征南將軍，平南將軍、湘州刺史建安王叔卿進號安南將軍。以侍中、中書監、安右將軍徐陵爲左光禄大夫、領太子少傅。甲戌，設無㝵大會於太極前殿。

三月辛亥，詔曰：

躬推爲勸〔五〕，義顯前經，力農見賞，事昭往誥。斯乃國儲是資，民命攸屬，豐儉隆替，靡不由之。夫入賦自古，輸藁惟舊，沃饒貴于十金，磽确至於三易，腴埆既異，盈縮不同。詐僞日興，簿書歲改。稻田使者，著自西京，不實峻刑，聞諸東漢。老農懼於祇應〔六〕，俗吏因以侮文。輟耒成羣〔七〕，游手爲伍，永言妨蠹，良可太息。今陽和在節，膏澤潤下，宜展春耨，以望秋坻。其有新闢塍畎，進墾蒿萊，廣袤勿得度量，征租悉皆停免。私業久廢，咸許占作，公田荒縱，亦隨肆勤。儻良守教耕，淳民載酒，有茲督課，議以賞擢。外可爲格班下，稱朕意焉。

癸亥，詔曰：

夫體國經野，長世字氓，雖因革儻殊，弛張或異，至於旁求俊乂，爰逮側微，用適和羹，是隆大厦，上智中主，咸由此術。朕以寡薄，嗣膺景祚，雖哀疚在躬，情慮惛舛，而宗社任重，黎庶務殷，無由自安拱默，敢忘康濟，思所以登顯髦彥，式備周行。但空勞宵夢，屢勤史卜，五就莫來，五能不至。是用甲旦凝慮〔八〕，景夜損懷。豈以食玉炊桂，無因自達？將懷寶迷邦，咸思獨善？應內外衆官九品已上，可各薦一人，以會彙征之旨。且取備實難，舉長或易，小大之用，明言所施，勿得南箕北斗，名而非實。其有負能仗氣，擯壓當時，著賓戲以自憐，草客嘲以慰志，人生一世，逢遇誠難，亦宜去此幽谷，翔茲天路，趨銅馳以觀國，望金馬而來庭，便當隨彼方圓，飭之矩矱〔九〕。

又詔曰：

昔睿后宰民，哲王御寓，雖德稱汪濊，明能普燭，猶復紆己乞言〔一〇〕，降情訪道，高咨岳牧，下聽輿臺，故能政若神明，事無悔吝。朕纂承丕緒，思隆大業，常懼九重已邃，四聰未廣，欲聽昌言，不疲痺足，若逢廷折，無憚批鱗。而口柔之辭，儻聞於在位，腹誹之意，或隱於具僚，非所以弘理至公，緝熙帝載者也。内外卿士文武衆司，若有智周政術，心練治體，救民俗之疾苦，辯禁網之疎密者，各進忠讜，無所隱諱。朕將虛己聽受，擇善而行，庶深鑒物情，匡我王度。

己巳，以侍中、尚書左僕射、新除翊前將軍晉安王伯恭爲安南將軍、湘州刺史，新除翊左將軍永陽王伯智爲尚書僕射，中護軍章大寶爲豐州刺史。

夏四月景申〔一一〕，立皇子永康公胤爲皇太子，賜天下爲父後者爵一級，王公已下賚帛各有差。庚子，詔曰：「朕臨御區宇，撫育黔黎，方欲康濟澆薄，蠲省繁費，奢僭乖衷，實宜防斷。應鏤金銀薄及庶物化生、土木人、綵花之屬〔一二〕，及布帛幅尺短狹輕疎者，並傷財廢業，尤成蠹患。又僧尼道士挾邪左道不依經律，民間淫祀祆書諸珍怪事，詳爲條制，並皆禁絕。」癸卯，詔曰：「中歲克定淮泗，爰涉青徐，彼土酋豪，並輸罄誠款，分遣親戚，以爲質任。今舊土淪陷，復成異域，南北阻遠，未得會同，念其分乖，殊有愛戀。夷狄吾民，斯事一也，何獨譏禁，使彼離析？外可即檢任子館及東館并帶保任在外者，並賜衣糧，頒之酒食，遂其鄉路〔三〕，所之阻遠，便發遣船仗衞送，必令安達。若已預仕宦及别有事義不欲去者，亦隨其意。」

六月癸酉朔，以明威將軍、通直散騎常侍孫瑒爲中護軍。

秋七月辛未，大赦天下。是月，江水色赤如血，自京師至于荆州。

八月癸未夜，天有聲如風水相擊。乙酉夜亦如之。景戌，以使持節、都督緣江諸軍事、安西將軍魯廣達爲安左將軍。

九月景午，設無㝵大會於太極殿，捨身及乘輿御服，大赦天下。辛亥夜，天東北有聲如蟲飛，漸移西北。乙卯，太白晝見。景寅，以驃騎將軍、開府儀同三司、揚州刺史長沙王叔堅爲司空，征南將軍、江州刺史豫章王叔英即本號開府儀同三司。

至德元年春正月壬寅，詔曰：「朕以寡薄，嗣守鴻基，哀惸切慮，疹恙纏織，訓俗少方，臨下靡筭，懼甚踐冰，慄同馭朽。而四氣易流，三光遄至，纓紱列陛，玉帛充庭，具物匪新，節序疑舊，緬思前德，永慕昔辰，對軒闥而哽心，顧扆筵而慓氣〔四〕。思所以仰遵遺構，俯勵薄躬，陶鑄九流，休息百姓，用弘寬簡，取叶陽和。可大赦天下，改太建十五年爲至德元年。」以征南將軍、江州刺史、新除開府儀同三司豫章王叔英爲中衞大將軍，驃騎將軍、開府儀同三司、揚州刺史長沙王叔堅爲江州刺史，征東將軍、開府儀同三司、東揚州刺史司馬消難進號車騎將軍，宣惠將軍、丹陽尹晉熙王叔文爲揚州刺史，鎮南將軍、南豫州刺史任忠爲領軍將軍，安左將軍魯廣達爲平南將軍、南豫州刺史，祠部尚書江總爲吏部尚書。癸卯，立皇子深爲始安王。

二月丁丑，以始興王叔重爲揚州刺史。

夏四月戊辰，交州刺史李幼榮獻馴象。己丑，以前輕車將軍、揚州刺史晉熙王叔文爲江州刺史。

秋八月丁卯，以驃騎將軍、開府儀同三司長沙王叔堅爲司空。

九月丁巳，天東南有聲如蟲飛。

冬十月丁酉〔五〕，立皇弟叔平爲湘東王，叔敖爲臨賀王，叔宣爲陽山王，叔穆爲西陽王。戊戌，侍中、安右將軍、左光禄大夫、太子少傅徐陵卒。癸丑，立皇弟叔儉爲南安王，叔澄爲南郡王，叔興爲沅陵王，叔韶爲岳山王，叔純爲新興王。

十二月景辰，頭和國遣使獻方物。司空長沙王叔堅有罪免。戊午夜，天開自西北至東南，其内有青黄色，隆隆若雷聲。

二年春正月丁卯，分遣大使巡省風俗。平南將軍、豫州刺史魯廣達進號安南將軍〔一六〕。癸巳〔一七〕，大赦天下。

夏五月戊子，以尚書僕射永陽王伯智爲平東將軍、東揚州刺史，輕車將軍、江州刺史晉熙王叔文爲信威將軍、湘州刺史，仁威將軍、揚州刺史始興王叔重爲江州刺史，信武將軍、南琅邪彭城二郡太守南平王嶷爲揚州刺史，吏部尚書江總爲尚書僕射。

秋七月戊辰，以長沙王叔堅爲侍中、鎮左將軍。壬午，太子加元服，在位文武賜帛各有差，孝悌力田爲父後者各賜一級〔一八〕，鰥寡癃老不能自存者人穀五斛。

九月癸未，太白晝見。

冬十月己酉，詔曰：「耕鑿自足，乃曰淳風，貢賦之興，其來尚矣。蓋由庚極務，不獲已而行焉。但法令滋章，姦盜多有，俗尚澆詐，政鮮惟良。朕日旰夜分，矜一物之失所，泣辜罪己，愧三千之未措。望訂初下，使彊蔭兼出〔一九〕，如聞貧富均起，單弱重弊，斯豈振窮扇暍之意歟？是乃木吏箕斂之苛也〔二〇〕。故云『百姓不足，君孰與足』。自太建十四年望訂租調逋未入者，並悉原除。在事百僚，辯斷庶務，必去取平允，無得便公害民，爲己聲績，妨紊政道。」

十一月景寅，大赦天下。壬申，盤盤國遣使獻方物。戊寅，百濟國遣使獻方物。

三年春正月戊午朔，日有蝕之。庚午，以鎮左將軍長沙王叔堅即本號開府儀同三司，征西將軍、荆州刺史樊毅爲護軍將軍，守吏部尚書、領著作陸瓊爲吏部尚書，金紫光禄大夫袁敬加特進。

三月辛酉，前豐州刺史章大寶舉兵反。

夏四月庚戌，豐州義軍主陳景詳斬大寶〔二一〕，傳首京師。

秋八月戊子夜，老人星見。己酉，以左民尚書謝伷爲吏部尚書〔二二〕。

九月甲戌，特進、金紫光禄大夫袁敬卒。

冬十月己丑，丹丹國遣使獻方物。

十一月己未，詔曰：「宣尼誕膺上哲，體資至聖，祖述憲章之典，並天地而合德，樂正雅頌之奥，與日月而偕明，垂後昆之訓範，開生民之耳目。梁季湮微，靈寢忘處，鞠爲茂草三十餘年。敬仰如在，永惟愾息，今雅道雍熙，由庚得所，斷琴故履，零落不追，閲笥開書，無因循復。外可詳之禮典，改築舊廟，蒳房桂棟〔二三〕，咸使惟新，芳蘩潔潦，以時饗奠。」辛巳，輿駕幸長干寺，大赦天下。

十二月丙戌，太白晝見。辛卯，皇太子出太學，講孝經，戊戌，講畢。辛丑，釋奠于先師，禮畢，設金石之樂，會宴王公卿士。癸卯，高麗國遣使獻方物。

是歲，蕭巋死，子琮代立。

四年春正月甲寅，詔曰：「堯施諫鼓，禹拜昌言，求之異等，久著前無〔二四〕，舉以淹滯，復聞昔典，斯乃治道之深規，帝王之切務。朕以寡昧，丕承鴻緒，未明虚己，日旰興懷，萬機多紊，四聰弗遠〔二五〕，思聞蹇諤，採其謀計〔二六〕。王公已下，各薦所知，旁詢管庫，爰及輿皁。一介有能，片言可用，朕親加聽覽，佇於啓沃。」中權大將軍、開府儀同三司鄱陽王伯山進號鎮衞將軍，中衞大將軍、開府儀同三司豫章王叔英進號驃騎大將軍〔二七〕，鎮左將軍、開府儀同三司長沙王叔堅進號中軍大將軍，安南將軍晉安王伯恭進號鎮右將軍，翊右將軍宜都王叔明進號安右將軍。

二月景戌，以鎮右將軍晉安王伯恭爲特進。景申，立皇弟叔謨爲巴東王，叔顯爲臨江王，叔坦爲新會王，叔隆爲新寧王。

夏五月丁巳，立皇子莊爲會稽王。

秋九月甲午，輿駕幸玄武湖，肆艫艦閲武〔二八〕，宴羣臣賦詩。戊戌，以鎮衞將軍、開府儀同三司鄱陽王伯山爲東揚州刺史，智武將軍岳陽王叔慎爲丹陽尹。丁未，百濟國遣使獻方物。

冬十月癸亥，尚書僕射江總爲尚書令，吏部尚書謝伷爲尚書僕射〔二九〕。

十一月己卯，詔曰：「惟刑止暴，惟德成物，三才是資，百王不改。而世無抵角，時鮮犯鱗，渭橋驚馬，弗聞廷爭，桃林逸牛，未見其旨。雖剽悍輕侮，理從鉗釱，惷愚杜默，宜肆矜弘，政乏良哉，明慙則哲，求諸刑措，安可得乎？是用屬寤寐以軫懷，負黼扆而於邑。復茲合璧輪缺，連珠緯舛，黃鍾獻呂，和氣始萌，玄英告中，履長在御，因時宥過，抑乃斯得。可大赦天下。」

禎明元年春正月景子，以安前將軍衡陽王伯信進號鎮前將軍，安東將軍、吳興太守廬陵王伯仁爲特進，智武將軍、丹陽尹岳陽王叔慎爲湘州刺史，仁武將軍義陽王叔達爲丹陽尹。戊寅，詔曰：「柏皇大庭，鼓淳和於曩日，姬王嬴后，被澆風於末載。刑書已鑄，善化匪融，禮義既乖，姦宄斯作。何其淳朴不反，浮華競扇者歟？朕居中御物，納隍在睠，頻恢天網〔三〇〕，屢絕三邊，元元黔庶，終罹五辟。蓋乃康哉寡薄，抑焉法令滋章，是用當宁弗怡，矜此向隅之意。今三元具序，萬國朝辰，靈芝獻於始陽，膏露凝於聿歲，從春施令，仰乾布德，思與九有，惟新七政。可大赦天下，改至德五年爲禎明元年。」乙未，地震。癸卯，以鎮前將軍衡陽王伯信爲鎮南將軍、西衡州刺史。

二月丁未，以特進、鎮右將軍晉安王伯恭進號中衛將軍，中書令建安王叔卿爲中書監。丁卯，詔至德元年望訂租調逋未入者，竝原之。

秋八月癸卯，老人星見。丁未，以車騎將軍蕭摩訶爲驃騎將軍。

九月乙亥，以驃騎將軍、開府儀同三司豫章王叔英爲驃騎大將軍。庚寅，蕭琮所署尚書令、太傅安平王蕭巖〔三〇〕，中軍將軍、荆州刺史義興王蕭瓛〔三一〕，遣其都官尚書沈君公，詣荆州刺史陳紀請降〔三二〕。辛卯，巖等率文武男女十萬餘口濟江。甲午，大赦天下。

冬十一月乙亥，割揚州吴郡置吴州，割錢塘縣爲郡，屬焉。景子，以蕭巖爲平東將軍、開府儀同三司、東揚州刺史，蕭瓛爲安東將軍、吴州刺史。丁亥，以驃騎大將軍、開府儀同三司豫章王叔英兼司徒。

十二月景辰，以前鎮衛將軍、開府儀同三司、東揚州刺史鄱陽王伯山爲鎮衛大將軍、開府儀同三司，前中衛將軍晉安王伯恭爲中衛將軍、右光禄大夫。

二年春正月辛巳，立皇子恮爲東陽王，恬爲錢塘王。是月，遣散騎常侍周羅睺帥兵屯峽口。

夏四月戊申，有羣鼠無數，自洲岸入石頭渡淮〔三四〕，至于青塘兩岸，數日死，隨流出江。戊午，以左民尚書蔡徵爲吏部尚書。是月，郢州南浦水黑如墨。

五月壬午，以安前將軍廬陵王伯仁爲特進。甲午，東冶鑄鐵，有物赤色如數斗〔三五〕，自天墜鎔所，有聲隆隆如雷，鐵飛出牆外燒民家。

六月戊戌，扶南國遣使獻方物。庚子，廢皇太子胤爲吴興王，立軍師將軍、揚州刺史始安王深爲皇太子。辛丑，平南將軍、江州刺史南平王嶷進號鎮南將軍，忠武將軍、南徐州刺史永嘉王彦進號安北將軍，會稽王莊爲翊前將軍、揚州刺史，宣惠將軍、尚書令江總進號中權將軍，雲麾將軍、太子詹事袁憲爲尚書僕射，尚書僕射謝伷爲特進〔三六〕，寧遠將軍、新除吏部尚書蔡徵進號安右將軍。甲辰，以安右將軍魯廣達爲中領軍。丁巳，大風至自西北，激濤水入石頭城，淮渚暴溢，漂没舟乘。

冬十月己亥，立皇子蕃爲吴郡王。辛丑，以度支尚書、領大著作姚察爲吏部尚書。己酉，輿駕幸莫府山，大校獵。

十一月丁卯，詔曰：「夫議獄緩刑，皇王之所垂範，勝殘去殺，仁人之所用心。自畫冠既息，刻吏斯起，法令滋章，手足無措。朕君臨區宇，屬當澆末，輕重之典，在政未康，小大之情，興言多愧。眷茲狴犴，有軫哀矜，可克日於大政殿訊獄。」壬申，以鎮南將軍、江州刺史南平王嶷爲征西將軍、郢州刺史，安北將軍、南徐州刺史永嘉王彦爲安南將軍、江州刺史〔三七〕，軍師將軍南海王虔爲安北將軍、南徐州刺史〔三八〕。景子，立皇弟叔榮爲新昌王，叔匡爲太原王。是月，隋遣晉王廣衆軍來伐，自巴蜀沔漢下流至廣陵，數十道俱入，緣江鎮戍，相繼奏聞。時新除湘州刺史施文慶、中書舍人沈客卿掌機密用事，並抑而不言，故無備禦。

三年春正月乙丑朔，霧氣四塞。是日，隋總管賀若弼自北道廣陵濟京口，總管韓擒虎趨横江〔三九〕，濟採石，自南道將會弼軍。景寅，採石戍主徐子建馳啓告變。丁卯，召公卿入議軍旅。戊辰，内外戒嚴，以驃騎將軍蕭摩訶、護軍將軍樊毅、中領軍魯廣達並爲都督，遣南豫州刺史樊猛帥舟師出白下，散騎常侍皋文奏將兵鎮南豫州。庚午，賀若弼攻陷南徐州。辛未，韓擒虎又陷南豫州，文奏敗還。至是隋軍南北道竝進。後主遣驃騎大將軍、司徒豫章王叔英屯朝室〔四〇〕，蕭摩訶屯樂遊苑，樊毅屯耆闍寺，魯廣達屯白土岡，忠武將軍孔範屯寶田寺。己卯，鎮東大將軍任忠自吴興入赴，仍屯朱雀門。辛巳，賀若弼進據鍾山，頓白土岡之東南。甲申，後主遣衆軍與弼合戰，衆軍敗績。弼乘勝至樂遊苑，魯廣達猶督散兵力戰，不能拒。弼進攻宫城，燒北掖門。是時韓擒虎率衆自新林至于石子岡，任忠出降於擒虎，仍引擒虎經朱雀航趣宫城，自南掖門而入。於是城内文武百司皆遁出，唯尚書僕射袁憲在殿内，尚書令江總、吏部尚書姚察、度支尚書袁權、前度支尚書王瑗、侍中王寬居省中〔四一〕。後主聞兵至，從宫人十餘出後堂景陽殿，將自投于井，袁憲侍側，苦諫不從，後閤舍人夏侯公韻又以身蔽井，後主與爭久之，方得入焉。及夜，爲隋軍所執。景戌，晉王廣入據京城〔四二〕。

三月己巳，後主與王公百司發自建鄴，入于長安。隋仁壽四年十一月壬子，薨於洛陽，時年五十二。追贈大將軍，封長城縣公，謚曰煬，葬河南洛陽之芒山。

史臣侍中鄭國公魏徵曰：

高祖拔起壠畝，有雄桀之姿，始佐下藩，奮英奇之略。弭節南海，職思靜亂，援旗北邁，義在勤王。掃侯景於既成，拯梁室於已墜，天網絶而復續，國步屯而更康，百神有主，不失舊物。魏王之延漢鼎祚，宋武之反晉乘輿，懋績鴻勳，無以尚也。于時内難未弭，外隣勍敵，王琳作梗於上流，周齊摇蕩於江漢，畏首畏尾，若存若亡，此之不圖，遽移天歷，雖皇靈有睠，何其速也？然志度弘遠，懷抱豁如，或取士於仇讎，或擢才於亡命，掩其受金之過，宥其吠堯之罪，委以心腹爪牙，咸能得其死力，故乃決機百勝，成此三分，方諸鼎峙之雄，足以無慙權備矣。

世祖天姿叡哲，清明在躬，早預經綸，知民疾苦，思擇令典，庶幾至治。德刑竝用，戡濟艱虞，羣兇授首，彊隣震慴。雖忠厚之化未能及遠，恭儉之風足以垂訓，若不尚明察，則守文之良主也。

臨川年長於成王〔四三〕，過微於太甲。宣帝有周公之親，無伊尹之志，明辟不復，桐宫遂往，欲加之罪，其無辭乎！

高宗爰自在田，雅量宏廓，登庸御極，民歸其厚。惠以使下〔四四〕，寬以容衆。智勇爭奮，師出有名，揚旆分麾，風行電掃，闢土千里，奄有淮泗，戰勝攻取之勢，近古未之有也〔四五〕。既而君侈民勞，將驕卒墮，帑藏空竭，折衂師徒，於是秦人方彊，遂窺兵於江上矣。李克以爲吴之先亡，由乎數戰〔四六〕，數戰則民疲，數勝則主驕，以驕主御疲民，未有不亡者也。信哉言乎！高宗始以寬大得人，終以驕侈致敗，文武之業，墜于兹矣。

後主生深宫之中，長婦人之手，既屬邦國殄瘁，不知稼穡艱難。初懼阽危，屢有哀矜之詔，後稍安集，復扇淫侈之風。賓禮諸公，唯寄情於文酒，昵近羣小，皆委之以衡軸。謀謨所及，遂無骨鯁之臣，權要所在，莫匪侵漁之吏。政刑日紊，尸素盈朝，躭荒爲長夜之飲，嬖寵同豔妻之孽，危亡弗恤，上下相蒙，衆叛親離，臨機不寤。自投於井，冀以苟生，視其以此求全，抑亦民斯下矣。

遐觀列辟，纂武嗣興，其始也皆欲齊明日月，合德天地，高視五帝，俯協三王，然而靡不有初，克終蓋寡，其故何哉？竝以中庸之才，懷可移之性，口存於仁義，心怵於嗜慾。仁義利物而道遠，嗜欲遂性而便身，便身不可久違，道遠難以固志。佞諂之倫，承顏候色，因其所好，以悅導之，若下坂以走丸，譬順流而決壅。非夫感靈辰象，降生明德，孰能遺其所樂，而以百姓爲心哉？此所以成康文景，千載而罕遇，癸辛幽厲，靡代而不有，毒被宗社，身嬰戮辱，爲天下笑，可不痛乎！古人有言，亡國之主，多有才藝，考之梁、陳及隋，信非虛論。然則不崇教義之本，偏尚淫麗之文，徒長澆僞之風，無救亂亡之禍矣。

史臣曰：後主昔在儲宮，早標令德，及南面繼業，寔允天人之望矣。至於禮樂刑政，咸遵故典，加以深弘六藝，廣闢四門，是以待詔之徒，爭趨金馬，稽古之秀，雲集石渠。且梯山航海，朝貢者往往歲至矣。自魏正始、晉中朝以來，貴臣雖有識治者，皆以文學相處，罕關庶務，朝章大典，方參議焉，文案簿領，咸委小吏，浸以成俗，迄至于陳。後主因循，未違改革，故施文慶、沈客卿之徒，專掌軍國要務，姦黠左道，以哀刻爲功，自取身榮，不存國計，是以朝經墮廢，禍生隣國。斯亦運鍾百六，鼎玉遷變，非唯人事不昌，蓋天意然也。

校勘記

〔一〕平南將軍豫州刺史任忠進號鎮南將軍　按「豫州刺史」疑當作「南豫州刺史」。本書卷五宣帝紀、卷三一任忠傳皆云任忠太建十二年爲「平南將軍、南豫州刺史」，本卷下文云任忠至至德元年正月仍爲「南豫州刺史」。

〔二〕立弟叔重爲始興王　「叔重」，南史卷一〇陳本紀下作「叔敦」。按本書卷二八高宗二十九王始興王叔重傳及南史卷六五陳宗室諸王始興王叔重傳載「始興王叔重字子厚」。

〔三〕皇弟叔慎爲岳陽王　「王」字原爲墨釘，據國圖本、三朝本、南監本、北監本、汲本、殿本補。

〔四〕皇弟叔熊爲巴山王　「叔熊」，按本書卷二八高宗二十九王巴山王叔雄傳作「叔雄」。

〔五〕躬推爲勸　「推」，册府卷一九八閏位部作「耕」。

〔六〕老農懼於祇應　「祇應」，册府卷一九八閏位部作「抵絓」。

〔七〕輟耒成羣　「耒」，原作「來」，據南監本、北監本、汲本、殿本及册府卷一九八閏位部改。

〔八〕是用甲旦凝慮　「甲」，册府卷二一三閏位部作「申」。

〔九〕便當隨彼方圓飭之矩矱　「飭」，册府卷二一三閏位部作「訪」。

〔一〇〕猶復紆己乞言　「紆」，册府卷二一二閏位部作「虚」。

〔一一〕夏四月景申　「景申」，册府卷一九七閏位部作「丙子」，南史卷一〇陳本紀下、建康實録卷二〇作「丙申」。按太建十四年四月甲戌朔，丙子爲初三日，丙申爲廿三日。

〔一二〕應鏤金銀薄及庶物化生土木人綵花之屬　「應」，册府卷一九一閏位部作「絓」。

〔一三〕遂其鄉路　「遂」，殘宋本、國圖本、三朝本及册府卷一九一閏位部作「逐」。

〔一四〕顧扆筵而慓氣　「慓」，册府卷二〇八閏位部作「咽」。

〔一五〕冬十月丁酉　按至德元年十月丙寅朔，月内無丁酉，下文所繫「戊戌」、「癸丑」二干支，月内亦無；十一月乙未朔，丁酉初三，戊戌初四，癸丑十九。此處「十月」或當爲「十一月」。

〔一六〕平南將軍豫州刺史魯廣達進號安南將軍　「豫州刺史」，按本卷上文至德元年正月云「安左將軍魯廣達爲平南將軍、南豫州刺史」。

〔一七〕癸巳　按「癸巳」繫在正月有疑。至德二年正月甲子朔，無癸巳。二月有癸巳，爲初一朔日。

〔一八〕孝悌力田爲父後者各賜一級　「賜」下册府卷一九七閏位部有「爵」字。

〔一九〕使彊蔭兼出　「彊」，册府卷四八九邦計部作「族」。

〔二〇〕是乃木吏箕斂之苛也　「木」，南監本、北監本、汲本、殿本及册府卷四八九邦計部作「下」。

〔二一〕豐州義軍主陳景詳斬大寶　「陳景詳」，建康實録卷二〇作「陳景翔」。

〔二二〕以左民尚書謝伸爲吏部尚書　「謝伸」，南監本作「謝伷」。

〔二三〕葯房桂楝　「葯」，原作「慈」，據册府卷一九四閏位部改。按南監本、北監本、汲本、殿本作「蕙」。

〔二四〕久著前無　「無」，按類聚卷五三隨江總舉士詔、初學記卷二〇録隨江總舉士詔、册府卷二一二閏位部作「册」，南監本、北監本、汲本、殿本作「徽」。張元濟校勘記云「『無』，古『橅』字」。

〔二五〕四聰弗遠　「遠」，南監本、北監本、汲本、殿本及册府卷二一二閏位部作「達」。按類聚卷五三隨江總舉士詔、初學記卷二〇録隨江總舉士詔亦作「達」。

〔二六〕採其謀計　「謀計」，册府卷二一二閏位部作「默語」。按類聚卷五三隨江總舉士詔、初學記卷二〇録隨江總舉士詔亦作「默語」。

〔二七〕中衛大將軍開府儀同三司豫章王叔英進號驃騎大將軍　此處「驃騎大將軍」或有疑。按本卷下文云禎明元年九月乙亥「以驃騎將軍、開府儀同三司豫章王叔英爲驃騎大將軍」。本書卷二八高宗二十九王豫章王叔英傳亦云叔英於至德四年「進號驃騎大將軍」。

〔二八〕肆艫艦閲武　「肆」，南監本、殿本及南史卷一〇陳本紀下、建康實録卷二〇作「肄」。

〔二九〕吏部尚書謝伸爲尚書僕射　「謝伸」，原作「謝伷」，據殘宋本、靜嘉堂本、國圖本、三朝本、南監本、北監本、汲本、殿本、局本改。

〔三〇〕頻恢天綱　「頻恢」，册府卷二〇八閏位部作「恢恢」。

〔三一〕蕭琮所署尚書令太傅安平王蕭巖　「尚書令」，按本書卷一五陳慧紀傳作「尚書左僕射」。

〔三二〕中軍將軍荆州刺史義興王蕭瓛　「義興王」，按本書卷一五陳慧紀傳作「晉熙王」。

〔三三〕詣荆州刺史陳紀請降　按陳紀即陳慧紀，本書卷一五陳慧紀傳云蕭巖、蕭瓛「詣慧紀請降」。

〔三四〕自洲岸入石頭渡淮　「洲」，北監本、殿本及南史卷一〇陳本紀下作「蔡洲」，汲本作「蔡州」。「渡」，建康實録卷二〇作「緣」。

〔三五〕有物赤色如數斗　「如數斗」，按南史卷一〇陳本紀下作「大如數升」，隋書卷二三五行志上作「大如斗」。

〔三六〕尚書僕射謝伸爲特進　「謝伸」，原作「謝伷」，據靜嘉堂本改。

〔三七〕安北將軍南徐州刺史永嘉王彦爲安南將軍江州刺史　「安南將軍」，按本書卷二八後主十一子永嘉王彦傳作「平南將軍」。

〔三八〕軍師將軍南海王虔爲安北將軍南徐州刺史　「安北將軍」，按本書卷二八後主十一子南海王虔傳作「平北將軍」。

〔三九〕總管韓擒虎趨横江　「趨」，靜嘉堂本、國圖本、三朝本、南監本、北監本、汲本、殿本作「趣」。按張元濟校勘記云宋本作「趨」。

〔四〇〕後主遣驃騎大將軍司徒豫章王叔英屯朝室　「朝室」，建康實録卷二〇作「朝堂」，疑是。按本書卷二八世祖九王鄱陽王伯山傳附陳君範傳及高宗二十九王豫章王叔英傳亦作「朝堂」。

〔四一〕侍中王寬居省中　「居」，三朝本、南監本、北監本、汲本、殿本作「在」。按張元濟校勘記云宋本作「居」。

〔四二〕晉王廣入據京城　「京城」，按南史卷一〇陳本紀下作「臺城」。

〔四三〕臨川年長於成王　「臨川」，局本作「臨海」。按周一良札記：「『臨川』當是『臨海』之誤。」

〔四四〕惠以使下　「下」字原爲墨釘，據國圖本、三朝本、南監本、北監本、汲本、殿本補。

〔四五〕近古未之有也　「近古」二字原爲墨釘，據國圖本、三朝本、南監本、北監本、汲本、殿本補。

〔四六〕由乎數戰　「數戰」下，南監本、北監本、汲本、殿本、局本有「數勝」二字，疑是。按呂氏春秋卷一九離俗覽適威，李克有「驟戰而驟勝」之語，高誘注云：「驟，數也。」

陳書卷七

列傳第一

高祖章皇后　世祖沈皇后　廢帝王皇后　高宗柳皇后　後主沈皇后 張貴妃

周禮，王者立后六宮，三夫人，九嬪，二十七世婦，八十一御妻，以聽天下之內治。然受命繼體之主，非獨外相佐也，蓋亦有內德助焉。漢魏已來，六宮之職，因襲增置，代不同矣。高祖承微接亂，光膺天歷，以朴素自處，故後宮員位多闕。世祖天嘉初，詔立後宮員數，始置貴妃、貴嬪、貴姬三人，以擬古之三夫人。又置淑媛、淑儀、淑容、昭華、昭容、昭儀〔一〕、脩華、脩儀、脩容九人，以擬古之九嬪。又置婕妤、容華、充華、承徽、烈榮五人，謂之五職，亞於九嬪。又置美人、才人、良人三職，其職無員數，號爲散位。世祖性恭儉，而嬪嬙多闕，高宗、後主內職無所改作。今之所綴，略備此篇。

高祖宣皇后章氏，諱要兒，吴興烏程人也。本姓鈕，父景明爲章氏所養，因改焉。景明，梁代官至散騎侍郎。后母蘇，嘗遇道士以小龜遺己，光采五色，曰「三年有徵」。及期，后生而紫光照室，因失龜所在。少聰慧，美容儀，手爪長五寸，色並紅白，每有朞功之服，則一爪先折。高祖先娶同郡錢仲方女〔二〕，早卒，後乃聘后。后善書計，能誦詩及楚辭。

高祖自廣州南征交阯，命后與衡陽王昌隨世祖由海道歸于長城。侯景之亂，高祖下至豫章，后爲景所囚。景平，而高祖爲長城縣公，后拜夫人。及高祖踐祚，永定元年立爲皇后〔三〕。追贈后父景明特進、金紫光禄大夫，加金章紫綬，拜后母蘇安吉縣君。二年，安吉君卒，與后父合葬吴興。明年，追封后父爲廣德縣侯，邑五百户，謚曰温。高祖崩，后與中書舍人蔡景歷定計，祕不發喪，召世祖入纂，事在蔡景歷及侯安都傳。世祖即位，尊后爲皇太后，宫曰慈訓。廢帝即位，尊后爲太皇太后。光大二年，后下令黜廢帝爲臨海王，命高宗嗣位。太建元年，尊后爲皇太后。二年三月景申，崩于紫極殿〔四〕，時年六十五。遺令喪事所須，並從儉約，諸有饋奠，不得用牲牢。其年四月，羣臣上謚曰宣太后，祔葬萬安陵。后親屬無在朝者，唯族兄鈕洽官至中散大夫。

世祖沈皇后諱妙容〔五〕，吴興武康人也。父法深，梁安前中録事參軍。后年十餘歲，以梁大同中歸于世祖。高祖之討侯景，世祖時在吴興，景遣使收世祖及后。景平，乃獲免。高祖踐祚，永定元年，后爲臨川王妃。世祖即位，爲皇后。追贈后父法深光禄大夫，加金章紫綬，封建成縣侯，邑五百户，謚曰恭。追贈后母高綏安縣君，謚曰定。廢帝即位，尊后爲皇太后，宫曰安德。

時高宗與僕射到仲舉、舍人劉師知等並受遺輔政，師知與仲舉恒居禁中參決衆事，而高宗爲揚州刺史，與左右三百人入居尚書省。師知見高宗權重，陰忌之，乃矯勑謂高宗曰：「今四方無事，王可還東府，經理州務。」高宗將出，而諮議毛喜止之曰：「今若出外，便受制於人，譬如曹爽，願作富家翁不可得也。」高宗乃稱疾，召師知留之與語，使毛喜先入言之於后。后曰：「今伯宗年幼，政事並委二郎，此非我意。」喜又言於廢帝，帝曰：「此自師知等所爲，非朕意也。」喜出以報高宗，高宗因囚師知，自入見后及帝，極陳師知之短，仍自草敕請畫，以師知付廷尉治罪。其夜，於獄中賜死。自是政無大小，盡歸高宗。后憂悶計無所出，乃密賂宦者蔣裕，令誘建安人張安國，使據郡反，冀因此以圖高宗。安國事覺，並爲高宗所誅。時后左右近侍頗知其事，后恐連逮黨與，並殺之。高宗即位，以后爲文皇后。陳亡入隋，大業初，自長安歸于江南，頃之，卒。

后兄欽，隨世祖征伐，以功至貞威將軍、安州刺史。世祖即位，襲爵建城侯，加通直散騎常侍、持節、會稽等九郡諸軍事、明威將軍、會稽太守〔六〕，入爲侍中、左衞將軍、衞尉卿。光大中，爲尚書右僕射，尋遷左僕射〔七〕。欽素無技能，奉己而已。高宗即位，出爲雲麾將軍、義興太守，秩中二千石。太建元年卒，時年六十七，贈侍中、特進、翊左將軍，謚曰成。

子觀嗣，頗有學識，官至御史中丞。

廢帝王皇后，金紫光禄大夫固之女也。天嘉元年，爲皇太子妃〔八〕，廢帝即位，立爲皇后。廢帝爲臨海王，后爲臨海王妃。至德中薨。

后生臨海嗣王至澤。至澤以光大元年爲皇太子。太建元年，襲封臨海嗣王〔九〕。尋爲宣惠將軍，置佐史。陳亡入長安。

高宗柳皇后諱敬言〔一〇〕，河東解人也。曾祖世隆，齊侍中、司空、尚書令，貞陽忠武公。祖惲，有重名於梁代，官至祕書監，贈侍中、中護軍。父偃，尚梁武帝女長城公主，拜駙馬都尉，大寶中，爲鄱陽太守，卒官。

后時年九歲，幹理家事，有若成人。侯景之亂，后與弟盼往江陵依梁元帝，元帝以長城公主之故，待遇甚厚。及高宗赴江陵，元帝以后配焉。承聖二年，后生後主於江陵。明年，江陵陷，高宗遷于關右，后與後主俱留穰城。天嘉二年，與後主還朝，后爲安成王妃〔一一〕。高宗即位，立爲皇后。

后美姿容，身長七尺二寸，手垂過膝。初，高宗居鄉里，先娶吴興錢氏女，及即位，拜爲貴妃，甚有寵，后傾心下之。每尚方供奉之物，其上者皆推於貴妃，而己御其次焉。高宗崩，始興王叔陵爲亂，後主賴后與樂安君吴氏救而獲免，事在叔陵傳。後主即位，尊后爲皇太后，宫曰弘範。當是之時，新失淮南之地，隋師臨江，又國遭大喪，後主病瘡不能聽政，其誅叔陵、供大行喪事、邊境防守及百司衆務，雖假以後主之命，實皆決之於后。後主瘡愈，乃歸政焉。陳亡入長安，大業十一年薨於東都〔一二〕，年八十三，葬洛陽之邙山。

后性謙謹，未嘗以宗族爲請，雖衣食亦無所分遺。

弟盼，太建中尚世祖女富陽公主，拜駙馬都尉。後主即位，以帝舅加散騎常侍。盼性愚戇，使酒，常因醉乘馬入殿門，爲有司所劾，坐免官，卒於家。贈侍中、中護軍。

后從祖弟莊，清警有鑒識，太建末，爲太子洗馬，掌東宫管記。後主即位，稍遷至散騎常侍、衛尉卿。禎明元年，轉右衛將軍，兼中書舍人、領雍州大中正。自盼卒後，太后宗屬唯莊爲近，兼素有名望，猶是深被恩遇。尋遷度支尚書。陳亡入隋，爲岐州司馬。

後主沈皇后諱婺華〔一三〕，儀同三司望蔡貞憲侯君理女也。母即高祖女會稽穆公主。主早亡，時后尚幼，而毁瘠過甚。及服畢，每至歲時朔望，恒獨坐涕泣，哀動左右，内外咸敬異焉。太建三年納爲皇太子妃〔一四〕。後主即位，立爲皇后。

后性端靜，寡嗜慾，聰敏彊記，涉獵經史，工書翰。初，後主在東宫，而后父君理卒，后居憂，處於别殿，哀毁逾禮。後主遇后既薄，而張貴妃寵傾後宫，後宫之政竝歸之，后澹然未嘗有所忌怨。而居處儉約，衣服無錦繡之飾，左右近侍纔百許人〔一五〕，唯尋閲圖史、誦佛經爲事。陳亡，與後主俱入長安。及後主薨，后自爲哀辭，文甚酸切。隋煬帝每所巡幸，恒令從駕。及煬帝爲宇文化及所害，后自廣陵過江還鄉里，不知所終。

后無子，養孫姬子胤爲己子。后宗族多有顯官，事在君理傳。

后叔君公，自梁元帝敗後，常在江陵。禎明中，與蕭瓛、蕭巖率衆叛隋歸朝，後主擢爲太子詹事。君公博學有才辯，善談論，後主深器之。陳亡，隋文帝以其叛己，命斬于建康。

後主張貴妃名麗華，兵家女也。家貧，父兄以織席爲事。後主爲太子，以選入宮。是時龔貴嬪爲良娣，貴妃年十歲，爲之給使，後主見而說焉，因得幸，遂有娠，生太子深。後主即位，拜爲貴妃。性聰惠，甚被寵遇。後主每引貴妃與賓客遊宴，貴妃薦諸宮女預焉，後宮等咸德之，競言貴妃之善，由是愛傾後宮。又好厭魅之術，假鬼道以惑後主，置淫祀於宮中，聚諸妖巫使之鼓舞，因參訪外事，人閒有一言一事，妃必先知之，以白後主，由是益重妃，內外宗族，多被引用。及隋軍陷臺城，妃與後主俱入于井，隋軍出之，晉王廣命斬貴妃，牓於青溪中橋。

史臣侍中鄭國公魏徵考覽記書，參詳故老，云：

後主初即位，以始興王叔陵之亂，被傷臥于承香閤下，時諸姬竝不得進，唯張貴妃侍焉。而柳太后猶居柏梁殿，即皇后之正殿也。後主沈皇后素無寵，不得侍疾，别居求賢殿。至德二年，乃於光照殿前起臨春、結綺、望仙三閣〔一六〕。閣高數丈，竝數十閒，其窗牖、壁帶、懸楣、欄檻之類，竝以沈檀香木爲之，又飾以金玉，閒以珠翠，外施珠簾，内有寶牀、寶帳，其服玩之屬，瑰奇珍麗，近古所未有。每微風暫至，香聞數里，朝日初照，光暎後庭。其下積石爲山，引水爲池，植以奇樹，雜以花藥。後主自居臨春閣，張貴妃居結綺閣，龔、孔二貴嬪居望仙閣〔一七〕，竝複道交相往來。又有王、李二美人〔一八〕、張、薛二淑媛、袁昭儀、何婕妤、江脩容等七人，竝有寵，遞代以遊其上。以宫人有文學者袁大捨等爲女學士。後主每引賓客對貴妃等遊宴，則使諸貴人及女學士與狎客共賦新詩，互相贈答，採其尤豔麗者以爲曲詞，被以新聲，選宫女有容色者以千百數，令習而哥之，分部迭進，持以相樂。其曲有玉樹後庭花、臨春樂等，大指所歸，皆美張貴妃、孔貴嬪之容色也。其略曰：「壁月夜夜滿，瓊樹朝朝新。」而張貴妃髮長七尺，鬒黑如漆，其光可鑒。特聰惠，有神采，進止閑暇，容色端麗。每瞻視盼睞，光采溢目，照暎左右。常於閣上靚粧，臨于軒檻，宫中遥望，飄若神仙。才辯彊記，善候人主顔色。是時，後主怠於政事，百司啓奏，竝因宦者蔡脱兒、李善度進請〔一九〕，後主置張貴妃於膝上共決之。李、蔡所不能記者，貴妃並爲條疏，無所遺脱。由是益加寵異，冠絶後庭。而後宮之家，不遵法度，有挂於理者，但求哀於貴妃，貴妃則令李、蔡先啓其事，而後從容爲言之。大臣有不從者，亦因而譖之，所言無不聽。於是張、孔之勢，薰灼四方，大臣執政，亦從風而靡。閹宦便佞之徒，内外交結，轉相引進，賄賂公行，賞罰無常，綱紀瞀亂矣。

史臣曰：詩表關雎之德，易著乾坤之基，然夫婦之際，人道之大倫也。若夫作儷天則，燮贊王化，則宣太后有其懿焉。

校勘記

〔一〕昭容昭儀　北監本、汲本、殿本作「昭儀昭容」，按隋書卷一一禮儀志六載陳九嬪之序，「昭儀」在「昭容」上。又初學記卷一〇中宮部小注所載陳九嬪之序，「昭容」在「昭儀」上。

〔二〕高祖先娶同郡錢仲方女　「錢仲方」，汲本作「錢仲芳」。按南史卷一二后妃下陳武宣章皇后傳、通鑑卷一六七陳紀一武帝永定元年亦作「錢仲方」。

〔三〕永定元年立爲皇后　「元年」，原作「九年」，據御覽卷一四三引陳書、南史卷一二后妃下陳武宣章皇后傳、建康實録卷二〇改。

〔四〕二年三月景申崩于紫極殿　「三月」，建康實録卷二〇作「正月」。按本書卷五宣帝紀、南史卷一〇陳本紀下、通鑑卷一七〇陳紀四宣帝太建二年皆云太后崩於太建二年三月丙申。

〔五〕世祖沈皇后諱妙容　「妙容」，按建康實録卷二〇作「妙姬」。

〔六〕持節會稽等九郡諸軍事明威將軍會稽太守　「持節」下疑有脱字。林礽乾考證云：「按『持節』下，當有一『督』字，或有『都督』二字爲是。陳之制，凡言某爲持節或使持節某某諸軍事者，『持節』與『使持節』下，必有『督』或『都督』二字。」

〔七〕光大中爲尚書右僕射尋遷左僕射　按本書卷四廢帝紀、卷五宣帝紀，南史卷九陳本紀上、卷一〇陳本紀下，沈欽在天康元年爲尚書右僕射，光大元年爲尚書僕射，太建元年爲尚書左僕射。

〔八〕天嘉元年爲皇太子妃　「天嘉元年」，本書卷三世祖紀載天嘉三年「皇太子納妃王氏」，卷二一王固傳、建康實録卷一九記王氏爲皇太子妃事在天嘉四年。

〔九〕太建元年襲封臨海嗣王　按本書卷四廢帝紀、卷五宣帝紀，臨海王伯宗卒於太建二年四月，卒時仍爲臨海王，此處云至澤在太建元年襲封臨海嗣王有疑。

〔一〇〕高宗柳皇后諱敬言　「敬言」，建康實録卷二〇作「敬淑」。

〔一一〕天嘉二年與後主還朝后爲安成王妃　「天嘉二年」，按本書卷二九毛喜傳云「迎柳皇后及後主還。天嘉三年至京師」。南史卷六八毛喜傳記其還朝時間亦作「天嘉三年」。

〔三〕大業十一年薨於東都 「十一年」，南史卷一二后妃下宣柳皇后傳作「十二年」，建康實録卷二〇小注引陳書作「十三年」。

〔三〕後主沈皇后諱婺華 「婺華」，按建康實録卷二〇作「務華」。

〔四〕太建三年納爲皇太子妃 「太建三年」，南史卷一二后妃下後主沈皇后傳作「太建二年」，按建康實録卷二〇亦作「太建三年」。沈氏納爲太子妃事，本書卷五宣帝紀繫於太建元年。

〔五〕左右近侍纔百許人 「纔百許人」，按建康實録卷二〇作「纔留五人」。

〔六〕乃於光照殿前起臨春結綺望仙三閣 「光照殿」，汲本作「光煕殿」，南史卷一二后妃下後主沈皇后傳附張貴妃傳、御覽卷一三四、卷一八四引陳書作「光昭殿」。

〔七〕龔孔二貴嬪居望仙閣 「龔孔二貴嬪」，御覽卷一三四引陳書作「孔貴人」。

〔八〕又有王李二美人 「李」，南史卷一二后妃下後主沈皇后傳附張貴妃傳作「季」。

〔九〕竝因宦者蔡脱兒李善度進請 「蔡脱兒」，按南史卷一二后妃下後主沈皇后傳附張貴妃傳、建康實録卷二〇作「蔡臨兒」。「李善度」，按本書卷三〇傅縡傳、册府卷七〇六令長部、卷八四九總録部、卷八七七總録部有宦官「李善慶」，疑爲同一人。

陳書卷八

列傳第二

杜僧明　周文育 子寶安　侯安都

杜僧明字弘照，廣陵臨澤人也。形皃眇小，而膽氣過人，有勇力，善騎射。梁大同中，盧安興爲廣州南江督護，僧明與兄天合及周文育竝爲安興所啓，請與俱行。頻征俚獠有功，爲新州助防。天合亦有材幹，預在征伐。安興死，僧明復副其子子雄。及交州土豪李賁反，逐刺史蕭諮，諮奔廣州，臺遣子雄與高州刺史孫冏討賁。時春草已生，瘴癘方起，子雄請待秋討之，廣州刺史新渝侯蕭暎不聽，蕭諮又促之，子雄等不得已，遂行。至合浦，死者十六七，衆竝憚役潰散，禁之不可，乃引其餘兵退還。蕭諮啓子雄及冏與賊交通，逗留不進，梁武帝勑於廣州賜死。子雄弟子略、子烈竝雄豪任俠，家屬在南江。天合謀於衆曰：「盧公累代待遇我等亦甚厚矣，今見枉而死，不能爲報，非丈夫也。我弟僧明萬人之敵，若圍州城，召百姓，誰敢不從。城破，斬二侯祭孫、盧，然後待臺使至，束手詣廷尉，死猶勝生。縱其不捷，亦無恨矣。」衆咸慷慨曰「是願也，唯足下命之」。乃與周文育等率衆結盟，奉子雄弟子略爲主，以攻刺史蕭映。子略頓城南，天合頓城北，僧明、文育分據東西，吏人竝應之，一日之中，衆至數萬。高祖時在高要，聞事起，率衆來討，大破之，殺天合，生擒僧明及文育等，高祖竝釋之，引爲主帥。

高祖征交阯及討元景仲，僧明、文育竝有功。侯景之亂，俱隨高祖入援京師。高祖於始興破蘭裕，僧明爲前鋒，擒裕斬之。又與蔡路養戰於南野，僧明馬被傷，高祖馳往救之，以所乘馬授僧明，僧明乘馬與數十人復進，衆皆披靡，因而乘之，大敗路養。高州刺史李遷仕又據大皋，入灨石，以逼高祖，高祖遣周文育爲前軍，與僧明擊走之。遷仕與寧都人劉孝尚併力將襲南康〔一〕，高祖又令僧明與文育等拒之，相持連戰百餘日，卒擒遷仕，送于高祖軍。及高祖下南康，留僧明頓西昌，督安成、廬陵二郡軍事。元帝承制授假節、清野將軍〔二〕、新州刺史，臨江縣子，邑三百户。

侯景遣于慶等寇南江，高祖頓豫章。會僧明爲前驅〔三〕，所向克捷，高祖表僧明爲長史，仍隨東討。軍至蔡州，僧明率麾下燒賊水門大艦。及景平，以功除員外散騎常侍、明威將軍、南兗州刺史，進爵爲侯，增邑并前五百户，仍領晉陵太守。承聖二年，從高祖北圍廣陵，加使持節，遷通直散騎常侍、平北將軍，餘如故。荆州陷，高祖使僧明率吴明徹等隨侯瑱西援，於江州病卒，時年四十六。贈散騎常侍，謚曰威。世祖即位，追贈開府儀同三司。天嘉二年，配享高祖廟庭。子晉嗣。

周文育字景德，義興陽羨人也。少孤貧，本居新安壽昌縣，姓項氏，名猛奴。年十一，能反覆游水中數里，跳高五六尺，與羣兒聚戲，衆莫能及。義興人周薈爲壽昌浦口戍主，見而奇之，因召與語。文育對曰：「母老家貧，兄姊並長大，困於賦役。」薈哀之，乃隨文育至家，就其母請文育養爲己子，母遂與之。及薈秩滿，與文育還都，見於太子詹事周捨，請製名字。捨因爲立名文育，字景德，命兄子弘讓教之書計。弘讓善隸書，寫蔡邕勸學及古詩以遺文育，文育不之省也，謂弘讓曰：「誰能學此，取富貴但有大槊耳〔四〕。」弘讓壯之，教之騎射，文育大悦。

司州刺史陳慶之與薈同郡，素相善，啓薈爲前軍軍主。慶之使薈將五百人往新蔡懸瓠，慰勞白水蠻，蠻謀執薈以入魏，事覺，薈與文育拒之。時賊徒甚盛，一日之中戰數十合，文育前鋒陷陣，勇冠軍中。薈於陣戰死，文育馳取其尸，賊不敢逼。及夕，各引去。文育身被九創，創愈，辭請還葬，慶之壯其節，厚加賵遺而遣之〔五〕。

葬訖，會盧安興爲南江督護，啓文育同行。累征俚獠，所在有功，除南海令。安興死後，文育與杜僧明攻廣州，爲高祖所敗，高祖赦之，語在僧明傳。

後監州王勱以文育爲長流令〔六〕，深被委任。勱被代，文育欲與勱俱下，至大庾嶺，詣卜者，卜者曰：「君北下不過作令長，南入則爲公侯。」文育曰：「足錢便可，誰望公侯。」卜人又曰：「君須臾當暴得銀至二千兩，若不見信，以此爲驗。」其夕，宿逆旅，有賈人求與文育博，文育勝之，得銀二千兩。旦日辭勱，勱問其故，文育以告，勱乃遣之。高祖在高要，聞其還也，大喜，遣人迎之，厚加賞賜，分麾下配焉。

高祖之討侯景，文育與杜僧明爲前軍，克蘭裕，援歐陽頠，皆有功。高祖破蔡路養於南野，文育爲路養所圍，四面數重，矢石雨下，所乘馬死，文育右手搏戰，左手解鞍，潰圍而出，因與杜僧明等相得，并力復進，遂大敗之。高祖乃表文育爲府司馬。

李遷仕之據大皐，遣其將杜平虜入灨石魚梁作城，高祖命文育擊之，平虜棄城走，文育據其城。遷仕聞平虜敗，留老弱於大皐，悉選精兵自將，以攻文育，其鋒甚鋭，軍人憚之。文育與戰，遷仕稍却，相持未解，會高祖遣杜僧明來援〔七〕，別破遷仕水軍，遷仕衆潰，不敢過大皋，直走新淦。梁元帝授文育假節、雄信將軍、義州刺史。遷仕又與劉孝尚謀拒義軍，高祖遣文育與侯安都、杜僧明、徐度、杜稜築城於白口拒之。文育頻出與戰，遂擒遷仕。

高祖發自南康，遣文育將兵五千，開通江路。侯景將王伯醜據豫章，文育擊走之，遂據其城。累前後功，除游騎將軍，員外散騎常侍，封東遷縣侯，邑五百户。

高祖軍至白茅灣，命文育與杜僧明常爲軍鋒，平南陵、鵲頭諸城。及至姑孰，與景將侯子鑒戰，破之。景平，授通直散騎常侍，改封南移縣侯，邑一千户，拜信義太守。累遷南丹陽、蘭陵、晉陵太守，智武將軍，散騎常侍。

高祖誅王僧辯，命文育督衆軍會世祖於吴興，圍杜龕，克之。又濟江襲會稽太守張彪，得其郡城。及世祖爲彪所襲，文育時頓城北香巖寺〔八〕，世祖夜往趨之，因共立栅。頃之，彪又來攻，文育悉力苦戰，彪不能克，遂破平彪〔九〕。

高祖以侯瑱擁據江州〔一〇〕，命文育討之，仍除都督南豫州諸軍事、嚴威將軍、南豫州刺史〔一一〕，率兵襲湓城。未克，徐嗣徽引齊寇渡江據蕪湖，詔徵文育還京。嗣徽等列艦於青墩，至于七磯，以斷文育歸路。及夕，文育鼓噪而發，嗣徽等不能制。至旦，反攻嗣徽，嗣徽驍將鮑砰獨以小艦殿軍，文育乘單舴艋與戰，跳入艦，斬砰，仍牽其艦而還。賊衆大駭，因留船蕪湖，自丹陽步上。時高祖拒嗣徽於白城，適與文育大會〔一二〕。將戰，風急，高祖曰：「兵不逆風〔一三〕。」文育曰：「事急矣，當決之，何用古法。」抽槊上馬，馳而進〔一四〕，衆軍從之，風亦尋轉，殺傷數百人。嗣徽等移營莫府山〔一五〕，文育徙頓對之。頻戰功最，加平西將軍，進爵壽昌縣公，並給鼓吹一部。

廣州刺史蕭勃舉兵踰嶺，詔文育督衆軍討之。時新吴洞主余孝頃奉兵應勃〔一六〕，遣其弟孝勱守郡城〔一七〕，自出豫章，據于石頭。勃使其子孜將兵與孝頃相會，又遣其別將歐陽頠頓軍苦竹灘，傅泰據墌口城〔一八〕，以拒官軍。官軍船少，孝頃有舴艋三百艘、艦百餘乘在上牢〔一九〕，文育遣軍主焦僧度、羊柬潛軍襲之〔二〇〕，悉取而歸，仍於豫章立柵。時官軍食盡，並欲退還，文育不許。乃使人閒行遺周迪書，約爲兄弟，并陳利害。迪得書甚喜，許饋糧餉。於是文育分遣老小乘故船舫，沿流俱下，燒豫章郡所立柵，僞退。孝頃望之，大喜，因不設備。文育由閒道兼行，信宿達芊韶〔二一〕。芊韶上流則歐陽頠、蕭勃，下流則傅泰、余孝頃，文育據其中閒，築城饗士，賊徒大駭。歐陽頠乃退入泥溪，作城自守。文育遣嚴威將軍周鐵武〔二二〕，與長史陸山才襲頠，擒之。於是盛陳兵甲，與頠乘舟而讌，以巡傅泰城下，因而攻泰，克之。蕭勃在南康，聞之，衆皆股慄，莫能自固。其將譚世遠斬勃欲降，爲人所害。世遠軍主夏侯明徹持勃首以降。蕭孜、余孝頃猶據石頭，高祖遣侯安都助文育攻之，攽降文育，孝頃退走新吳，廣州平，文育還頓豫章。以功授鎮南將軍、開府儀同三司、都督江廣衡交等州諸軍事、江州刺史。

王琳擁據上流，詔命侯安都爲西道都督，文育爲南道都督，同會武昌。與王琳戰於沌口，爲琳所執，後得逃歸，語在安都傳。尋授使持節、散騎常侍、鎮南將軍、開府儀同三司，壽昌縣公，給鼓吹一部。

及周迪破余孝頃，孝頃子公颺、弟孝勱猶據舊栅，扇動南土，高祖復遣文育及周迪、黄法𣰰等討之。豫章内史熊曇朗亦率軍來會，衆且萬人。文育遣吳明徹爲水軍，配周迪運糧，自率衆軍入象牙江，城於金口。公颺領五百人僞降，謀執文育，事覺，文育囚之，送于京師，以其部曲分隸衆軍。乃捨舟爲步軍，進據三陂。王琳遣將曹慶帥兵二千人以救孝勱，慶分遣主帥常衆愛與文育相拒，自帥所領徑攻周迪、吳明徹軍。迪等敗績，文育退據金口。熊曇朗因其失利，謀害文育，以應衆愛。文育監軍孫白象頗知其事，勸令先之。文育曰：「不可，我舊兵少，客軍多，若取曇朗，人人驚懼，亡立至矣，不如推心以撫之。」初，周迪之敗也，棄船走，莫知所在，及得迪書，文育喜，賫示曇朗，曇朗害之於座，時年五十一。高祖聞之，即日舉哀，贈侍中、司空，謚曰忠愍。

初，文育之據三陂，有流星墜地，其聲如雷，地陷方一丈，中有碎炭數斗。又軍市中忽聞小兒啼，一市竝驚，聽之在土下，軍人掘得棺長三尺，文育惡之。俄而迪敗，文育見殺。天嘉二年，有詔配享高祖廟庭。子寶安嗣。文育本族兄景曜，因文育官至新安太守。

寶安字安民。年十餘歲，便習騎射，以貴公子驕蹇遊逸，好狗馬，樂馳騁，靡衣媮食。文育之爲晉陵，以征討不遑之郡，令寶安監知郡事，尤聚惡少年，高祖患之。及文育西征敗績，縶於王琳，寶安便折節讀書，與士君子遊，綏御文育士卒，甚有威惠。除員外散騎侍郎。文育歸，復除貞威將軍、吴興太守。文育爲熊曇朗所害，徵寶安還。起爲猛烈將軍，領其舊兵，仍令南討。

世祖即位，深器重之，寄以心膂，精卒利兵多配焉。及平王琳，頗有功。周迪之破熊曇朗，寶安南入，窮其餘燼。天嘉二年，重除雄信將軍、吴興太守，襲封壽昌縣公。三年，征留異，爲侯安都前軍。異平，除給事黄門侍郎、衞尉卿。四年，授持節、都督南徐州諸軍事、貞毅將軍、南徐州刺史。徵爲左衞將軍、加信武將軍。尋以本官領衞尉卿，又進號仁威將軍。天康元年卒，時年二十九。贈侍中、左衞將軍〔二三〕，謚曰成。

子碧嗣。寶安卒後，碧亦爲偏將。征歐陽紇，平定淮南，竝有功，封江安縣伯，邑四百户〔二四〕。歷晉陵、定遠二郡太守。太建九年卒，時年二十四，贈電威將軍。

侯安都字成師，始興曲江人也。世爲郡著姓。父文捍〔二五〕，少仕州郡，以忠謹稱，安都貴後，官至光禄大夫、始興内史、秩中二千石。

安都工隸書，能鼓琴，涉獵書傳，爲五言詩，亦頗清靡，兼善騎射，爲邑里雄豪。梁始興内史蕭子範辟爲主簿。侯景之亂，招集兵甲，至三千人。高祖入援京邑，安都引兵從高祖，攻蔡路養，破李遷仕，克平侯景，竝力戰有功。元帝授猛烈將軍、通直散騎常侍，富川縣子，邑三百户。隨高祖鎮京口，除蘭陵太守。高祖謀襲王僧辯，諸將莫有知者，唯與安都定計，仍使安都率水軍自京口趨石頭，高祖自率馬步從江乘羅落會之。安都至石頭北，棄舟登岸，僧辯弗之覺也。石頭城北接崗阜，雉堞不甚危峻，安都被甲帶長刀，軍人捧之投於女垣内，衆隨而入，進逼僧辯卧室。高祖大軍亦至，與僧辯戰于聽事前，安都自内閤出，腹背擊之，遂擒僧辯。

紹泰元年，以功授使持節、散騎常侍、都督南徐州諸軍事、仁威將軍、南徐州刺史〔二六〕。高祖東討杜龕，安都留臺居守。徐嗣徽、任約等引齊寇入據石頭，游騎至于闕下。安都閉門偃旗幟，示之以弱，令城中曰：「登陴看賊者斬。」及夕，賊收軍還石頭，安都夜令士卒密營禦敵之具。將旦，賊騎又至，安都率甲士三百人〔二七〕，開東西掖門與戰，大敗之，賊乃退還石頭，不敢復逼臺城。及高祖至，以安都爲水軍，於中流斷賊糧運。又襲秦郡，破嗣徽柵，收其家口并馬驢輜重。得嗣徽所彈琵琶及所養鷹，遣信餉之曰：「昨至弟住處得此，今以相還。」嗣徽等見之大懼，尋而請和，高祖聽其還北。及嗣徽等濟江，齊之餘軍猶據採石，守備甚嚴，又遣安都攻之，多所俘獲。

明年春，詔安都率兵鎮梁山，以備齊。徐嗣徽等復入丹陽〔二八〕，至湖熟，高祖追安都還，率馬步拒之於高橋。又戰於耕壇南，安都率十二騎，突其陣，破之，生擒齊儀同乞伏無勞〔二九〕。又刺齊將東方老墮馬，會賊騎至，救老獲免。賊北渡蔣山，安都又與齊將王敬寶戰於龍尾，使從弟曉、軍主張纂前犯其陣。曉被槍墜馬，張纂死之。安都馳往救曉，斬其騎士十一人〔三〇〕，因取纂尸而還，齊軍不敢逼。高祖與齊軍戰於莫府山，命安都領步騎千餘人，自白下橫擊其後，齊軍大敗〔三一〕。安都又率所部追至攝山，俘獲首虜，不可勝計。以功進爵爲侯，增邑五百户，給鼓吹一部。又進號平南將軍，改封西江縣公〔三二〕。

仍都督水軍出豫章，助豫州刺史周文育討蕭勃。安都未至，文育已斬勃，并擒其將歐陽頠、傅泰等。唯余孝頃與勃子孜猶據豫章之石頭，作兩城，孝頃與孜各據其一，又多設船艦，夾水而陣。安都至，乃銜枚夜燒其艦。文育率水軍，安都領步騎，登岸結陣。孝頃俄斷後路，安都乃令軍士多伐松木，竪柵〔三〕，列營漸進，頻戰屢克，孜乃降。孝頃奔歸新吴，請入子爲質，許之。師還，以功進號鎮北將軍、加開府儀同三司。

仍率衆會於武昌，與周文育西討王琳。將發，王公已下餞於新林，安都躍馬渡橋，人馬俱墮水中，又坐𦨴内，墜於櫓井，時以爲不祥。至武昌，琳將樊猛棄城走。文育亦自豫章至。時兩將俱行，不相統攝，因部下交爭，稍不平。軍至郢州，琳將潘純陁於城中遥射官軍，安都怒，進軍圍之，未能克。而王琳至于弇口，安都乃釋郢州，悉衆往沌口以禦之，遇風不得進。琳據東岸，官軍據西岸，相持數日，乃合戰，安都等敗績。安都與周文育、徐敬成並爲琳所囚。琳總以一長鎖繫之，置于𦨴下，令所親宦者王子晉掌視之。琳下至湓城白水浦，安都等甘言許厚賂子晉。子晉乃僞以小船依𦨴而釣，夜載安都、文育、敬成上岸，入深草中，步投官軍。還都自劾，詔竝赦之，復其官爵。

尋爲丹陽尹，出爲都督南豫州諸軍事、鎮西將軍、南豫州刺史。令繼周文育攻余孝勱及王琳將曹慶、常衆愛等。安都自宫亭湖出松門，躡衆愛後。文育爲熊曇朗所害，安都回取大艦，值琳將周炅、周協南歸，與戰，破之，生擒炅、協。孝勱弟孝猷率部下四千家欲就王琳，遇炅、協敗，乃詣安都降。安都又進軍於禽奇洲，破曹慶、常衆愛等，焚其船艦。衆愛奔于廬山，爲村人所殺，餘衆悉平。

還軍至南皖，而高祖崩，安都隨世祖還朝，仍與羣臣定議，翼奉世祖。時世祖謙讓弗敢當，太后又以衡陽王故，未肯下令，羣臣猶豫不能決。安都曰：「今四方未定，何暇及遠，臨川王有功天下，須共立之。今日之事，後應者斬。」便按劍上殿，白太后出璽，又手解世祖髮，推就喪次。世祖即位，遷司空，仍爲都督南徐州諸軍事、征北將軍、南徐州刺史，給扶。

王琳下至栅口，大軍出頓蕪湖，時侯瑱爲大都督，而指麾經略，多出安都。天嘉元年，增邑千户。及王琳敗走入齊，安都進軍湓城，討琳餘黨，所向皆下。

仍别奉中旨，迎衡陽獻王昌。初，昌之將入也，致書於世祖，辭甚不遜，世祖不懌，乃召安都從容而言曰：「太子將至，須别求一蕃，吾其老焉。」安都對曰：「自古豈有被代天子？臣愚不敢奉詔。」因請自迎昌，昌濟漢而薨。以功進爵清遠郡公，邑四千户。自是威名甚重，羣臣無出其右。

安都父文捍，爲始興内史，卒於官。世祖徵安都還京師，爲發喪。尋起復本官，贈其父散騎常侍、金紫光禄大夫，拜其母爲清遠國太夫人。仍迎還都，母固求停鄉里，上乃下詔，改桂陽之汝城縣爲盧陽郡〔三四〕，分衡州之始興、安遠二郡，合三郡爲東衡州，以安都從弟曉爲刺史，安都第三子祕年九歲，上以爲始興内史，並令在鄉侍養。其年，改封安都桂陽郡公。

王琳敗後，周兵入據巴、湘，安都奉詔西討。及留異擁據東陽，又奉詔東討。異本謂臺軍由錢塘江而上，安都乃步由會稽之諸暨，出于永康。異大恐，奔桃枝嶺，處嶺谷閒，於巖口豎柵，以拒王師。安都作連城收異〔三五〕，躬自接戰，爲流矢所中，血流至踝，安都乘轝麾軍，容止不變。因其山壠之勢，迮而爲堰。天嘉三年夏，潦，水漲滿，安都引船入堰，起樓艦與異城等，放拍碎其樓雉。異與第二子忠臣脱身奔晉安，安都虜其妻子，盡收其人馬甲仗，振旅而歸。以功加侍中、征北大將軍，增邑并前五千户，仍還本鎮。其年，使民詣闕表請立碑〔三六〕，頌美安都功績。詔許之。

自王琳平後，安都勳庸轉大，又自以功安社稷，漸用驕矜，數招聚文武之士，或射馭馳騁，或命以詩賦，第其高下，以差次賞賜之。文士則褚玠〔三七〕、馬樞、陰鏗、張正見、徐伯陽、劉刪、祖孫登，武士則蕭摩訶、裴子烈等，並爲之賓客，齋内動至千人。部下將帥，多不遵法度，檢問收攝，則奔歸安都。世祖性嚴察，深銜之。安都弗之改，日益驕横。每有表啓，封訖，有事未盡，乃開封自書之，云又啓某事。及侍讌酒酣，或箕踞傾倚。嘗陪樂遊禊飲，乃白帝曰：「何如作臨川王時？」帝不應。安都再三言之，帝曰：「此雖天命，抑亦明公之力。」宴訖，又啓便借供帳水飾，將載妻妾於御堂歡會，世祖雖許其請，甚不懌。明日，安都坐於御坐，賓客居羣臣位，稱觴上壽。初，重雲殿災，安都率將士帶甲入殿，帝甚惡之，自是陰爲之備。又周迪之反，朝望當使安都討之，帝乃使吴明徹討迪，又頻遣臺使案問安都部下，檢括亡叛，安都内不自安。三年冬，遣其别駕周弘實自託於舍人蔡景歷，并問省中事。景歷録其狀具奏之，希旨稱安都謀反。世祖慮其不受制，明年春，乃除安都爲都督江吴二州諸軍事、征南大將軍、江州刺史。自京口還都，部伍入于石頭，世祖引安都讌於嘉德殿〔三八〕，又集其部下將帥會于尚書朝堂，於坐收安都，囚于嘉德西省，又收其將帥，盡奪馬仗而釋之。因出舍人蔡景歷表以示於朝。乃詔曰：

昔漢厚功臣，韓彭肇亂，晉倚蕃牧，敦約稱兵。託六尺於龐萌，野心竊發，寄股肱於霍禹，凶謀潛構。追惟往代，挻逆一揆，永言自古，患難同規。侯安都素乏遥圖，本慙令德，幸屬興運，預奉經綸，拔跡行間，假之毛羽，推於偏帥，委以馳逐。位極三槐，任居四嶽，名器隆赫，禮數莫儔。而志唯矜己，氣在陵上，招聚逋逃，窮極輕狡，無賴無行，不畏不恭。受脤專征，剽掠一逞，推轂所鎮，裒斂無厭。寄以徐蕃，接鄰齊境，貿遷禁貨，鬻賣居民，椎埋發掘〔三九〕，毒流泉壤，睚眦僵尸，罔顧彝憲。朕以爰初締構，頗著功績，飛驂代邸，預定嘉謀，所以淹抑有司，每懷遵養，杜絶百辟，日望自新。款襟期於話言，推丹赤於造次，策馬甲第，羽林息警，置酒高堂，陛戟無衛。何嘗内隱片嫌，去柏人而勿宿，外協猜防，入成皋而不留？ 而勃戾不悛，驕暴滋甚，招誘文武，密懷異圖。 去年十二月十一日，獲中書舍人蔡景歷啓，稱侯安都去月十日遣別駕周弘實來景歷私省宿，訪問禁中，具陳反計，朕猶加隱忍，待之如初。 爰自北門，遷授南服，受命經停，姦謀益露。 今者欲因初鎮，將行不軌。 此而可忍，孰不可容？ 賴社稷之靈，近侍誠慤，醜情彰暴，逆節顯聞。 外可詳案舊典，速正刑書，止在同謀，餘無所問。

明日，於西省賜死，時年四十四。 尋有詔，宥其妻子家口，葬以士禮，喪事所須，務加資給。

初，高祖在京城，嘗與諸將讌，杜僧明、周文育、侯安都爲壽，各稱功伐。 高祖曰：「卿等悉良將也，而竝有所短。 杜公志大而識闇，狎於下而驕於尊，矜其功不收其拙。 周侯交不擇人，而推心過差，居危履險，猜防不設。 侯郎傲誕而無厭，輕佻而肆志。 竝非全身之道。」卒皆如其言〔四〇〕。

安都長子敦，年十二，爲員外散騎侍郎，天嘉二年墮馬卒，追謚桂陽國愍世子。 太建三年，高宗追封安都爲陳集縣侯，邑五百户，子亶爲嗣。

安都從弟曉，累從安都征討有功，官至員外散騎常侍、明威將軍、東衡州刺史，懷化縣侯，邑五百户。 天嘉三年卒，年四十一。

史臣曰：杜僧明、周文育竝樹功業，成於興運，頗牧韓彭，足可連類矣。侯安都情異向時，權踰曩日，因之以侵暴，加之以縱誕，苟曰非夫逆亂，奚用免於亡滅！昔漢高醢之爲賜，宋武拉於坐右，良有以而然也。

校勘記

〔一〕遷仕與寧都人劉孝尚併力將襲南康　「劉孝尚」，按本書卷一高祖紀上作「劉藹」，本卷周文育傳亦作「劉孝尚」，疑即一人。

〔二〕清野將軍　册府卷三四五將帥部宋本作「淩野將軍」。

〔三〕會僧明爲前驅　「會」，南史卷六六杜僧明傳、册府卷三四五將帥部、卷三八〇將帥部作「命」。

〔四〕取富貴但有大槊耳　「但有大槊」，册府卷七七二總録部作「祇有丈槊」。

〔五〕厚加賵遺而遣之　「賵」，三朝本、北監本、汲本、殿本及册府卷八〇三總録部作「贈」。

〔六〕後監州王勱以文育爲長流令　「長流令」，南史卷六六周文育傳作「長流」。按册府卷三四五將帥部亦作「長流令」。又錢大昕考異卷二七云「都督府有長流參軍，不言參軍者，省文」。

〔七〕會高祖遣杜僧明來援　「援」，汲本作「接」。

〔八〕文育時頓城北香巖寺　「香巖寺」，册府卷三九〇將帥部作「香嚴寺」。按本書卷二〇韓子高傳云「周文育鎮北郭香嚴寺」。

〔九〕遂破平彪　「遂」，册府卷三四五將帥部作「既」。按若作「既破平彪」，則句當屬下段。

〔一〇〕高祖以侯瑱擁據江州　「江州」，原作「温州」，據南史卷六六周文育傳、册府卷三四五將帥部、卷三九五將帥部改。按錢大昕考異卷二七云「温州蓋江州之訛」。

〔一一〕仍除都督南豫州諸軍事嚴威將軍南豫州刺史　「諸軍」下原衍「之」字，據國圖本、三朝本、南監本、北監本、汲本、殿本删。「事」字原爲墨釘，據國圖本、三朝本、南監本、北監本、汲本、殿本補。「嚴」字原爲墨釘，據册府卷三四五將帥部、卷三八〇將帥部、卷三九五將帥部補，按國圖本、三朝本、南監本、北監本、汲本、殿本作「武」。

〔一二〕適與文育大會　「大會」，册府卷三四五將帥部、卷三九五將帥部作「相會」。

〔一三〕兵不逆風　「兵」，南史卷六六周文育傳作「矢」。

〔一四〕馳而進　「馳」字原爲墨釘，據册府卷三四五將帥部、卷三九五將帥部補。按國圖本、三朝本、南監本、北監本、汲本、殿本無「馳」字。

〔一五〕嗣徽等移營莫府山　「山」字原爲墨釘，據國圖本、三朝本、南監本、北監本、汲本、殿本補。

〔一六〕時新吴洞主余孝頃奉兵應勃　「奉」，南監本、北監本、汲本、殿本及册府卷三六三將帥部作

「舉」。

〔一七〕遣其弟孝勱守郡城　「孝勱」，册府卷三六三將帥部作「孝勵」。按本書卷二高祖紀下、本卷侯安都傳、卷三五熊曇朗傳亦作「孝勱」。

〔一八〕傳泰據墌口城　「墌口」，梁書卷六敬帝紀、通鑑卷一六七陳紀一武帝永定元年作「蹠口」，南史卷六六周文育傳、册府卷三六三將帥部作「墌口」。顧祖禹讀史方輿紀要卷八四南昌府新建縣有蹠口城，注云「『蹠』亦作『墌』」。

〔一九〕艦百餘乘在上牢　「在」字原爲墨釘，據國圖本、三朝本、南監本、北監本、汲本、殿本補。

〔二〇〕文育遣軍主焦僧度羊柬潛軍襲之　「羊柬」，册府卷三六三將帥部作「羊東」。

〔二一〕信宿達芉韶　「芉韶」，原作「芊韶」，據殿本、局本及南史卷六六周文育傳、册府卷三六三將帥部宋本改。下同不另出校。

〔二二〕文育遣嚴威將軍周鐵武　「周鐵武」，北監本、汲本、殿本作「周鐵虎」。按「周鐵武」即「周鐵虎」，姚思廉避唐諱改。

〔二三〕左衞將軍　册府卷九三一總録部作「右衞將軍」。

〔二四〕邑四百户　「四百户」，册府卷九三一總録部作「百户」。

〔二五〕父文捍　「文捍」，南史卷六六侯安都傳作「捍」。下同不另出校。

〔二六〕紹泰元年以功授使持節散騎常侍都督南徐州諸軍事仁威將軍南徐州刺史　按本書卷一高祖

紀上載紹泰二年六月，「高祖表解南徐州以授侯安都」。

〔二七〕安都率甲士三百人　「三百人」，册府卷三六三將帥部宋本、卷四三三將帥部作「千三百人」。

〔二八〕徐嗣徽等復入丹陽　「嗣」字原爲墨釘，據國圖本、三朝本、南監本、北監本、汲本、殿本補。

〔二九〕生擒齊儀同乞伏無勞　「乞伏無勞」，南史卷六六侯安都傳作「乞伏無芳」。

〔三〇〕斬其騎士十一人　「十一人」，南史卷六六侯安都傳作「十二人」。

〔三一〕齊軍大敗　「大」，原作「入」，據南監本、北監本、汲本、殿本改。

〔三二〕改封西江縣公　「西江縣公」，册府卷三八〇將帥部作「曲江縣公」，按建康實録卷一九作「曲江公」。

〔三三〕豎柵　「豎」，汲本、局本作「堅」。

〔三四〕改桂陽之汝城縣爲盧陽郡　「盧陽」，原作「廬陽」，據本書卷三世祖紀改。按隋書卷三一地理志下桂陽郡條有「陳置盧陽郡」。

〔三五〕安都作連城收異　「收」，局本及册府卷二一六閏位部小字注作「攻」。

〔三六〕使民詣闕表請立碑　「使」，北監本、汲本、殿本及南史卷六六侯安都傳、册府卷八二〇總録部作「吏」。

〔三七〕文士則褚玠　「褚玠」，原作「褚介」，據南史卷六六侯安都傳、册府卷四五四將帥部改。按本書卷三四文學傳有褚玠傳。

〔三八〕世祖引安都讌於嘉德殿 「嘉德殿」，建康實録卷一九作「嘉福殿」。

〔三九〕椎埋發掘 「椎」，原作「推」，據北監本、殿本、局本改。按文選卷五九沈約齊故安陸昭王碑有「椎埋穿掘之黨」。

〔四〇〕卒皆如其言 「卒」，册府卷二〇四閏位部作「率」。

陳書卷九

列傳第三

侯瑱　歐陽頠 子紇　吴明徹 裴子烈

侯瑱字伯玉，巴西充國人也。父弘遠，世爲西蜀酋豪。蜀賊張文萼據白崖山，有衆萬人，梁益州刺史鄱陽王蕭範命弘遠討之。弘遠戰死，瑱固請復讎，每戰必先鋒陷陣，遂斬文萼，由是知名。因事範，範委以將帥之任，山谷夷獠不賓附者，竝遣瑱征之。累功授輕車府中兵參軍、晉康太守。範爲雍州刺史，瑱除超武將軍、馮翊太守。範遷鎮合肥，瑱又隨之。

侯景圍臺城，範乃遣瑱輔其世子嗣，入援京邑。京城陷，瑱與嗣退還合肥，仍隨範徙鎮湓城。俄而範及嗣皆卒，瑱領其衆，依于豫章太守莊鐵。鐵疑之，瑱懼不自安，詐引鐵謀事，因而刃之，據有豫章之地。侯景將于慶南略地至豫章，城邑皆下，瑱窮蹙，乃降於慶。慶送瑱於景，景以瑱與己同姓，託爲宗族，待之甚厚。留其妻子及弟爲質，遣瑱隨慶平定蠡南諸郡。及景敗於巴陵，景將宋子仙、任約等竝爲西軍所獲，瑱乃誅景黨與，以應我軍〔一〕，景亦盡誅其弟及妻子。梁元帝授瑱武臣將軍、南兗州刺史，郫縣侯，邑一千户。仍隨都督王僧辯討景，恒爲前鋒，每戰却敵。既復臺城，景奔吴郡，僧辯使瑱率兵追之，與景戰於吴松江，大敗景，盡獲其軍實。進兵錢塘，景將謝答仁、吕子榮等皆降。以功除南豫州刺史，鎮于姑熟。

承聖二年，齊遣郭元建出自濡須，僧辯遣瑱領甲士三千，築壘於東關以扞之，大敗元建。除使持節、鎮北將軍〔二〕，給鼓吹一部，增邑二千户。西魏來寇荆州，王僧辯以瑱爲前軍，赴援，未至而荆州陷。瑱之九江，因衞晉安王還都。承制以瑱爲侍中、使持節、都督江晉吴齊四州諸軍事、江州刺史，改封康樂縣公，邑五千户，進號車騎將軍。司徒陸法和據郢州，引齊兵來寇，乃使瑱都督衆軍西討，未至，法和率其部北度入齊。齊遣慕容恃德鎮于夏首，瑱控引西還，水陸攻之。恃德食盡，請和，瑱還鎮豫章。

僧辯使其弟僧愔率兵與瑱共討蕭勃，及高祖誅僧辯，僧愔陰欲圖瑱而奪其軍，瑱知之，盡收僧愔徒黨，僧愔奔齊。

紹泰二年，以本號加開府儀同三司，餘並如故。是時，瑱據中流，兵甚彊盛，又以本事王僧辯，雖外示臣節，未有入朝意。初，余孝頃爲豫章太守，及瑱鎮豫章，乃於新吳縣別立城柵，與瑱相拒。瑱留軍人妻子於豫章〔三〕，令從弟奫知後事，悉衆以攻孝頃。自夏及冬，弗能克，乃長圍守之，盡收其禾稼。奫與其部下侯方兒不協〔四〕，方兒怒，率所部攻奫，虜掠瑱軍府妓妾金玉，歸于高祖。瑱既失根本，兵衆皆潰，輕歸豫章〔五〕，豫章人拒之，乃趨湓城，投其將焦僧度。僧度勸瑱投齊，瑱以高祖有大量，必能容己，乃詣闕請罪，高祖復其爵位。

永定元年，授侍中、車騎將軍。二年，進位司空。王琳至於沌口，周文育、侯安都竝没，乃以瑱爲都督西討諸軍事。瑱至于梁山。世祖即位，進授太尉，增邑千户。王琳至于柵口，又以瑱爲都督，侯安都等竝隸焉。瑱與琳相持百餘日，未決。天嘉元年二月，東關春水稍長，舟艦得通，琳引合肥漅湖之衆，舳艫相次而下，其勢甚盛。瑱率軍進獸檻洲〔六〕，琳亦出船列于江西，隔洲而泊。明日合戰，琳軍少却，退保西岸。及夕，東北風大起，吹其舟艦，舟艦竝壞，没于沙中，溺死者數十百人。浪大不得還浦，夜中又有流星墜于賊營。

及旦風静，琳入浦治船，以荻船塞於浦口，又以鹿角繞岸，不敢復出。是時，西魏遣大將軍史寧躡其上流〔七〕，瑱聞之，知琳不能持久，收軍却據湖浦，以待其敝。及史寧至，圍郢州，琳恐衆潰，乃率船艦來下〔八〕，去蕪湖十里而泊，擊柝聞於軍中。明日，齊人遣兵數萬助琳，琳引衆向梁山，欲越官軍以屯險要。齊儀同劉伯球率兵萬餘人助琳水戰，行臺慕容恃德子子會領鐵騎二千，在蕪湖西岸博望山南，爲其聲勢。瑱令軍中晨炊蓐食，分搥艦頓蕪湖洲尾以待之〔九〕。將戰，有微風至自東南，衆軍施拍縱火。定州刺史章昭達乘平虜大艦，中江而進，發拍中于賊艦，其餘冒突、青龍，各相當值。又以牛皮冒蒙衝小船，以觸賊艦，并鎔鐵灑之。琳軍大敗。其步兵在西岸者，自相蹂踐，馬騎並淖于蘆荻中，棄馬脱走以免者十二三。盡獲其舟艦器械，并禽齊將劉伯球、慕容子會，自餘俘馘以萬計。琳與其黨潘純陁等乘單舴艋冒陣走，至湓城，猶欲收合離散，衆無附者，乃與妻妾左右十餘人入齊〔一〇〕。

其年，詔以瑱爲都督湘巴郢江吴等五州諸軍事，鎮湓城。周將賀若敦、獨孤盛等寇巴、湘，又以瑱爲西討都督，與盛戰於西江口，大敗盛軍，虜其人馬器械，不可勝數。以功授使持節、都督湘桂郢巴武沅六州諸軍事、湘州刺史，改封零陵郡公，邑七千户，餘如故。二年，以疾表求還朝。三月，於道薨，時年五十二。贈侍中、驃騎大將軍、大司馬，加羽葆、鼓吹、班劍二十人，給東園祕器，謚曰壯肅。其年九月，配享高祖廟庭。子淨藏嗣。淨藏尚世祖第二女富陽公主。以公主除員外散騎侍郎〔一〕。太建三年卒，贈司徒主簿。淨藏無子，弟就襲封。

歐陽頠字靖世，長沙臨湘人也。爲郡豪族。祖景達，梁代爲本州治中。父僧寶，屯騎校尉。

頠少質直有思理，以言行篤信著聞於嶺表。父喪，毀瘠甚至，家產累積，悉讓諸兄。州郡頻辟，不應，乃廬於麓山寺傍，專精習業，博通經史。年三十，其兄逼令從宦，起家信武府中兵參軍，遷平西邵陵王中兵參軍事。

梁左衞將軍蘭欽之少也，與頠相善，故頠常隨欽征討。欽爲衡州，仍除清遠太守。欽南征夷獠，擒陳文徹，所獲不可勝計，獻大銅鼓，累代所無，頠預其功。還爲直閤將軍，仍除天門太守，伐蠻左有功。刺史廬陵王蕭續深嘉之，引爲賓客。欽征交州，復啓頠同行。欽度嶺，以疾終，頠除臨賀內史，啓乞送欽喪還都，然後之任。時湘衡之界五十餘洞不賓，勑令衡州刺史韋粲討之，粲委頠爲都督，悉皆平殄。粲啓梁武，稱頠誠幹，降詔褒賞，仍加超武將軍，征討廣、衡二州山賊。

侯景構逆，粲自解還都征景，以頠監衡州。京城陷後，嶺南互相吞併，蘭欽弟前高州刺史裕攻始興内史蕭紹基〔一二〕，奪其郡。裕以兄欽與頠有舊，遣招之，頠不從，乃謂使云：「高州昆季隆顯，莫非國恩，今應赴難援都，豈可自爲跋扈。」及高祖入援京邑，將至始興，頠乃深自結託。裕遣兵攻頠，高祖援之，裕敗，高祖以王懷明爲衡州刺史，遷頠爲始興内史。高祖之討蔡路養、李遷仕也，頠率兵度嶺，以助高祖。及路養等平，頠有功，梁元帝承制以始興郡爲東衡州，以頠爲持節、通直散騎常侍、都督東衡州諸軍事、雲麾將軍、東衡州刺史，新豐縣伯，邑四百户。

侯景平，元帝遍問朝宰：「今天下始定，極須良才，卿各舉所知。」羣臣未有對者。帝曰：「吾已得一人。」侍中王褒進曰：「未審爲誰？」帝云：「歐陽頠公正有匡濟之才，恐蕭廣州不肯致之〔一三〕。」乃授武州刺史，尋授郢州刺史，欲令出嶺，蕭勃留之，不獲拜命。尋授使持節、散騎常侍、都督衡州諸軍事、忠武將軍、衡州刺史〔一四〕，進封始興縣侯。

時蕭勃在廣州，兵彊位重，元帝深患之，遣王琳代爲刺史。琳已至小桂嶺，勃遣其將孫瑒監州〔一五〕，盡率部下至始興，避琳兵鋒。頠别據一城，不往謁勃，閉門高壘，亦不拒戰。勃怒，遣兵襲頠，盡收其貲財馬仗。尋赦之，還復其所，復與結盟。荆州陷，頠委質於勃。

及勃度嶺出南康，以頠爲前軍都督，頓豫章之苦竹灘，周文育擊破之，擒送于高祖，高祖釋之，深加接待。蕭勃死後，嶺南擾亂，頠有聲南土，且與高祖有舊，乃授頠使持節、通直散騎常侍、都督衡州諸軍事、安南將軍、衡州刺史，始興縣侯。未至嶺南，頠子紇已克定始興，及頠至，嶺南皆懾伏。仍進廣州，盡有越地，改授都督廣交越成定明新高合羅愛建德宜黄利安石雙十九州諸軍事、鎮南將軍、平越中郎將、廣州刺史，持節、常侍、侯並如故。王琳據有中流，頠自海道及東嶺奉使不絶。永定三年，進授散騎常侍，增都督衡州諸軍事，即本號開府儀同三司。世祖嗣位，進號征南將軍，改封陽山郡公，邑一千五百户，又給鼓吹一部。

初，交州刺史袁曇緩密以金五百兩寄頠，令以百兩還合浦太守龔蔿〔一六〕，四百兩付兒智矩，餘人弗之知也。頠尋爲蕭勃所破，貲財並盡，唯所寄金獨在。曇緩亦尋卒，至是頠並依信還之，時人莫不嘆伏。其重然諾如此。

時頠弟盛爲交州刺史，次弟邃爲衡州刺史，合門顯貴，名振南土。又多致銅鼓、生口，獻奉珍異，前後委積，頗有助於軍國焉。頠以天嘉四年薨，時年六十六。贈侍中、車騎大將軍、司空、廣州刺史，謚曰穆。子紇嗣。

紞字奉聖，頗有幹略。天嘉中，除黄門侍郎，員外散騎常侍。累遷安遠將軍、衡州刺史。襲封陽山郡公，都督交廣等十九州諸軍事、廣州刺史。在州十餘年，威惠著於百越，進號輕車將軍。

光大中，上流蕃鎮竝多懷貳，高宗以紞久在南服，頗疑之。太建元年，下詔徵紞爲左衛將軍。紞懼，未欲就徵，其部下多勸之反，遂舉兵攻衡州刺史錢道戢。道戢告變，乃遣儀同章昭達討紞。屢戰兵敗，執送京師，伏誅，時年三十三。家口籍没，子詢以年幼免。

吴明徹字通昭〔一七〕，秦郡人也。祖景安〔一八〕，齊南譙太守。父樹〔一九〕，梁右軍將軍。明徹幼孤，性至孝，年十四，感墳塋未備，家貧無以取給，乃勤力耕種。時天下亢旱，苗稼燋枯，明徹哀憤，每之田中號泣，仰天自訴。居數日，有自田還者，云苗已更生，明徹疑之，謂爲紿己，及往田所，竟如其言。秋而大穫，足充葬用。時有伊氏者〔二〇〕，善占墓，謂其兄曰：「君葬之日，必有乘白馬逐鹿者來經墳所，此是最小孝子大貴之徵。」至時，果有此應，明徹即樹之最小子也。

起家梁東宫直後。及侯景寇京師，天下大亂，明徹有粟麥三千餘斛，而隣里饑餧，乃白諸兄曰：「當今草竊，人不圖久，柰何有此而不與鄉家共之？」於是計口平分，同其豐儉，羣盜聞而避焉，賴以存者甚衆。

及高祖鎮京口，深相要結，明徹乃詣高祖，高祖爲之降階，執手即席，與論當世之務。明徹亦微涉書史經傳，就汝南周弘正學天文、孤虚、遁甲，略通其妙，頗以英雄自許，高祖深奇之。

承聖三年，授戎昭將軍、安州刺史〔二一〕。紹泰初，隨周文育討杜龕、張彪等。東道平，授使持節、散騎常侍、安東將軍、南兗州刺史，封安吳縣侯。高祖受禪，拜安南將軍，仍與侯安都、周文育將兵討王琳。及衆軍敗没，明徹自拔還京。世祖即位，詔以本官加右衞將軍。王琳敗，授都督武沅二州諸軍事、安西將軍、武州刺史，餘並如故。周遣大將軍賀若敦率馬步萬餘人奄至武陵，明徹衆寡不敵，引軍巴陵，仍破周别軍於雙林。

天嘉三年，授安西將軍〔二二〕。及周迪反臨川，詔以明徹爲安南將軍、江州刺史，領豫章太守，總督衆軍以討迪。明徹雅性剛直，統内不甚和，世祖聞之，遣安成王頊慰曉明徹〔二三〕，令以本號還朝。尋授鎮前將軍。

五年，遷鎮東將軍、吳興太守。及引辭之郡，世祖謂明徹曰：「吳興雖郡，帝鄉之重，故以相授。君其勉之！」及世祖弗豫，徵拜中領軍。

廢帝即位，授領軍將軍，尋遷丹陽尹，仍詔明徹以甲仗四十人出入殿省。到仲舉之矯令出高宗也，毛喜知其謀，高宗疑懼，遣喜與明徹籌焉。明徹謂喜曰：「嗣君諒闇，萬機多闕，外隣彊敵，内有大喪。殿下親實周邵，德冠伊霍，社稷至重，願留中深計，慎勿致疑。」及湘州刺史華皎陰有異志，詔授明徹使持節、散騎常侍、都督湘桂武三州諸軍事、安南將軍、湘州刺史，給鼓吹一部，仍與征南大將軍淳于量等率兵討皎。皎平，授開府儀同三司，進爵爲公。太建元年，授鎮南將軍。四年，徵爲侍中、鎮前將軍，餘並如故。

會朝議北伐，公卿互有異同，明徹決策請行。五年，詔加侍中、都督征討諸軍事，仍賜女樂一部。明徹總統衆軍十餘萬，發自京師，緣江城鎮，相續降款。軍至秦郡，克其水栅。齊遣大將尉破胡將兵爲援，明徹破走之，斬獲不可勝計，秦郡乃降。高宗以秦郡明徹舊邑，詔具太牢，令拜祠上冢，文武羽儀甚盛，鄉里以爲榮。

進克仁州，授征北大將軍，進爵南平郡公，增邑并前二千五百户。次平峽石岸二城，進逼壽陽，齊遣王琳將兵拒守。琳至，與刺史王貴顯保其外郭。明徹以琳初入，衆心未附，乘夜攻之，中宵而潰，齊兵退據相國城及金城。明徹令軍中益脩□攻具〔一四〕，又迮肥水以灌城。城中苦濕，多腹疾，手足皆腫，死者十六七。會齊遣大將軍皮景和率兵數十萬來援，去壽春三十里，頓軍不進。諸將咸曰：「堅城未拔，大援在近，不審明公計將安出？」

明徹曰：「兵貴在速，而彼結營不進，自挫其鋒，吾知其不敢戰明矣。」於是躬擐甲冑，四面疾攻，城中震恐，一鼓而克，生禽王琳〔三五〕、王貴顯、扶風王可朱渾孝裕、尚書盧潛、左丞李騊駼，送京師。景和惶懼遁走，盡收其駝馬輜重。琳之獲也，其舊部曲多在軍中，琳素得士卒心，見者皆歔欷不能仰視，明徹慮其有變，遣左右追殺琳，傳其首。詔曰：「壽春者古之都會，襟帶淮汝，控引河洛，得之者安，是稱要害。侍中、使持節、都督征討諸軍事、征北大將軍、開府儀同三司南平郡開國公明徹，雄圖克舉，宏略蓋世。在昔屯夷，締構皇業，乃掩衡岳，用清氛沴，實吞雲夢，即敍上游。今茲蕩定，恢我王略，風行電掃，貔武爭馳〔三六〕，月陣雲梯，金湯奪險，威陵殊俗，惠漸邊氓。惟功與能，元戎是屬，崇麾廣賦，茂典恒宜，可都督豫合建光朔北徐六州諸軍事、車騎大將軍、豫州刺史，增封并前三千五百户，餘如故。」詔遣謁者蕭淳風，就壽陽册明徹，於城南設壇，士卒二十萬，陳旗鼓戈甲。明徹登壇拜受，成禮而退，將卒莫不踴躍焉。

初，秦郡屬南兗州，後隸譙州，至是，詔以譙之秦、盱眙、神農三郡還屬南兗州，以明徹故也。

六年，自壽陽入朝，輿駕幸其第，賜鍾磬一部，米一萬斛，絹布二千匹。

七年，進攻彭城。軍至吕梁，齊遣援兵前後至者數萬，明徹又大破之。八年，進位司空，餘如故。又詔曰：「昔者軍事建旌，交鋒作鼓，頃日訛替，多乖舊章，至於行陣，不相甄別。今可給司空、大都督鈇鉞龍麾，其次將各有差。」尋授都督南北兗南北青譙五州諸軍事、南兗州刺史。

會周氏滅齊，高宗將事徐、兗，九年，詔明徹進軍北伐，令其世子戎昭將軍、員外散騎侍郎惠覺攝行州事。明徹軍至呂梁，周徐州總管梁士彥率衆拒戰，明徹頻破之，因退兵守城，不復敢出。明徹仍迮清水以灌其城，環列舟艦於城下，攻之甚急。周遣上大將軍王軌將兵救之。軌輕行自清水入淮口，橫流豎木，以鐵鎖貫車輪，遏斷船路。諸將聞之，甚惶恐，議欲破堰拔軍，以舫載馬。馬主裴子烈議曰〔二七〕：「若決堰下船，船必傾倒，豈可得乎？不如前遣馬出，於事爲允。」適會明徹苦背疾甚篤，知事不濟，遂從之，乃遣蕭摩訶帥馬軍數千前還。明徹仍自決其堰，乘水勢以退軍，冀其獲濟。及至清口，水勢漸微，舟艦竝不得渡，衆軍皆潰，明徹窮蹙，乃就執。尋以憂憤遘疾，卒於長安，時年六十七〔二八〕。

至德元年詔曰：「李陵矢竭，不免請降，于禁水漲，猶且生獲，固知用兵上術，世罕其人。故侍中、司空南平郡公明徹，爰初躡足，迄屆元戎〔二九〕，百戰百勝之奇，決機決死之勇，斯亦侔於古焉。及拓定淮肥，長驅彭汴，覆勍寇如舉毛，掃銳師同沃雪，風威慴於異俗，功効著於同文。方欲息駕陰山，解鞍瀚海，既而師出已老，數亦終奇，不就結纓之功，無辭入褚之屈，望封嶠之爲易，冀平翟之非難，雖志在屈伸，而奄中霜露，埋恨絶域，甚可嗟傷。斯事已往，累逢肆赦，凡厥罪戾，皆蒙洒濯，獨此孤魂，未霑寬惠，遂使爵土湮没，饗醊無主。棄瑕録用，宜在茲辰，可追封邵陵縣開國侯，食邑一千户，以其息惠覺爲嗣。」

惠覺歷黄門侍郎，以平章大寶功，授豐州刺史。

明徹兄子超，字逸世。少倜儻，以幹畧知名。隨明徹征伐，有戰功，官至忠毅將軍、散騎常侍、桂州刺史，封汝南縣侯，邑一千户。卒，贈廣州刺史，謚曰節。

裴子烈字大士，河東聞喜人，梁員外散騎常侍猗之子。子烈少孤，有志氣。遇梁末喪亂，因習武藝，以驍勇聞。頻從明徹征討，所向必先登陷陣。官至電威將軍、北譙太守、岳陽内史，海安縣伯，邑三百户〔三〇〕。至德四年卒。

史臣曰：高祖撥亂創基，光啓天曆，侯瑱、歐陽頠並歸身有道，位貴鼎司，美矣。吴明徹居將帥之任，初有軍功，及吕梁敗績，爲失筭也。斯以勇非韓白，識異孫吴，遂使蹙境喪師，金陵虚弱，禎明淪覆，蓋由其漸焉。

侯瑱傳，「分搥盪頓」蕪湖洲尾，或本作「分頓」，疑。吴明徹字「通昭」，或本作「通炤」，疑。

校勘記

〔一〕以應我軍　「我軍」，北監本、汲本、殿本及册府卷七六一總録部作「義軍」。按南史卷六六侯瑱傳作「義師」。

〔二〕除使持節鎮北將軍　「鎮北將軍」，按梁書卷五元帝紀，承聖三年正月加南豫州刺史侯瑱「征北將軍」。册府卷三五二將帥部、卷三八〇將帥部作「鎮北將軍」。

〔三〕瑱留軍人妻子於豫章　「軍人」二字册府卷二〇九閏位部無。

〔四〕瓛與其部下侯方兒不協　「侯方兒」，北監本、汲本、殿本及南史卷六六侯瑱傳、册府卷二〇九閏位部、卷四五〇將帥部作「侯方兒」，疑是。按「侯方兒」本書卷三五熊曇朗傳亦載其事。

〔五〕輕歸豫章　「輕」，册府卷二〇九閏位部、卷四五〇將帥部作「徑」。

〔六〕瑱率軍進獸檻洲　按「獸檻洲」即「虎檻洲」，姚思廉避唐諱改。

〔七〕西魏遣大將軍史寧躡其上流　按此爲天嘉元年事，時西魏已爲北周所代。本書卷二五孫瑒傳即云「周遣大將史寧率衆四萬，乘虚奄至」，可參。

〔八〕乃率船艦來下　「來下」，南監本、局本及册府卷三六三將帥部明本、通鑑卷一六八陳紀二文帝天嘉元年作「東下」。

〔九〕分摠盪頓蕪湖洲尾以待之　「摠盪」，按本卷末曾鞏等疏語云「或本作『分頓』，疑」，是宋人所見本有無此二字者。

〔一〇〕乃與妻妾左右十餘人入齊　「乃」，原作「及」，據宋甲本及册府卷三六三將帥部改。

〔一一〕以公主除員外散騎侍郎　「公主」，册府卷三〇〇外戚部作「公子」，疑是。按隋書卷二六百官志上，陳有三公子起家員外散騎侍郎之制，侯瑱曾爲三公，則淨藏當以此除員外散騎侍郎。而尚公主者多加駙馬都尉，無除員外散騎侍郎之例。

〔一二〕蘭欽弟前高州刺史裕攻始興内史蕭紹基　「蕭紹基」，南史卷六六歐陽頠傳、册府卷六八六牧守部作「蕭昭基」。

〔一三〕恐蕭廣州不肯致之　「致」字原闕，據國圖本、三朝本、南監本、北監本、汲本、殿本補。

〔一四〕尋授使持節散騎常侍都督衡州諸軍事忠武將軍衡州刺史　按類聚卷五〇江總廣州刺史歐陽頠墓誌云「梁孝元帝授散騎常侍、東衡州刺史」，與此作「衡州刺史」異。

〔一五〕勃遣其將孫瑒監州　「孫瑒」，按通鑑卷一六七陳紀一武帝永定元年追記此事作「孫盪」。

〔一六〕令以百兩還合浦太守龔蔿　「龔蔿」，南史卷六六歐陽頠傳、册府卷七八七總録部宋本作「龔蔿」，御覽卷八一〇引陳書、册府卷七八七總録部明本作「龔爲」。

〔一七〕吴明徹字通昭　「通昭」，南史卷六六吴明徹傳作「通炤」。按本卷末曾鞏等疏語云「或本作

『通炤』」，文苑英華卷九四七庾信周大將軍懷德公吴明徹墓誌「通昭」下小注亦云「一作『炤』」。

〔一八〕祖景安　「景安」，按文苑英華卷九四七庾信周大將軍懷德公吴明徹墓誌作「尚」。

〔一九〕父樹　「樹」，按文苑英華卷九四七庾信周大將軍懷德公吴明徹墓誌作「標」。

〔二〇〕時有伊氏者　「伊氏」，建康實録卷二〇作「尹生」。

〔二一〕承聖三年授戎昭將軍安州刺史　「三年」，册府卷三四五將帥部作「二年」。按建康實録卷二〇亦繫吴明徹爲戎昭將軍於承聖三年。

〔二二〕天嘉三年授安西將軍　按本書卷三世祖紀，吴明徹於天嘉元年三月爲安西將軍、武州刺史；天嘉三年閏二月，以南荆州刺史加安右將軍；三月，從安右將軍、南荆州刺史改授安南將軍、江州刺史，至天嘉四年十二月，始以「前安南將軍、江州刺史」改任鎮前將軍。此處所云與世祖紀異。

〔二三〕遣安成王頊慰曉明徹　「頊」，原作「諱」，依例改。

〔二四〕明徹令軍中益脩□攻具　「益脩□攻具」，三朝本、南監本、北監本、汲本、殿本作「益脩治攻具」。按南史卷六六吴明徹傳、册府卷三五二將帥部、卷三六八將帥部皆作「益修攻具」。

〔二五〕生禽王琳　「王琳」上册府卷三五二將帥部、卷三六八將帥部有「王會」二字。

〔二六〕貔武爭馳　「貔武」，北監本、汲本、殿本作「貔虎」。按「貔武」即「貔虎」，姚思廉避唐諱改。

〔二七〕馬主裴子烈議曰　「馬主」，南史卷六六吴明徹傳作「馬明戍」。按通鑑卷一七三陳紀七宣帝太建十年亦作「馬主」，其考異云「南史作『馬明主』，今從陳書」。

〔二八〕時年六十七　按文苑英華卷九四七庾信周大將軍懷德公吴明徹墓誌云明徹「奄然賓館，春秋七十十七」，與本書異。

〔二九〕迄届元戎　「迄」，原作「乞」，據北監本、殿本及册府卷二一〇閏位部改。

〔三〇〕邑三百户　「三百户」，國圖本、三朝本、南監本、北監本、汲本、殿本作「五百户」。

陳書卷十

列傳第四

周鐵虎　程靈洗 子文季

周鐵虎，不知何許人也，梁世南渡。語音傖重，膂力過人，便馬槊。事梁河東王蕭譽，以勇敢聞，譽板爲府中兵參軍〔一〕。譽爲廣州刺史，以鐵虎爲興寧令。譽遷湘州，又爲臨蒸令。侯景之亂，元帝於荆州遣世子方等代譽，且以兵臨之。譽拒戰，大捷，方等死，鐵虎功最，譽委遇甚重。及王僧辯討譽，於陣獲鐵虎，僧辯命烹之，鐵虎呼曰：「侯景未滅，柰何殺壯士！」僧辯奇其言，乃宥之，還其麾下。

及侯景西上，鐵虎從僧辯克任約，獲宋子仙，每戰皆有功。元帝承制授仁威將軍、潼州刺史，封沌陽縣子，邑三百户。又從僧辯克定京邑，降謝答仁，平陸納於湘州。承聖二年，以前後戰功，進爵爲侯，增邑并前五百户。仍爲散騎常侍、領信義太守，將軍如故。高祖誅僧辯，鐵虎率所部降，因復其本職。徐嗣徽引齊寇渡江，鐵虎於板橋浦破其水軍，盡獲甲仗船舸。又攻歷陽，襲齊寇步營，竝皆克捷。嗣徽平，紹泰二年，遷散騎常侍、嚴威將軍、太子左衛率。

尋隨周文育於南江拒蕭勃，恒爲前軍。文育又命鐵虎偏軍，於苦竹灘襲勃前軍歐陽頠。又隨文育西征王琳，於沌口敗績，鐵虎與文育、侯安都竝爲琳所擒。琳引見諸將，與之語，唯鐵虎辭氣不屈，故琳盡宥文育之徒，獨鐵虎見害，時年四十九。高祖聞之，下詔曰：「天地之寶，所貴曰生，形魄之徒，所重唯命。至如捐生立節，効命酬恩，追遠懷昔，信宜加等。散騎常侍、嚴威將軍、太子左衛率、潼州刺史、領信義太守沌陽縣開國侯鐵虎，器局沈厚，風力勇壯，北討南征，竭忠盡力。推鋒江夏，致陷凶徒，神氣彌雄，肆言無撓。豈直温序見害，方其理鬚，龐德臨危，猶能瞋目。忠貞如此，惻愴兼深。可贈侍中、護軍將軍、青冀二州刺史，加封一千户，并給鼓吹一部，侯如故。」天嘉五年，世祖又詔曰：「漢室功臣，形寫宫觀，魏朝猛將，名配宗祧，功烈所以長存，世代因之不朽。故侍中、護軍將軍、青冀二州刺史沌陽縣開國侯鐵虎，誠節梗亮，力用雄敢，王業初基，行間累及，垂翅賊壘，正色寇庭，古之遺烈，有識同壯。隕身不屈，雖隆榮等，營魂易遠，言追嘉惜。宜仰陪壖寢，恭頒饗奠，可配食高祖廟庭。」子瑜嗣。

時有盱眙馬明，字世朗，梁世事鄱陽嗣王蕭範。侯景之亂，據廬江之東界，拒賊臨城柵。元帝授散騎常侍、平北將軍、北兗州刺史、領廬江太守。荆州陷没，歸于高祖。紹泰中，復官位，封西華縣侯，邑二千户。亦隨文育西征王琳，於沌口軍敗，明力戰死之，贈使持節、征西將軍、郢州刺史。

程靈洗字玄滌，新安海寧人也。少以勇力聞，步行日二百餘里〔二〕，便騎善游〔三〕。梁末，海寧、黟、歙等縣及鄱陽、宣城郡界多盜賊，近縣苦之〔四〕。靈洗素爲鄉里所畏伏，前後守長恒使召募少年，逐捕劫盜。

侯景之亂，靈洗聚徒據黟、歙以拒景。景軍據有新安，新安太守湘西鄉侯蕭隱奔依靈洗，靈洗奉以主盟。梁元帝於荆州承制，又遣使間道奉表。劉神茂自東陽建義拒賊，靈洗攻下新安，與神茂相應。元帝授持節、通直散騎常侍、都督新安郡諸軍事、雲麾將軍、譙州刺史資、領新安太守，封巴丘縣侯，邑五百户。神茂爲景所破，景偏帥吕子榮進攻新安，靈洗退保黟、歙。及景敗，子榮退走，靈洗復據新安。進軍建德，擒賊帥趙桑乾〔五〕。以功授持節、散騎常侍、都督青冀二州諸軍事、青州刺史，增邑并前一千户，將軍、太守如故。仍令靈洗率所部下揚州，助王僧辯鎮防。遷吴興太守，未行，僧辯命靈洗從侯瑱西援荆州。荆州陷，還都。高祖誅僧辯，靈洗率所領來援，其徒力戰於石頭西門〔六〕。軍不利，遣使招諭，久之乃降，高祖深義之。紹泰元年，授使持節、信武將軍、蘭陵太守，常侍如故，助防京口。及平徐嗣徽，靈洗有功，除南丹陽太守，封遂安縣侯，增邑并前一千五百户，仍鎮採石。

隨周文育西討王琳，於沌口敗績，爲琳所拘。明年，與侯安都等逃歸。兼丹陽尹，出爲高唐太原二郡太守，仍鎮南陵，遷太子左衛率。高祖崩，王琳前軍東下，靈洗於南陵破之，虜其兵士，并獲青龍十餘乘。以功授持節〔七〕、都督南豫州緣江諸軍事、信武將軍、南豫州刺史。侯瑱等敗王琳于柵口，靈洗乘勝逐北，據有魯山。徵爲左衛將軍〔八〕，餘如故。

天嘉四年，周迪重寇臨川，以靈洗爲都督，自鄱陽别道擊之，迪又走山谷間。五年，遷中護軍，常侍如故。出爲使持節、都督郢巴武三州諸軍事、宣毅將軍、郢州刺史。廢帝即位，進號雲麾將軍。

華皎之反也，遣使招誘靈洗，靈洗斬皎使，以狀聞。朝廷深嘉其忠，增其守備，給鼓吹一部，因推心待之，使其子文季領水軍助防。是時周遣其將長胡公拓跋定率步騎二萬助皎攻圍靈洗，靈洗嬰城固守。及皎退，乃出軍躡定，定不獲濟江，以其衆降。因進攻周沔州，克之，擒其刺史裴寬。以功進號安西將軍，改封重安縣公，增邑并前二千户。

靈洗性嚴急，御下甚苛刻，士卒有小罪，必以軍法誅之，造次之間，便加捶撻，而號令分明，與士卒同甘苦，衆亦以此依附。性好播植，躬勤耕稼，至於水陸所宜，刈穫早晚，雖老農不能及也。伎妾無游手〔九〕，竝督之紡績。至於散用貲財〔一〇〕，亦弗儉吝。光大二年，卒於州，時年五十五。贈鎮西將軍、開府儀同三司，謚曰忠壯。太建四年，詔配享高祖廟庭。子文季嗣。

文季字少卿。幼習騎射，多幹略，果決有父風。弱冠從靈洗征討，必前登陷陣。靈洗與周文育、侯安都等敗於沌口，爲王琳所執，高祖召陷賊諸將子弟，厚遇之，文季最有禮容，深爲高祖所賞。永定中，累遷通直散騎侍郎、句容令。

世祖嗣位，除宣惠始興王府限内中直兵參軍。是時王爲揚州刺史，鎮冶城，府中軍事悉以委之。

天嘉二年，除貞毅將軍、新安太守，仍隨侯安都東討留異。異黨向文政據有新安，文季率精甲三百，輕往攻之〔二〕。文政遣其兄子瓚來拒，文季與戰，大破瓚軍，文政乃降。

三年，始興王伯茂出鎮東州，復以文季爲鎮東府中兵參軍、帶剡令。

四年，陳寶應與留異連結，又遣兵隨周迪更出臨川。世祖遣信義太守余孝頃自海道襲晉安，文季爲之前軍，所向克捷。陳寶應平，文季戰功居多，還，轉府諮議參軍、領中直兵。出爲臨海太守，尋乘金翅助父鎮郢城。華皎平，靈洗及文季竝有扞禦之功。及靈洗卒，文季盡領其衆，起爲超武將軍，仍助防郢州。文季性至孝，雖軍旅奪禮，而毁瘠甚至。

太建二年，爲豫章内史，將軍如故。服闋，襲封重安縣公。隨都督章昭達率軍往荆州征蕭巋。巋與周軍多造舟艦，置于青泥水中。時水長漂疾，昭達乃遣文季共錢道戢輕舟襲之，盡焚其舟艦。昭達因蕭巋等兵稍怠，又遣文季夜入其外城，殺傷甚衆。既而周兵大出，巴陵内史雷道勤拒戰死之，文季僅以身免。以功加通直散騎常侍、安遠將軍，增邑五百户。

五年，都督吴明徹北討秦郡，秦郡前江浦通塗水〔三〕，齊人竝下大柱爲杙，栅水中，乃前遣文季領驍勇拔開其栅，明徹率大軍自後而至，攻秦郡克之。又别遣文季圍涇州，屠其城，進攻盱眙，拔之。仍隨明徹圍壽陽。

文季臨事謹急，御下嚴整，前後所克城壘，率皆迮水爲堰，土木之功，動踰數萬。每置陣役人，文季必先諸將，夜則早起，迄暮不休，軍中莫不服其勤幹。每戰恒爲前鋒，齊軍深憚之，謂爲「程獸」〔一三〕。以功除散騎常侍、明威將軍，增邑五百户。又帶新安内史，進號武毅將軍。

八年，爲持節、都督譙州諸軍事、安遠將軍、譙州刺史。其年，又督北徐仁州諸軍事〔一四〕、北徐州刺史，餘竝如故。九年，又隨明徹北討，於吕梁作堰，事見明徹傳。十年春，敗績，爲周所囚，仍授開府儀同三司。十一年，自周逃歸，至渦陽，爲邊吏所執，還送長安，死于獄中。後主是時既與周絶，不之知也。至德元年，後主始知之，追贈散騎常侍。尋又詔曰：「故散騎常侍、前重安縣開國公文季，纂承門緒，克荷家聲。早歲出軍，雖非元帥，啓行爲最，致果有聞，而覆喪車徒，允從黜削。但靈洗之立功扞禦，久而見思，文季之埋魂異域，有足可憫。言念勞舊，傷兹廢絶，宜存廟食，無使餧而。可降封重安縣侯，邑一千户，以子饗襲封〔一五〕。」

史臣曰：程靈洗父子竝御下嚴苛，治兵整肅，然與衆同其勞苦，匪私財利，士多依焉，故臨戎克辦矣。

校勘記

〔一〕譽板爲府中兵參軍　「譽板」，册府卷七二七幕府部宋本作「奏板」，明本作「奏授」。

〔二〕步行日二百餘里　「二百」，册府卷八四七總録部作「三百」。

〔三〕便騎善游　「游」，册府卷八四七總録部作「射」。

〔四〕近縣苦之　「近」，册府卷八四七總録部作「郡」。

〔五〕擒賊帥趙桑乾　「趙桑乾」，册府卷三八〇將帥部作「趙乘乾」。

〔六〕其徒力戰於石頭西門　「徒」，南史卷六七程靈洗傳作「夜」。

〔七〕以功授持節　「持節」，册府卷三五二將帥部、卷三八〇將帥部作「使持節」。

〔八〕徵爲左衛將軍　「左衛將軍」，原作「衛士將軍」，據南史卷六七程靈洗傳改。按本書卷三世祖紀載天嘉五年「十一月丁亥，以左衛將軍程靈洗爲中護軍」。

〔九〕伎妾無游手　「伎」，御覽卷八二六引陳書作「數」。

〔一〇〕至於散用貲財　「貲」，静嘉堂本、國圖本作「貨」。

〔一一〕輕往攻之　「輕」，册府卷三五二將帥部作「徑」。

〔一二〕秦郡前江浦通塗水　「塗水」，南史卷六七程靈洗傳附程文季傳、通鑑卷一七一陳紀五宣帝太建五年作「涂水」。按此處「塗」通「涂」，涂水即滁水，通鑑胡注云「涂，讀曰滁」。

〔一三〕謂爲程獸　「程獸」，北監本、汲本、殿本作「程虎」，南史卷六七程靈洗傳附程文季傳作「程彪」。按「程獸」即「程虎」，姚思廉避唐諱改。南史改「虎」爲「彪」，亦避唐諱。

〔四〕又督北徐仁州諸軍事　「北徐仁州」，汲本作「北徐二州」。按此處疑當作「北徐仁二州」。

〔五〕以子饗襲封　「饗」，南史卷六七程靈洗傳附程文季傳作「響」。

陳書卷十一

列傳第五

黄法氍　淳于量　章昭達

黄法氍字仲昭，巴山新建人也。少勁捷有膽力，步行日三百里〔一〕，距躍三丈。頗便書疏，閑明簿領，出入郡中，爲鄉閭所憚。侯景之亂，於鄉里合徒衆。太守賀詡下江州，法氍監知郡事。高祖將踰嶺入援建業，李遷仕作梗中途，高祖命周文育屯于西昌，法氍遣兵助文育。時法氍出頓新淦縣，景遣行臺于慶至豫章，慶分兵來襲新淦，法氍拒戰，敗之。高祖亦遣文育進軍討慶，文育疑慶兵彊，未敢進，法氍率衆會之，因進克笙屯，俘獲甚衆。

梁元帝承制授超猛將軍、交州刺史資、領新淦縣令，封巴山縣子，邑三百户。承聖三年，除明威將軍、游騎將軍〔二〕，進爵爲侯，邑五百户。貞陽侯僭位，除左驍騎將軍。敬帝即位，改封新建縣侯，邑如前。

太平元年，割江州四郡置高州，以法𣰰爲使持節、散騎常侍、都督高州諸軍事、信武將軍、高州刺史，鎮于巴山。蕭勃遣歐陽頠攻法𣰰，法𣰰與戰，破之。

永定二年，王琳遣李孝欽、樊猛、余孝頃攻周迪，且謀取法𣰰，法𣰰率兵援迪，擒孝頃等三將。進號宣毅將軍，增邑并前一千户，給鼓吹一部。又以拒王琳功，授平南將軍、開府儀同三司。熊曇朗於金口反，害周文育，法𣰰共周迪討平之，語在曇朗傳。

世祖嗣位，進號安南將軍。天嘉二年〔三〕，周迪反，法𣰰率兵會都督吳明徹，討迪於工塘。迪平，法𣰰功居多。徵爲使持節、散騎常侍、都督南徐州諸軍事、鎮北大將軍、南徐州刺史，儀同、鼓吹竝如故。未拜，尋又改授都督江吳二州諸軍事、鎮南大將軍、江州刺史。六年，徵爲中衞大將軍。

廢帝即位，進爵爲公，給扶。光大元年，出爲使持節、都督南徐州諸軍事、鎮北將軍、南徐州刺史。二年，徙爲都督郢巴武三州諸軍事、鎮西將軍、郢州刺史，持節如故。

太建元年，進號征西大將軍。二年，徵爲侍中、中權大將軍。四年，出爲使持節、散騎常侍、都督南豫州諸軍事、征南大將軍、南豫州刺史。五年，大舉北伐，都督吳明徹出秦郡，以法𣰰爲都督，出歷陽。齊遣其歷陽王步騎五萬來援，於小峴築城，法𣰰遣左衞將軍樊毅分兵於大峴禦之，大破齊軍，盡獲人馬器械。於是乃爲拍車及步艦〔四〕，竪拍以逼歷陽。歷陽人窘蹙乞降，法氍緩之，則又堅守，法氍怒，親率士卒攻城，施拍加其樓堞。時又大雨，城崩，克之，盡誅戍卒。進兵合肥，望旗降款，法氍不令軍士侵掠〔五〕，躬自撫勞，而與之盟，竝放還北。以功加侍中，改封義陽郡公，邑二千户。其年，遷都督合霍二州諸軍事、征西大將軍、合州刺史，增邑五百户。七年，徙都督豫建光朔合北徐六州諸軍事、豫州刺史，鎮壽陽，侍中、散騎常侍、持節、將軍、儀同、鼓吹、扶竝如故。八年十月薨，時年五十九。贈侍中、中權大將軍、司空，謚曰威。子玩嗣。

淳于量字思明。其先濟北人也，世居京師。父文成，仕梁爲將帥，官至光烈將軍、梁州刺史。

量少善自居處，偉姿容，有幹略，便弓馬。梁元帝爲荆州刺史，文成分量人馬，令往事焉。起家湘東王國常侍、兼西中郎府中兵參軍。累遷府佐，常兼中兵、直兵者十餘載，兵甲士卒，盛於府中。

荆、雍之界，蠻左數反，山帥文道期積爲邊患，中兵王僧辯征之，頻戰不利，遣量助之。

量至，與僧辯并力，大破道期，斬其酋長，俘虜萬計。以功封廣晉縣男，邑三百户，授涪陵太守。歷爲新興、武寧二郡太守。

侯景之亂，梁元帝凡遣五軍入援京邑，量預其一。臺城陷，量還荆州。元帝承制以量爲假節、通直散騎常侍、都督巴州諸軍事、信威將軍、巴州刺史。侯景西上攻巴州，元帝使都督王僧辯入據巴陵。量與僧辯并力拒景，大敗景軍，擒其將任約。進攻郢州，獲宋子仙。仍隨僧辯克平侯景。承聖元年，以功授左衛將軍，封謝沐縣侯，邑五百户。尋出爲持節、都督桂定東西寧等四州諸軍事、信威將軍、安遠護軍、桂州刺史。

荆州陷，量保據桂州。王琳擁割湘、郢，累遣召量，量外雖與琳往來，而別遣使從間道歸於高祖。高祖受禪，授持節、散騎常侍、平西大將軍，給鼓吹一部，都督、刺史竝如故。尋進號鎮南將軍，仍授都督、鎮西大將軍、開府儀同三司。世祖嗣位，進號征南大將軍。

王琳平後，頻請入朝，天嘉五年，徵爲中撫大將軍〔六〕，常侍、儀同、鼓吹竝如故。量所部將帥，多戀本生〔七〕，竝欲逃入山谷，不願入朝。世祖使湘州刺史華皎征衡州界黄洞，且以兵迎量。天康元年，至都，以在道淹留，爲有司所奏，免儀同，餘竝如故。光大元年，給鼓吹一部。華皎構逆，以量爲使持節、征南大將軍、西討大都督，總率大艦，自郢州樊浦拒之。皎平，并降周將長胡公拓跋定等。以功授侍中、中軍大將軍、開府儀同三司，進封醴陵縣公，增邑一千户。未拜，出爲使持節、都督南徐州諸軍事、鎮北將軍、南徐州刺史，侍中、儀同、鼓吹竝如故。

太建元年，進號征北大將軍，給扶。三年，坐就江陰王蕭季卿買梁陵中樹，季卿坐免，量免侍中。尋復加侍中。五年，徵爲中護大將軍〔八〕，侍中、儀同、鼓吹、扶竝如故。

吴明徹之西伐也，量贊成其事，遣第六子岑率所領從軍。淮南克定，量改封始安郡公，增邑一千五百户。六年，出爲使持節、都督郢巴南司定四州諸軍事、征西大將軍、郢州刺史，侍中、儀同、鼓吹、扶竝如故。七年，徵爲中軍大將軍、護軍將軍。九年，以公事免侍中。尋復加侍中。十年，吴明徹陷没，加量使持節、都督水陸諸軍事，仍授散騎常侍、都督南北兖譙三州諸軍事、車騎將軍、南兖州刺史，餘竝如故。十三年，加左光禄大夫，增邑五百户，餘竝如故。十四年四月薨，時年七十二。贈司空。

章昭達字伯通，吴興武康人也。祖道蓋，齊廣平太守。父法尚，梁揚州議曹從事。

昭達性倜儻，輕財尚氣。少時，嘗遇相者，謂昭達曰：「卿容貌甚善，須小虧損，則當富貴。」梁大同中，昭達爲東宫直後，因醉墜馬，鬢角小傷，昭達喜之，相者曰「未也」。及侯景之亂，昭達率募鄉人援臺城，爲流矢所中，眇其一目，相者見之，曰：「卿相善矣，不久當貴。」

京城陷，昭達還鄉里，與世祖遊，因結君臣之分。侯景平，世祖爲吴興太守，昭達杖策來謁世祖。世祖見之大喜，因委以將帥，恩寵優渥，超於儕等。及高祖討王僧辯，令世祖還長城招聚兵衆，以備杜龕，頻使昭達往京口，禀承計畫。僧辯誅後，龕遣其將杜泰來攻長城，世祖拒之，命昭達總知城内兵事。及杜泰退走，因從世祖東進，軍吴興，以討杜龕。龕平，又從世祖東討張彪於會稽，克之。累功除明威將軍、定州刺史。

是時留異擁據東陽，私署守宰，高祖患之，乃使昭達爲長山縣令，居其心腹。永定二年，除武康令。世祖嗣位，除員外散騎常侍。天嘉元年，追論長城之功，封欣樂縣侯，邑一千户。

尋隨侯安都等拒王琳于沌口〔九〕，戰于蕪湖，昭達乘平虜大艦，中流而進，先鋒發拍中于賊艦。王琳平，昭達册勳第一。二年，除使持節、散騎常侍、都督郢巴武沅四州諸軍事、智武將軍、郢州刺史，增邑并前千五百户。尋進號平西將軍。

周迪據臨川反，詔令昭達便道征之。及迪敗走，徵爲護軍將軍，給鼓吹一部，改封邵武縣侯，增邑并前二千户，常侍如故。四年，陳寶應納周迪，復共寇臨川，又以昭達爲都督討迪。至東興嶺，而迪又退走。昭達仍踰嶺，頓于建安，以討陳寶應。寶應據建安、晉安二郡之界，水陸爲柵，以拒官軍。昭達與戰不利，因據其上流，命軍士伐木帶枝葉爲筏，施拍於其上，綴以大索，相次列營，夾于兩岸。寶應數挑戰，昭達按甲不動。俄而暴雨，江水大長，昭達放筏衝突寶應水柵，水柵盡破。又出兵攻其步軍。方大合戰，會世祖遣余孝頃出自海道，適至，因并力乘之，寶應大潰，遂克定閩中，盡擒留異、寶應等。以功授鎮前將軍、開府儀同三司。

初，世祖嘗夢昭達升於台鉉，及旦，以夢告之。至是侍醼，世祖顧昭達曰：「卿憶夢不？何以償夢？」昭達對曰：「當効犬馬之用，以盡臣節，自餘無以奉償。」尋又出爲使持節、都督江郢吴三州諸軍事、鎮南將軍、江州刺史，常侍、儀同、鼓吹如故。

廢帝即位，遷侍中、征南將軍，改封邵陵郡公。華皎之反也，其移書文檄，竝假以昭達爲辭，又頻遣使招之，昭達盡執其使，送于京師。皎平，進號征南大將軍，增邑并前二千五百户。秩滿，徵爲中撫大將軍，侍中、儀同、鼓吹如故。高宗即位，進號車騎大將軍，以還朝遲留，爲有司所劾，降號車騎將軍。

歐陽紇據有嶺南反，詔昭達都督衆軍討之。昭達倍道兼行，達于始興。紇聞昭達奄至，恇擾不知所爲，乃出頓洭口，多聚沙石，盛以竹籠，置于水柵之外，用遏舟艦。昭達居其上流，裝艫造拍，以臨賊栅。又令軍人銜刀，潛行水中，以斫竹籠，籠篾皆解。因縱大艦隨流突之，賊衆大敗，因而擒紇，送于京師，廣州平。以功進車騎大將軍，遷司空，餘竝如故。

太建二年，率師征蕭巋于江陵。時蕭巋與周軍大蓄舟艦於青泥中，昭達分遣偏將錢道戢、程文季等，乘輕舟襲之，焚其舟艦。周兵又於峽下南岸築壘，名曰安蜀城，於江上横引大索，編葦爲橋，以度軍糧。昭達乃命軍士爲長戟，施於樓船之上，仰割其索，索斷糧絶，因縱兵以攻其城，降之。

三年，遘疾，薨，時年五十四。贈大將軍，增邑五百户，給班劍二十人。

昭達性嚴刻，每奉命出征，必晝夜倍道，然有所克捷，必推功將帥，廚膳飲食，竝同於羣下，將士亦以此附之。每飲會，必盛設女伎雜樂，備盡羌胡之聲，音律姿容，竝一時之妙，雖臨對寇敵，旗鼓相望，弗之廢也。四年，配享世祖廟庭。

子大寶，襲封邵陵郡公，累官至散騎常侍、護軍。出爲豐州刺史，在州貪縱，百姓怨酷，後主以太僕卿李暈代之。至德三年四月，暈將到州，大寶乃襲殺暈，舉兵反〔一〇〕，遣其將楊通寇建安。建安内史吴慧覺據郡城拒之，通累攻不克。官軍稍近，人情離異，大寶計窮，乃與通俱逃。臺軍主陳景詳率兵追躡大寶〔一一〕。大寶既入山，山路阻險，不復能行，通背負之，稍進。尋爲追兵所及，生擒送都，於路死，傳首梟于朱雀航，夷三族。

史臣曰：黄法𣰰、淳于量值梁末喪亂，劉項未分，其有辯明暗見是非者蓋鮮，二公達向背之理，位至鼎司，亦其智也。昭達與世祖鄉壤惟舊，義等鄧蕭，世祖纂曆，委任隆重，至於戰勝攻取，累平寇難，斯亦良臣良將，一代之吴耿矣。

校勘記

〔一〕步行日三百里　「三百里」，南史卷六六黄法𣰰傳作「二百里」。

〔二〕承聖三年除明威將軍游騎將軍　按黄法𣰰墓誌云「三年，改授明威將軍、雲騎將軍」。

〔三〕天嘉二年　「二年」，南史卷六六黄法𣰰傳作「三年」，按黄法𣰰墓誌亦作「三年」，疑是。

〔四〕於是乃爲拍車及步艦　「拍車」，按南史卷六六黄法𣰰傳、册府卷三六八將帥部宋本作「抛車」。

〔五〕法𣰰不令軍士侵掠　「不令軍士侵掠」，册府卷三六八將帥部宋本作「軍上不令侵掠」，明本作「止軍不令侵掠」。

〔六〕徵爲中撫大將軍　「中撫大將軍」，南史卷六六淳于量傳、册府卷四五〇將帥部作「中撫軍大將軍」，按本書卷三世祖紀天嘉五年亦作「中撫軍大將軍」。

〔七〕多戀本生　「本生」，三朝本、南監本、北監本、汲本、殿本及南史卷六六淳于量傳、册府卷四五〇將帥部作「本土」。

〔八〕徵爲中護大將軍　「中護大將軍」，本書卷五宣帝紀太建五年及六年並作「中權大將軍」。按本書卷二六徐陵傳云淳于量軍號爲「中權將軍」。

〔九〕尋隨侯安都等拒王琳于沌口　此處「沌口」或有疑。按本書卷八侯安都傳、卷九侯瑱傳、卷一〇程靈洗傳，天嘉元年，侯安都、侯瑱等所領陳軍拒王琳於栅口。然本書卷二二陸子隆傳則載「世祖嗣位，子隆領甲仗宿衞。尋隨侯安都拒王琳於沌口」。

〔一〇〕至德三年四月暈將到州大寶乃襲殺暈舉兵反　按本書卷六後主紀載，至德三年「三月辛酉，前豐州刺史章大寶舉兵反」。

〔一一〕臺軍主陳景詳率兵追躡大寶　「臺軍主」，按本書卷六後主紀至德三年作「豐州義軍主」。

陳書卷十二

列傳第六

胡穎　徐度子敬成　杜稜　沈恪

胡穎字方秀，吳興東遷人也。其先寓居吳興，土斷爲民。穎偉姿容，性寬厚。梁世仕至武陵國侍郎，東宮直前。出番禺，征討俚洞，廣州西江督護〔一〕。高祖在廣州，穎仍自結高祖，高祖與其同郡，接遇甚隆。及南征交趾，穎從行役，餘諸將帥皆出其下。及平李賁，高祖旋師，穎隸在西江，出兵多以穎留守。

侯景之亂，高祖克元景仲，仍渡嶺援臺，平蔡路養、李遷仕，穎皆有功。歷平固、遂興二縣令。高祖進軍頓西昌，以穎爲巴丘縣令，鎮大皋，督粮運。下至豫章，以穎監豫章郡。高祖率衆與王僧辯會於白茅灣，同討侯景，以穎知留府事。

梁承聖初，元帝授穎假節、鐵騎將軍、羅州刺史，封漢陽縣侯，邑五百户。尋除豫章内史，隨高祖鎮京口。齊遣郭元建出關，都督侯瑱率師禦之。高祖選府内驍勇三千人配穎，令隨瑱，於東關大破之元建〔二〕。三年，高祖圍廣陵，齊人東方光據宿預請降〔三〕，以穎爲五原太守，隨杜僧明援光，不克，退還，除曲阿令。尋領馬軍，從高祖襲王僧辯。又隨周文育於吴興討杜龕。紹泰元年，除假節、都督南豫州諸軍事、輕車將軍、南豫州刺史。太平元年，除持節、散騎常侍、仁威將軍。尋兼丹陽尹。

高祖受禪，兼左衛將軍，餘如故。永定三年，隨侯安都征王琳，於宫亭破賊帥常衆愛等。世祖嗣位，除侍中、都督吴州諸軍事、宣惠將軍、吴州刺史。不行，尋爲義興太守，將軍如故。天嘉元年，除散騎常侍、吴興太守。其年六月卒，時年五十四。贈侍中、中護軍，謚曰壯。二年，配享高祖廟庭。子六同嗣。

穎弟鑠，亦隨穎將軍。穎卒，鑠統其衆。歷東海、豫章二郡守，遷員外散騎常侍。隨章昭達南平歐陽紇〔四〕，爲廣州東江督護。還預北伐，除雄信將軍、歷陽太守。太建六年卒，贈桂州刺史。

徐度字孝節，安陸人也。世居京師。少倜儻，不拘小節。及長，姿貌瓌偉，嗜酒好博，恒使僮僕屠酤爲事。梁始興内史蕭介之郡，度從之，將領士卒，征諸山洞，以驍勇聞。高祖征交趾，厚禮招之，度乃委質。

侯景之亂，高祖克定廣州，平蔡路養，破李遷仕，計畫多出於度。兼統兵甲，每戰有功。歸至白茅灣，梁元帝授寧朔將軍、合州刺史。侯景平後，追録前後戰功，加通直散騎常侍，封廣德縣侯，邑五百户。遷散騎常侍。

高祖鎮朱方，除信武將軍、蘭陵太守。高祖遣衡陽獻王平荆州〔五〕，度率所領從焉。江陵陷，閒行東歸。高祖平王僧辯，度與侯安都爲水軍。紹泰元年，高祖東討杜龕，奉敬帝幸京口，以度領宿衛，并知留府事。

徐嗣徽、任約等來寇，高祖與敬帝還都。時賊已據石頭城，市鄽居民，竝在南路，去臺遥遠，恐爲賊所乘，乃使度將兵鎮于冶城寺，築壘以斷之。賊悉衆來攻，不能克。高祖尋亦救之，大敗約等。明年，嗣徽等又引齊寇濟江，度隨衆軍破之於北郊壇。以功除信威將軍、郢州刺史、兼領吴興太守。尋遷鎮右將軍、領軍將軍，徐州緣江諸軍事〔六〕、鎮北將軍、南徐州刺史，給鼓吹一部。

周文育、侯安都等西討王琳，敗績，爲琳所拘，乃以度爲前軍都督，鎮于南陵。世祖嗣位，遷侍中、中撫軍將軍、開府儀同三司，進爵爲公。未拜，出爲使持節、散騎常侍、鎮東將軍、吴郡太守。天嘉元年，增邑千户。以平王琳功，改封湘東郡公，邑四千户。秩滿，爲侍中、中軍將軍。出爲使持節、都督會稽東陽臨海永嘉新安新寧信安晉安建安九郡諸軍事、鎮東將軍、會稽太守。未行而太尉侯瑱薨于湘州，乃以度代瑱爲都督湘沅武巴郢桂六州諸軍事、鎮南將軍、湘州刺史。秩滿，爲侍中、中軍大將軍，儀同、鼓吹並如故。

世祖崩，度預顧命，以甲仗五十人入殿省。廢帝即位，進位司空。華皎據湘州反，引周兵下至沌口，與王師相持，乃加度使持節、車騎將軍，總督步軍，自安成郡由嶺路出于湘東，以襲湘州，盡獲其所留軍人家口以歸。光大二年薨，時年六十。贈太尉，給班劍二十人，謚曰忠肅。太建四年，配享高祖廟庭。子敬成嗣。

敬成幼聰慧，好讀書，少機警，善占對，結交文義之士，以識鑒知名。起家著作郎〔七〕。永定元年，領度所部士卒，隨周文育、侯安都征王琳，於沌口敗績，爲琳所縶。二年，隨文育、安都得歸，除太子舍人，遷洗馬。敬成父度爲吴郡太守〔八〕，以敬成監郡。天嘉二年，遷太子中舍人，拜湘東郡公世子。四年，度自湘州還朝，士馬精鋭，敬成盡領其衆。隨章昭達征陳寶應，晉安平，除貞威將軍、豫章太守。光大元年，華皎謀反，以敬成爲假節、都督巴州諸軍事、雲旗將軍、巴州刺史。尋詔爲水軍，隨吴明徹征華皎，皎平還州。太建二年，以父憂去職〔九〕。尋起爲持節、都督南豫州諸軍事、壯武將軍、南豫州刺史。四年，襲爵湘東郡公，授太子右衛率。

五年，除貞威將軍、吴興太守。其年隨都督吴明徹北討，出秦郡，别遣敬成爲都督，乘金翅自歐陽引埭上泝江由廣陵。齊人皆城守，弗敢出。自繁梁湖下淮，圍淮陰城。仍監北兖州。淮、泗義兵相率響應，一二日間，衆至數萬，遂克淮陰、山陽、鹽城三郡，并連口、朐山二戍。仍進攻鬱州，克之。以功加通直散騎常侍、雲旗將軍，增邑五百户。又進號壯武將軍，鎮朐山。坐於軍中輒科訂，并誅新附，免官。尋復爲持節、都督安元潼三州諸軍事、安州刺史，將軍如故，鎮宿預。七年卒，時年三十六。贈散騎常侍，謚曰思。子敞嗣。

杜稜字雄盛，吴郡錢塘人也。世爲縣大姓。稜頗涉書傳，少落泊，不爲當世所知。遂遊嶺南，事梁廣州刺史新渝侯蕭暎。暎卒，從高祖，恒典書記。侯景之亂，命稜將領，平蔡路養、李遷仕皆有功。軍至豫章，梁元帝承制授稜仁威將軍、石州刺史，上陌縣侯，邑八百户。

侯景平，高祖鎮朱方，稜監義興琅邪二郡。高祖誅王僧辯〔一〇〕，引稜與侯安都等共議，稜難之。高祖懼其泄己，乃以手巾絞稜，稜悶絶于地，因閉於別室。軍發，召與同行。及僧辯平後，高祖東征杜龕等，留稜與安都居守。徐嗣徽、任約引齊寇濟江，攻臺城，安都與稜隨方抗拒，稜晝夜巡警，綏撫士卒，未常解帶。賊平，以功除通直散騎常侍、右衞將軍、丹陽尹。永定元年，加侍中、忠武將軍。尋遷中領軍，侍中、將軍如故。

三年，高祖崩，世祖在南皖。時内無嫡嗣，外有彊敵，侯瑱、侯安都、徐度等竝在軍中，朝廷宿將，唯稜在都，獨典禁兵，乃與蔡景歷等祕不發喪，奉迎世祖，事見景歷傳。世祖即位，遷領軍將軍，天嘉元年，以預建立之功，改封永城縣侯，增邑五百户。出爲雲麾將軍、晉陵太守，加秩中二千石。二年，徵爲侍中、領軍將軍。尋遷翊左將軍、丹陽尹。

廢帝即位，遷鎮右將軍、特進，侍中、尹如故。光大元年，解尹，量置佐史，給扶，重授領軍將軍。

太建元年，出爲散騎常侍、鎮東將軍、吴興太守，秩中二千石。二年，徵爲侍中、鎮右將軍。尋加特進、護軍將軍。三年，以公事免侍中、護軍。四年，復爲侍中、右光禄大夫，并給鼓吹一部，將軍、佐史、扶竝如故。

稜歷事三帝，竝見恩寵。末年不預征役，優遊京師，賞賜優洽。頃之卒于官，時年七十。贈開府儀同三司，喪事所須，竝令資給，謚曰成。其年配享高祖廟庭。子安世嗣。

沈恪字子恭，吳興武康人也。深沈有幹局。梁新渝侯蕭映爲郡將，召爲主簿。映遷北徐州，恪隨映之鎮。映遷廣州，以恪兼府中兵參軍，常領兵討伐俚洞。盧子略之反也，恪拒戰有功，除中兵參軍。高祖與恪同郡，情好甚暱，蕭映卒後，高祖南討李賁，仍遣妻子附恪還鄉。尋補東宮直後，以嶺南勳除員外散騎侍郎，仍令招集宗從子弟。

侯景圍臺城，恪率所領入臺，隨例加右軍將軍。賊起東西二土山以逼城，城內亦作土山以應之，恪爲東土山主，晝夜拒戰。以功封東興縣侯，邑五百户。遷員外散騎常侍。京城陷，恪閒行歸鄉里。高祖之討侯景，遣使報恪，乃於東起兵相應。賊平，恪謁高祖於京口，即日授都軍副。尋爲府司馬〔一一〕。

及高祖謀討王僧辯，恪預其謀。時僧辯女壻杜龕鎮吳興，高祖乃使世祖還長城，立柵備龕，又使恪還武康，招集兵衆。及僧辯誅，龕果遣副將杜泰率衆襲世祖於長城。恪時已率兵士出縣誅龕黨與，高祖尋遣周文育來援長城，文育至，泰乃遁走。世祖仍與文育進軍出郡，恪軍亦至，屯于郡南。及龕平，世祖襲東揚州刺史張彪，以恪監吳興郡。太平元年，除宣猛將軍、交州刺史。其年遷永嘉太守，不拜，復令監吴興郡。自吴興入朝。高祖受禪，使中書舍人劉師知引恪，令勒兵入辭〔一二〕，因衛敬帝如別宫。恪乃排闥入見高祖，叩頭謝曰：「恪身經事蕭家來，今日不忍見許事，分受死耳，決不奉命。」高祖嘉其意，乃不復逼，更以盪主王僧志代之。

高祖踐祚，除吴興太守。永定二年，徙監會稽郡。會余孝頃謀應王琳，出兵臨川攻周迪，以恪爲壯武將軍，率兵踰嶺以救迪。余孝頃聞恪至，退走。三年，遷使持節、通直散騎常侍、智武將軍、吴州刺史，便道之鄱陽。尋有詔追還，行會稽郡事。其年，除散騎常侍、忠武將軍、會稽太守。

世祖嗣位，進督會稽東陽新安臨海永嘉建安晉安新寧信安九郡諸軍事，將軍、太守如故。天嘉元年，增邑五百户。二年，徵爲左衛將軍。俄出爲都督郢武巴定四州諸軍事、軍師將軍、郢州刺史。六年，徵爲中護軍。尋遷護軍將軍。光大二年，遷使持節、都督荆武祐三州諸軍事、平西將軍、荆州刺史。未之鎮，改爲護軍將軍。

高宗即位，加散騎常侍、都督廣衡東衡交越成定新合羅愛德宜黄利安石雙等十八州諸軍事、鎮南將軍、平越中郎將、廣州刺史。恪未至嶺，前刺史歐陽紇舉兵拒險，恪不得進，朝廷遣司空章昭達督衆軍討紇，紇平，乃得入州。州罹兵荒，所在殘毁，恪綏懷安緝，被以恩惠，嶺表賴之。太建四年，徵爲領軍將軍。及代還，以途遠不時至，爲有司所奏免。十一年，起爲散騎常侍、衞尉卿。其年，授平北將軍、假節、監南兗州。十二年，改授散騎常侍、翊右將軍、監南徐州。又遣電威將軍裴子烈領馬五百匹，助恪緣江防戍。明年，入爲衞尉卿，常侍、將軍如故。尋加侍中，遷護軍將軍。後主即位，以疾改授散騎常侍、特進、金紫光祿大夫。其年卒，時年七十四。贈翊左將軍，詔給東園祕器，仍出舉哀，喪事所須，並令資給，謚曰元〔一三〕。子法興嗣。

史臣曰：胡穎、徐度、杜稜、沈恪竝附騏驥而騰躍，依日月之光輝，始覩王佐之才，方悟公輔之量，生則肉食，終以配饗。盛矣哉！

校勘記

〔一〕廣州西江督護　此處疑有脱文。按册府卷三四五將帥部宋本作「任廣州西江督護」。

〔三〕於東關大破之元建　「大破之元建」，北監本、汲本、殿本及南史卷六七胡穎傳作「大破之」，册府卷三四五將帥部宋本作「大破元建」。按「大破之元建」文義難通，疑此處或「之」字衍，或「元建」後有脱文，或「之」字後衍「元建」。

〔三〕齊人東方光據宿預請降　按此事俱見載於南北諸史，人名有所不同。本書卷一四南康愍王曇朗傳、梁書卷五元帝紀、南史卷八梁本紀下作「東方光」，北齊書卷一六段榮傳附段韶傳、卷二四杜弼傳、卷二五張纂傳、北史卷五五郎基傳作「東方白額」。通鑑卷一六五梁紀二一元帝承聖二年、三年記事略同於梁書，人名則皆作「東方白額」。蓋南北史源有别，白額或爲光之别名。

〔四〕隨章昭達南平歐陽紇　「章昭達」，原作「章昭連」，據南監本、北監本、汲本、殿本改。

〔五〕高祖遣衡陽獻王平荆州　「平」，南史卷六七徐度傳作「往」。按時衡陽獻王爲質子至江陵，作「平」字有疑。

〔六〕徐州緣江諸軍事　按下文稱「南徐州刺史」，此「徐州」上疑有脱文。

〔七〕起家著作郎　「著作郎」，按南史卷六七徐度傳附徐敬成傳作「著作佐郎」，疑是。

〔八〕敬成父度爲吴郡太守　「敬成父」三字北監本、殿本無。

〔九〕太建二年以父憂去職　「太建二年」，按本卷徐度傳、本書卷四廢帝紀及南史卷九陳本紀上、卷六七徐度傳附徐敬成傳，均載徐度卒於光大二年。

〔一〇〕高祖誅王僧辯　「誅王僧辯」，按南史卷六七杜稜傳作「謀誅王僧辯」，義較長。

〔一一〕尋爲府司馬　「府」，原作「君」，據册府卷七六五總録部改。南監本、北監本、汲本、殿本作

「郡」。「君」當爲「郡」之訛，然時沈恪已爲員外散騎常侍，封縣侯，無更爲郡司馬之理，蓋其時陳霸先都督南徐州諸軍事、征北大將軍、開府儀同三司、南徐州刺史，恪爲其府之司馬也。

〔三〕令勒兵入辭　「辭」，北監本、汲本、殿本及南史卷六七沈恪傳無。

〔三〕謚曰元　「元」，南史卷六七沈恪傳作「光」。

陳書卷十三

列傳第七

徐世譜　魯悉達　周敷　荀朗子法尚　周炅

徐世譜字興宗，巴東魚復人也。世居荊州，爲主帥，征伐蠻蜒。至世譜，尤敢勇有膂力，善水戰。梁元帝之爲荊州刺史，世譜將領鄉人事焉。

侯景之亂，因預征討，累遷至員外散騎常侍。尋領水軍，從司徒陸法和討景，與景戰於赤亭湖。時景軍甚盛，世譜乃别造樓船、拍艦、火舫、水車以益軍勢。將戰，又乘大艦居前，大敗景軍，生擒景將任約，景退走。因隨王僧辯攻郢州，世譜復乘大艦臨其倉門，賊將宋子仙據城降。以功除使持節、信武將軍、信州刺史，封魚復縣侯，邑五百户。仍隨僧辯東下，恒爲軍鋒。又破景將侯子鑒於湖熟〔一〕。侯景平後，以功除通直散騎常侍、衡州刺史資、領河東太守〔二〕，增邑并前一千户。

西魏來寇荆州，世譜鎮馬頭岸，據有龍州〔三〕，元帝授侍中、使持節、都督江南諸軍事、鎮南將軍、護軍將軍，給鼓吹一部。江陵陷没，世譜東下依侯瑱。

紹泰元年，徵爲侍中、左衛將軍。高祖之拒王琳，其水戰之具，悉委世譜。世譜性機巧，諳解舊法，所造器械，竝隨機損益，妙思出人。

永定二年，遷護軍將軍。世祖嗣位，加特進，進號安右將軍。天嘉元年，增邑五百户。二年，出爲使持節、散騎常侍、都督宣城郡諸軍事、安西將軍、宣城太守〔四〕，秩中二千石。還爲安前將軍、右光禄大夫。尋以疾失明，謝病不朝。四年卒，時年五十五。贈本官，謚曰桓侯。

世譜從弟世休，隨世譜自梁征討，亦有戰功。官至員外散騎常侍、安遠將軍，枳縣侯，邑八百户。光大二年，隸都督淳于量征華皎〔五〕。卒，贈通直散騎常侍，謚曰壯。

魯悉達字志通，扶風郿人也。祖斐，齊通直散騎常侍、安遠將軍、衡州刺史，陽塘侯。父益之，梁雲麾將軍、新蔡義陽二郡太守。

悉達幼以孝聞，起家爲梁南平嗣王中兵參軍。侯景之亂，悉達糾合鄉人，保新蔡，力田蓄穀。時兵荒饑饉，京都及上川餓死者十八九，有得存者，皆攜老幼以歸焉。悉達分給粮廪，其所濟活者甚衆，仍於新蔡置頓以居之。招集晉熙等五郡，盡有其地。使其弟廣達領兵隨王僧辯討侯景。景平，梁元帝授持節、仁威將軍、散騎常侍、北江州刺史。

敬帝即位，王琳據有上流，留異、余孝頃、周迪等所在鋒起〔六〕，悉達撫綏五郡，甚得民和，士卒皆樂爲之用。琳授悉達鎮北將軍，高祖亦遣趙知禮授征西將軍、江州刺史，各送鼓吹女樂，悉達兩受之，遷延顧望，皆不就。高祖遣安西將軍沈泰潛師襲之，不能克。齊遣行臺慕容紹宗以衆三萬來攻鬱口諸鎮〔七〕，兵甲甚盛，悉達與戰，敗齊軍，紹宗僅以身免。

王琳欲圖東下，以悉達制其中流，恐爲己患，頻遣使招誘，悉達終不從。琳不得下，乃連結於齊，共爲表裏，齊遣清河王高岳助之。相持歲餘，會裨將梅天養等懼罪，乃引齊軍入城。悉達勒麾下數千人，濟江而歸高祖。高祖見之，甚喜，曰：「來何遲也？」悉達對曰：「臣鎮撫上流，願爲蕃屏，陛下授臣以官，恩至厚矣，沈泰襲臣，威亦深矣。然臣所以自歸於陛下者，誠以陛下豁達大度，同符漢祖故也。」高祖嘆曰〔八〕：「卿言得之矣。」授平南將軍、散騎常侍、北江州刺史，封彭澤縣侯。世祖即位，進號安左將軍。

悉達雖仗氣任俠，不以富貴驕人，雅好詞賦，招禮才賢，與之賞會。遷安南將軍、吳州刺史。遭母憂，哀毁過禮，因遘疾卒，時年三十八。贈安左將軍、江州刺史，謚曰孝侯。子覽嗣。弟廣達，别有傳。

周敷字仲遠，臨川人也，爲郡豪族。敷形貌眇小，如不勝衣，而膽力勁果，超出時輩。性豪俠，輕財重士，鄉黨少年任氣者咸歸之。

侯景之亂，鄉人周續合徒衆以討賊爲名，梁内史始興藩王蕭毅以郡讓續，續所部内有欲侵掠於毅，敷擁護之，親率其黨捍衞，送至豫章。時觀寧侯蕭永、長樂侯蕭基、豐城侯蕭泰避難流寓，聞敷信義，皆往依之。敷愍其危懼，屈體崇敬，厚加給卹，送之西上。

俄而續部下將帥爭權，復反，殺續以降周迪。迪素無簿閥，恐失衆心，倚敷族望，深求交結。敷未能自固，事迪甚恭，迪大憑仗之，漸有兵衆。迪據臨川之工塘，敷鎮臨川故郡。侯景平，梁元帝授敷使持節、通直散騎常侍、信武將軍、寧州刺史，封西豐縣侯，邑一千户。

高祖受禪，王琳據有上流，余孝頃與琳黨李孝欽等共圍周迪〔九〕，敷大致人馬以助於迪。迪擒孝頃等，敷功居多。

熊曇朗之殺周文育，據豫章，將兵萬餘人襲敷，徑至城下，敷與戰，大敗之，追奔五十餘里〔一〇〕，曇朗單馬獲免，盡收其軍實。曇朗走巴山郡，收合餘黨，敷因與周迪、黃法𣰰等進兵圍曇朗，屠之。

王琳平，授散騎常侍、平西將軍、豫章太守。是時南江酋帥竝顧戀巢窟〔一一〕，私署令長，不受召，朝廷未遑致討，但羈縻之，唯敷獨先入朝。天嘉二年，詣闕，進號安西將軍，給鼓吹一部，賜以女樂〔一二〕，令還鎮豫章。

周迪以敷素出己下，超致顯貴，深不平，乃舉兵反，遣弟方興以兵襲敷。敷與戰，大破方興。仍率衆從都督吳明徹攻迪，破之，擒其弟方興并諸渠帥。詔以敷爲安西將軍、臨川太守，餘並如故。尋徵爲使持節、都督南豫北江二州諸軍事、鎮南將軍、南豫州刺史，增邑五百户，常侍、鼓吹如故。

五年，迪又收合餘衆，還襲東興。世祖遣都督章昭達征迪，敷又從軍。至定川縣，與迪相對。迪紿敷曰：「吾昔與弟勠力同心，宗從匪他，豈規相害。今願伏罪還朝，因弟披露心腑，先乞挺身共立盟誓。」敷許之，方登壇，爲迪所害，時年三十五。詔曰：「使持節、散騎常侍、都督南豫州緣江諸軍事、鎮南將軍、南豫州刺史西豐縣開國侯敷，受任遐征，淹時違律，虚衿姦詭，遂貽喪仆〔一三〕。但夙著勤誠，亟勞戎旅，猶深惻愴，愍悼于懷。可存其茅賦，量所賻䘏，還葬京邑。」謚曰脱。子智安嗣。

敷兄象，共敷據本鄉，亦授臨川太守。

荀朗字深明，潁川潁陰人也。祖延祖，梁潁川太守。父伯道，衛尉卿。

朗少慷慨，有將帥大略，起家梁廬陵王行參軍。侯景之亂，朗招率徒旅，據巢湖閒，無所屬。臺城陷後，簡文帝密詔授朗雲麾將軍、豫州刺史，令與外藩討景。景使儀同宋子仙、任約等頻往征之，朗據山立砦自守，子仙不能克。時京師大饑，百姓皆於江外就食，朗更招致部曲，解衣推食，以相賑贍，衆至數萬人。侯景敗於巴陵，朗出自濡須截景，破其後軍。王僧辯東討，朗遣其將范寶勝及弟曉領兵二千助之。侯景平後，又别破齊將郭元建於踟蹰山。梁承聖二年，率部曲萬餘家濟江，入宣城郡界立頓。梁元帝授朗持節、通直散騎常侍、安南將軍、都督南兖州諸軍事、南兖州刺史，未行而荆州陷。

高祖入輔，齊遣蕭軌、東方老等來寇，據石頭城。朗自宣城來赴，因與侯安都等大破齊軍。永定元年，賜爵興寧縣侯，邑二千户，以朗兄昂爲左衛將軍，弟晷爲太子右衛率。

尋遣朗隨世祖拒王琳於南皖。

高祖崩，宣太后與舍人蔡景歷祕不發喪，朗弟曉在都微知之，乃謀率其家兵襲臺。事覺，景歷殺曉，仍繫其兄弟。世祖即位，竝釋之。因厚撫慰朗，令與侯安都等共拒王琳。琳平，遷使持節、安北將軍、散騎常侍、都督霍晉合三州諸軍事、合州刺史。天嘉六年卒，時年四十八。贈南豫州刺史，謚曰壯。子法尚嗣。

法尚少俶儻，有文武幹略，起家江寧令，襲爵興寧縣侯。太建五年，隨吴明徹北伐。尋授通直散騎侍郎，除涇令，歷梁、安城太守。禎明中，爲都督郢巴武三州諸軍事、郢州刺史。及隋軍濟江，法尚降于漢東道元帥秦王。入隋，歷邵、觀、綿、豐四州刺史，巴東、燉煌二郡太守。

周炅字文昭，汝南安成人也。祖彊〔一四〕，齊太子舍人，梁州刺史〔一五〕。父靈起，梁通直散騎常侍，廬桂二州刺史，保城縣侯。

炅少豪俠任氣，有將帥才。梁大同中，爲通直散騎侍郎、朱衣直閤。太清元年，出爲弋陽太守。侯景之亂，元帝承制改授西陽太守，封西陵縣伯。景遣兄子思穆據守齊安，炅率驍勇襲破思穆，擒斬之。以功授持節、高州刺史。是時炅據武昌、西陽二郡，招聚卒徒，甲兵甚盛。景將任約來據樊山，炅與寧州長史徐文盛擊約〔一六〕，斬其部將叱羅子通、趙迦婁等。因乘勝追之，頻克，約衆殆盡。承聖元年，遷使持節、都督江定二州諸軍事、戎昭將軍、江州刺史，進爵爲侯，邑五百户。

高祖踐祚，王琳擁據上流，炅以州從之。及王琳遣其將曹慶等攻周迪，仍使炅將兵掎角而進，爲侯安都所敗，擒炅送都。世祖釋炅，授戎威將軍、定州刺史〔一七〕、帶西陽武昌二郡太守。

天嘉二年，留異據東陽反，世祖召炅還都，欲令討異。未至而異平，炅還本鎮。天康元年，預平華皎之功〔一八〕，授員外散騎常侍。太建元年，遷持節、龍驤將軍、通直散騎常侍。

五年，進授使持節、西道都督安蘄江衡司定六州諸軍事、安州刺史，改封龍源縣侯，增邑并前一千户。其年隨都督吴明徹北討，所向克捷，一月之中，獲十二城。齊遣尚書左丞陸騫以衆二萬出自巴蘄，與炅相遇。炅留羸弱輜重，設疑兵以當之，身率精鋭，由間道邀其後，大敗騫軍，虜獲器械馬驢，不可勝數。進攻巴州，克之。於是江北諸城及穀陽士民〔一九〕，並誅渠帥以城降。進號和戎將軍、散騎常侍，增邑并前一千五百户。仍敕追炅入朝。

初，蕭詧定州刺史田龍升以城降，詔以爲振遠將軍、定州刺史，封赤亭王。及炅入朝，龍升以江北六州七鎮叛入于齊，齊遣歷陽王高景安帥師應之。於是令炅爲江北道大都督，總統衆軍，以討龍升。龍升使弋陽太守田龍琰率衆二萬陣於亭川，高景安於水陵、陰山爲其聲援〔二〇〕，龍升引軍别營山谷。炅乃分兵各當其軍，身率驍勇先擊龍升，龍升大敗，龍琰望塵而奔，並追斬之，高景安遁走，盡復江北之地。以功增邑并前二千户，進號平北將軍、定州刺史，持節、都督如故，仍賜女妓一部。太建八年卒官，時年六十四。贈司州刺史，封武昌郡公，謚曰壯。子法僧嗣，官至宣城太守。

史臣曰：彼數子者，或驅馳前代，或擁據故鄉，竝識運知歸，因機景附，位升列牧，爵致通侯，美矣。昔張耳、陳餘自同於至戚，周勃、周迪亦誓等暱親，尋鋒刃而誅殘，斯甚夫胡越矣。讎隙因於勢利，何其鄙歟？

校勘記

〔一〕又破景將侯子鑒於湖熟　按梁書卷五六侯景傳，梁元帝承聖元年，王僧辯等破侯景將侯子鑒於姑孰。

〔二〕以功除通直散騎常侍衡州刺史資領河東太守 「領」，原作「鎮」，據局本及南史卷六七徐世譜傳改。按錢大昕考異卷二七云：「『鎮』當作『領』。梁陳之間，往往有以刺史資領郡守、縣令者。」

〔三〕據有龍州 「龍州」，南史卷六七徐世譜傳作「龍洲」。按水經注卷三四江水云「下有龍洲，洲東有寵洲」，御覽卷六九引盛弘之荆州記云「南江上有龍洲，下有寵洲」。

〔四〕出爲使持節散騎常侍都督宣城郡諸軍事安西將軍宣城太守 「散騎常侍」，原作「故諳常侍」，據南監本、北監本、汲本、殿本、局本改。

〔五〕光大二年隸都督淳于量征華皎 按本書卷四廢帝紀，淳于量征討並平定華皎之叛事在光大元年。

〔六〕留異余孝頃周迪等所在鋒起 「鋒起」，三朝本、南監本、北監本、汲本、殿本、局本及南史卷六七魯悉達傳作「蜂起」。

〔七〕齊遣行臺慕容紹宗以衆三萬來攻鬱口諸鎮 按魏書卷一二孝靜帝紀，慕容紹宗卒於武定七年即梁太清三年。錢大昕考異卷二七云：「按慕容紹宗之死在齊未受禪以前，安得此時尚存。」

〔八〕高祖嘆曰 「嘆」，册府卷二一五閏位部、卷四四六將帥部作「笑」。

〔九〕余孝頃與琳黨李孝欽等共圍周迪　「李孝欽」，原作「李希欽」，據南史卷六七周敷傳改。按本書卷二高祖紀下、卷一一黄法𣰰傳、卷一八陸山才傳、卷一九虞荔傳附虞寄傳、卷三一樊毅傳附樊猛傳、卷三五周迪傳並作「李孝欽」。

〔一〇〕追奔五十餘里　「追」，册府卷六九四牧守部宋本作「退」。

〔一一〕是時南江酋帥竝顧戀巢窟　「南江」，册府卷四五二將帥部、卷六八六牧守部作「江南」。

〔一二〕賜以女樂　「女樂」，三朝本、南監本、北監本、汲本、殿本、局本作「女妓一部」，册府卷三八〇將帥部、通鑑卷一六八陳紀二文帝天嘉三年作「女妓金帛」。按原句「樂」下有一字空白。

〔一三〕遂貽喪仆　「仆」，原作「什」，據册府卷四五二將帥部、卷五九五掌禮部改，北監本、汲本、殿本作「身」。

〔一四〕祖彊　「彊」，按大隋故左武衛將軍信子周府君之墓誌作「文强」。

〔一五〕梁州刺史　按大隋故左武衛將軍信子周府君之墓誌作「梁州長史」。

〔一六〕炅與寧州長史徐文盛擊約　「寧州長史」疑有訛脱。按梁書卷四六徐文盛傳，大同末，徐文盛爲「寧州刺史」，又卷四簡文帝紀載大寶元年「湘東王繹遣前寧州刺史徐文盛督衆軍拒約」。通鑑卷一六三梁紀一九簡文帝大寶元年則云「繹以廬陵王應爲江州刺史，以文盛爲長史行府州事」。

〔一七〕授戎威將軍定州刺史　「戎威」，疑爲「威戎」之倒誤。按隋書卷二六百官志上載陳軍號，有

「威戎」而無「戎威」。

〔一八〕天康元年預平華皎之功　此處疑有脱訛。按天康元年華皎尚未謀反。

〔一九〕於是江北諸城及穀陽士民　「士」，南史卷六七周炅傳作「土」。

〔二〇〕高景安於水陵陰山爲其聲援　「水陵」，疑爲「木陵」之訛。按元和郡縣圖志卷九河南道五光州光山縣載：「木陵故關，在縣南一百三十二里。齊、陳二境，齊置此關以爲禁防。」嚴耕望唐代交通圖考第六卷河南淮南區云：「隋書地理志考證九引作『木陵』是也，『水』字形訛。」

陳書卷十四

列傳第八

衡陽獻王昌　南康愍王曇朗　子方泰　方慶

衡陽獻王昌字敬業，高祖第六子也。梁太清末，高祖南征李賁，命昌與宣后隨沈恪還吴興。及高祖東討侯景，昌與宣后、世祖竝爲景所囚。景平，拜長城國世子，吴興太守，時年十六。

昌容貌偉麗，神情秀朗，雅性聰辯，明習政事。高祖遣陳郡謝哲、濟陽蔡景歷輔昌爲郡，又遣吴郡杜之偉授昌以經書。昌讀書一覽便誦，明於義理，剖析如流。尋與高宗俱往荆州，梁元帝除員外散騎常侍。荆州陷，又與高宗俱遷關右，西魏以高祖故，甚禮之。

高祖即位，頻遣使請高宗及昌，周人許之而未遣，及高祖崩，乃遣之。是時王琳梗於中流，昌未得還，居于安陸。王琳平後，天嘉元年二月，昌發自安陸，由魯山濟江，而巴陵王蕭沇等率百僚上表曰〔一〕：

臣聞宗子維城，隆周之懋軌，封建藩屏，有漢之弘規。是以卜世斯永，寔資邢衞〔二〕，鼎命靈長，實賴河楚。

伏惟陛下神猷光大，聖德欽明，道高日月，德侔造化。往者王業惟始，天步方艱，參奉權謨，匡合義烈，威略外舉，神武内定，故以再康禹迹，大庇生民者矣。及聖武升遐，王師遠次，皇嗣夐隔，繼業靡歸，宗祧危殆，綴旒非喻。既而傳車言反，公卿定策，纂我洪基，光昭景運，民心有奉，園寢克寧，后來其蘇，復在茲日，物情天意，皎然可求。王琳逆命，逋誅歲久，今者連結犬羊，乘流縱釁，舟旗野陣，綿江蔽陸，兵疲民弊，杼軸用空，中外騷然，藩籬罔固。乃旰食當朝，憑流授律，蒼兕既馳，長虵自翦，廓清四表，澄滌八紘，雄圖遐舉，仁聲遠暢。德化所覃，風行草偃，故以功深於微禹，道大於惟堯，豈直社稷用寧，斯乃黔黎是賴。

第六皇弟昌，近以妙年出質，提契寇手，偏隔關徼，旋踵未由。陛下天倫之愛既深，克讓之懷常切。伏以大德無私，至公有在，豈得徇匹夫之恒情，忘王業之大計。憲章故實，式遵典禮，欽若姬漢，建樹賢戚。湘中地維形勝，控帶川阜，扞城之寄，匪親勿居，宜啓服衡疑，兼崇徽飾。臣等參議，以昌爲使持節、散騎常侍、都督湘州諸軍事、驃騎將軍、湘州牧，封衡陽郡王，邑五千户，加給皁輪三望車，後部鼓吹一部，班劍二十人。啓可奉行。

詔曰「可」。三月入境，詔令主書、舍人緣道迎接。景子，濟江，於中流船壞，以溺薨。

四月庚寅，喪柩至京師，上親出臨哭。乃下詔曰：「夫寵章所以嘉德，禮數所以崇親，乃歷代之通規，固前王之令典。新除使持節、散騎常侍、都督湘州諸軍事、驃騎將軍、湘州牧衡陽王昌，明哲在躬，珪璋早秀，孝敬内湛，聰睿外宣。梁季艱虞，宗社顛墜，西京淪覆，陷身關隴。及鼎業初基，外蕃逆命，聘問斯阻，音介莫通，睠彼機橋，將隣烏白〔三〕。今者羣公勠力，多難廓清，輕傳入郛，無勞假道。周朝敦其繼好，駿駕歸來，欣此朝聞，庶歡昏定。報施徒語，曾莫輔仁，人之云亡，殄悴斯在，奄焉薨殞，倍增傷悼。津門之慟空在，桓岫之切不追，靜言念之，心焉如割。宜隆懋典，以協徽猷。可贈侍中、假黄鉞、都督中外諸軍事、太宰、揚州牧。給東園温明祕器，九旒鑾輅，黄屋左纛，武賁班劍百人，輼輬車，前後部羽葆鼓吹。葬送之儀，一依漢東平憲王、齊豫章文獻王故事。仍遣大司空持節迎護喪事，大鴻臚副其羽衛，殯送所須，隨由備辦。」謚曰獻。無子，世祖以第七皇子伯信爲嗣。

南康愍王曇朗，高祖母弟忠壯王休先之子也〔四〕。休先少倜儻有大志，梁簡文之在東宮，深被知遇。太清中，既納侯景，有事北方，乃使休先召募得千餘人，授文德主帥，頃之卒。高祖之有天下也，每稱休先曰：「此弟若存，河洛不足定也。」梁敬帝即位，追贈侍中、使持節、驃騎將軍、南徐州刺史，封武康縣公〔五〕，邑一千戶。高祖受禪，追贈侍中、車騎大將軍、司徒，封南康郡王，邑二千戶，謚曰忠壯。

曇朗少孤，尤爲高祖所愛，寵踰諸子。有膽力，善綏御。侯景平後，起家爲著作佐郎。高祖北濟江，圍廣陵，宿預人東方光據鄉建義〔六〕，乃遣曇朗與杜僧明自淮入泗應赴之。齊援大至，曇朗與僧明築壘抗禦。尋奉命班師，以宿預義軍三萬家濟江。高祖誅王僧辯，留曇朗鎮京口，知留府事。紹泰元年，除中書侍郎、監南徐州。

二年，徐嗣徽、任約引齊寇攻逼京邑，尋而請和，求高祖子姪爲質。時四方州郡竝多未賓，京都虛弱，粮運不繼，在朝文武咸願與齊和親，高祖難之，而重違衆議，乃言於朝曰：「孤謬輔王室，而使蠻夷猾夏，不能戡殄，何所逃責。今在位諸賢，且欲息肩偃武，與齊和好，以靜邊疆，若違衆議，必謂孤惜子姪，今決遣曇朗，棄之寇庭。且齊人無信，窺窬不已，謂我浸弱，必當背盟。齊寇若來，諸君須爲孤力鬬也。」高祖慮曇朗憚行，或奔竄東道，乃自率步騎往京口迎之，以曇朗還京師，仍使爲質於齊。

齊果背約，復遣蕭軌等隨嗣徽渡江。高祖與戰，大破之，虜蕭軌、東方老等。齊人請割地并入馬牛以贖之，高祖不許。及軌等誅，齊人亦害曇朗于晉陽，時二十八〔七〕。是時既與齊絶，弗之知也。高祖踐祚，猶以曇朗襲封南康郡王，奉忠壯王祀〔八〕，禮秩一同皇子。天嘉二年，齊人結好，方始知之。世祖詔曰：「夫追遠慎終，抑聞前誥。南康王曇朗，明哲懋親，蕃維是屬，入質北齊，用紓時難。皇運兆興，未獲旋反，永言跂予，日夜不忘。齊使始至，凶問奄及，追懷痛悼，兼倍常情，宜隆寵數，以光恒序。可贈侍中、安東將軍、開府儀同三司、南徐州刺史，謚曰愍。」乃遣兼郎中令隨聘使江德藻、劉師知迎曇朗喪柩，以三年春至都。

初，曇朗未質於齊，生子方泰、方慶。及將適齊，以二妾自隨，在北又生兩子：方華、方曠，亦同得還。

方泰少麤獷，與諸惡少年羣聚，遊逸無度，世祖以南康王故，特寬貰之。天嘉元年，詔曰：「南康王曇朗，出隔齊庭，反身莫測，國廟方修，奠饗須主，可以長男方泰爲南康世子，嗣南康王。」後聞曇朗薨，於是襲爵南康嗣王。尋爲仁威將軍、丹陽尹，置佐史。太建四年，遷使持節、都督廣衡交越成定明新合羅德宜黄利安建石崖十九州諸軍事〔九〕、平越中郎將、廣州刺史。爲政殘暴，爲有司所奏，免官。尋起爲仁威將軍，置佐史。六年，授持節、都督豫章郡諸軍事、豫章内史。在郡不修民事，秩滿之際，屢放部曲爲劫，又縱火延燒邑居，因行暴掠，驅録富人，徵求財賄。代至，又淹留不還。至都，詔以爲宗正卿，將軍、佐史如故。未拜，爲御史中丞宗元饒所劾，免官，以王還第。

十一年，起爲寧遠將軍，直殿省。尋加散騎常侍，量置佐史。其年八月，高宗幸大壯觀，因大閲武，命都督任忠領步騎十萬，陳於玄武湖，都督陳景領樓艦五百，出于瓜步江，高宗登玄武門觀〔一〇〕，宴羣臣以觀之。因幸樂遊苑，設絲竹會。仍重幸大壯觀，集衆軍振旅而還。是時方泰當從，啓稱所生母疾，不行，因與亡命楊鍾期等二十人，微服往民間，淫人妻，爲州所録。又率人仗抗拒，傷禁司，爲有司所奏。上大怒，下方泰獄。方泰初但承行淫，不承拒格禁司，上曰「不承則上測」，方泰乃投列承引。於是兼御史中丞徐君敷奏曰〔一一〕：「臣聞王者之心，匪漏網而私物，至治之本，無屈法而申慈。謹案南康王陳方泰宗屬雖遠，幸託葭莩，刺舉莫成，共治罕績。聖上弘以悔往，許其録用，宮闈寄切，宿衛是尸。豈有金門旦啓，玉輿曉蹕，百司馳騖，千隊騰驤，憚此翼從之勞，妄興晨昏之請？ 飜以危冠淇上，袨服桑中，臣子之僭，莫斯爲大，宜從霜簡，允寘冬官〔一二〕。臣等參議，請依見事，解方泰所居官，下宗正削爵土。謹以白簡奏聞。」上可其奏。尋復本官爵。禎明初，遷侍中，將軍如故。

三年，隋師濟江，方泰與忠武將軍南豫州刺史樊猛、左衞將軍蔣元遜領水軍於白下，往來斷遏江路。隋遣行軍元帥長史高熲領船艦泝流當之，猛及元遜竝降，方泰所部將士離散，乃棄船走。及臺城陷，與後主俱入關。隋大業中爲掖令。

方慶少清警，涉獵書傳。及長，有幹略。天嘉中，封臨汝縣侯。尋爲給事中，太子洗馬，權兼宗正卿，直殿省。太建九年，出爲輕車將軍、假節、都督定州諸軍事、定州刺史。秩滿，又爲散騎常侍、兼宗正卿。至德二年，進號智武將軍、武州刺史。初，廣州刺史馬靖久居嶺表，大得人心，士馬彊盛，朝廷疑之。至是以方慶爲仁威將軍、廣州刺史，以兵襲靖。靖誅，進號宣毅將軍。方慶性清謹，甚得民和。四年，進號雲麾將軍。

禎明三年，隋師濟江，衡州刺史王勇遣高州刺史戴智烈將五百騎迎方慶〔三〕，欲令承制總督征討諸軍事。是時隋行軍總管韋洸帥兵度嶺，宣隋文帝敕云：「若嶺南平定，留勇與豐州刺史鄭萬頃且依舊職。」方慶聞之，恐勇賣己，乃不從，率兵以拒智烈。智烈與戰，敗之，斬方慶於廣州，虜其妻子。

王勇，太建中爲晉陵太守，在職有能名。方慶之襲馬靖也，朝廷以勇爲超武將軍、東衡州刺史、領始興内史，以爲方慶聲勢。靖誅，以功封龍陽縣子。及隋軍臨江，詔授勇使持節、光勝將軍、總督衡廣交桂武等二十四州諸軍事、平越中郎將，仍入援。會京城陷，勇因移檄管内，徵兵據守，使其同産弟鄧暠將兵五千，頓于嶺上。又遣使迎方慶，欲假以爲名，而自執兵要。及方慶敗績，虜其妻子，收其貲産，分賞將帥。又令其將王仲宣、曾孝武迎西衡州刺史衡陽王伯信，伯信懼，奔于清遠郡，孝武追殺之。是時韋洸兵已上嶺，豐州刺史鄭萬頃據州不受勇召，而高梁女子冼氏舉兵以應隋軍〔一四〕，攻陷傍郡。勇計無所出，乃以其衆降。行至荆州，道病卒，隋贈大將軍、宋州刺史，歸仁縣公〔一五〕。

鄭萬頃，滎陽人，梁司州刺史紹叔之族子也。父旻，梁末入魏。萬頃通達有材幹，周武帝時爲司城大夫，出爲温州刺史。至德中，與司馬消難來奔。尋拜散騎常侍、昭武將軍、豐州刺史。在州甚有惠政，吏民表請立碑，詔許焉。

初，萬頃之在周，深被隋文帝知遇，及隋文踐祚，常思還北。及王勇之殺方慶，萬頃乃率州兵拒勇，遣使由閒道降于隋軍。拜上儀同，尋卒。

史臣曰：獻愍二王，聯華霄漢，或壤子之暱，或猶子之寵，而機橋爲阻，驂駕無由，有隔於休辰，終之以早世。悲夫！

校勘記

〔一〕而巴陵王蕭沇等率百僚上表曰　「蕭沇」，按梁書卷六敬帝紀載太平元年十二月以蕭就爲巴陵王奉齊後，其人南史卷八梁本紀下作「蕭沇」。

〔二〕寔資邢衞　「寔」，北監本、汲本、殿本、局本作「式」。

〔三〕將隣烏白　「隣」，册府卷二七六宗室部作「憐」。

〔四〕高祖母弟忠壯王休先之子也　「忠壯王」，册府卷二八四宗室部作「忠莊王」。「休先」，南史卷九陳本紀上作「休光」，按本書卷一高祖紀上、卷二高祖紀下亦作「休先」。

〔五〕封武康縣公　「武康縣公」，按本書卷一高祖紀上、卷二高祖紀下及南史卷九陳本紀上作「武康縣侯」。

〔六〕宿預人東方光據鄉建義　「東方光」，按北齊書卷一六段榮傳附段韶傳記其事，稱其人爲「梁將東方白額」。

〔七〕時二十八　「時」下北監本、汲本、殿本、局本有「年」字。

〔八〕奉忠壯王祀　「忠壯王」，北監本、汲本、殿本作「忠莊王」。

〔九〕都督廣衡交越成定明新合羅德宜黄利安建石崖十九州諸軍事　「十九州」，按數之祇十八州，此處有疑。

〔一〇〕高宗登玄武門觀　「觀」，南監本、汲本、殿本、局本作「親」，屬下讀。按張元濟校勘記云作「觀」是。觀者，玄武門上之觀也。

〔一一〕於是兼御史中丞徐君敷奏曰　「君敷」，南史卷六五陳宗室諸王傳附陳方泰傳、陳伯禮傳作「君整」，按本書卷二八世祖九王武陵王伯禮傳、册府卷五一九憲官部、新唐書卷七五下宰相世系表五下並作「君敷」。

〔一二〕允寘冬官　「冬官」，册府卷五一九憲官部作「秋官」。

〔一三〕衡州刺史王勇遣高州刺史戴智烈將五百騎迎方慶　「衡州刺史」，南史卷六五陳宗室諸王傳附陳方慶傳作「東衡州刺史」。

〔一四〕而高梁女子洗氏舉兵以應隋軍　「洗氏」，原作「浩氏」，隋書卷四七韋世康傳附韋洸傳載此事云「高梁女子洗氏」，通鑑卷一七七隋紀一文帝開皇九年作「高涼郡太夫人洗氏」，今據改。按「高梁」即「高涼」，宋書卷三八州郡志四、南齊書卷一四州郡志上載廣州有高涼郡。隋書卷三一地理志下載高涼郡下有高涼縣，小字注云「舊置高涼郡。平陳廢」。

〔一五〕歸仁縣公　原作「婦仁縣公」，據南監本、北監本、汲本、殿本、局本改。按南史卷二四王准之傳附王猛傳記王勇死後封爵亦作「歸仁縣公」。

陳書卷十五

列傳第九

陳擬　陳詳　陳慧紀

陳擬字公正，高祖疎屬也。少孤貧，性質直彊記。高祖南征交阯，擬從焉。及進討侯景，至豫章，以擬爲羅州刺史，與胡穎共知後事〔一〕，并應接軍糧。高祖作鎮朱方，擬除步兵校尉、曲阿令。紹泰元年，授貞威將軍、義興太守。二年，入知衞尉事，除員外散騎常侍、明威將軍、雍州刺史資、監南徐州。

高祖踐祚，詔曰：「維城宗子，實固有周，盤石懿親，用隆大漢。故會盟則異姓爲後，啓土則非劉勿王，所以糾合枝幹，廣樹蕃屏，前王懋典，列代恒規。從子持節、員外散騎常侍、明威將軍、雍州刺史、監南徐州擬，持節、通直散騎侍郎、貞威將軍、北徐州刺史褒，從子晃、炅，從孫假節、員外散騎常侍、明威將軍訬，假節、信威將軍、北徐州刺史吉陽縣開國侯諠，假節、通直散騎侍郎、信武將軍祏〔二〕，假節、散騎侍郎、雄信將軍、青州刺史、廣梁太守詳，貞威將軍、通直散騎侍郎慧紀，從孫敬雅、敬泰〔三〕，竝枝戚密近，劬勞王室，宜列河山，以光利建。擬可永脩縣開國侯，褒鍾陵縣開國侯，晃建城縣開國侯，炅上饒縣開國侯，訬虔化縣開國侯，諠仍前封，祏豫章縣開國侯〔四〕，詳遂興縣開國侯，慧紀宜黃縣開國侯，敬雅寧都縣開國侯，敬泰平固縣開國侯，各邑五百户。」擬尋除輕車將軍、兼南徐州刺史，常侍如故。其年，授通直散騎常侍、中領軍。三年，復以本官監南徐州。世祖嗣位，除丹陽尹，常侍如故。坐事，又以白衣知郡，尋復本職。天嘉元年卒，時年五十八。贈領軍將軍，凶事所須，竝官資給。謚曰定。二年，配享高祖廟廷。子黨嗣。

陳詳字文幾，少出家爲桑門。善書記，談論清雅。高祖討侯景，召詳，令反初服，配以兵馬，從定京邑。高祖東征杜龕，詳別下安吉、原鄉、故鄣三縣〔五〕。龕平，以功授散騎侍郎、假節、雄信將軍、青州刺史資，割故鄣、廣德置廣梁郡，以詳爲太守。高祖踐祚，改廣梁爲陳留，又以爲陳留太守。永定二年，封遂興縣侯，食邑五百户。其年除明威將軍、通直散騎常侍。三年，隨侯安都破王琳將常衆愛於宮亭湖。世祖嗣位，除宣城太守，將軍如故。王琳下據柵口，詳隨吴明徹襲湓城，取琳家口，不克，因入南湖，自鄱陽步道而歸。琳平，詳與明徹竝無功。天嘉元年，隨例增邑并前一千五百户。仍除通直散騎常侍、兼右衛將軍。三年，出爲假節、都督吴州諸軍事、仁威將軍、吴州刺史。周迪據臨川舉兵，詳自州從他道襲迪於濡城別營，獲其妻子。迪敗走，詳還復本鎮。五年，周迪復出臨川，乃以詳爲都督，率水步討迪。軍至南城，與賊相遇，戰敗，死之，時年四十二。以所統失律，無贈謚。子正理嗣。

陳慧紀字元方，高祖之從孫也。涉獵書史，負才任氣。高祖平侯景，慧紀從焉，尋配以兵馬。景平，從征杜龕。除貞威將軍、通直散騎常侍。高祖踐祚，封宜黄縣侯，邑五百户，除黄門侍郎。世祖即位，出爲安吉縣令。遷明威將軍、軍副，司空章昭達征安蜀城，慧紀爲水軍都督，於荆州燒青泥船艫。光大元年，以功除持節、通直散騎常侍、宣遠將軍、豐州刺史，增邑并前一千户。太建十年，吴明徹北討敗績，以慧紀爲持節、智武將軍、緣江都督、兗州刺史，增邑并前二千户，餘如故。周軍乘勝據有淮南，江外騷擾，慧紀收集士卒，自海道還都。尋除使持節、散騎常侍、宣毅將軍、都督郢巴二州諸軍事、郢州刺史，增邑并前二千五百户。至德二年，遷使持節、散騎常侍、雲麾將軍、都督荆信二州諸軍事、荆州刺史，賜女伎一部，增邑并前三千户。禎明元年，蕭琮尚書左僕射安平王蕭巖、晉熙王蕭瓛等〔六〕，率其部衆男女二萬餘口，詣慧紀請降〔七〕，慧紀以兵迎之。其年，以應接之功，加侍中、金紫光禄大夫、開府儀同三司、征西將軍，增邑并前六千户，餘如故。

及隋師濟江，元帥清河公楊素下自巴硤，慧紀遣其將吕忠肅、陸倫等拒之，戰敗，素進據馬頭。是時，隋將韓擒虎及賀若弼等已濟江據蔣山，慧紀聞之，留其長史陳文盛等居守，身率將士三萬人，樓船千餘乘，沿江而下，欲趣臺城。至漢口，爲秦王軍所拒，不得進，因與湘州刺史晉熙王叔文、巴州刺史畢寶等請降。入隋，依例授儀同三司。頃之卒。子正平，頗有文學。

史臣曰：詩云「宗子維城，無俾城壞」。又曰「綿綿瓜瓞，葛藟纍之」。西京皆豐沛故人，東都亦南陽多顯，有以哉。

校勘記

〔一〕與胡穎共知後事　「胡穎」，原作「胡頴」，據本書卷一二胡穎傳改。

〔二〕信武將軍祏　「信武將軍」，南史卷六五陳宗室諸王永脩侯擬傳作「信威將軍」。「祏」，册府卷二六四宗室部作「祐」，下同不另出校。

〔三〕從孫敬雅敬泰　「敬泰」，册府卷二六四宗室部作「恭泰」，按本書卷五宣帝紀亦作「敬泰」。下同不另出校。

〔四〕祏豫章縣開國侯　「豫章縣」，南史卷六五陳宗室諸王永脩侯擬傳作「豫寧縣」。

〔五〕詳別下安吉原鄉故鄣三縣　「別」，南監本、北監本、汲本、殿本作「躬」。按册府卷二九〇宗室部亦作「別」。

〔六〕蕭琮尚書左僕射安平王蕭巖晉熙王蕭瓛等　「瓛」上原無「蕭」字，據北監本、汲本、殿本補。按本書卷六後主紀記其二人官爵爲「蕭琮所署尚書令、太傅安平王蕭巖，中軍將軍、荆州刺史義興王蕭瓛」，與此稍異。

〔七〕率其部衆男女二萬餘口詣慧紀請降　「二萬」，册府卷四二七將帥部作「三萬」。「慧紀」，册府卷四二七將帥部作「紀」，按「陳慧紀」本書卷六後主紀、卷二八高宗二十九王晉熙王叔文傳作「陳紀」。

陳書卷十六

列傳第十

趙知禮　蔡景歷　劉師知　謝岐

趙知禮字齊旦，天水隴西人也。父孝穆，梁候官令。

知禮涉獵文史，善隸書。高祖之討元景仲也，或薦之，引爲記室參軍。知禮爲文贍速，每占授軍書，下筆便就，率皆稱旨。由是恒侍左右，深被委任，當時計畫莫不預，知禮亦多所獻替。高祖平侯景，軍至白茅灣，上表於梁元帝及與王僧辯論述軍事，其文並知禮所製。

侯景平，授中書侍郎，封始平縣子，邑三百户。高祖爲司空，以爲從事中郎。高祖入輔，遷給事黄門侍郎、兼衞尉卿。高祖受命，遷通直散騎常侍，直殿省。尋遷散騎常侍、守太府卿，權知領軍事。天嘉元年，進爵爲伯，增邑通前七百户。王琳平，授持節、督吴州諸軍事、明威將軍、吴州刺史。知禮沈靜有謀謨，每軍國大事，世祖輒令璽書問之。秩滿，爲明威將軍、太子右衞率，遷右衞將軍、領前軍將軍。六年卒，時年四十七。詔贈侍中，謚曰忠。子允恭嗣〔一〕。

蔡景歷字茂世，濟陽考城人也。祖點，梁尚書左民侍郎。父大同，輕車岳陽王記室參軍，掌京邑行選。

景歷少俊爽，有孝行。家貧好學，善尺牘，工草隸。解褐諸王府佐，出爲海陽令，爲政有能名。侯景亂，梁簡文帝爲景所幽，景歷與南康嗣王蕭會理謀，欲挾簡文出奔，事泄見執，賊黨王偉保護之，獲免。因客遊京口。侯景平，高祖鎮朱方，素聞其名，以書要之。景歷對使人答書，筆不停綴，文不重改。曰：

蒙降札書，曲垂引逮，伏覽循回，載深欣暢。竊以世求名駿，行地能致千里，時愛奇寶，照車遂有徑寸。但雲咸斯奏，自輟巴渝，杞梓方雕，豈盼樗櫪。

仰惟明將軍使君侯節下，英才挺茂，雄姿秀拔，運屬時艱，志匡多難，振衡岳而綏五嶺，滌瀨源而澄九派〔二〕，帶甲十萬，彊弩數千，誓勤王之師，總義夫之力，鯨鯢式剪，役不踰時，氛霧廓清〔三〕，士無血刃。雖漢誅祿産，舉朝寔賴絳侯，晉討約峻，中外一資陶牧，比事論功，彼奚足筭。加以抗威兗服，冠蓋通於北門，整旆徐方，詠歌溢於東道。能使邊亭卧鼓，行旅露宿，巷不拾遺，市無異價，洋洋乎功德政化，曠古未儔，諒非膚淺所能殫述。是以天下之人，向風慕義，接踵披衿，雜遝而至矣。或帝室英賢，貴遊令望，齊楚秀異，荆吴岐嶷。武夫則猛氣紛紜，雄心四據，陸拔山岳，水斷虯龍，六鈞之弓，左右馳射，萬人之劍，短兵交接，攻壘若文鴦，焚艦如黄蓋，百戰百勝，貔貅爲羣。文人則通儒博識，英才偉器，雕麗暉焕，摛掞絢藻，子雲不能抗其筆，元瑜無以高其記，尺翰馳而聊城下，清談奮而嬴軍却。復有三河辯客，改哀樂於須臾，六奇謀士，斷變反於倏忽。治民如子賤，踐境有成，折獄如仲由，片辭從理。直言如毛遂，能厲主威〔四〕，銜使若相如，不辱君命。懷忠抱義，感恩徇己，誠斷黄金，精貫白日，海内雄賢，牢籠斯備。明將軍徹鞍下馬，推案止食，申爵以榮之，築館以安之，輕財重氣，卑躬厚士，盛矣哉！盛矣哉！

抑又聞之，戰國將相，咸推引賓遊，中代岳牧，並盛延僚友，濟濟多士，所以成將軍之貴。但量能校實〔五〕，稱才任使，員行方止，各盡其宜，受委責成，誰不畢力。至如走賤，妄庸人耳。秋冬讀書，終慙專學，刀筆爲吏，竟闕異等。衡門衰素，無所聞達，薄宦輕資〔六〕，焉能遠大。自陽九遘屯，天步艱阻，同彼貴仕，溺於巨寇，亟隣危殆，備踐薄冰〔七〕。今王道中興，慇憂啓運，獲存微命〔八〕，足爲幸甚，方歡飲啄，是謂來蘇。然皇鑾未反〔九〕，宛洛蕪曠，四壁固三軍之餘，長夏無半菽之産〔一〇〕，遨遊故人，聊爲借貸，屬此樂土，洵美忘歸。竊服高義，暫謁門下〔一一〕，明將軍降以顏色〔一二〕，二三士友假其餘論，菅蒯不棄，折簡賜留，欲以雞鶩廁鴛鴻於池沼，將移瓦礫參金碧之聲價。昔折脅遊秦，忽逢盼採，檐簦入趙，便致留連〔一三〕，今雖羇旅，方之非匹〔一四〕，樊林之賁，何用克堪。但眇眇纖蘿，憑喬松以自聳，蠢蠢輕蚋，託驂尾而遠騖。竊不自涯，願備下走，且爲腹背之毛，脱充鳴吠之數，增榮改觀，爲幸已多。海不厭深，山不讓高，敢布心腹，惟將軍覽焉。

高祖得書，甚加欽賞。仍更賜書報答，即日板征北府中記室參軍〔一五〕，仍領記室。衡陽獻王昌時爲吴興郡〔一六〕，昌年尚少，吴興王之鄉里，父老故人，尊卑有數，高祖恐昌年少，接對乖禮，乃遣景歷輔之。承聖中，授通直散騎侍郎，還掌府記室。高祖將討王僧辯，獨與侯安都等數人謀之，景歷弗之知也。部分既畢，召令草檄，景歷援筆立成，辭義感激，事皆稱旨。僧辯誅，高祖輔政，除從事中郎，掌記室如故。紹泰元年，遷給事黄門侍郎，兼掌相府記室。高祖受禪，遷祕書監、中書通事舍人，掌詔誥。永定二年，坐妻弟劉淹詐受周寶安餉馬，爲御史中丞沈炯所劾，降爲中書侍郎，舍人如故。

三年，高祖崩，時外有彊寇，世祖鎮于南皖，朝無重臣，宣后呼景歷及江大權、杜稜定議，乃祕不發喪，疾召世祖。景歷躬共宦者及内人，密營斂服。時既暑熱，須治梓宫，恐斤斧之聲或聞于外，仍以蠟爲祕器。文書詔誥，依舊宣行。世祖即位，復爲祕書監，舍人如故。以定策功，封新豐縣子，邑四百户。累遷散騎常侍。世祖誅侯安都，景歷勸成其事。天嘉三年，以功遷太子左衞率，進爵爲侯，增邑百户，常侍、舍人如故。六年，坐妻兄劉洽依倚景歷權勢前後姦訛〔一七〕，并受歐陽武威餉絹百匹，免官。

廢帝即位，起爲鎮東鄱陽王諮議參軍、兼太舟卿〔一八〕。華皎反，以景歷爲武勝將軍、吴明徹軍司。皎平，明徹於軍中輒戮安成内史楊文通，又受降人馬仗有不分明，景歷又坐不能匡正，被收付治。久之，獲宥，起爲鎮東鄱陽王諮議參軍。

高宗即位，遷宣惠豫章王長史、帶會稽郡守，行東揚州府事。秩滿，遷戎昭將軍、宣毅長沙王長史、尋陽太守，行江州府事，以疾辭，遂不行。入爲通直散騎常侍、中書通事舍人，掌詔誥，仍復封邑。遷太子左衞率，常侍、舍人如故。

太建五年，都督吴明徹北伐，所向克捷。與周將梁士彦戰於吕梁，大破之，斬獲萬計，方欲進圖彭城。是時高宗鋭意河南，以爲指麾可定，景歷諫稱師老將驕，不宜過窮遠略。高宗惡其沮衆，大怒，猶以朝廷舊臣，不深罪責，出爲宣遠將軍、豫章内史。未行，爲飛章所劾，以在省之日，贓汙狼藉，帝令有司按問〔一九〕，景歷但承其半。於是御史中丞宗元饒奏曰：「臣聞士之行己，忠以事上，廉以持身，苟違斯道，刑茲罔赦。謹按宣遠將軍、豫章内史新豐縣開國侯景歷，因藉多幸，豫奉興王，皇運權輿〔二〇〕，頗參締構。天嘉之世，贓賄狼藉，聖恩録用，許以更鳴，裂壤崇階，不遠斯復。不能改節自勵，以報曲成，遂乃專擅貪汙，彰於遠近，一則已甚，其可再乎？宜寘刑書，以明秋憲。臣等參議，以見事免景歷所居官，下鴻臚削爵土。謹奉白簡以聞。」詔曰「可」。於是徙居會稽。及吴明徹敗，帝思景歷前言，即日追還，復以爲征南鄱陽王諮議參軍。數日，遷員外散騎常侍、兼御史中丞，復本封爵，入守度支尚書。舊式拜官在午後，景歷拜日，適值輿駕幸玄武觀，在位皆侍宴，帝恐景歷不豫，特令早拜，其見重如此。

是歲，以疾卒官，時年六十。贈太常卿，謚曰敬。十三年，改葬，重贈中領軍。禎明元年，配享高祖廟庭。二年，輿駕親幸其宅，重贈景歷侍中、中撫將軍，謚曰忠敬，給鼓吹一部，并於墓所立碑。

景歷屬文，不尚雕靡，而長於敍事，應機敏速，爲當世所稱。有文集三十卷。

劉師知，沛國相人也。家世素族。祖奚之，齊晉安王諮議參軍、淮南太守，有能政，齊武帝手詔頻褒賞〔三〕。父景彦，梁尚書左丞，司農卿。

師知好學，有當世才。博涉書史，工文筆，善儀體，臺閣故事，多所詳悉。梁世歷王府參軍。紹泰初，高祖入輔，以師知爲中書舍人，掌詔誥。是時兵亂之後，禮儀多闕，高祖爲丞相及加九錫并受禪，其儀注竝師知所定焉。高祖受命，仍爲舍人。性疎簡，與物多忤，雖位宦不遷，而委任甚重，其所獻替，皆有弘益。

及高祖崩，六日成服，朝臣共議大行皇帝靈座俠御人所服衣服吉凶之制，博士沈文阿議，宜服吉服。師知議云：「既稱成服，本備喪禮，靈筵服物，皆悉縞素。今雖無大行俠御官事，按梁昭明太子薨，成服，俠侍之官悉著縗斬，唯著鎧不異，此即可擬。愚謂六日成服，俠靈座須服縗絰。」中書舍人蔡景歷亦云：「雖不悉準，按山陵有凶吉羽儀，成服唯凶無吉，文武俠御，不容獨鳴玉珥貂，情禮二三，理宜縗斬。」中書舍人江德藻、謝岐等竝同師知議。文阿重議云：「檢晉、宋山陵儀『靈輿梓宮降殿，各侍中奏』。又成服儀稱『靈輿梓宮容俠御官及香橙』。又檢靈輿梓宮進止儀稱『直靈俠御吉服，在吉鹵簿中』，又云『梓宮俠御縗服〔一二〕，在凶鹵簿中』。是則在殿吉凶兩俠御也。」時以二議不同，乃啓取左丞徐陵決斷。陵云：「梓宮祔山陵，靈筵祔宗廟，有此分判，便驗吉凶。按山陵鹵簿吉部位中〔一三〕，公卿以下導引者，爰及武賁、鼓吹、執蓋、奉車，竝是吉服，豈容俠御獨爲縗絰邪？斷可知矣。若言公卿胥吏竝服縗苴，此與梓宮部伍有何差別？若言文物竝吉，司事者凶，豈容衽絰而奉華蓋〔一四〕，縗衣而升玉輅邪？同博士議。」

師知又議曰：「左丞引梓宮祔山陵，靈筵祔宗廟，必有吉凶二部，成服不容上凶，博士猶執前斷，終是山陵之禮。若龍駕啓殯，鑾輿兼設，吉凶之儀，由來本備，準之成服，愚有未安。夫喪禮之制，自天子達。按王文憲喪服明記云：『官品第三，侍靈人二十。官品第四，下達士禮，侍靈之數，竝有十人。皆白布袴褶，著白絹帽。內喪女侍數如外，而著齊縗。或問內外侍靈是同，何忽縗服有異？答云，若依君臣之禮，則外侍斬，內侍齊。頃世多故，禮隨事省。諸侯以下，臣吏蓋微，至於侍奉，多出義附，君臣之節不全，縗冠之費實闕，所以因其常服，止變帽而已。婦人侍者，皆是卑隸，君妾之道既純，服章所以備矣。』皇朝之典，猶自不然，以此而推，是知服斬。彼有侍靈，則猶俠御，既著白帽，理無彤服。且梁昭明儀注，今則見存，二文顯證，差爲成準。且禮出人情，可得消息。凡人有喪，既陳筵机，繐帷靈屏，變其常儀，蘆箔草廬，即其凶禮。堂室之內，親賓具來，齊斬麻緦，差池哭次，玄冠不弔，莫非素服。豈見門生故吏，綃縠間趨，左姬右姜，紅紫相糅？况四海遏密，率土之情是同，三軍縞素，爲服之制斯壹。遂使千門旦啓，非塗堊於彤闈，百僚戾止，變服麤於朱韍，而耀金在列，鳴玉節行，求之懷抱，固爲未愜，準以禮經，彌無前事。豈可成服之儀，譬以山陵之禮？葬既始終已畢，故有吉凶之儀，所謂成服，本成喪禮，百司外内，皆變吉容，俠御獨不，何謂成服？若靈無俠御則已，有則必應縗服。」謝岐議曰：「靈筵祔宗廟，梓宮祔山陵，實如左丞議。但山陵鹵簿，備有吉凶，從靈輿者儀服無變，從梓宮者皆服苴縗。爰至士禮，悉同此制，此自是山陵之儀，非關成服。今謂梓宮靈扆，共在西階，稱爲成服，亦無鹵簿，直是爰自胥吏，上至王公，四海之内，必備縗絰。案梁昭明太子薨，略是成例，豈容凡百士庶，悉皆服重，而侍中至於武衛，最是近官，反鳴玉紆青，與平吉不異？左丞既推以山陵事，愚意或謂與成服有殊。若尒日俠御，文武不異，維侍靈之人，主書、宣傳、齊幹、應勑，悉應不改〔二五〕。」蔡景歷又議云：「俠御之官，本出五百，尒日備服居廬，仍於本省，引上登殿，豈應變服貂玉？若别攝餘官，以充簪珥，則尒日便有不成服者。山陵自有吉凶二儀〔二六〕，成服凶而不吉，猶依前議，同劉舍人。」德藻又議云：「愚謂祖葬之辰，始終永畢，達官有追贈，須表恩榮，有吉鹵簿，恐由此義，私家放斆，因以成俗。上服本變吉爲凶，理不應猶襲紈綺。劉舍人引王衛軍喪儀及檢梁昭明故事，此明據已審，博士、左丞乃各盡事衷，既未取證，須更詢詳，宜諮八座、詹事、太常、中丞、孔中庶諸通〔二七〕。」袁樞、張種、周弘正、弘讓、沈炯、孔奐〔二八〕。時八座以下，竝請：「案羣議，斟酌舊儀，梁昭明太子喪成服儀注，明文見存，足爲準的。成服日，侍官理不容猶從吉禮。其葬禮分吉，自是山陵之時，非關成服之日。愚謂劉舍人議〔二九〕，於事爲允。」陵重答云：「老病屬纊，不能多說，古人爭議，多成怨府，傅玄見尤於晉代，王商取陷於漢朝，謹自參緘，敬同高命。若萬一不死，猶得展言，庶與朝賢更申揚搉。」文阿猶執所見，衆議不能決，乃具録二議奏聞，從師知議。

尋遷鴻臚卿，舍人如故。天嘉元年，坐事免。初，世祖敕師知撰起居注，自永定二年秋至天嘉元年冬，爲十卷。起爲中書舍人，復掌詔誥。天康元年，世祖不豫，師知與尚書僕射到仲舉等入侍醫藥。世祖崩，預受顧命。及高宗爲尚書令入輔，光大元年，師知與仲舉等遣舍人殷不佞矯詔令高宗還東府，事覺，於北獄賜死。

謝岐，會稽山陰人也。父達，梁太學博士。

岐少機警，好學，見稱於梁世。爲尚書金部郎，山陰令。侯景亂，岐流寓東陽。景平，依于張彪。彪在吴郡及會稽，庶事一以委之。彪每征討，恒留岐監郡，知後事。彪敗，高祖引岐參預機密，以爲兼尚書右丞。時軍旅屢興，粮儲多闕，岐所在幹理，深被知遇〔三〇〕。永定元年，爲給事黄門侍郎、中書舍人，兼右丞如故。天嘉二年卒，贈通直散騎常侍。

岐弟嶠，篤學，爲世通儒。

史臣曰：高祖開基創業，剋定禍亂，武猛固其立功，文翰亦乃展力〔三一〕。趙知禮、蔡景歷早識攀附，預締構之臣焉。劉師知博涉多通，而闇於機變，雖欲存乎節義，終陷極刑，斯不智矣。

劉師知傳，「孔中庶諸通」，疑。

校勘記

〔一〕子允恭嗣　「允恭」，南史卷六八趙知禮傳作「元恭」。

〔二〕振衡岳而綏五嶺滁瀨源而澄九派　「振」，册府卷八五〇總録部作「旅」。「滁瀨源而澄九派」，册府卷八五〇總録部作「滁湘源而派九流」。

〔三〕氛霧廓清　「氛」，十七史策要作「氣」。

〔四〕能厲主威　「厲」，册府卷八五〇總録部作「挫」。

〔五〕但量能校實　「但」，册府卷八五〇總録部作「俱」。

〔六〕薄宦輕資　「宦」，國圖本、三朝本、南監本、北監本、汲本、殿本及册府卷八五〇總録部作「官」。

〔七〕備踐薄冰　「備」，十七史策要作「如」。

〔八〕獲存微命　册府卷八五〇總録部宋本作「獲在徽命」。

〔九〕皇鑾未反　「反」，册府卷八五〇總録部作「及」。

〔一〇〕四壁固三軍之餘長夏無半菽之産　「三」，册府卷八五〇總録部宋本作「二」。「夏」，册府卷八五〇總録部作「憂」。

〔一一〕暫謁門下　「暫」，册府卷八五〇總録部作「慙」。

〔一二〕明將軍降以顏色　「降」，册府卷八五〇總録部作「隆」。

〔一三〕便致留連　「致」，十七史策要作「欲」。

〔一四〕方之非匹　「匹」，册府卷八五〇總録部作「遠」。

〔一五〕即日板征北府中記室參軍　「中記室參軍」，册府卷七二七幕府部作「中兵參軍」。

〔一六〕衡陽獻王昌時爲吴興郡　「昌」字原無，據册府卷七〇八宮臣部、卷七二七幕府部及南史卷六八蔡景歷傳補。

〔一七〕坐妻兄劉洽依倚景歷權勢前後姦訛　「劉洽」，南史卷六八蔡景歷傳作「劉裕」。

〔一八〕兼太舟卿　南監本、汲本、殿本作「兼太府卿」。按隋書卷二六百官志上，梁陳太舟卿爲九班，太府卿爲十三班。

〔一九〕帝令有司按問　「帝」，原作「章」，據北監本、汲本、殿本及南史卷六八蔡景歷傳、册府卷五一九憲官部改。

〔二〇〕皇運權輿　「權輿」，册府卷五一九憲官部作「初隆」。

〔二一〕齊武帝手詔頻褒賞　「頻」，三朝本、南監本作「頗」。

〔二二〕梓宮俠御縗服　「縗服」，北監本、汲本、殿本作「縗絰」。

〔二三〕按山陵鹵簿吉部位中　「位」，北監本、汲本、殿本及南史卷六八劉師知傳作「伍」。

〔二四〕豈容衽經而奉華蓋　「衽」，原作「社」，據北監本、汲本、殿本及南史卷六八劉師知傳改，按文獻通考卷一二五王禮考二〇作「杖」。

〔二五〕悉應不改　「改」，原作「故」，據南監本、北監本、汲本、殿本改。

〔二六〕山陵自有吉凶二儀　「儀」，原作「議」，據靜嘉堂本、國圖本、三朝本、南監本、北監本、汲本、殿本改。

〔二七〕孔中庶諸通　「孔」，南監本、北監本、汲本、殿本作「及」，按本卷末曾鞏等疏語，宋人所見本亦作「孔」。

〔二八〕袁樞張種周弘正弘讓沈炯孔奐　此處疑有脱誤。按上文江德藻議既以官職代稱諸人，似不應又列其姓名，「袁樞」以下數人或屬另文，疑有脱誤。

〔二九〕愚謂劉舍人議　「謂」，南監本作「意」。

〔三〇〕深被知遇　「遇」，原作「過」，據三朝本、南監本、北監本、汲本、殿本改。

〔三一〕文翰亦乃展力　「翰」，北監本、汲本、殿本作「幹」。

〔唐〕姚思廉　撰

點校本
二十四史
修訂本

陳書

第二册
卷一七至卷三六

中華書局

2021 年 8 月第 1 版　　2024 年 4 月第 3 次印刷

ISBN 978-7-101-15272-2

陳書卷十七

列傳第十一

王沖　王通弟勱　袁敬兄子樞

王沖字長深，琅邪臨沂人也。祖僧衍，齊侍中。父茂璋，梁給事黃門侍郎。沖母，梁武帝妹新安穆公主，卒於齊世，武帝以沖偏孤，深所鍾愛。年十八，起家梁祕書郎，尋爲永嘉太守。入爲太子舍人，以父憂去職。服闋，除太尉臨川王府外兵參軍、東宮領直。累遷太子洗馬、中舍人。出爲招遠將軍、衡陽内史。遷武威將軍安成嗣王長史、長沙内史，將軍如故。王薨於湘州，仍以沖監湘州事。入爲太子庶子，遷給事黄門侍郎。大同三年，以帝甥賜爵安東亭侯〔一〕，邑一百五十户。歷明威將軍、南郡太守，太子中庶子，侍中。出監吴郡，滿歲即真。徵爲通直散騎常侍、兼左民尚書。出爲明威將軍、輕車當陽公府長史、江夏太守，行郢州事。遷平西邵陵王長史。轉驃騎廬陵王長史、南郡太守，王薨，行州府事。梁元帝鎮荆州，爲鎮西長史，將軍、太守如故。沖性和順，事上謹肅，習於法令，政在平理，佐藩莅人，鮮有失德，雖無赫赫之譽，久而見思，由是推重，累居二千石。又曉音樂，習歌舞，善與人交，貴游之中，聲名藉甚。

侯景之亂，梁元帝於荆州承制，沖求解南郡，以讓王僧辯，并獻女妓十人，以助軍賞。元帝授持節、督衡桂成合四州諸軍事、雲麾將軍、衡州刺史。元帝第四子元良爲湘州刺史，仍以沖行州事，領長沙内史。侯景平，授翊左將軍、丹陽尹。武陵王舉兵至峽口，王琳偏將陸納等據湘州應之，沖爲納所拘。納降，重授侍中、中權將軍，量置佐史，尹如故。江陵陷，敬帝爲太宰，承制以沖爲左長史。紹泰中，累遷左光禄大夫、尚書右僕射。遷左僕射、開府儀同三司，侍中、將軍如故。尋復領丹陽尹、南徐州大中正，給扶。

高祖受禪，解尹，以本官領左光禄大夫。未拜，改領太子少傅。文帝嗣位，解少傅，加特進、左光禄大夫。尋又以本官領丹陽尹，參撰律令。廢帝即位，給親信十人。

初，高祖以沖前代舊臣，特申長幼之敬。文帝即位，益加尊重，嘗從文帝幸司空徐度宅，宴筵之上，賜以几。其見重如此。光大元年薨，時年七十六。贈侍中、司空，謚曰元簡。

沖有子三十人，竝致通官。第十二子瑒，別有傳。

王通字公達，琅邪臨沂人也。祖份，梁左光禄大夫。父琳，司徒左長史〔二〕。琳齊代娶梁武帝妹義興長公主，有子九人，竝知名。

通梁世起家國子生，舉明經，爲祕書郎，太子舍人，以帝甥封武陽亭侯。累遷王府主簿，限外記室參軍，司徒主簿，太子中庶子，驃騎廬陵王府給事中郎〔三〕，中權何敬容府長史，給事黄門侍郎，坐事免。

侯景之亂，奔于江陵，元帝以爲散騎常侍，遷守太常卿。自侯景亂後，臺内宫室，竝皆焚爐，以通兼起部尚書，歸于京師，專掌繕造。

江陵陷，敬帝承制以通爲吏部尚書。紹泰元年，加侍中，尚書如故。尋爲尚書右僕射，吏部如故。高祖受禪，遷左僕射〔四〕，侍中如故。文帝嗣位，領太子少傅。天康元年，爲翊右將軍、右光禄大夫，量置佐史。廢帝即位，號安右將軍，又領南徐州大中正。太建元年，遷左光禄大夫。六年，加特進，侍中、將軍、光禄、佐史竝如故。未拜卒，時年七十二。詔贈本官，謚曰成，葬日給鼓吹一部。弟質、弟固各有傳。

勱字公濟〔五〕，通之弟也。美風儀，博涉書史，恬然清簡，未嘗以利欲干懷。梁世爲國子周易生，射策舉高第，除祕書郎，太子舍人，宣惠武陵王主簿，輕車河東王功曹史。王出鎮京口，勱將隨之藩，范陽張纘時典選舉，勱造纘言别，纘嘉其風采，乃曰：「王生才地，豈可遊外府乎？」奏爲太子洗馬，遷中舍人，司徒左西屬。出爲南徐州别駕從事史。

大同末，梁武帝謁園陵，道出朱方，勱隨例迎候，勑勱令從輦側，所經山川，莫不顧問，勱隨事應對，咸有故實。又從登北顧樓，賦詩，辭義清典，帝甚嘉之。

時河東王爲廣州刺史，乃以勱爲冠軍河東王長史、南海太守。王至嶺南，多所侵掠，因懼罪稱疾，委州還朝，勱行廣州府事。越中饒沃，前後守宰例多貪縱，勱獨以清白著聞。入爲給事黄門侍郎。

侯景之亂，西奔江陵，元帝承制以爲太子中庶子，掌相府管記。出爲寧遠將軍、晉陵太守。時兵饑之後，郡中凋弊，勱爲政清簡，吏民便安之。徵爲侍中，遷五兵尚書。

及西魏寇江陵，元帝徵湘州刺史宜豐侯蕭循入援，以勱監湘州。江陵陷，敬帝承制以爲中書令，紹泰元年加侍中。高祖爲司空，以勱兼司空長史。高祖爲丞相，爲兼丞相長史，侍中、中書令竝如故。時吴中遭亂，民多乏絶，乃以勱監吴興郡。及蕭勃平後，又以勱舊在嶺表，早有政勣，乃授使持節、都督廣州等二十州諸軍事、平南將軍、平越中郎將、廣州刺史。未行，改爲衡州刺史，持節、都督竝如故。王琳據有上流，衡、廣攜貳，勱不得之鎮，留于大庾嶺。天嘉元年，徵爲侍中、都官尚書，未拜，復爲中書令。遷太子詹事，行東宫事，侍中竝如故。加金紫光禄大夫、領度支尚書。廢帝即位，加散騎常侍。太建元年，遷尚書右僕射。時東境大水，百姓饑饉，以勱爲仁武將軍、晉陵太守。在郡甚有威惠，郡人表請立碑，頌勱政績，詔許之。徵爲中書監，重授尚書右僕射、領右軍將軍。四年五月卒，時年六十七。贈侍中、中書監，謚曰温〔六〕。

袁敬字子恭，陳郡陽夏人也。祖顗，宋侍中、吏部尚書、雍州刺史。父昂，梁侍中、司空，謚穆公〔七〕。

敬純孝有風格，幼便篤學，老而無倦。釋褐祕書郎，累遷太子舍人，洗馬，中舍人。江陵淪覆，流寓嶺表。高祖受禪，敬在廣州，依歐陽頠。及頠卒，其子紇據州，將有異志，敬累諫紇，爲陳逆順之理〔八〕，言甚切至，紇終不從。高宗即位，遣章昭達率衆討紇，紇將敗之時，恨不納敬言。朝廷義之，其年徵爲太子中庶子、通直散騎常侍，俄轉司徒左長史。

尋遷左民尚書，轉都官尚書、領豫州大中正。累遷太常卿，散騎常侍、金紫光禄大夫，加特進。至德三年卒，時年七十九，贈左光禄大夫，謚曰靖德〔九〕。子元友嗣。弟泌自有傳。兄子樞。

樞字踐言，梁吴郡太守君正之子也。美容儀，性沈静，好讀書，手不釋卷。家世顯貴，貲産充積，而樞獨居處率素，傍無交往，端坐一室，非公事未嘗出遊，榮利之懷淡如也。起家梁祕書郎，歷太子舍人，輕車河東王主簿，安前邵陵王、中軍宣成王二府功曹史。侯景之亂，樞往吴郡省父，因丁父憂。時四方擾亂，人求苟免，樞居喪以至孝聞。王僧辯平侯景，鎮京城，衣冠爭往造請，樞獨杜門静居，不求聞達。

紹泰元年，徵爲給事黄門侍郎。未拜，除員外散騎常侍、兼侍中。二年，兼吏部尚書。其年出爲吴興太守。永定二年，徵爲左民尚書。未至，改侍中，掌大選事。三年，遷都官尚書，掌選如故。

樞博聞彊識，明悉舊章。初，高祖長女永世公主先適陳留太守錢蒧，生子岊，主及岊並卒于梁世。高祖受命，唯公主追封。至是將葬，尚書主客請詳議，欲加蒧駙馬都尉，并贈岊官。樞議曰：「昔王姬下嫁，必適諸侯，同姓爲主，聞於公羊之説〔一〇〕，車服不繫，顯於詩人之篇。漢氏初興，列侯尚主，自斯以後，降嬪素族。駙馬都尉，置由漢武〔一一〕，或以假諸功臣，或以加於戚屬，是以魏曹植表，駙馬、奉車，趣爲一號。齊職儀曰，凡尚公主必拜駙馬都尉，魏、晉以來，因爲瞻準。蓋以王姬之重，庶姓之輕，若不加其等級，寧可合巹而酳？所以假駙馬之位，乃崇於皇女也。今公主早薨，伉儷已絶，既無禮數致疑，何須駙馬之授？案杜預尚晉宣帝第二女高陵宣公主〔一二〕，晉武踐祚，而主已亡，泰始中追贈公主，元凱無復駙馬之號。梁之帝女新安穆公主早薨〔一三〕，天監初王氏無追拜之事。遠近二例，足以據明。公主所生，既未及成人之禮，無勞此授，今宜追贈亭侯。」時以樞議爲長。

天嘉元年，守吏部尚書。三年，即真。尋領右軍將軍，又領丹陽尹，本官如故。五年，以葬父，拜表自解〔一四〕，詔賜絹布五十匹、錢十萬，令葬訖停宅視郡事，葬服闋，還復本職。其年秩滿，解尹，加散騎常侍，將軍、尚書竝如故。是時，僕射到仲舉雖參掌選事，銓衡汲引，竝出於樞，其所舉薦，多會上旨。謹愼周密，清白自居，文武職司，鮮有遊其門者。廢帝即位，遷尚書左僕射。光大元年卒，時年五十一。贈侍中、左光禄大夫，謚曰簡懿。有集十卷行於世。弟憲自有傳。

史臣曰：王沖、王通竝以貴游早升清貫，而允蹈禮節，篤誠奉上，斯爲美焉。王勱之襟神夷澹，袁樞之端操沉冥，雖拘放爲異，而勝槩一揆，古所謂名士者，蓋在其人乎！

校勘記

〔一〕以帝甥賜爵安東亭侯　「安東亭侯」，南史卷二一王弘傳附王沖傳作「東安亭侯」。

〔二〕父琳司徒左長史　「司徒左長史」，北監本、汲本、殿本作「司空左長史」。

〔三〕驃騎廬陵王府給事中郎　「給事中郎」，疑當作「從事中郎」。按張森楷校勘記云：「『給』疑當作『從』，官志無給事中郎。」

〔四〕高祖受禪遷左僕射　按梁書卷六敬帝紀載太平二年春正月「以尚書右僕射王通爲尚書左僕射」。本書卷一高祖紀上載梁敬帝遜位璽書，亦稱王通爲「尚書左僕射」。陳武帝受禪於太平二年十月，王通在此前已爲尚書左僕射。

〔五〕勱字公濟　「公濟」，南史卷二三王彧傳附王勱傳、册府卷六七一牧守部、卷八〇六總録部作「公齊」。

〔六〕謚曰温　「温」，南史卷二三王彧傳附王勱傳作「温子」。

〔七〕謚穆公　「穆公」，按梁書卷三一袁昂傳作「穆正公」。

〔八〕爲陳逆順之理　「陳」，國圖本、三朝本作「諫」。

〔九〕謚曰靖德　「靖德」，南史卷二六袁湛傳附袁敬傳作「靖德子」。

〔一〇〕同姓爲主聞於公羊之說　「主」，原作「王」，據靜嘉堂本、北監本、汲本、殿本及册府卷四七一臺省部改。按語本春秋公羊傳莊公元年：「天子嫁女乎諸侯，必使諸侯同姓者主之。」

〔一一〕置由漢武　「由」字原漫漶，據靜嘉堂本、國圖本、三朝本、南監本、北監本、汲本、殿本補。

〔一二〕案杜預尚晉宣帝第二女高陵宣公主　「高陵宣公主」，通典卷二九職官一一、册府卷四七一臺省部宋本作「高陸宣公主」。按晉書卷三四杜預傳云：「文帝嗣立，預尚帝妹高陸公主。」

〔一三〕梁之帝女新安穆公主早薨　「梁之帝女」，南史卷二六袁湛傳附袁樞傳、册府卷四七一臺省部作「梁文帝女」，疑是。按通典卷二九職官一一亦作「梁文帝女」。

〔一四〕拜表自解　「自」字原漫漶，據靜嘉堂本、國圖本、三朝本、南監本、北監本、汲本、殿本補。

陳書卷十八

列傳第十二

沈衆　袁泌　劉仲威　陸山才　王質　韋載 族弟翽

沈衆字仲師〔一〕，吴興武康人也。祖約，梁特進。父旋〔二〕，梁給事黄門侍郎。衆好學，頗有文詞，起家梁鎮衞南平王法曹參軍，太子舍人。是時，梁武帝制千字詩，衆爲之注解。與陳郡謝景同時召見于文德殿，帝令衆爲竹賦，賦成，奏，帝善之〔三〕，手勑答曰：「卿文體翩翩，可謂無忝爾祖。」當陽公蕭大心爲郢州刺史，以衆爲限内記室參軍。尋除鎮南湘東王記室參軍，遷太子中舍人。兼散騎常侍，聘魏。還，遷驃騎廬陵王諮議參軍，舍人如故。

侯景之亂，衆表於梁武，稱家代所隸故義部曲，竝在吴興，求還召募以討賊，梁武許之。及景圍臺城〔四〕，衆率宗族及義附五千餘人，入援京邑，頓于小航，對賊東府置陣，軍容甚整，景深憚之。梁武於城内遥授衆爲太子右衛率。京城陷，衆降於景。景平，西上荆州，元帝以爲太子中庶子、本州大中正。尋遷司徒左長史。江陵陷，爲西魏所虜，尋而逃還，敬帝承制，授御史中丞。紹泰元年，除侍中，遷左民尚書。高祖受命，遷中書令，中正如故。高祖以衆州里知名，甚敬重之，賞賜優渥，超於時輩。

衆性吝嗇，内治産業，財帛以億計，無所分遺。其自奉養甚薄，每於朝會之中，衣裳破裂，或躬提冠屨。永定二年，兼起部尚書，監起太極殿。恒服布袍芒屩，以麻繩爲帶，又攜乾魚蔬菜飯獨噉之，朝士共誚其所爲〔五〕。衆性狷急，於是忿恨，遂歷詆公卿，非毁朝廷。高祖大怒，以衆素有令望，不欲顯誅之，後因其休假還武康，遂於吴中賜死，時年五十六。

袁泌字文洋，左光禄大夫敬之弟也。清正有幹局，容體魁岸，志行脩謹。釋褐員外散騎侍郎，歷諸王府佐。

侯景之亂，泌欲求爲將。是時泌兄君正爲吴郡太守，梁簡文板泌爲東宫領直，令往吴中召募士卒。及景圍臺城，泌率所領赴援。京城陷，退保東陽，景使兵追之，乃自會稽東嶺出湓城，依于鄱陽嗣王蕭範。範卒，泌乃降景。

景平，王僧辯表泌爲富春太守、兼丹陽尹。貞陽侯僭位，以泌爲侍中，奉使於齊。高祖受禪，王琳據有上流，泌自齊從梁永嘉王蕭莊達琳所。及莊僭立〔六〕，以泌爲侍中、丞相長史〔七〕。天嘉二年，泌與琳輔莊至于柵口〔八〕，琳軍敗〔九〕，衆皆奔散，唯泌獨乘輕舟送莊達于北境，屬莊於御史中丞劉仲威，令共入齊，然後拜辭而歸，詣闕請罪，文帝深義之。

尋授寧遠始興王府法曹參軍，轉諮議參軍。除通直散騎常侍、兼侍中、領豫州大中正，聘于周。使還，授散騎常侍、御史中丞，其中正如故。高宗入輔，以泌爲雲旗將軍、司徒左長史。光大元年卒，年五十八。臨終戒其子蔓華曰〔一〇〕：「吾於朝廷素無功績，瞑目之後，斂手足旋葬，無得輒受贈謚。」其子述泌遺意〔一一〕，表請之，朝廷不許，贈金紫光祿大夫，謚曰質。

劉仲威，南陽涅陽人也。祖虯，齊世以國子博士徵，不就。父之遴〔一二〕，荆州治中從事史。

仲威少有志氣，頗涉文史。梁承聖中，爲中書侍郎。蕭莊僞署御史中丞，隨莊入齊，終於鄴中。

仲威從弟廣德，亦好學，負才任氣。父之亨，梁安西湘東王長史、南郡太守。廣德承聖中以軍功官至給事黄門侍郎、湘東太守。荆州陷後，依于王琳。琳平，文帝以廣德爲寧遠始興王府限外記室參軍，仍領其舊兵。尋爲太尉侯瑱湘州府司馬，歷樂山、豫章二郡太守，新安内史。光大中，假節、員外散騎常侍、雲旗將軍、河東太守。太建元年卒於郡，時年四十三，贈左衛將軍。

陸山才字孔章，吴郡吴人也。祖翁寶，梁尚書水部郎。父汎，散騎常侍〔一三〕。山才少倜儻，好尚文史，范陽張纘〔一四〕，纘弟綰，竝欽重之。起家王國常侍，遷外兵參軍。尋以父疾，東歸侍養。承聖元年，王僧辯授山才儀同府西曹掾。高祖誅僧辯，山才奔會稽依張彪。彪敗，乃歸高祖。

紹泰中，都督周文育出鎮南豫州，不知書疏，乃以山才爲長史，政事悉以委之。文育南討，剋蕭勃，擒歐陽頠，計畫多出山才。及文育西征王琳，留山才監江州事，仍鎮豫章。文育與侯安都於沌口敗績，余孝頃自新林來寇豫章，山才收合餘衆，依于周迪。擒余孝頊、李孝欽等〔一五〕，遣山才自都陽之樂安嶺東道送于京師。除中書侍郎。復由樂安嶺綏撫南川諸郡。

文育重鎮豫章金口，山才復爲貞威將軍、鎮南長史、豫章太守。文育爲熊曇朗所害〔一六〕，曇朗囚山才等，送于王琳。未至，而侯安都敗琳將常衆愛於宮亭湖，由是山才獲反，除貞威將軍、新安太守。爲王琳未平，留鎮富陽，以捍東道。入爲員外散騎常侍，遷宣惠始興王長史，行東揚州事〔一七〕。

侯安都討留異，山才率王府之衆從焉。異平，除明威將軍、東陽太守。入爲鎮東始興王長史，帶會稽郡丞，行東揚州事。未拜，改授散騎常侍、兼度支尚書，滿歲爲真。高宗南征周迪，以山才爲軍司。迪平，復職。余孝頃自海道襲晉安，山才又以本官之會稽，指授方略。還朝，坐侍宴與蔡景歷言語過差，爲有司所奏，免官。尋授散騎常侍，遷雲旗將軍、西陽武昌二郡太守。天康元年卒，時年五十八。贈右衛將軍，謚曰簡子。

王質字子貞，右光禄大夫通之弟也。少慷慨，涉獵書史。梁世以武帝甥封甲口亭侯，補國子周易生，射策高第。起家祕書郎，太子舍人，尚書殿中郎。遭母憂，居喪以孝聞。

服闋，除太子洗馬、東宮領直，累遷中舍人，庶子。

太清元年，除假節、寧遠將軍，領東宮兵，從貞陽侯北伐。及貞陽敗績，質脱身逃還。侯景於壽陽構逆，質又領舟師隨衆軍拒之。景軍濟江，質便退走。尋領步騎頓于宣陽門外。景軍至京師，質不戰而潰，乃翦髮爲桑門，潛匿人間。及柳仲禮等會援京邑，軍據南岸，質又收合餘衆從之。

京城陷後，西奔荆州，元帝承制以質爲右長史、帶河東太守。俄遷侍中，尋出爲持節、都督吴州諸軍事、寧遠將軍、吴州刺史、領鄱陽內史。

荆州陷，侯瑱鎮于湓城，與質不協，遣偏將羊亮代質，且以兵臨之。質率所部，度信安嶺，依于留異。文帝鎮會稽，以兵助質，令鎮信安縣。

永定二年，高祖命質率所部踰嶺出豫章，隨都督周文育以討王琳。質與琳素善，或譖云於軍中潛信交通，高祖命周文育殺質，文育啓請救之，獲免。尋授散騎常侍、晉陵太守。

文帝嗣位，徵守五兵尚書。高宗爲揚州刺史，以質爲仁威將軍、驃騎府長史。天嘉二年，除晉安太守〔一八〕。高宗輔政，以爲司徒左長史，將軍如故。坐公事免官。尋爲通直散騎常侍，遷太府卿，都官尚書。太建二年卒，時年六十。贈本官，謚曰安子。

韋載字德基，京兆杜陵人也。祖叡，梁開府儀同三司、永昌嚴公〔一九〕。父政，梁黃門侍郎〔二〇〕。

載少聰惠，篤志好學。年十二〔二一〕，隨叔父稜見沛國劉顯，顯問漢書十事，載隨問應答，曾無疑滯。及長，博涉文史，沉敏有器局。起家梁邵陵王法曹參軍，遷太子舍人，尚書三公郎。

侯景之亂，元帝承制以爲中書侍郎。尋爲建威將軍、尋陽太守，隨都督王僧辯東討侯景。是時僧辯軍于湓城，而魯悉達、樊俊等各擁兵保境，觀望成敗。元帝以載爲假節、都督太原高唐新蔡三郡諸軍事、高唐太守，仍銜命喻悉達等，令出軍討景。及大軍東下，載率三郡兵自焦湖出柵口，與僧辯會于梁山。景平，除冠軍將軍、琅邪太守。尋奉使往東陽、晉安，招撫留異、陳寶應等。仍授信武將軍、義興太守。

高祖誅王僧辯，乃遣周文育輕兵襲載，未至而載先覺，乃嬰城自守。文育攻之甚急，載所屬縣卒竝高祖舊兵，多善用弩，載收得數十人，繫以長鏁，命所親監之，使射文育軍。約曰「十發不兩中者則死」，每發輒中，所中皆斃。文育軍稍却，因於城外據水立柵，相持數旬。高祖聞文育軍不利，乃自將征之，剋其水栅。仍遣載族弟翽賫書喻載以誅王僧辯意，并奉梁敬帝勑載解兵〔二二〕。載得書，乃以其衆降于高祖〔二三〕。高祖厚加撫慰，即以其族弟翽監義興郡，所部將帥，並隨才任使，引載恒置左右，與之謀議。

徐嗣徽、任約等引齊軍濟江，據石頭城，高祖問計於載，載曰：「齊軍若分兵先據三吴之路，略地東境，則時事去矣。今可急於淮南即侯景故壘築城，以通東道轉輸，別命輕兵絶其糧運，使進無所虜，退無所資，則齊將之首，旬日可致。」高祖從其計。

永定元年，除和戎將軍、通直散騎常侍〔二四〕。二年，進號輕車將軍。尋加散騎常侍、太子右衞率，將軍如故。

天嘉元年，以疾去官。載有田十餘頃，在江乘縣之白山，至是遂築室而居，屏絶人事，吉凶慶弔，無所往來，不入籬門者幾十載。太建中卒於家，時年五十八。

載族弟翽。翽字子羽，少有志操。祖愛，梁輔國將軍。父乾向，汝陰太守。翽弱冠喪父，哀毁甚至，養母、撫孤兄弟子，以仁孝著稱。高祖爲南徐州刺史，召爲征北參軍，尋監義興郡。永定元年，授貞毅將軍、步兵校尉。遷驍騎將軍、領朱衣直閤。驍騎之職，舊領營兵，兼統宿衞。自梁代已來，其任踰重，出則羽儀清道，入則與二衞通直，臨軒則升殿俠侍。翽素有名望，每大事恒令俠侍左右，時人榮之，號曰「俠御將軍」。尋出爲宣城太守。天嘉二年，預平王琳之功，封清源縣侯，邑二百户。太建中卒官，贈明霍羅三州刺史。

子宏，字德禮，有文學，歷官至永嘉王府諮議參軍。陳亡入隋。

史臣曰：昔鄧禹基於文學，杜預出自儒雅，卒致軍功，名著前代。晉氏喪亂，播遷江左，顧榮郗鑒之輩，温嶠謝玄之倫，莫非巾褐書生，搢紳素譽，抗敵以衞社稷，立勳而升台鼎。自斯以降，代有其人。但梁室沸騰，懦夫立志，既身逢際會，見仗於時主，美矣！

校勘記

〔一〕沈衆字仲師　「仲師」，建康實録卷一九作「仲監」，御覽卷五八七引梁書作「仲興」。

〔二〕父旋　「旋」，建康實録卷一九作「珽」。

〔三〕賦成奏帝善之　「奏帝善之」，北監本、汲本、殿本作「奏之帝」。

〔四〕及景圍臺城　「圍臺」二字原爲墨釘，據國圖本、三朝本、南監本、北監本、汲本、殿本補。

〔五〕朝士共誚其所爲　「士」字原爲墨釘，據國圖本、三朝本、南監本、北監本、汲本、殿本補。

〔六〕及莊僭立　「僭」字原爲墨釘，據國圖本、三朝本、南監本、北監本、汲本、殿本補。

〔七〕以泌爲侍中丞相長史　「丞」字原爲墨釘，據國圖本、三朝本、南監本、北監本、汲本、殿本補。

〔八〕天嘉二年泌與琳輔莊至于柵口　「二年」疑爲「元年」之訛。按本書卷三世祖紀載天嘉元年二月丙申，「王琳及其主蕭莊奔于齊」。北齊書卷五廢帝紀載乾明元年二月，「王琳爲陳所敗，蕭莊自拔至和州」。北齊乾明元年即陳天嘉元年，則袁泌與王琳輔莊至柵口之事，不應晚於天嘉元年二月。

〔九〕琳軍敗　「軍敗」二字原爲墨釘，據國圖本、三朝本、南監本、北監本、汲本、殿本補。

〔一〇〕臨終戒其子蔓華曰　「蔓華」，南史卷二六袁湛傳附袁泌傳、御覽卷五六二引陳書、册府卷五九五掌禮部作「芳華」。

〔一一〕其子述泌遺意　「述」，册府卷八九八總録部明本作「遵」。

〔一二〕父之遴　按南史卷五〇劉虬傳附劉之遲傳，仲威父爲之遴弟之遲。

〔一三〕散騎常侍　按南史卷六八陸山才傳作「中散大夫」。

〔一四〕范陽張纘　「張纘」，原作「張續」，據南史卷六八陸山才傳改，下同。按張纘梁書卷三四、南史卷五六並有傳。

〔一五〕依于周迪擒余孝頃李孝欽等　按「迪」下疑脱一「迪」字。

〔一六〕文育爲熊曇朗所害　「熊」，原作「能」，據宋甲本、三朝本、南監本、北監本、汲本、殿本改。

〔一七〕遷宣惠始興王長史行東揚州事　「東」字疑衍。按本書卷三世祖紀載天嘉二年正月，「以始興王伯茂爲宣惠將軍、揚州刺史」。又陳置東揚州，在天嘉三年六月，陸山才似無可能在此之前行東揚州事。

〔一八〕天嘉二年除晉安太守　此處「天嘉二年」有疑。按上文云高宗爲揚州刺史時以質爲驃騎府長史，據本書卷三世祖紀，高宗爲驃騎將軍、揚州刺史在天嘉三年六月。

〔一九〕永昌嚴公　按梁書卷一二韋叡傳，叡生前爵位爲永昌縣侯。通鑑卷一四九梁紀五武帝普通元年八月甲子，「侍中、車騎將軍永昌嚴侯韋叡卒」。

〔二〇〕父政梁黃門侍郎　「政」，按南史卷五八韋叡傳附韋正傳、建康實録卷二〇、册府卷七七四總録部作「正」。梁書卷一二韋叡傳云叡「子放、正、稜、黯」，韋正「歷官至給事黃門侍郎」。

〔二一〕年十二　「十二」，建康實録卷二〇作「十三」，册府卷七七四總録部作「十一」。

〔二二〕并奉梁敬帝勑載解兵　「勑」下，北監本、汲本、殿本及南史卷五八韋叡傳附韋載傳有一「勑」字。「載」，册府卷三九九將帥部作「令」。

〔二三〕乃以其衆降于高祖　「其」，册府卷三九九將帥部作「兵」，北監本、汲本、殿本及南史卷五八韋叡傳附韋載傳無此字。

〔二四〕除和戎將軍通直散騎常侍　「侍」，原作「時」，據南監本、北監本、汲本、殿本改。

陳書卷十九

列傳第十三

沈炯　虞荔弟寄　馬樞

沈炯字禮明〔一〕，吳興武康人也。祖瑀，梁尋陽太守。父續，王府記室參軍。

炯少有儁才，爲當時所重。釋褐王國常侍，遷爲尚書左民侍郎，出爲吳令。侯景之難，吳郡太守袁君正入援京師，以炯監郡。京城陷，景將宋子仙據吳興，遣使召炯，委以書記之任。炯固辭以疾，子仙怒，命斬之。炯解衣將就戮，礙於路間桑樹，乃更牽往他所，或遽救之，僅而獲免。子仙愛其才，終逼之令掌書記。及子仙爲王僧辯所敗，僧辯素聞其名，於軍中購得之，酬所獲者鐵錢十萬，自是羽檄軍書皆出於炯。及簡文遇害，四方岳牧皆上表於江陵勸進，僧辯令炯製表，其文甚工，當時莫有逮者。

高祖南下，與僧辯會于白茅灣，登壇設盟，炯爲其文。及侯景東奔至吳郡，獲炯妻虞氏、子行簡，並殺之，炯弟攜其母逃而獲免。侯景平，梁元帝愍其妻子嬰戮，特封原鄉縣侯，邑五百户。僧辯爲司徒，以炯爲從事中郎。梁元帝徵爲給事黄門侍郎、領尚書左丞〔二〕。

荆州陷，爲西魏所虜，魏人甚禮之，授炯儀同三司。炯以母老在東，恒思歸國，恐魏人愛其文才而留之，恒閉門却掃，無所交遊。時有文章，隨即棄毁，不令流布。嘗獨行經漢武通天臺，爲表奏之，陳己思歸之意。其辭曰：「臣聞喬山雖掩，鼎湖之靈可祠〔三〕，有魯既荒，大庭之迹無泯。伏惟陛下降德猗蘭，纂靈豐谷，漢道既登，神仙可望。射之罘於海浦，禮日觀而稱功，横中流於汾河，指柏梁而高宴。何其樂也，豈不然歟！既而運屬上仙，道窮晏駕，甲帳珠簾，一朝零落，茂陵玉椀，宛出人間。陵雲故基，共原田而膴膴，别風餘趾，對陵阜而茫茫，羇旅縲臣，能不落淚？昔承明既厭，嚴助東歸，駟馬可乘，長卿西返。恭聞故實，竊有愚心，黍稷非馨，敢忘徼福〔四〕。」奏訖，其夜炯夢見有宫禁之所，兵衛甚嚴，炯便以情事陳訴，聞有人言：「甚不惜放卿還，幾時可至。」少日，便與王克等竝獲東歸。紹泰二年至都，除司農卿，遷御史中丞。

高祖受禪，加通直散騎常侍，中丞如故。以母老表請歸養，詔不許〔五〕。文帝嗣位，又表曰：

臣嬰生不幸，弱冠而孤，母子零丁，兄弟相長。謹身爲養，仕不擇官，宦成梁朝，命存亂世，冒危履險，自死輕生〔六〕，妻息誅夷，昆季冥滅，餘臣母子，得逢興運。臣母妾劉，今年八十有一，臣叔母妾丘，七十有五，臣門弟姪故自無人，妾丘兒孫又久亡泯，兩家侍養，餘臣一人。前帝知臣之孤煢，養臣以州里，不欲使頓居草萊，又復矜臣温凊，所以一年之内，再三休沐。臣之屢披丹款，頻冒宸鑒〔七〕，非欲苟違朝廷，遠離畿輦。一者以年將六十，湯火居心，每跪讀家書，前懼後喜，温枕扇席，無復成童。二者職居彝憲，邦之司直，若自虧身禮，何問國章？前德綢繆，始許哀放，内侍近臣，多悉此旨。正以選賢與能，廣求明哲，䞭趄荏苒，未始取才。而上玄降戾，奄至今日，德音在耳，墳土遽乾，悠悠昊天，哀此罔極。兼臣私心煎切，彌迫近時，慺慺之祈，轉忘塵觸。伏惟陛下睿哲聰明，嗣興下武，刑于四海，弘此孝治。寸管求天，仰歸帷扆，有感必應，實望聖明。特乞霈然申其私禮，則王者之德，覃及無方，矧彼翔沈，孰非涵養。

詔答曰：「省表具懷。卿譽馳咸雒，情深宛沛。日者理切倚門〔八〕，言歸異域，復牽時役，遂乖侍養。雖周生之思，每欲棄官，戴禮垂文，得遺從政。前朝光宅四海，劬勞萬機，以卿才爲獨步，職居專席，方深委任，屢屈情禮。朕嗣奉洪基，思弘景業，顧茲寡薄，兼纏哀疚，實賴賢哲，同致雍熙，豈便釋簡南闈，解紱東路。當令馮親入舍，荀母從官〔九〕，用覩朝榮，不虧家禮。尋勑所由〔一〇〕，相迎尊累，使卿公私得所，並無廢也。」

初，高祖嘗稱炯宜居王佐，軍國大政，多預謀謨，文帝又重其才用，欲寵貴之。會王琳入寇大雷，留異擁據東境，帝欲使炯因是立功，乃解中丞，加明威將軍，遣還鄉里，收合徒衆。以疾卒于吴中，時年五十九。文帝聞之，即日舉哀，并遣弔祭，贈侍中，謚曰恭子。有集二十卷行於世。

虞荔字山披，會稽餘姚人也。祖權，梁廷尉卿，永嘉太守。父檢〔一一〕，平北始興王諮議參軍。

荔幼聰敏，有志操。年九歲，隨從伯闡候太常陸倕，倕問五經凡有十事，荔隨問輒應，無有遺失，倕甚異之。又嘗詣徵士何胤，時太守衡陽王亦造焉，胤言之於王，王欲見荔，荔辭曰：「未有板刺，無容拜謁。」王以荔有高尚之志，雅相欽重，還郡，即辟爲主簿，荔又辭以年小，不就。及長，美風儀，博覽墳籍，善屬文。釋褐梁西中郎行參軍，尋署法曹、外兵參軍，兼丹陽詔獄正。梁武帝於城西置士林館，荔乃製碑，奏上，帝命勒之于館，仍用荔爲士林學士。尋爲司文郎，遷通直散騎侍郎、兼中書舍人。時左右之任，多參權軸，内外機務，互有帶掌，唯荔與顧協淡然靖退，居于西省，但以文史見知，當時號爲清白。尋領大著作。

及侯景之亂，荔率親屬入臺，除鎮西諮議參軍，舍人如故。臺城陷，逃歸鄉里。侯景平，元帝徵爲中書侍郎，貞陽侯授揚州別駕，並不就。

張彪之據會稽也，荔時在焉。及文帝平彪，高祖遺荔書曰：「喪亂已來，賢哲凋散，君才用有美，聲聞許洛，當今朝廷惟新，廣求英雋，豈可栖遲東土，獨善其身？今令兄子將接出都，想必副朝廷虚遲也。」文帝又與書曰：「君東南有美，聲譽洽聞，自應翰飛京許，共康時弊，而刻迹丘園〔一三〕，保茲獨善，豈使稱空谷之望邪？必願便尒俶裝，且爲出都之計。唯遲披覯，在於茲日。」迫切之不得已，乃應命至都。高祖崩，文帝嗣位，除太子中庶子，仍侍太子讀書。尋領大著作、東揚揚州二州大中正，庶子如故。

初，荔母隨荔入臺，卒於臺内，尋而城陷，情禮不申，由是終身蔬食布衣，不聽音樂，雖任遇隆重，而居止儉素，淡然無營。文帝深器之，常引在左右，朝夕顧訪。荔性沈密，少言論，凡所獻替，莫有見其際者，故不列于後焉。

時荔第二弟寄寓於閩中，依陳寶應，荔每言之輒流涕。文帝哀而謂曰：「我亦有弟在遠，此情甚切，他人豈知。」乃勑寶應求寄，寶應終不遣。荔因以感疾，帝數往臨視。令荔將家口入省，荔以禁中非私居之所，乞停城外，文帝不許，乃令住於蘭臺，乘輿再三臨問，手勑中使，相望於道。又以荔蔬食積久，非羸疾所堪，乃勑曰：「能敦布素，乃當爲高，卿年事已多，氣力稍減，方欲仗委，良須克壯，今給卿魚肉，不得固從所執也。」荔終不從。天嘉二年卒，時年五十九。文帝甚傷惜之，贈侍中，謚曰德子。及喪柩還鄉里，上親出臨送，當時榮之。子世基、世南，並少知名。

寄字次安，少聰敏。年數歲，客有造其父者，遇寄於門，因嘲之曰：「郎君姓虞，必當無智。」寄應聲答曰：「文字不辨，豈得非愚？」客大慙，入謂其父曰：「此子非常人，文舉之對不是過也。」

及長，好學，善屬文。性沖靜，有栖遁之志。弱冠舉秀才，對策高第。起家梁宣城王國左常侍。大同中，嘗驟雨，殿前往往有雜色寶珠，梁武觀之甚有喜色，寄因上瑞雨頌。帝謂寄兄荔曰：「此頌典裁清拔，卿家之士龍也。將如何擢用？」寄聞之，歎曰：「美盛德之形容，以申擊壤之情耳。吾豈買名求仕者乎？」乃閉門稱疾，唯以書籍自娱。岳陽王爲會稽太守，引寄爲行參軍，遷記室參軍、領郡五官掾。又轉中記室，掾如故。在職簡略煩苛〔一三〕，務存大體，曹局之内，終日寂然。

侯景之亂，寄隨兄荔入臺，除鎮南湘東王諮議參軍〔一四〕、加貞威將軍。京城陷，遁還鄉里。及張彪往臨川，彊寄俱行，寄與彪將鄭瑋同舟而載，瑋嘗忤彪意〔一五〕，乃劫寄奔于晉安。時陳寶應據有閩中，得寄甚喜。高祖平侯景，寄勸令自結，寶應從之，乃遣使歸誠。承聖元年，除和戎將軍、中書侍郎，寶應愛其才，託以道阻不遣。每欲引寄爲僚屬，委以文翰，寄固辭，獲免。

及寶應結婚留異，潛有逆謀，寄微知其意，言説之際，每陳逆順之理，微以諷諫，寶應輒引説他事以拒之。又嘗令左右誦漢書，卧而聽之，至蒯通説韓信曰「相君之背，貴不可言」，寶應蹶然起曰：「可謂智士。」寄正色曰：「覆酈驕韓，未足稱智，豈若班彪王命，識所歸乎？」

寄知寶應不可諫，慮禍及己，乃爲居士服以拒絶之。常居東山寺，僞稱脚疾，不復起，寶應以爲假託，使燒寄所卧屋，寄安卧不動。親近將扶寄出，寄曰：「吾命有所懸，避欲安往？」所縱火者，旋自救之。寶應自此方信。

及留異稱兵，寶應資其部曲，寄乃因書極諫曰：

東山虞寄致書於明將軍使君節下：寄流離世故，飄寓貴鄉，將軍待以上賓之禮，申以國士之眷，意氣所感，何日忘之。而寄沈痼彌留，惕陰將盡，常恐卒填溝壑，涓塵莫報，是以敢布腹心，冒陳丹款，願將軍留須臾之慮，少思察之，則瞑目之日，所懷畢矣。

夫安危之兆，禍福之機，匪獨天時〔一六〕，亦由人事。失之毫釐，差以千里。是以明智之士，據重位而不傾，執大節而不失，豈惑於浮辭哉？將軍文武兼資，英威不世，往因多難，杖劍興師，援旗誓衆，抗威千里，豈不以四郊多壘，共謀王室，匡時報主，寧國庇民乎？此所以五尺童子，皆願荷戟而隨將軍者也。及高祖武皇肇基草昧，初濟艱難〔一七〕。于時天下沸騰，民無定主，豺狼當道，鯨鯢橫擊，海内業業，未知所從。將軍運動微之鑒〔一八〕，折從衡之辯，策名委質，自託宗盟，此將軍妙筭遠圖，發於衷誠者也。及主上繼業，欽明睿聖，選賢與能，羣臣輯睦，結將軍以維城之重，崇將軍以裂土之封。豈非宏謨廟略〔一九〕，推赤心於物也？屢申明詔，款篤殷勤，君臣之分定矣，骨肉之恩深矣。不意將軍惑於邪說，遽生異計，寄所以疾首痛心，泣盡繼之以血。萬全之策，竊爲將軍惜之。寄雖疾侵耄及，言無足採，千慮一得，請陳愚筭。願將軍少戢雷霆，賒其晷刻，使得盡狂瞽之說，披肝膽之誠，則雖死之日，由生之年也。

自天厭梁德，多難荐臻，寰宇分崩，英雄互起，不可勝紀，人人自以爲得之。然夷凶翦亂，拯溺扶危，四海樂推，三靈眷命，揖讓而居南面者，陳氏也。豈非歷數有在，惟天所授，當璧應運？其事甚明，一也。主上入基〔二〇〕，明德遠被，天綱再張，地維重紐。夫以王琳之彊，侯瑱之力，進足以摇蕩中原，爭衡天下，退足以屈强江外，雄張偏隅〔二一〕。然或命一旅之師，或資一士之説，琳則瓦解冰泮，投身異域〔二二〕，瑱則厥角稽顙，委命闕廷。斯又天假之威，而除其患。其事甚明，二也。今將軍以藩戚之重，東南之衆〔二三〕，盡忠奉上，勠力勤王，豈不勳高竇融，寵過吴芮，析珪判野，南面稱孤？其事甚明，三也。且聖朝棄瑕忘過，寬厚得人〔二四〕，改過自新，咸加敍擢。至於余孝頃、潘純陁、李孝欽、歐陽頠等，悉委以心腹，任以爪牙，胸中豁然，曾無纖芥。況將軍釁非張繡，罪異畢諶，當何慮於危亡，何失於富貴？此又其事甚明，四也。方今周齊隣睦，境外無虞，并兵一向，匪朝伊夕，非劉項競逐之機，楚趙連從之勢，何得雍容高拱，坐論西伯？其事甚明，五也。且留將軍狼顧一隅，亟經摧衄，聲實虧喪，膽氣衰沮。高瓌、向文政、留瑜、黄子玉，此數人者，將軍所知，首鼠兩端，唯利是視；其餘將帥，亦可見矣。孰能被堅執鋭，長驅深入，繫馬埋輪，奮不顧命，以先士卒者乎？此又其事甚明，六也。且將軍之彊，孰如侯景？將軍之衆，孰如王琳？武皇滅侯景於前，今上摧王琳於後，此乃天時，非復人力。且兵革已後，民皆厭亂，其孰能棄墳墓，捐妻子，出萬死不顧之計，從將軍於白刃之間乎？此又其事甚明，七也。歷觀前古，鑒之往事，子陽季孟，傾覆相尋，餘善右渠〔二五〕，危亡繼及，天命可畏，山川難恃。況將軍欲以數郡之地，當天下之兵，以諸侯之資，拒天子之命，彊弱逆順，可得侔乎？此又其事甚明，八也。且非我族類，其心必異。不愛其親，豈能及物？留將軍身縻國爵，子尚王姬，猶且棄天屬而弗顧，背明君而孤立，危急之日，豈能同憂共患，不背將軍者乎？至於師老力屈，懼誅利賞，必有韓智晉陽之謀，張陳井陘之勢〔二六〕。此又其事甚明，九也。且北軍萬里遠鬭，鋒不可當，將軍自戰其地，人多顧後。梁安背向爲心，修旿匹夫之力，衆寡不敵，將帥不侔，師以無名而出，事以無機而動，以此稱兵，未知其利。夫以漢朝吴楚，晉室潁顒，連城數十，長戟百萬，拔本塞源，自圖家國，其有成功者乎？此又其事甚明，十也。

爲將軍計者，莫若不遠而復，絶親留氏，秦郎快郎，隨遣入質，釋甲偃兵，一遵詔旨。且朝廷許以鐵券之要，申以白馬之盟，朕弗食言，誓之宗社。寄聞明者鑒未形，智者不再計，此成敗之效，將軍勿疑。吉凶之幾，間不容髮。方今藩維尚少，皇子幼沖，凡預宗枝，皆蒙寵樹。況以將軍之地，將軍之才，將軍之名，將軍之勢，而能克修藩服，北面稱臣，寧與劉澤同年而語其功業哉？豈不身與山河等安，名與金石相敝？願加三思，慮之無忽。

寄氣力綿微，餘陰無幾，感恩懷德，不覺狂言，鈇鉞之誅，甘之如薺。

寶應覽書大怒。或謂寶應曰：「虞公病勢漸篤，言多錯謬。」寶應意乃小釋。亦爲寄有民望，且優容之。及寶應敗走，夜至蒲田，顧謂其子扞秦曰：「早從虞公計，不至今日。」扞秦但泣而已。寶應既擒，凡諸賓客微有交涉者，皆伏誅，唯寄以先識免禍。

初，沙門慧摽涉獵有才思，及寶應起兵，作五言詩以送之，曰：「送馬猶臨水，離旗稍引風，好看今夜月，當入紫微宮。」寶應得之甚悅。慧摽賫以示寄，寄一覽便止，正色無言。摽退，寄謂所親曰：「摽公既以此始，必以此終。」後竟坐是誅。

文帝尋勑都督章昭達以理發遣〔二七〕，令寄還朝。及至，即日引見，謂寄曰：「管寧無恙。」其慰勞之懷若此。頃之，文帝謂到仲舉曰：「衡陽王既出閤，雖未置府僚，然須得一人旦夕遊處，兼掌書記，宜求宿士有行業者。」仲舉未知所對，文帝曰：「吾自得之。」乃手勑用寄。寄入謝，文帝曰：「所以暫屈卿遊藩者，非止以文翰相煩，乃令以師表相事也〔二八〕。」尋兼散騎常侍，聘齊，寄辭老疾，不行。除國子博士，頃之，又表求解職歸鄉里，文帝優旨報答，許其東還。仍除東揚州別駕，寄又以疾辭。高宗即位，徵授揚州治中及尚書左丞，竝不就。乃除東中郎建安王諮議、加戎昭將軍，又辭以疾，不任旦夕陪列。王於是特令停王府公事，其有疑議，就以決之，但朔望牋修而已。太建八年加太中大夫，將軍如故。十一年卒，時年七十。

寄少篤行，造次必於仁厚，雖僮豎未嘗加以聲色。至於臨危執節，則辭氣凛然，白刃不憚也。自流寓南土，與兄荔隔絶，因感氣病，每得荔書，氣輒奔劇，危殆者數矣。前後所居官，未嘗至秩滿，纔朞年數月，便自求解退。常曰：「知足不辱，吾知足矣。」及謝病私庭，每諸王爲州將，下車必造門致禮，命釋鞭板，以几杖侍坐。常出遊近寺，閭里傳相告語，老幼羅列，望拜道左。或言誓爲約者，但指寄便不欺，其至行所感如此。所製文筆，遭亂多不存。

馬樞字要理，扶風郿人也。祖靈慶，齊竟陵王録事參軍。樞數歲而父母俱喪，爲其姑所養。六歲，能誦孝經、論語、老子。及長，博極經史，尤善佛經及周易、老子義。

梁邵陵王綸爲南徐州刺史，素聞其名，引爲學士。綸時自講大品經，令樞講維摩、老子、周易，同日發題，道俗聽者二千人。王欲極觀優劣，乃謂衆曰：「與馬學士論義，必使屈伏，不得空立主客。」於是數家學者各起問端，樞乃依次剖判，開其宗旨，然後枝分流別，轉變無窮，論者拱默聽受而已。綸甚嘉之，將引薦於朝廷。尋遇侯景之亂，綸舉兵援臺，乃留書二萬卷以付樞。樞肆志尋覽，殆將周遍，乃喟然歎曰：「吾聞貴爵位者以巢由爲桎梏，愛山林者以伊呂爲管庫，束名實則芻芥柱下之言，翫清虚則糠粃席上之説，稽之篤論，亦各從其好也。然支父有讓王之介，嚴子有慠帝之規，千載美談，所不廢也。比求志之士，望塗而息。豈天之不惠高尚，何山林之無聞甚乎？」乃隱乎茅山〔二九〕，有終焉之志。

天嘉元年，文帝徵爲度支尚書，辭不應命。時樞親故竝居京口，每秋冬之際，時往遊焉。及鄱陽王爲南徐州刺史，欽其高尚，鄙不能致，乃卑辭厚意，令使者邀之，前後數反，樞固辭以疾。門人或進曰：「鄱陽王待以師友，非關爵位，市朝之閒，何妨靜默。」樞不得已，乃行。王別築室以處之，樞惡其崇麗，乃於竹林閒自營茅茨而居焉。每王公餽餉，辭不獲已者，率十分受一。

樞少屬亂離，每所居之處，盜賊不入，依託者常數百家。目精洞黄，能視闇中物。常有白鷰一雙，巢其庭樹，馴狎櫩廡，時集几案，春來秋去，幾三十年。太建十三年卒，時年六十〔三〇〕。撰道覺論二十卷行於世。

史臣曰：沈炯仕於梁室，年在知命，冀郎署之薄宦〔三一〕，止邑宰之卑職，及下筆盟壇，屬辭勸表，激揚旨趣，信文人之偉者歟！虞荔之獻籌沈密，盡其誠款，可謂有益明時矣。

校勘記

〔一〕沈炯字禮明　「禮明」，南史卷六九沈炯傳、册府卷八三九總録部、卷八九三總録部作「初明」。

〔二〕領尚書左丞　「尚書左丞」，十七史策要作「尚書右丞」。按通鑑卷一六五梁紀二一元帝承聖三年亦云炯爲尚書右丞。

〔三〕臣聞喬山雖掩鼎湖之靈可祠　「喬山」，按南史卷六九沈炯傳、御覽卷八八引沈炯祭漢武帝陵文作「橋山」。「靈」，按南史卷六九沈炯傳作「寵」。

〔四〕敢忘徼福　「忘」，按南史卷六九沈炯傳、初學記卷九引沈炯祭漢武帝陵文、御覽卷八八引沈炯祭漢武帝陵文作「望」。

〔五〕詔不許　「詔」，原作「昭」，據三朝本、南監本、北監本、汲本、殿本改。

〔六〕自死輕生　南監本作「百死輕生」。按册府卷七五四總録部宋本作「自死經生」，明本作「百死經生」，宋本義長。

〔七〕頻冒宸鑒　「宸鑒」，册府卷七五四總録部作「宸嚴」。

〔八〕日者理切倚門　「門」，北監本、汲本、殿本作「閭」。

〔九〕荀母從官　「荀母」，册府卷七五四總録部宋本作「苟母」。

〔一〇〕尋勑所由　「由」，南監本及册府卷七五四總録部明本作「司」。

〔一一〕父檢　「檢」，建康實録卷一九、法書要録卷八張懷瓘書斷中作「儉」。

〔一二〕而刻迹丘園　「刻」，南監本、北監本、汲本、殿本作「削」。

〔一三〕在職簡略煩苛　「煩苛」，册府卷七二二幕府部作「去煩苛」。

〔一四〕侯景之亂寄隨兄荔入臺除鎮南湘東王諮議參軍　此處「鎮南」有疑。按梁書卷三武帝紀下，湘東王蕭繹於太清元年正月由鎮南將軍、江州刺史遷鎮西將軍、荆州刺史。侯景之亂在太清二年八月，此時虞寄所除諮議參軍，湘東王軍號不當爲「鎮南」。本卷上文記其兄荔當時所任，即爲鎮西諮議參軍。

〔一五〕寄與彪將鄭瑋同舟而載瑋嘗忤彪意　二「瑋」字册府卷七八一總録部明本均作「璋」。

〔一六〕匪獨天時　「匪」字原爲墨釘，據國圖本、三朝本、南監本、北監本、汲本、殿本補。

〔一七〕初濟艱難　「艱」字原爲墨釘，據國圖本、三朝本、南監本、北監本、汲本、殿本補。

〔一八〕將軍運動微之鑒　「動」，册府卷八三二總録部作「洞」。按文苑英華卷六八五虞寄諫陳寶應書亦作「洞」。

〔一九〕豈非宏謨廟略　「廟略」，册府卷八三二總録部作「妙略」。

〔二〇〕主上入基 「入」，北監本、汲本、殿本及册府卷八三二總録部、十七史策要作「承」。按南史卷六九虞荔傳附虞寄傳、文苑英華卷六八五虞寄諫陳寶應書亦作「承」。

〔二一〕退足以屈强江外雄張偏隅 「强」，册府卷八三二總録部宋本作「起」。「張」，南監本、北監本、汲本、殿本及册府卷八三二總録部明本作「長」。

〔二二〕投身異域 「域」，宋乙本壹、静嘉堂本、國圖本、三朝本及十七史策要作「城」。

〔二三〕今將軍以藩戚之重東南之衆 「東南」上北監本、汲本、殿本有「擁」字。

〔二四〕寬厚得人 「得」，册府卷八三二總録部宋本作「德」，册府卷八三二總録部明本、十七史策要作「待」。

〔二五〕餘善右渠 「右」，原作「石」，據北監本、汲本、殿本及册府卷八三二總録部宋本、十七史策要改。按南史卷六九虞荔傳附虞寄傳、文苑英華卷六八五虞寄諫陳寶應書、通鑑卷一六九陳紀三文帝天嘉四年亦作「右」。又漢書卷六武帝紀「朝鮮斬其王右渠降」顔師古注云：「右渠，朝鮮王名。」

〔二六〕張陳井陘之勢 「勢」，南史卷六九虞荔傳附虞寄傳作「事」。按文苑英華卷六八五虞寄諫陳寶應書「勢」下有小字注云：「陳書、南史作『事』。」

〔二七〕文帝尋勑都督章昭達以理發遣 「理」，册府卷二〇六閏位部作「禮」。

〔二八〕乃令以師表相事也 「事」，册府卷七〇八宫臣部作「助」。

〔二九〕乃隱乎茅山　「乎」，北監本、汲本、殿本作「于」。按御覽卷五〇五引陳書作「於」。

〔三〇〕時年六十　按建康實録卷二〇謂馬樞「年八十六卒」。

〔三一〕冀郎署之薄宦　「宦」，國圖本、三朝本、南監本、北監本、汲本、殿本作「官」。

陳書卷二十

列傳第十四

到仲舉　韓子高　華皎

到仲舉字德言，彭城武原人也。祖坦，齊中書侍郎。父洽，梁侍中。仲舉無他藝業，而立身耿正。釋褐著作佐郎，太子舍人，王府主簿。出爲長城令，政號廉平。文帝居鄉里〔一〕，嘗詣仲舉，時天陰雨，仲舉獨坐齊内，聞城外有簫鼓之聲，俄而文帝至，仲舉異之，乃深自結託。文帝又嘗因飲，夜宿仲舉帳中，忽有神光五采照于室内，由是祇承益恭。侯景之亂，仲舉依文帝。及景平，文帝爲吴興郡守，以仲舉爲郡丞，與潁川庾持俱爲文帝賓客。文帝爲宣毅將軍，以仲舉爲長史，尋帶山陰令。文帝嗣位，授侍中，參掌選事。天嘉元年，守都官尚書，封寶安縣侯，邑五百户。三年，除都官尚書。其年，遷尚書右僕射、丹陽尹，參掌竝如故。尋改封建昌縣侯。仲舉既無學術，朝章非所長，選舉引用，皆出自袁樞。性疎簡，不干涉世務，與朝士無所親狎，但聚財酣飲而已。六年，秩滿，解尹〔二〕。

是時，文帝積年寢疾，不親御萬機，尚書中事，皆使仲舉斷決。天康元年，遷侍中、尚書僕射，參掌如故。文帝疾甚，入侍醫藥。及文帝崩，高宗受遺詔爲尚書令入輔，仲舉與左丞王暹、中書舍人劉師知、殷不佞等〔三〕，以朝望有歸，乃遣不佞矯宣旨遣高宗還東府。事發，師知下北獄賜死，暹、不佞竝付治，乃以仲舉爲貞毅將軍、金紫光禄大夫。

初，仲舉子郁尚文帝妹信義長公主，官至中書侍郎，出爲宣城太守，文帝配以士馬，是年遷爲南康内史，以國哀未之任。仲舉既廢居私宅，與郁皆不自安。時韓子高在都，人馬素盛，郁每乘小輿蒙婦人衣與子高謀。子高軍主告言其事，高宗收子高、仲舉及郁竝付廷尉。詔曰：「到仲舉庸劣小才〔四〕，坐叨顯貴，受任前朝，榮寵隆赫，父參王政，子據大邦，禮盛外姻，勢均戚里。而肆此驕闇，凌傲百司，遏密之初，擅行國政，排黜懿親，欺蔑台衮。韓子高蕞尒細微，擢自卑末，入參禁衛，委以腹心，蜂蠆有毒，敢行反噬。仲舉子高，共爲表裏，陰構姦謀，密爲異計。安成王朕之叔父，親莫重焉，受命導揚，禀承顧託，以朕沖弱，屬當保祐。家國安危，事歸宰輔，伊周之重，物無異議，將相舊臣，咸知宗仰。而率聚凶徒，欲相掩襲，屯據東城，進逼崇禮，規樹仲舉，以執國權，陵斥司徒，意在專政，潛結黨附，方危社稷。賴祖宗之靈，姦謀顯露。前上虞令陸昉等具告其事，並有據驗，并剋今月七日，縱其凶謀〔五〕。領軍將軍明徹，左衞將軍、衞尉卿寶安及諸公等，又並知其事。二三釁迹，彰於朝野〔六〕，反道背德，事駭聞見。今大憝克殲，罪人斯得，並可收付廷尉，肅正刑書。罪止仲舉父子及子高三人而已，其餘一從曠蕩，並所不問。」仲舉及郁並於獄賜死，時年五十一。郁諸男女，以帝甥獲免。

韓子高，會稽山陰人也。家本微賤。侯景之亂，寓在京都。景平，文帝出守吳興，子高年十六，爲總角，容貌美麗，狀似婦人，於淮渚附部伍寄載欲還鄉，文帝見而問之，曰「能事我乎？」子高許諾。子高本名蠻子，文帝改名之。性恭謹，勤於侍奉，恒執備身刀及傳酒炙。文帝性急，子高恒會意旨。及長，稍習騎射，頗有膽決，願爲將帥，及平杜龕，配以士卒。文帝甚寵愛之，未嘗離於左右。文帝嘗夢見騎馬登山，路危欲墮，子高推捧而升。

文帝之討張彪也，沈泰等先降，文帝據有州城，周文育鎮北郭香巖寺〔七〕。張彪自剡縣夜還襲城，文帝自北門出，倉卒闇夕，軍人擾亂，文育亦未測文帝所在，唯子高在側，文帝乃遣子高自亂兵中往見文育，反命，酬答於闇中，又往慰勞衆軍。文帝散兵稍集，子高引導入文育營，因共立柵。明日，與彪戰，彪將申縉復降〔八〕，彪奔松山，浙東平。文帝乃分麾下多配子高，子高亦輕財禮士，歸之者甚衆。

文帝嗣位，除右軍將軍。天嘉元年，封文招縣子，邑三百户。王琳至于柵口，子高宿衞臺内。及琳平，子高所統益多，將士依附之者，子高盡力論進，文帝皆任使焉。二年，遷員外散騎常侍、壯武將軍、成州刺史〔九〕。及征留異，隨侯安都頓桃支嶺巖下。時子高兵甲精鋭，别御一營，單馬入陳，傷項之左〔一〇〕，一髻半落。異平，除假節、貞毅將軍、東陽太守。五年，章昭達等自臨川征晉安，子高自信安泉嶺會于建安〔一一〕，諸將中人馬最爲彊盛。晉安平，以功遷通直散騎常侍，進爵爲伯，增邑并前四百户。六年，徵爲右衞將軍，至都，鎮領軍府。文帝不豫，入侍醫藥。廢帝即位，遷散騎常侍，右衞如故，移頓于新安寺。

高宗入輔，子高兵權過重，深不自安，好參訪臺閣，又求出爲衡廣諸鎮。光大元年八月〔一二〕，前上虞縣令陸昉及子高軍主告其謀反，高宗在尚書省，因召文武在位議立皇太子，子高預焉，平旦入省，執之，送廷尉，其夕與到仲舉同賜死，時年三十。父延慶及子弟竝原宥。延慶因子高之寵，官至給事中，山陰令。

華皎，晉陵暨陽人。世爲小吏。皎，梁代爲尚書比部令史〔一三〕。侯景之亂，事景黨王偉。高祖南下，文帝爲景所囚，皎遇文帝甚厚。景平，文帝爲吴興太守，以皎爲都録事〔一四〕，軍府穀帛，多以委之。皎聰慧，勤於簿領。及文帝平杜龕，仍配以人馬甲仗，猶爲都録事〔一五〕。御下分明，善於撫養。時兵荒之後，百姓饑饉，皎解衣推食，多少必均，因稍擢爲暨陽、山陰二縣令。文帝即位，除開遠將軍、左軍將軍。天嘉元年，封懷仁縣伯，邑四百户。

王琳東下，皎隨侯瑱拒之。琳平，鎮湓城，知江州事。時南州守宰多鄉里酋豪，不遵朝憲，文帝令皎以法馭之，王琳奔散將卒多附於皎〔一六〕。三年，除假節、通直散騎常侍、仁武將軍、新州刺史資、監江州。尋詔督尋陽太原高唐南北新蔡五郡諸軍事、尋陽太守，假節、將軍、州資、監如故。周迪謀反，遣其兄子伏甲於船中，僞稱賈人，欲於湓城襲皎。未發，事覺，皎遣人逆擊之，盡獲其船仗。其年，皎隨都督吴明徹征迪，迪平，以功授散騎常侍、平南將軍、臨川太守，進爵爲侯，增封并前五百户。未拜，入朝，仍授使持節、都督湘巴等四州諸軍事、湘州刺史，常侍、將軍如故。

皎起自下吏，善營産業，湘川地多所出，所得並入朝廷，粮運竹木，委輸甚衆，至于油蠻脯菜之屬〔一七〕，莫不營辦。又征伐川洞，多致銅鼓、生口，竝送于京師。廢帝即位，進號安南將軍，改封重安縣侯〔一八〕，食邑一千五百户。文帝以湘州出杉木舟〔一九〕，使晈營造大艦、金翅等二百餘艘，并諸水戰之具，欲以入漢及峽。

韓子高誅後，晈内不自安，繕甲聚徒，厚禮所部守宰。高宗頻命晈送大艦、金翅等，推遷不至。光大元年，密啓求廣州，以觀時主意，高宗僞許之，而詔書未出。晈亦遣使句引周兵，又崇奉蕭巋爲主，士馬甚盛。詔乃以吴明徹爲湘州刺史，實欲以輕兵襲之。是時慮晈先發，乃前遣明徹率衆三萬，乘金翅直趨郢州，又遣撫軍大將軍淳于量率衆五萬，乘大艦以繼之，又令假節、冠武將軍楊文通別從安城步道出茶陵，又令巴山太守黄法慧別從宜陽出澧陵，往掩襲〔二〇〕，出其不意，并與江州刺史章昭達、郢州刺史程靈洗等參謀討賊〔二一〕。

是時，蕭巋遣水軍爲晈聲援。周武又遣其弟衞國公宇文直率衆屯魯山〔二二〕，又遣其柱國長胡公拓跋定人馬三萬，攻圍郢州〔二三〕。蕭巋授晈司空，巴州刺史戴僧朔、衡陽内史任蠻奴、巴陵内史潘智虔、岳陽太守章昭裕、桂陽太守曹宣〔二四〕、湘東太守錢明竝隷於晈〔二五〕。又長沙太守曹慶等本隷晈下，因爲之用。帝恐上流宰守竝爲晈扇惑，乃下詔曰：「賊晈輿皂微賤，特逢獎擢，任據藩牧，屬當寵寄，背斯造育，興構姦謀，樹立蕭氏，盟約彰露，鴆毒存心，志危宗社，扇結邊境，驅逼士庶，蟻聚巴湘，豕突鄢郢，逆天反地，人神忿嫉。征南將軍量、安南將軍明徹、郢州刺史靈洗，受律專征，備盡心力，撫勞驍雄〔二六〕，舟師俱進，義烈爭奮，兇惡奔殄，獻捷相望，重氛載廓，言念泣罪，思與惟新。可曲赦湘、巴二州，凡厥爲賊所逼制，預在兇黨，悉皆不問，其賊主帥節相〔二七〕，竝許開恩出首，一同曠蕩。」

先是，詔又遣司空徐度與楊文通等自安成步出湘東，以襲皎後。時皎陣于巴州之白螺，列舟艦與王師相持未決。及聞徐度趨湘州，乃率兵自巴、郢因便風下戰。淳于量、吳明徹等募軍中小艦，多賞金銀，令先出當賊大艦，受其拍。賊艦發拍皆盡，然後官軍以大艦拍之，賊艦皆碎，沒于中流。賊又以大艦載薪，因風放火，俄而風轉自焚，賊軍大敗。皎乃與戴僧朔單舸走，過巴陵，不敢登城，徑奔江陵。拓跋定等無復船渡，步趨巴陵，巴陵城邑爲官軍所據〔二八〕，乃向湘州。至水口，不得濟〔二九〕，食且盡，詣軍請降。俘獲萬餘人，馬四千餘匹，送于京師。皎黨曹慶、錢明、潘智虔、魯閑、席慧略等四十餘人竝誅，唯任蠻奴、章昭裕、曹宣、劉廣業獲免。

戴僧朔，吳郡錢塘人也。有膂力，勇健善戰，族兄右將軍僧錫甚愛之〔三〇〕。僧錫年老，征討恒使僧朔領衆。平王琳有功。僧錫卒，仍代爲南丹陽太守，鎮採石。從征留異，侯安都於巖下出戰，爲賊斫傷〔三一〕，僧朔單刀步援〔三二〕。以功除壯武將軍、北江州刺史、領南陵太守。又從征周迪有功，遷巴州刺史，假節、將軍如故。至是同皎爲逆，伏誅於江陵。

曹慶本王琳將，蕭莊僞署左衞將軍、吴州刺史，部領亞於潘純陁。琳敗，文帝以配皎，官至長沙太守。錢明，本高祖主帥，後歷湘州諸郡守。潘智虔，純陁之子，少有志氣，年二十爲巴陵内史。魯閑，吴郡錢塘人。席慧略，安定人。閑本張彪主帥，慧略王琳部下，文帝皆配于皎，官至郡守。竝伏誅。

章昭裕，昭達之弟，劉廣業，廣德之弟，曹宣，高祖舊臣，任蠻奴嘗有密啓於朝廷，由是竝獲宥。

史臣曰：韓子高、華皎雖復瓶筲小器，輿臺末品，文帝鑒往古之得人，救當今之急弊，達聰明目之術，安黎和衆之宜，寄以腹心，不論胄閥。皎早參近昵，嘗預艱虞〔三〕，知其無隱，賞以悉力，有見信之誠，非可疑之地。皎據有上游，忠於文帝，仲舉、子高亦無爽於臣節者矣。

校勘記

〔一〕文帝居鄉里　「文帝」，平安寫本作「世祖」。按體例作「世祖」是。本卷「文帝」平安寫本皆作「世祖」，下同不另出校。

〔二〕六年秩滿解尹　此處「六年」有疑。按本書卷三世祖紀載，天嘉三年九月戊辰，以到仲舉爲尚書右僕射、丹陽尹，五年春正月庚辰，以袁樞爲丹陽尹，六年春正月庚戌，「以領軍將軍杜稜爲翊左將軍、丹陽尹，丹陽尹袁樞爲吏部尚書」。又本書卷一七袁敬傳附袁樞傳亦載樞「其年秩滿，解尹」，時在五年。仲舉似無可能於天嘉六年秩滿解尹。

〔三〕仲舉與左丞王暹中書舍人劉師知殷不佞等　「左丞」，按本書卷三二孝行殷不害傳附殷不佞傳、册府卷七一五宮臣部作「右丞」。

〔四〕到仲舉庸劣小才　「劣」，國圖本、三朝本、南監本、北監本、汲本、殿本作「力」。

〔五〕縱其凶謀　「謀」，國圖本、三朝本、南監本、北監本、汲本、殿本作「惡」。

〔六〕彰於朝野　「於」，平安寫本作「曝」。

〔七〕周文育鎮北郭香嚴寺　「香嚴寺」，南史卷六八韓子高傳作「香巖寺」。按本書卷八周文育傳云「文育時頓城北香巖寺」。

〔八〕彪將申縉復降　「申縉」，按南史卷六四張彪傳作「申進」。

〔九〕二年遷員外散騎常侍壯武將軍成州刺史　「二年」，平安寫本作「三年」。

〔一〇〕傷項之左　「項」，御覽卷三一〇引三國典略作「頂」。

〔一一〕子高自信安泉嶺會于建安　「信」字原無，據平安寫本補。按通典卷一八二州郡一二載信安縣有泉嶺山。「會」下平安寫本有「軍」字。

〔一三〕光大元年八月　此處時間有疑。按通鑑卷一七〇陳紀四繫此於光大元年二月，考異云：「華皎傳，子高誅後，皎始謀叛。帝紀，此年五月皎已謀反。」

〔一四〕梁代爲尚書比部令史　「比」字原爲墨釘，據平安寫本、國圖本、南監本、北監本、汲本、殿本補。

〔一五〕以皎爲都録事　「都録事」，平安寫本作「都録」。

〔一六〕猶爲都録事　「都録事」，平安寫本及册府卷四一二將帥部宋本作「都録」。

〔一七〕王琳奔散將卒多附於皎　「奔散將卒」，平安寫本作「奔將散卒」。

〔一八〕至于油蜜脯菜之屬　「菜」，平安寫本作「穇」。

〔一九〕改封重安縣侯　「重安縣侯」，平安寫本及南史卷六八華皎傳作「重安縣公」。

〔二〇〕文帝以湘州出杉木舟　「杉木舟」，按御覽卷九六一引三國典略作「杉柟」，疑是。

〔二一〕往掩襲　「往」，平安寫本作「步往」。

〔二二〕并與江州刺史章昭達郢州刺史程靈洗等參謀討賊　「賊」，平安寫本作「皎」。

〔二三〕周武又遣其弟衛國公宇文直率衆屯魯山　「周武」，平安寫本作「周主」。「屯」，平安寫本作「頓」。

〔二四〕又遣其柱國長胡公拓跋定人馬三萬攻圍郢州　「長胡公」，平安寫本及南史卷六八華皎傳作

「長湖公」。「人馬三萬」，按本書卷四廢帝紀、卷一〇程靈洗傳作「步騎二萬」。

〔二四〕桂陽太守曹宣　「桂陽」，原作「杜陽」，據平安寫本及南史卷六八華皎傳、通鑑卷一七〇陳紀四臨海王光大元年改。

〔二五〕湘東太守錢明立隸於皎　「隸」，平安寫本作「同」。

〔二六〕撫勞驍雄　「驍雄」，平安寫本、汲本作「驍勇」。

〔二七〕其賊主帥節相　「節相」，平安寫本及南史卷六八華皎傳作「節將」。

〔二八〕巴陵城邑爲官軍所據　「邑」，平安寫本及南史卷六八華皎傳作「已」。

〔二九〕至水口不得濟　平安寫本作「至水得濟」。

〔三〇〕族兄右將軍僧錫甚愛之　「右將軍」，平安寫本作「右衞將軍」，疑是。按隋書卷二六百官志上，陳承梁制，無「右將軍」。

〔三一〕爲賊斫傷　「斫」，平安寫本作「所」。

〔三二〕僧朔單刀步援　「步」，平安寫本作「出」。「援」下平安寫本有「安都」二字。

〔三三〕嘗預艱虞　「嘗」，平安寫本作「且」。

陳書卷二十一

列傳第十五

謝哲　蕭乾　謝嘏　張種　王固　孔奐　蕭允 弟引

謝哲字穎豫〔一〕，陳郡陽夏人也。祖朏，梁司徒。父譓〔二〕，梁右光禄大夫。哲美風儀，舉止醞藉，而襟情豁然，爲士君子所重。起家梁祕書郎，累遷廣陵太守。侯景之亂，以母老因寓居廣陵，高祖自京口渡江應接郭元建，哲乃委質，深被敬重。高祖爲徐州刺史〔三〕，表哲爲長史。荆州陷，高祖使哲奉表於晉安王勸進。敬帝承制徵爲給事黄門侍郎、領步兵校尉。貞陽侯僭位，以哲爲通直散騎常侍，侍東宫。敬帝即位，遷長兼侍中。高祖受命，遷都官尚書、豫州大中正，吏部尚書。出爲明威將軍、晉陵太守，入爲中書令。世祖嗣位，爲太子詹事。出爲明威將軍、衡陽内史，秩中二千石。還長沙太守，將軍、加秩如故。還除散騎常侍、中書令。廢帝即位，以本官領前將軍〔四〕。高宗爲録尚書，引爲侍中、仁威將軍、司徒左長史。未拜，光大元年卒，時年五十九。贈侍中、中書監，諡康子。

蕭乾字思惕，蘭陵人也。祖嶷，齊丞相豫章文獻王。父子範，梁祕書監。乾容止雅正，性恬簡，善隸書，得叔父子雲之法。年九歲，召補國子周易生，梁司空袁昂時爲祭酒，深敬重之。十五，舉明經。釋褐東中郎湘東王法曹參軍，遷太子舍人。建安侯蕭正立出鎮南豫州，又板録事參軍。累遷中軍宣城王中録事、諮議參軍。侯景平，高祖鎮南徐州，引乾爲貞威將軍、司空從事中郎。遷中書侍郎，太子家令。

永定元年，除給事黄門侍郎。是時熊曇朗在豫章，周迪在臨川，留異在東陽，陳寶應在建、晉，共相連結。閩中豪帥，往往立砦以自保，高祖甚患之，乃令乾往使，諭以逆順，并觀虚實。將發，高祖謂乾曰：「建晉恃嶮，好爲姦宄，方今天下初定，難便出兵。昔陸賈南征，趙他歸順，隨何奉使，黥布來臣，追想清風，髣髴在目。況卿坐鎮雅俗，才高昔賢，宜勉建功名，不煩更勞師旅。」乾既至，曉以逆順，所在渠帥竝率部衆開壁款附。其年，就除貞威將軍、建安太守。

天嘉二年，留異反，陳寶應將兵助之，又資周迪兵粮，出寇臨川，因逼建安。乾單使臨郡，素無士卒，力不能守，乃棄郡以避寶應。時閩中守宰，竝爲寶應迫脅，受其署置，乾獨不爲屈，徙居郊野，屏絕人事。及寶應平，乃出詣都督章昭達，昭達以狀表聞，世祖甚嘉之，超授五兵尚書。光大元年卒，謚曰静子。

謝嘏字含茂〔五〕，陳郡陽夏人也。祖瀹，齊金紫光禄大夫。父舉，梁中衞將軍、開府儀同三司。

嘏風神清雅，頗善屬文。起家梁祕書郎，稍遷太子中庶子，掌東宫管記，出爲建安太守。侯景之亂，嘏之廣州依蕭勃。承聖中，元帝徵爲五兵尚書，辭以道阻〔六〕，轉授智武將軍。蕭勃以爲鎮南長史、南海太守。勃敗，還至臨川，爲周迪所留。久之，又度嶺之晉安，依陳寶應。世祖前後頻召之，嘏崎嶇寇虜，不能自拔。及寶應平，嘏方詣闕，爲御史中丞江德藻所舉劾，世祖不加罪責，以爲給事黄門侍郎，尋轉侍中。天康元年，以公事免，尋復本職。光大元年，爲信威將軍、中衞始興王長史。遷中書令、豫州大中正，都官尚書、領羽林監，中正如故。太建元年卒，贈侍中、中書令，謚曰光子。有文集行於世。

二子儼、伸〔七〕。儼官至散騎常侍，侍中，御史中丞，太常卿，出監東揚州。禎明二年卒於會稽，贈中護軍。

張種字士苗，吴郡人也。祖辯，宋司空右長史，廣州刺史。父略，梁太子中庶子，臨海太守。

種少恬靜，居處雅正，不妄交遊，傍無造請，時人爲之語曰：「宋稱敷演，梁則卷充。清虚學尚，種有其風。」仕梁王府法曹，遷外兵參軍，以父憂去職。服闋，爲中軍宣城王府主簿。種時年四十餘，家貧，求爲始豐令，入除中衛西昌侯府西曹掾。時武陵王爲益州刺史，重選府僚，以種爲征西東曹掾，種辭以母老，抗表陳請，爲有司所奏，坐黜免。

侯景之亂，種奉其母東奔，久之得達鄉里。俄而母卒，種時年五十，而毁瘠過甚。又迫以凶荒，未獲時葬，服制雖畢，而居處飲食，恒若在喪。及景平，司徒王僧辯以狀奏聞〔八〕，起爲貞威將軍、治中從事史，并爲具葬禮。葬訖，種方即吉。僧辯又以種年老，傍無胤嗣，賜之以妾，及居處之具。

貞陽侯僭位，除廷尉卿，太子中庶子。敬帝即位，爲散騎常侍，遷御史中丞、領前軍將軍。高祖受禪，爲太府卿。天嘉元年，除左民尚書。二年，權監吴郡，尋徵復本職。遷侍中、領步兵校尉，以公事免，白衣兼太常卿，俄而即真。廢帝即位，加領右軍將軍，未拜，改領弘善宮衛尉，又領揚、東揚二州大中正。高宗即位，重爲都官尚書、領左驍騎將軍〔九〕，遷中書令，驍騎、中正竝如故。以疾授金紫光禄大夫。

種沈深虚靜，而識量宏博，時人皆以爲宰相之器。僕射徐陵嘗抗表讓位於種曰：「臣種器懷沈密，文史優裕，東南貴秀，朝庭親賢，克壯其猷，宜居左執。」其爲時所推重如此。太建五年卒，時年七十，贈特進，謚曰元子。

種仁恕寡欲，雖歷居顯位，而家産屢空，終日晏然，不以爲病。太建初，女爲始興王妃，以居處僻陋，特賜宅一區，又累賜無錫、嘉興縣侯秩〔一〇〕。嘗於無錫見有重囚在獄，天寒，呼出曝日，遂失之，世祖大笑，而不深責。有集十四卷。

種弟棱，亦清靜有識度，官至司徒左長史。太建十一年卒，時年七十，贈光禄大夫。

種族子稚才〔一一〕，齊護軍沖之孫〔一二〕。少孤介特立，仕爲尚書金部郎中。遷右丞，建康令，太舟卿，揚州别駕從事史。兼散騎常侍，使于周，還爲司農、廷尉卿。所歷竝以清白稱。

王固字子堅〔一三〕，左光禄大夫通之弟也。少清正，頗涉文史，以梁武帝甥封莫口亭侯。舉秀才。起家梁祕書郎，遷太子洗馬，掌東宫管記，丁所生母憂去職。服闋，除丹陽尹丞〔一四〕。侯景之亂，奔于荆州，梁元帝承制以爲相國户曹屬，掌管記。尋聘于西魏，魏人以其梁氏外戚，待之甚厚。承聖元年，遷太子中庶子，尋爲貞威將軍、安南長史、尋陽太守。荆州陷，固之鄱陽，隨兄質度東嶺，居信安縣。紹泰元年，徵爲侍中，不就。永定中，移居吴郡。世祖以固清靜，且欲申以婚姻。天嘉二年，至都，拜國子祭酒。三年，遷中書令。四年，又爲散騎常侍、國子祭酒。其年，以固女爲皇太子妃〔一五〕，禮遇甚重。

廢帝即位，授侍中、金紫光禄大夫。時高宗輔政，固以廢帝外戚，妳媪恒往來禁中，頗宣密旨。事洩，比將伏誅，高宗以固本無兵權，且居處清潔，止免所居官，禁錮。

太建二年，隨例爲招遠將軍、宣惠豫章王諮議參軍。遷太中大夫、太常卿、南徐州大中正。七年，卒官，時年六十三。贈金紫光禄大夫。喪事所須，隨由資給。至德二年改葬，謚曰恭子。

固清虚寡欲，居喪以孝聞。又崇信佛法，及丁所生母憂，遂終身蔬食，夜則坐禪，晝誦佛經，兼習成實論義，而於玄言非所長。嘗聘于西魏，因宴饗之際，請停殺一羊，羊於固前跪拜。又宴於昆明池，魏人以南人嗜魚，大設罟網，固以佛法呪之，遂一鱗不獲。

子寬，官至司徒左長史，侍中。

孔奐字休文，會稽山陰人也。曾祖琇之，齊左民尚書，吴興太守。祖珩〔一六〕，太子舍人，尚書三公郎。父稚孫，梁寧遠枝江公主簿，無錫令。

奐數歲而孤，爲叔父虔孫所養。好學，善屬文，經史百家，莫不通涉。沛國劉顯時稱學府，每共奐討論，深相歎服，乃執奐手曰：「昔伯喈墳素悉與仲宣，吾當希彼蔡君，足下無愧王氏。」所保書籍，尋以相付。

州舉秀才，射策高第。起家揚州主簿，宣惠湘東王行參軍，並不就。又除鎮西湘東王外兵參軍，入爲尚書倉部郎中，遷儀曹侍郎。時左民郎沈炯爲飛書所謗，將陷重辟，事連臺閣，人懷憂懼，奐廷議理之，竟得明白。丹陽尹何敬容以奐剛正，請補功曹史。出爲南昌侯相，值侯景亂，不之官。

京城陷，朝士並被拘縶，或薦奐於賊帥侯子鑒，子鑒命脱桎梏，厚遇之，令掌書記。時景軍士悉恣其凶威，子鑒景之腹心，委任又重，朝士見者，莫不卑俯屈折，奐獨敖然自若，無所下。或諫奐曰：「當今亂世，人思苟免，獯羯無知，豈可抗之以義？」奐曰：「吾性命有在，雖未能死，豈可取媚凶醜，以求全乎？」時賊徒剥掠子女，拘逼士庶，奐每保持之，得全濟者甚衆。

尋遭母憂，哀毁過禮。時天下喪亂，皆不能終三年之喪，唯奐及吴國張種，在寇亂中守持法度，竝以孝聞。

及景平，司徒王僧辯先下辟書，引奐爲左西曹掾，又除丹陽尹丞。梁元帝於荆州即位，徵奐及沈炯竝令西上，僧辯累表請留之。帝手勑報僧辯曰：「孔、沈二士，今且借公。」其爲朝廷所重如此。仍除太尉從事中郎。僧辯爲揚州刺史，又補揚州治中從事史。時侯景新平，每事草創，憲章故事，無復存者。奐博物彊識，甄明故實，問無不知，儀注體式，牋表書翰，皆出於奐。

高祖作相，除司徒右長史，遷給事黄門侍郎。齊遣東方老、蕭軌等來寇，軍至後湖，都邑搔擾，又四方壅隔，粮運不繼，三軍取給，唯在京師，乃除奐爲貞威將軍、建康令。時累歲兵荒，户口流散，勍敵忽至，徵求無所，高祖剋日決戰，乃令奐多營麥飯，以荷葉裹之，一宿之間，得數萬裹。軍人旦食訖，棄其餘，因而決戰，遂大破賊。

高祖受禪，遷太子中庶子。永定二年〔一七〕，除晉陵太守。晉陵自宋、齊以來，舊爲大郡，雖經寇擾，猶爲全實，前後二千石多行侵暴，奂清白自守，妻子竝不之官，唯以單舩臨郡，所得秩俸，隨即分贍孤寡，郡中大悅，號曰「神君」。曲阿富人殷綺，見奂居處素儉，乃餉衣一襲，氈被一具。奂曰：「太守身居美禄，何爲不能辦此，但民有未周，不容獨享温飽耳。勞卿厚意，幸勿爲煩。」

初，世祖在吳中，聞奂善政，及踐祚，徵爲御史中丞、領揚州大中正。奂性剛直，善持理，多所糾劾，朝廷甚敬憚之。深達治體，每所敷奏，上未嘗不稱善，百司滯事，皆付奂決之。遷散騎常侍、領步兵校尉，中書舍人，掌詔誥，揚東揚二州大中正。天嘉四年，重除御史中丞，尋爲五兵尚書，常侍、中正如故。時世祖不豫，臺閣衆事，竝令僕射到仲舉共奂決之。及世祖疾篤，奂與高宗及仲舉并吏部尚書袁樞、中書舍人劉師知等入侍醫藥。世祖嘗謂奂等曰：「今三方鼎峙，生民未乂，四海事重，宜須長君。朕欲近則晉成，遠隆殷法，卿等須遵此意。」奂乃流涕歔欷而對曰：「陛下御膳違和，痊復非久，皇太子春秋鼎盛，聖德日躋，安成王介弟之尊，足爲周旦，阿衡宰輔，若有廢立之心，臣等愚誠，不敢聞詔。」世祖曰：「古之遺直，復見於卿。」天康元年，乃用奂爲太子詹事，二州中正如故。

世祖崩，廢帝即位，除散騎常侍、國子祭酒。光大二年，出爲信武將軍、南中郎康樂侯長史、尋陽太守，行江州事。高宗即位，進號仁威將軍、雲麾始興王長史，餘並如故。奂在職清儉，多所規正，高宗嘉之，賜米五百斛，并累降勑書殷勤勞問。太建三年，徵爲度支尚書、領右軍將軍。五年，改領太子中庶子，與左僕射徐陵參掌尚書五條事。六年，遷吏部尚書。七年，加散騎常侍。八年，改加侍中。時有事北討，剋復淮、泗，徐、豫酋長，降附相繼，封賞選敍，紛紜重疊，奂應接引進，門無停賓。加以鑒識人物，詳練百氏，凡所甄拔，衣冠搢紳，莫不悦伏。

性耿介，絶請託，雖儲副之尊，公侯之重，溺情相及，終不爲屈。始興王叔陵之在湘州，累諷有司，固求台鉉。奂曰：「衮章之職，本以德舉，未必皇枝。」因抗言於高宗。高宗曰：「始興那忽望公，且朕兒爲公，須在鄱陽王後。」奂曰：「臣之所見，亦如聖旨。」後主時在東宫，欲以江總爲太子詹事，令管記陸瑜言之於奂。奂謂瑜曰：「江有潘、陸之華，而無園、綺之實，輔弼儲宫，竊有所難。」瑜具以白後主，後主深以爲恨，乃自言於高宗。高宗將許之，奂乃奏曰：「江總文華之人，今皇太子文華不少，豈藉於總！如臣愚見，願選敦重之才，以居輔導。」帝曰：「即如卿言，誰當居此？」奂曰：「都官尚書王廓，世有懿德，識性敦敏，可以居之。」後主時亦在側，乃曰：「廓王泰之子，不可居太子詹事。」奂又奏曰：「宋朝范曄即范泰之子，亦爲太子詹事，前代不疑。」後主固爭之，帝卒以總爲詹事，由是忤旨。

其梗正如此。

初，後主欲官其私寵，以屬奐，奐不從。及右僕射陸繕遷職，高宗欲用奐，已草詔訖，爲後主所抑，遂不行。九年，遷侍中、中書令、領左驍騎將軍、揚東揚豐三州大中正。十一年，轉太常卿，侍中、中正竝如故。十四年，遷散騎常侍、金紫光禄大夫、領前軍將軍，未拜，改領弘範宫衛尉。至德元年卒，時年七十。贈散騎常侍，本官如故。有集十五卷，彈文四卷。

子紹薪、紹忠〔一八〕。紹忠字孝揚，亦有才學，官至太子洗馬，儀同鄱陽王東曹掾。

蕭允字升佐〔一九〕，蘭陵人也。曾祖思話，宋征西將軍、開府儀同三司、尚書右僕射〔二〇〕，封陽穆公〔二一〕。祖惠蒨，散騎常侍、太府卿，左民尚書。父介，梁侍中、都官尚書。

允少知名，風神凝遠，通達有識鑒，容止醖藉，動合規矩。起家邵陵王法曹參軍，轉湘東王主簿，遷太子洗馬。侯景攻陷臺城，百僚奔散，允獨整衣冠坐于宫坊，景軍人敬而弗之逼也。尋出居京口。時寇賊縱横，百姓波駭，衣冠士族，四出奔散，允獨不行。人問其故，允答曰：「夫性命之道，自有常分，豈可逃而獲免乎？但患難之生，皆生於利，苟不求利，禍從何生？方今百姓爭欲奮臂而論大功，一言而取卿相，亦何事於一書生哉？莊周所謂畏影避迹，吾弗爲也。」乃閉門靜處，并日而食，卒免於患。

侯景平後，高祖鎮南徐州，以書召之，允又辭疾。永定中，侯安都爲南徐州刺史，躬造其廬，以申長幼之敬。天嘉三年，徵爲太子庶子〔三〕。三年，除稜威將軍、丹陽尹丞。五年，兼侍中，聘于周，還拜中書侍郎、大匠卿。

高宗即位，遷黄門侍郎。五年，出爲安前晉安王長史。六年，晉安王爲南豫州，允復爲王長史。時王尚少，未親民務，故委允行府州事。入爲光禄卿。允性敦重，未嘗以榮利干懷。及晉安出鎮湘州，又苦攜允，允少與蔡景歷善，景歷子徵脩父黨之敬，聞允將行，乃詣允曰：「公年德竝高，國之元老，從容坐鎮，旦夕自爲列曹，何爲方復辛苦在外！」允答曰：「已許晉安，豈可忘信。」其恬於榮勢如此。

至德三年，除中衞豫章王長史，累遷通直散騎常侍、光勝將軍、司徒左長史，安德宫少府。鎮衞鄱陽王出鎮會稽，允又爲長史、帶會稽郡丞。行經延陵季子廟，設蘋藻之薦，託爲異代之交，爲詩以敍意，辭理清典。後主嘗問蔡徵曰：「卿世與蕭允相知，此公志操何如？」徵曰：「其清虚玄遠，殆不可測，至於文章，可得而言。」因誦允詩以對，後主嗟賞久之。其年拜光禄大夫。

及隋師濟江，允遷于關右。是時朝士至長安者，例竝授官，唯允與尚書僕射謝伷辭以老疾〔二三〕，隋文帝義之，竝厚賜錢帛。尋以疾卒於長安，時年八十四。弟引。

引字升休〔二四〕。方正有器局，望之儼然，雖造次之閒，必由法度。性聰敏，博學，善屬文。釋褐著作佐郎，轉西昌侯儀同府主簿。侯景之亂，梁元帝爲荆州刺史，朝士多往歸之。引曰：「諸王力爭，禍患方始，今日逃難，未是擇君之秋。吾家再世爲始興郡，遺愛在民，正可南行以存家門耳。」於是與弟彤及宗親等百餘人奔嶺表〔二五〕。時始興人歐陽頠爲衡州刺史，引往依焉。頠後遷爲廣州，病死，子紇領其衆。引每疑紇有異，因事規正，由是情禮漸疎。及紇舉兵反，時京都士人岑之敬、公孫挺等竝皆惶駭，唯引恬然，謂之敬等曰：「管幼安、袁曜卿亦但安坐耳。君子正身以明道，直己以行義，亦復何憂懼乎？」及章昭達平番禺，引始北還。高宗召引問嶺表事，引具陳始末，帝甚悦，即日拜金部侍郎。

引善隸書，爲當時所重。高宗嘗披奏事，指引署名曰：「此字筆勢翩翩，似鳥之欲飛。」引謝曰：「此乃陛下假其羽毛耳。」又謂引曰：「我每有所忿，見卿輒意解，何也？」引曰：「此自陛下不遷怒，臣何預此恩。」太建七年，加戎昭將軍。九年，除中衞始興王諮議參軍、兼金部侍郎。

引性抗直，不事權貴，左右近臣，無所造請，高宗每欲遷用，輒爲用事者所裁。及呂梁覆師，戎儲空匱，乃轉引爲庫部侍郎，掌知營造弓弩矟箭等事。引在職一年，而器械充牣。頻加中書侍郎，貞威將軍，黄門郎。十二年，吏部侍郎缺，所司屢舉王寬、謝燮等，帝並不用，乃中詔用引。

時廣州刺史馬靖甚得嶺表人心，而兵甲精練，每年深入俚洞，又數有戰功，朝野頗生異議。高宗以引悉嶺外物情，且遣引觀靖，審其舉措，諷令送質。引奉密旨南行，外託收督賧物。既至番禺，靖即悟旨，盡遣兒弟下都爲質。還至贛水，而高宗崩，後主即位，轉引爲中庶子，以疾去官。明年，京師多盜，乃復起爲貞威將軍、建康令。

時殿内朋主吴璡〔二六〕，及宦官李善度、蔡脱兒等多所請屬〔二七〕，引一皆不許。引族子密時爲黄門郎，諫引曰：「李、蔡之勢，在位皆畏憚之，亦宜小爲身計。」引曰：「吾之立身，自有本末，亦安能爲李、蔡改行。就令不平，不過解職耳。」吴璡竟作飛書，李、蔡證之，坐免官，卒於家，時年五十八。子德言，最知名。

引宗族子弟，多以行義知名。弟彤，以恬靜好學，官至太子中庶子，南康王長史。密字士機，幼而聰敏，博學有文詞。祖琛，梁特進。父遊，少府卿。密太建八年，兼散騎常侍，聘于齊。歷位黄門侍郎，太子中庶子，散騎常侍。

史臣曰：謝、王、張、蕭，咸以清淨爲風，文雅流譽，雖更多難，終克成名。奐謇諤在公，英飆振俗，詳其行事，抑古之遺愛矣。固之蔬菲禪悦〔二八〕，斯乃出俗者焉，猶且致絓於黜免，有懼於傾覆。是知上官博陸之權勢，閻鄧梁竇之震動，吁可畏哉！

校勘記

〔一〕謝哲字穎豫　「穎豫」，册府卷八二三總録部作「穎預」。按南史卷二〇謝弘微傳附謝哲傳、册府卷八八三總録部亦作「穎豫」。

〔二〕父譓　按南史卷二〇謝弘微傳附謝譓傳，謝譓爲謝朏次子，位右光禄大夫。梁書卷一五謝朏傳則云朏次子名「譿」，仕至晉安太守。隋書卷三五經籍志四注云「梁有晉安太守謝譿集十卷」。

〔三〕高祖爲徐州刺史　「徐州刺史」，按本書卷一高祖紀上及梁書卷五元帝紀，陳霸先時爲南徐州刺史。

〔四〕以本官領前將軍　「前將軍」，按隋書卷二六百官志上，陳無「前將軍」，此處疑有脱訛。

〔五〕謝嘏字含茂　「含茂」，按廣弘明集卷二〇梁元帝梁簡文帝法寶聯璧序作「茂範」。

〔六〕辭以道阻 「阻」，原作「祖」，據靜嘉堂本、國圖本、三朝本、南監本、北監本、汲本、殿本改。

〔七〕二子儼伷 按南史卷二〇謝弘微傳附謝嘏傳云謝嘏有二子儼、伷，「伷位尚書僕射」。據本書卷六後主紀，「謝伸」亦曾任尚書僕射，謝伸、謝伷當爲同一人。

〔八〕司徒王僧辯以狀奉聞 「奉聞」，册府卷四一三將帥部、卷七五四總録部作「奏聞」，卷七二七幕府部作「聞」，南史卷三一張裕傳附張種傳作「奏」。

〔九〕重爲都官尚書領左驍騎將軍 「重」，南監本、汲本作「種」。

〔一〇〕又累賜無錫嘉興縣侯秩 「縣侯秩」，南史卷三一張裕傳附張種傳、御覽卷六四二引陳書、册府卷二〇九閏位部、卷三〇三外戚部作「縣秩」。

〔一一〕種族子稚才 「稚才」，汲本作「莊才」。

〔一二〕齊護軍沖之孫 「沖之孫」，原作「孫沖之」。按張沖南齊書卷四九、南史卷三一並有傳，死後贈「護軍將軍」，稚才爲其孫。「孫」字應在「之」字下，今乙正。

〔一三〕王固字子堅 「子堅」，建康實録卷一九作「休堅」。按南史卷二三王彧傳附王固傳亦作「子堅」。

〔一四〕除丹陽尹丞 「丞」，原作「承」，據南監本、北監本、汲本、殿本及南史卷二三王彧傳附王固傳改。

〔一五〕其年以固女爲皇太子妃 按本書卷三世祖紀載天嘉三年七月己丑，「皇太子納妃王氏」。又卷七廢帝王皇后傳載固女「天嘉元年，爲皇太子妃」。此處所載有疑。

〔一六〕祖鎊　「鎊」，南史卷二七孔靖傳附孔琇之傳作「臻」。

〔一七〕永定二年　「二年」，南史卷二七孔靖傳附孔奂傳作「三年」。

〔一八〕子紹薪紹忠　按南史卷二七孔靖傳附孔奂傳作「子紹安紹薪紹忠」。又按「紹薪」，舊唐書卷一九〇上文苑上孔紹安傳、新唐書卷一九九儒學中孔若思傳作「紹新」，爲「紹安」之兄，疑「紹薪」、「紹新」爲同一人。

〔一九〕蕭允字升佐　「升佐」，北監本、汲本及南史卷一八蕭思話傳附蕭允傳作「叔佐」，御覽卷三七九引陳書、册府卷八八三總録部作「叔然」。

〔二〇〕尚書右僕射　按宋書卷七八蕭思話傳云「徵爲散騎常侍、尚書左僕射，固辭，不受拜」，未云其爲尚書右僕射。

〔二一〕封陽穆公　按宋書卷七八蕭思話傳，思話「襲爵封陽縣侯」，「謚曰穆侯」。

〔二二〕天嘉三年徵爲太子庶子　按下文又云「三年，除稜威將軍、丹陽尹丞」，兩處「三」字必有一訛。

〔二三〕唯允與尚書僕射謝伷辭以老疾　「謝伷」，原作「謝伷」，據本書卷六後主紀、本卷謝嘏傳改。

〔二四〕引字升休　「升休」，北監本、汲本、殿本及南史卷一八蕭思話傳附蕭引傳、册府卷七九四總録部作「叔休」。

〔二五〕於是與弟彤及宗親等百餘人奔嶺表　「彤」，南史卷一八蕭思話傳附蕭引傳作「彤」。下同不另出校。

〔二六〕時殿内朋主吴璡　「朋主」，北監本、汲本、殿本及南史卷一八蕭思話傳附蕭引傳、册府卷七〇六令長部、卷八四九總録部作「隊主」。

〔二七〕及宦官李善度蔡脱兒等多所請屬　「李善度」，册府卷七〇六令長部、卷八四九總録部作「李善慶」。

〔二八〕固之蔬菲禪悦　「禪悦」，三朝本、南監本、北監本、汲本、殿本作「蟬蜕」。

陳書卷二十二

列傳第十六

陸子隆　錢道戩　駱牙

陸子隆字興世，吳郡吳人也。祖敞之，梁嘉興令。父悛，封氏令。子隆少慷慨，有志功名。起家東宮直後。侯景之亂，於鄉里聚徒。是時張彪爲吳郡太守，引爲將帥。彪徙鎮會稽，子隆隨之。及世祖討彪，彪將沈泰、吳寶真、申縉等皆降〔一〕，而子隆力戰敗績，世祖義之，復使領其部曲，板爲中兵參軍。歷始豐、永興二縣令。

世祖嗣位，子隆領甲仗宿衞。尋隨侯安都拒王琳於沌口。王琳平，授左中郎將。天嘉元年，封益陽縣子，邑三百户。出爲高唐郡太守。二年，除明威將軍、廬陵太守。時周迪據臨川反，東昌縣人脩行師應之，率兵以攻子隆，其鋒甚盛。子隆設伏於外，仍閉門偃甲，示之以弱。及行師至，腹背擊之，行師大敗，因乞降，子隆許之，送于京師。

四年，周迪引陳寶應復出臨川，子隆隨都督章昭達討迪。迪退走，因隨昭達踰東興嶺，討陳寶應。軍至建安，以子隆監郡。寶應據建安之湖際以拒官軍，子隆與昭達各據一營，昭達先與賊戰，不利，亡其鼓角，子隆聞之，率兵來救，大破賊徒，盡獲昭達所亡羽儀甲仗。晉安平，子隆功最，遷假節、都督武州諸軍事，將軍如故〔二〕。尋改封朝陽縣伯，邑五百户。廢帝即位，進號智武將軍，加員外散騎常侍，餘如故。

華皎據湘州反，以子隆居其心腹，皎深患之，頻遣使招誘，子隆不從，皎因遣兵攻之，又不能剋。及皎敗於郢州，子隆出兵以襲其後，因與王師相會。授持節、通直散騎常侍、都督武州諸軍事，進爵爲侯，增邑并前七百户。尋遷都督荆信祐三州諸軍事、宣毅將軍、荆州刺史，持節、常侍如故。是時荆州新置治于公安，城池未固，子隆修建城郭，綏集夷夏，甚得民和，當時號爲稱職。三年，吏民詣都上表，請立碑頌美功績，詔許之。太建元年，進號雲麾將軍。二年卒，時年四十七。贈散騎常侍，謚曰威。子之武嗣。

之武年十六，領其舊軍，隨吴明徹北伐有功，官至王府主簿、弘農太守，仍隸明徹。明徹於吕梁敗績，之武逃歸，爲人所害，時年二十二。

子隆弟子才，亦有幹略，從子隆征討有功，除南平太守，封始興縣子〔三〕，邑三百户。從吴明徹北伐，監安州，鎮于宿預。除中衛始興王諮議參軍，遷飆猛將軍、信州刺史。太建十三年卒，時年四十二。贈員外散騎常侍。

錢道戢字子韜，吴興長城人也。父景深〔四〕，梁漢壽令。

道戢少以孝行著聞，及長，頗有幹略，高祖微時，以從妹妻焉。從平盧子略於廣州，除濱江令。高祖輔政，遣道戢隨世祖平張彪于會稽，以功拜直閤將軍，除員外散騎常侍、假節、東徐州刺史，封永安縣侯，邑五百户。仍領甲卒三千，隨侯安都鎮防梁山，尋領錢塘餘杭二縣令。永定三年，隨世祖鎮于南皖口。天嘉元年，又領剡令，鎮于縣之南巖，尋爲臨海太守，鎮巖如故。

侯安都之討留異也，道戢帥軍出松陽以斷其後。異平，以功拜持節、通直散騎常侍、輕車將軍、都督東西二衡州諸軍事、衡州刺史、領始興内史〔五〕。光大元年，增邑并前七百户。

高宗即位，徵歐陽紇入朝，紇疑懼，乃舉兵來攻衡州，道戢與戰，却之。及都督章昭達率兵討紇，以道戢爲步軍都督，由間道斷紇之後。紇平，除左衛將軍。太建二年，又隨昭達征蕭巋於江陵。道戢别督衆軍與陸子隆焚青泥舟艦，仍爲昭達前軍，攻安蜀城，降之。以功加散騎常侍、仁武將軍，增邑并前九百户。其年，遷仁威將軍、吴興太守。未行，改授使持節、都督郢巴武三州諸軍事、郢州刺史。王師北討，道戢與儀同黄法𣰰圍歷陽。歷陽城平，因以道戢鎮之。以功加雲麾將軍，增邑并前一千五百户〔六〕。其年十一月遘疾卒，時年六十三。贈本官，謚曰肅。子邈嗣。

駱牙字旗門〔七〕，吴興臨安人也。祖祕道，梁安成王田曹參軍。父裕，鄱陽嗣王中兵參軍事。

牙年十二，宗人有善相者，云「此郎容貌非常，必將遠致」。梁太清末，世祖嘗避地臨安，牙母陵覩世祖儀表〔八〕，知非常人，賓待甚厚。及世祖爲吴興太守，引牙爲將帥，因從平杜龕、張彪等，每戰輒先鋒陷陣〔九〕，勇冠衆軍，以功授直閤將軍。太平二年，以母憂去職。世祖鎮會稽，起爲山陰令。永定三年，除安東府中兵參軍，出鎮冶城。尋從世祖拒王琳於南皖。世祖即位，授假節、威虜將軍、員外散騎常侍，封常安縣侯〔一〇〕，邑五百户。尋爲臨安令，遷越州刺史，餘竝如故。

初，牙母之卒也，于時飢饉兵荒，至是始葬，詔贈牙母常安國太夫人〔二〕，謚曰恭。遷牙爲貞威將軍、晉陵太守。

三年，以平周迪之功，遷冠軍將軍、臨川内史〔三〕。太建三年，授安遠將軍、衡陽内史，未拜，徙爲桂陽太守。八年，還朝，遷散騎常侍，入直殿省。十年，授豐州刺史，餘竝如故。至德二年卒，時年五十七。贈安遠將軍、廣州刺史。子義嗣。

史臣曰：陸子隆、錢道戢，或舉門願從，或舊齒樹勳，有統領之才，充師旅之寄。至於受任藩屏，功績竝著，美矣！駱牙識真有奉，知世祖天授之德，蓋張良之亞歟？牙母智深先覺，符柏谷之禮，君子知鑒識弘遠，其在兹乎！

校勘記

〔一〕彪將沈泰吴寶真申縉等皆降　「申縉」，按南史卷六四張彪傳作「申進」。

〔三〕晉安平子隆功最遷假節都督武州諸軍事將軍如故　此處未記子隆本官，疑有脱文。按南史卷六七陸子隆傳載「晉安平，子隆功最，遷武州刺史」。

〔三〕封始興縣子　「始興縣子」，南史卷六七陸子隆傳作「始康縣子」。

〔四〕父景深　「景深」，册府卷八五三總録部作「量深」。

〔五〕以功拜持節通直散騎常侍輕車將軍都督東西二衡州諸軍事衡州刺史領始興内史　「衡州刺史」，疑當爲「東衡州刺史」。按本書卷三五陳寶應傳，天嘉四年朝廷討陳寶應，尚書下符云「東衡州刺史錢道戢」。

〔六〕增邑并前一千五百户　「一千五百户」，册府卷三五二將帥部、卷三八〇將帥部作「一千一百户」。

〔七〕駱牙字旗門　「駱牙」，南史卷六七駱文牙傳、册府卷八六〇總録部明本作「駱文牙」。

〔八〕牙母陵覩世祖儀表　「陵」，殿本及南史卷六七駱文牙傳作「陳」。

〔九〕每戰輒先鋒陷陣　「輒」字原闕，據南監本、北監本、汲本、殿本補。

〔一〇〕封常安縣侯　「常安縣侯」，南史卷六七駱文牙傳作「臨安縣侯」。

〔一一〕詔贈牙母常安國太夫人　「常安國」，南史卷六七駱文牙傳作「臨安國」。

〔一二〕三年以平周迪之功遷冠軍將軍臨川内史　「三年」或有疑，按本書卷三世祖紀載天嘉四年正月「甲申，周迪棄城走，閩州刺史陳寶應納之，臨川郡平」。

陳書卷二十三

列傳第十七

沈君理　王瑒　陸繕

沈君理字仲倫，吴興人也。祖僧畟，梁左民尚書。父巡，素與高祖相善，梁太清中爲東陽太守。侯景平後，元帝徵爲少府卿。荆州陷，蕭詧署金紫光禄大夫。

君理美風儀，博涉經史，有識鑒。起家湘東王法曹參軍。高祖鎮南徐州，巡遣君理自東陽謁于高祖，高祖器之，命尚會稽長公主，辟爲府西曹掾。稍遷中衛豫章王從事中郎，尋加明威將軍、兼尚書吏部侍郎。遷給事黄門侍郎、監吴郡。高祖受禪，拜駙馬都尉，封永安亭侯。出爲吴郡太守。是時兵革未寧，百姓荒弊，軍國之用〔一〕，咸資東境，君理招集士卒，脩治器械，民下悦附，深以幹理見稱。

世祖嗣位，徵爲侍中，遷守左民尚書，未拜，爲明威將軍、丹陽尹。天嘉三年，重授左民尚書、領步兵校尉〔二〕，尋改前軍將軍。四年，侯安都徙鎮江州，以本官監南徐州。六年，出爲仁威將軍、東陽太守。天康元年，以父憂去職。君理因自請往荆州迎喪柩，朝議以在位重臣，難令出境，乃遣長兄君嚴往焉。及還，將葬，詔贈巡侍中、領軍將軍，謚曰敬子。其年起君理爲信威將軍、左衞將軍。又起爲持節、都督東衡衡二州諸軍事、仁威將軍、東衡州刺史、領始興内史。又起爲明威將軍、中書令。前後奪情者三，竝不就。

太建元年，服闋，除太子詹事，行東宮事，遷吏部尚書。二年，高宗以君理女爲皇太子妃，賜爵望蔡縣侯，邑五百户。四年，加侍中。五年，遷尚書右僕射、領吏部，侍中如故。其年有疾，輿駕親臨視，九月卒，時年四十九。詔贈侍中、太子少傅。喪事所須，隨由資給。重贈翊左將軍、開府儀同三司，侍中如故。謚曰貞憲。君理子遵儉早卒，以弟君高子遵禮爲嗣。

君理第五叔邁，亦方正有幹局，仕梁爲尚書金部郎。永定中，累遷中書侍郎。天嘉中，歷太僕，廷尉，出爲鎮東始興王長史、會稽郡丞，行東揚州事。光大元年，除尚書吏部郎。太建元年，遷爲通直散騎常侍，侍東宫。二年卒，時年五十二。贈散騎常侍。

君理第六弟君高，字季高，少知名，性剛直，有吏能。以家門外戚，早居清顯，歷太子舍人、洗馬、中舍人，高宗司空府從事中郎，廷尉卿。太建元年，東境大水，百姓飢弊，乃以君高爲貞威將軍、吴令。尋除太子中庶子、尚書吏部郎、衞尉卿。出爲宣遠將軍、平南長沙王長史、南海太守，行廣州事。以女爲王妃，固辭不行，復爲衞尉卿。八年，詔授持節、都督廣等十八州諸軍事〔三〕、寧遠將軍、平越中郎將、廣州刺史。嶺南俚、獠世相攻伐，君高本文吏，無武幹，推心撫御，甚得民和。十年，卒于官，時年四十七。贈散騎常侍，謚曰祁子。

王瑒字子瑛〔四〕，司空沖之第十二子也。沈靜有器局，美風儀，舉止醞藉。梁大同中，起家祕書郎，遷太子洗馬。元帝承制，徵爲中書侍郎，直殿省，仍掌相府管記。出爲東宫内史〔五〕，遷太子中庶子。丁所生母憂，歸于丹陽。江陵陷，梁敬帝承制，除仁威將軍、尚書吏部郎中。貞陽侯僭位，以敬帝爲太子，授瑒散騎常侍，侍東宫。尋遷長史兼侍中〔六〕。

高祖入輔，以爲司徒左長史。永定元年，遷守五兵尚書。世祖嗣位，授散騎常侍、領太子庶子，侍東宫。遷領左驍騎將軍、太子中庶子，常侍、侍中如故。瑒爲侍中六載，父沖嘗爲瑒辭領中庶子，世祖顧謂沖曰：「所以久留瑒於承華，政欲使太子微有瑒風法耳。」廢帝嗣位，以侍中領左驍騎將軍。光大元年，以父憂去職。

高宗即位，太建元年，復除侍中、領左驍騎將軍。遷度支尚書、領羽林監。出爲信威將軍、雲麾始興王長史，行州府事。未行，遷中書令，尋加散騎常侍，除吏部尚書，常侍如故。瑒性寬和，及居選職，務在清靜，謹守文案，無所抑揚。尋授尚書右僕射，未拜，加侍中，遷左僕射，參掌選事，侍中如故。瑒兄弟三十餘人，居家篤睦，每歲時饋遺，遍及近親，敦誘諸弟〔七〕，竝稟其規訓。太建六年卒〔八〕，時年五十四。贈侍中、特進、護軍將軍。喪事隨所資給。謚曰光子。

瑒第十三弟瑜，字子珪，亦知名，美容儀，早歷清顯，年三十〔九〕，官至侍中。永定元年，使於齊，以陳郡袁憲爲副，齊以王琳之故，執而囚之。齊文宣帝每行，載死囚以從，齊人呼曰「供御囚」，每有他怒，則召殺之，以快其意。瑜及憲竝危殆者數矣，齊僕射楊遵彦憫其無辜，每救護之。天嘉二年還朝，詔復侍中，頃之卒，時年四十。贈本官，謚曰貞子。

陸繕字士繻〔一〇〕，吴郡吴人也。祖惠曉，齊太常卿。父任〔一一〕，梁御史中丞。

繕幼有志尚，以雅正知名。起家梁宣惠武陵王法曹參軍。承聖中，授中書侍郎，掌東宮管記。江陵陷，繕微服遁還京師。紹泰元年，除司徒右長史，御史中丞，以父任所終，固辭不就。高祖引繕爲司徒司馬，遷給事黄門侍郎、領步兵校尉，通直散騎常侍、兼侍中。永定元年，遷侍中。時留異擁割東陽，新安人向文政與異連結，因據本郡，朝廷以繕爲貞威將軍、新安太守。

世祖嗣位，徵爲太子中庶子、領步兵校尉，掌東宮管記。繕儀表端麗，進退閑雅，世祖使太子諸王咸取則焉。其趨步躡履，皆令習繕規矩。除尚書吏部郎中，步兵如故，仍侍東宮。陳寶應平後，出爲貞毅將軍、建安太守。秩滿，爲散騎常侍、御史中丞，猶以父之所終，固辭，不許，乃權换廨宇徙居之。

太建初，遷度支尚書，侍中、太子詹事，行東宮事、領揚州大中正。及太子親莅庶政，解行事，加散騎常侍，改加侍中。遷尚書右僕射，尋遷左僕射，參掌選事，侍中如故。更爲尚書僕射、領前將軍〔一二〕。重授左僕射、領揚州大中正，别勑令與徐陵等七人參議政事。十二年卒，時年六十三。贈侍中、特進、金紫光禄大夫，謚曰安子。太子以繕東宮舊臣，特賜祖奠。

繕子辯惠，年數歲，詔引入殿内，辯惠應對進止有父風，高宗因賜名辯惠，字敬仁云。

繕兄子見賢，亦方雅，高宗爲揚州牧，乃以爲治中從事史，深被知遇。歷給事黄門侍郎，長沙鄱陽二王長史、帶尋陽太守，少府卿。太建十年卒，時年五十。贈廷尉卿，謚曰平子。

史臣曰：夫衣冠雅道，廊廟嘉猷，諒以操履敦脩，局宇詳正。經曰「容止可觀」，詩言「其儀罔忒」，彼三子者，其有斯風焉。

校勘記

〔一〕軍國之用　「之」，册府卷六九二牧守部作「足」。

〔二〕天嘉三年重授左民尚書領步兵校尉　按本書卷三世祖紀載天嘉二年九月丙辰，「丹陽尹沈君理爲左民尚書，領步兵校尉」。

〔三〕都督廣等十八州諸軍事　「廣」，南監本、北監本、汲本、殿本、局本作「交廣」。

〔四〕王瑒字子璵　「子璵」，南史卷二一王弘傳附王瑒傳作「子瑛」。

〔五〕出爲東宮内史　此處有疑。按隋書卷二六百官志上，梁陳東宮無「内史」之職。

〔六〕尋遷長史兼侍中　「史」字疑衍。按張森楷校勘記云：「『史』字衍，應作『長兼侍中』。諸列傳除長史者必繫本府名，未有單稱長史者。」又錢大昕考異卷三六云：「長兼者，未正授之稱。」

〔七〕敦誘諸弟　「誘」，册府卷八五一總録部作「友」。

〔八〕太建六年卒　「六年」，疑爲「八年」之訛。按本書卷五宣帝紀及南史卷一〇陳本紀下繫此事於太建八年，本書卷五宣帝紀並分别在太建七年六月與十二月有兩次王瑒遷官的記載。

〔九〕年三十　「三十」，原作「五十」，按下文云瑜卒「時年四十」，可知此處「五」爲「三」之訛。今據南史卷二一王弘傳附王瑜傳、册府卷七八二總録部改。

〔一〇〕陸繕字士繻　「士繻」，汲本、局本及南史卷四八陸慧曉傳附陸繕傳作「士儒」。

〔一一〕父任　「任」，原作「倕」，據北監本、殿本及册府卷七五四總録部改。按南史卷四八陸慧曉傳附陸繕傳載繕「倕兄子也。父任，御史中丞」。

〔一二〕更爲尚書僕射領前將軍　「前將軍」，按隋書卷二六百官志上，陳無「前將軍」，此處疑有訛脱。

陳書卷二十四

列傳第十八

周弘正 弟弘直 弘直子確 袁憲

周弘正字思行，汝南安城人也，晉光禄大夫顗之九世孫也。祖顒，齊中書侍郎、領著作。父寶始，梁司徒祭酒。

弘正幼孤，及弟弘讓、弘直，俱爲叔父侍中護軍捨所養〔一〕。年十歲，通老子、周易，捨每與談論，輒異之，曰：「觀汝神情穎晤，清理警發，後世知名，當出吾右。」河東裴子野深相賞納，請以女妻之。十五，召補國子生，仍於國學講周易，諸生傳習其義。以季春入學，孟冬應舉，學司以其日淺，弗之許焉。博士到洽議曰：「周郎年未弱冠，便自講一經，雖曰諸生，實堪師表，無俟策試。」起家梁太學博士。晉安王爲丹陽尹，引爲主簿。出爲鄮令，丁母憂去職。服闋，歷曲阿、安吉令。普通中，初置司文義郎，直壽光省，以弘正爲司義侍郎。

中大通三年，梁昭明太子薨〔二〕，其嗣華容公不得立，乃以晉安王爲皇太子，弘正乃奏記曰：

竊聞撝謙之象，起於羲軒爻畫，揖讓之源，生於堯舜禪受，其來尚矣，可得而詳焉。夫以廟堂汾水，殊途而同歸，稷契巢許，異名而一貫，出者稱爲元首，處者謂之外臣，莫不内外相資，表裏成治〔三〕，斯蓋萬代同規，百王不易者也。暨于三王之世，寖以陵夷，各親其親，各子其子。乃至七國爭雄，劉項競逐，皇漢扇其俗，有晉揚其波，謙讓之道廢，多歷年所矣。夫文質遞變，澆淳相革，還樸反古，今也其時。

伏惟明大王殿下，天挺將聖，聰明神武，百辟冠冕，四海歸仁。是以皇上發德音，下明詔，以大王爲國之儲副，乃天下之本焉。雖復夏啓、周誦，漢儲、魏兩，此數君者，安足爲大王道哉。意者願聞殿下抗目夷上仁之義，執子臧大賢之節，逃玉輿而弗乘〔四〕，棄萬乘如脱屣，庶改澆競之俗，以大吴國之風。古有其人，今聞其語，能行之者，非殿下而誰？能使無爲之化，復興於遂古，讓王之道，不墜於來葉，豈不盛歟！豈不盛歟！

弘正陋學書生，義慙稽古，家自汝潁，世傳忠烈，先人決曹掾燕抗辭九諫，高節萬乘，正色三府，雖盛德之業將絶，而狂直之風未墜。是以敢布腹心，肆其愚瞽。如使芻言野說，少陳於聽覽，縱復委身烹鼎之下，絶命肺石之上，雖死之日，猶生之年。其抗直守正，皆此類也。

累遷國子博士。時於城西立士林館，弘正居以講授，聽者傾朝野焉。弘正啓梁武帝周易疑義五十條，又請釋乾坤二繫曰：

臣聞易稱立象以盡意，繫辭以盡言，然後知聖人之情，幾可見矣。自非含微體極，盡化窮神，豈能通志成務，探賾致遠。而宣尼比之桎梏，絶韋編於漆字，軒轅之所聽瑩，遺玄珠於赤水。伏惟陛下一日萬機，匪勞神於瞬息，凝心妙本，常自得於天真，聖智無以隱其幾深，明神無以淪其不測。至若爻畫之苞於六經，文辭之窮於兩繫，名儒劇談以歷載，鴻生抵掌以終年，莫有試遊其藩，未嘗一見其涘。自制旨降談〔五〕，裁成易道，析至微於秋毫，渙曾冰於幽谷。臣親承音旨，職司宣授，後進詵詵，不無傳業。但乾坤之藴未剖，繫表之妙莫詮，使一經深致，尚多所惑。臣不涯庸淺，輕率短陋，謹與受業諸生清河張譏等三百一十二人，於乾坤二繫象爻未啓，伏願聽覽之閑，曲垂提訓，得使微臣鑽仰，成其篤習，後昆好事，專門有奉。自惟多幸，懽沐道於堯年，肄業終身，不知老之將至。天尊不聞，而冒陳請〔六〕，冰谷寘懷，罔識攸厝。詔答曰：「設卦觀象，事遠文高，作繫表言，辭深理奧，東魯絶編之思，西伯幽憂之作，事逾三古，人更七聖，自商瞿稟承，子庸傳授，篇簡湮没，歲月遼遠。田生表菑川之譽，梁丘擅琅邪之學，代郡范生，山陽王氏，人藏荆山之寶，各盡玄言之趣，説或去取，意有詳略。近搢紳之學，咸有稽疑，隨答所問，已具別解。知與張譏等三百一十二人須釋乾坤文言及二繫，萬機小暇，試當討論。」

弘正博物知玄象，善占候。大同末，嘗謂弟弘讓曰：「國家厄運，數年當有兵起，吾與汝不知何所逃之。」及梁武帝納侯景，弘正謂弘讓曰：「亂階此矣。」京城陷，弘直爲衡陽內史，元帝在江陵，遺弘直書曰：「適有都信，賢兄博士平安。但京師搢紳，無不附逆，王克已爲家臣，陸緬身充卒伍，唯有周生，確乎不拔。言及西軍，潺湲掩淚，恒思吾至，如望歲焉，松柏後凋，一人而已。」王僧辯之討侯景也，弘正與弘讓自拔迎軍，僧辯得之甚喜，即日啓元帝，元帝手書與弘正曰：「獯醜逆亂，寒暑亟離，海內相識，零落略盡。韓非之智，不免秦獄，劉歆之學，猶弊亡新，音塵不嗣，每以耿灼。常欲訪山東而尋子雲，問關西而求伯起，遇有今信，力附相聞，遲比來郵〔七〕，慰其延佇。」仍遣使迎之，謂朝士曰：「晉氏平吴，喜獲二陸，今我破賊，亦得兩周，今古一時，足爲連類。」及弘正至，禮數甚優，朝臣無與比者。授黄門侍郎，直侍中省。俄遷左民尚書，尋加散騎常侍。元帝嘗著金樓子，曰：「余於諸僧重招提琰法師，隱士重華陽陶貞白，士大夫重汝南周弘正，其於義理，清轉無窮，亦一時之名士也。」及侯景平，僧辯啓送祕書圖籍，勑弘正讎校。

時朝議遷都，朝士家在荆州者，皆不欲遷，唯弘正與僕射王裒言於元帝曰：「若束脩以上諸士大夫微見古今者，知帝王所都本無定處，無所與疑。至如黔首萬姓，若未見輿駕入建鄴，謂是列國諸王，未名天子。今宜赴百姓之心，從四海之望。」時荆陝人士咸云王、周皆是東人，志願東下，恐非良計。弘正面折之曰：「若東人勸東，謂爲非計，君等西人欲西，豈成良策？」元帝乃大笑之，竟不還都。

及江陵陷，弘正遁圍而出，歸於京師，敬帝以爲大司馬王僧辯長史，行揚州事。太平元年，授侍中、領國子祭酒，遷太常卿、都官尚書。高祖受禪，授太子詹事。天嘉元年，遷侍中、國子祭酒，往長安迎高宗。三年，自周還，詔授金紫光禄大夫、加金章紫綬，領慈訓太僕。廢帝嗣位，領都官尚書，總知五禮事。仍授太傅長史、加明威將軍。高宗即位，遷特進，重領國子祭酒、豫州大中正，加扶。太建五年，授尚書右僕射，祭酒、中正如故。尋勑侍東宮講論語、孝經。太子以弘正朝廷舊臣，德望素重，於是降情屈禮，横經請益，有師資之敬焉。

弘正特善玄言，兼明釋典，雖碩學名僧，莫不請質疑滯。六年，卒于官，時年七十九。詔曰：「追遠褒德，抑有恒規。故尚書右僕射、領國子祭酒、豫州大中正弘正，識宇凝深，藝業通備，辭林義府，國老民宗，道映庠門，望高禮閣，卒然殂殞，朕用惻然。可贈侍中、中書監，喪事所須，量加資給。」便出臨哭。謚曰簡子。所著周易講疏十六卷，論語疏十一卷，莊子疏八卷，老子疏五卷，孝經疏兩卷，集二十卷，行于世。子墳，官至吏部郎。

弘正二弟：弘讓，弘直。弘讓性簡素，博學多通，天嘉初，以白衣領太常卿，光禄大夫，加金章紫綬。

弘直字思方，幼而聰敏。解褐梁太學博士，稍遷西中郎湘東王外兵、記室參軍，與東海鮑泉、南陽宗懍、平原劉緩、沛郡劉穀同掌書記。入爲尚書儀曹郎。湘東王出鎮江、荆二州，累除録事、諮議參軍。帶柴桑、當陽二縣令。及梁元帝承制，授假節、英果將軍、世子長史。尋除智武將軍、衡陽内史。遷貞毅將軍、平南長史、長沙内史，行湘州府州事，湘濱縣侯，邑六百户。歷邵陵、零陵太守，雲麾將軍、昌州刺史。王琳之舉兵也，弘直在湘州，琳敗，乃還朝。天嘉中，歷國子博士，廬陵王長史，尚書左丞、領羽林監，中散大夫，祕書監，掌國史。遷太常卿，光禄大夫、加金章紫綬。

太建七年，遇疾且卒，乃遺疏勑其家曰：「吾今年已來，筋力減耗，可謂衰矣，而好生之情，曾不自覺，唯務行樂，不知老之將至。今時制云及，將同朝露，七十餘年，頗經稱足，啓手告全，差無遺恨。氣絶已後，便買市中見材，材必須小形者，使易提挈。斂以時服，古人通制，但下見先人，必須備禮，可著單衣裙衫故履。既應侍養，宜備紛帨，或逢善友，又須香烟，棺内唯安白布手巾、麤香爐而已，其外一無所用。」卒于家，時年七十六。有集二十卷。子確。

確字士潛，美容儀，寛大有行檢，博涉經史，篤好玄言，世父弘正特所鍾愛。解褐梁太學博士，司徒祭酒，晉安王主簿。高祖受禪，除尚書殿中郎，累遷安成王限内記室。高宗即位，授東宫通事舍人，丁母憂，去職。及歐陽紇平，起爲中書舍人，命於廣州慰勞。服闋，爲太常卿〔八〕。歷太子中庶子，尚書左丞，太子家令，以父憂去職。尋起爲貞威將軍、吴令，確固辭不之官。至德元年，授太子左衞率、中書舍人，遷散騎常侍、加貞威將軍、信州南平王府長史〔九〕，行揚州事。爲政平允，稱爲良吏。遷都官尚書，禎明初，遘疾，卒于官，時年五十九。詔贈散騎常侍、太常卿，官給喪事。

袁憲字德章，尚書左僕射樞之弟也。幼聰敏，好學，有雅量。梁武帝脩建庠序，別開五館，其一館在憲宅西，憲常招引諸生，與之談論，每有新議，出人意表，同輩咸嗟服焉。

大同八年，武帝撰孔子正言章句，詔下國學，宣制旨義。憲時年十四，被召爲國子正言生，謁祭酒到溉，溉目而送之，愛其神彩。在學一歲，國子博士周弘正謂憲父君正曰：「賢子今茲欲策試不？」君正曰：「經義猶淺，未敢令試。」居數日，君正遣門下客岑文豪與憲候弘正，會弘正將登講坐，弟子畢集，乃延憲入室，授以麈尾，令憲樹義。時謝岐、何妥在坐，弘正謂曰：「二賢雖窮奧賾，得無憚此後生耶！」何、謝於是遞起義端，深極理致，憲與往復數番〔一〇〕，酬對閑敏。弘正謂妥曰：「恣卿所問，勿以童稚相期。」時學衆滿堂，觀者重沓，而憲神色自若，辯論有餘。弘正請起數難〔一一〕，終不能屈，因告文豪曰：「卿還咨袁吴郡，此郎已堪見代爲博士矣〔一二〕。」時生徒對策，多行賄賂，文豪請具束脩，君正曰：「我豈能用錢爲兒買第耶？」學司銜之。及憲試，爭起劇難，憲隨問抗答，剖析如流。到溉顧憲曰：「袁君正其有後矣。」及君正將之吴郡，溉祖道於征虜亭，謂君正曰：「昨策生蕭敏孫、徐孝克，非不解義，至於風神器局，去賢子遠矣。」尋舉高第。以貴公子選尚南沙公主〔一三〕，即梁簡文之女也。

大同元年，釋褐祕書郎〔一四〕。太清二年，遷太子舍人。侯景寇逆，憲東之吴郡，尋丁父憂〔一五〕，哀毁過禮。敬帝承制，徵授尚書殿中郎。高祖作相，除司徒户曹。永定元年，授中書侍郎。兼散騎常侍，與黄門侍郎王瑜使齊。數年不遣，天嘉初乃還。四年，詔復中書侍郎，直侍中省。太建元年，除給事黄門侍郎，仍知太常事。二年，轉尚書吏部侍郎，尋除散騎常侍，侍東宫。三年，遷御史中丞、領羽林監。時豫章王叔英不奉法度，逼取人馬，憲依事劾奏，叔英由是坐免黜，自是朝野皆嚴憚焉。

憲詳練朝章，尤明聽斷，至有獄情未盡而有司具法者，即伺閑暇，常爲上言之，其所申理者甚衆。嘗陪醮承香閣，賓退之後，高宗留憲與衞尉樊俊徙席山亭，談宴終日。高宗目憲而謂俊曰「袁家故爲有人」，其見重如此。

五年，入爲侍中。六年，除吴郡太守，以父任固辭不拜，改授明威將軍、南康内史。九年，秩滿，除散騎常侍、兼吏部尚書，尋而爲真。憲以久居清顯，累表自求解任。高宗曰：「諸人在職，屢有謗書。卿處事已多，可謂清白，别相甄録，且勿致辭。」十三年，遷右僕射，參掌選事。先是憲長兄簡懿子爲左僕射，至是憲爲右僕射，臺省内目簡懿爲大僕射，憲爲小僕射，朝廷榮之。

及高宗不豫，憲與吏部尚書毛喜俱受顧命。始興王叔陵之肆逆也，憲指麾部分，預有力焉。後主被瘡病篤，執憲手曰：「我兒尚幼，後事委卿。」憲曰：「羣情喁喁，冀聖躬康復，後事之旨，未敢奉詔。」以功封建安縣伯，邑四百户，領太子中庶子，餘竝如故。尋除侍中、信威將軍、太子詹事。

至德元年，太子加元服〔一六〕，二年，行釋奠之禮，憲於是表請解職，後主不許，給扶二人，進號雲麾將軍，置佐史。皇太子頗不率典訓，憲手表陳諫凡十條，皆援引古今，言辭切直，太子雖外示容納，而心無悛改。後主欲立寵姬張貴妃子始安王爲嗣，嘗從容言之，吏部尚書蔡徵順旨稱賞，憲厲色折之曰：「皇太子國家儲嗣，億兆宅心。卿是何人，輕言廢立！」夏，竟廢太子爲吳興王。後主知憲有規諫之事，歎曰「袁德章實骨鯁之臣」，即日詔爲尚書僕射。

禎明三年，隋軍來伐〔一七〕，隋將賀若弼進燒宮城北掖門，宮衞皆散走，朝士稍各引去，惟憲衞侍左右。後主謂憲曰：「我從來待卿不先餘人，今日見卿，可謂歲寒知松柏後凋也。」後主遑遽將避匿，憲正色曰：「北兵之入，必無所犯，大事如此，陛下安之。臣願陛下正衣冠，御前殿，依梁武見侯景故事。」後主不從，因下榻馳去，憲從後堂景陽殿入，後主投下井中，憲拜哭而出。

京城陷，入于隋，隋授使持節、昌州諸軍事、開府儀同三司、昌州刺史。開皇十四年，詔授晉王府長史。十八年卒，時年七十。贈大將軍、安城郡公，謚曰簡。長子承家，仕隋至祕書丞、國子司業。

史臣曰：梁元帝稱士大夫中重汝南周弘正，信哉斯言也！觀其雅量標舉，尤善玄言，亦一代之國師矣。袁憲風格整峻，徇義履道。韓子稱爲人臣委質，心無有二。憲弗渝終始，良可嘉焉。

校勘記

〔一〕俱爲叔父侍中護軍捨所養　「叔父」，南史卷三四周朗傳附周弘正傳作「伯父」，周朗傳云「弟子弘正」，是以捨爲弘正伯父。按册府卷七七四總録部云弘正兄弟「俱爲叔父捨所養」，又按通鑑卷一五五梁紀一一武帝中大通三年云「弘正，捨之兄子也」，册府卷八一九總録部、卷八二三總録部、御覽卷四四六引陳書、永樂大典卷一一六〇三引陳書亦以捨爲弘正叔父。

〔二〕中大通三年梁昭明太子薨　「中大通三年」，原作「大通二年」，按梁書卷三武帝紀下、卷八昭明太子傳記昭明太子中大通三年薨，今據改。

〔三〕表裏成治　「治」，十七史策要作「法」。

〔四〕逃玉輿而弗乘　「玉輿」，册府卷七一三宫臣部作「王輿」。

〔五〕自制旨降談　「談」下類聚卷五五陳周弘正請梁武帝釋乾坤二繫義表有「彖繇」二字。

〔六〕天尊不聞而冒陳請　「不聞」，國圖本、三朝本、南監本及十七史策要作「不間」。

〔七〕遲比來郵　「比」，册府卷二〇六閏位部作「此」。

〔八〕爲太常卿　「太常卿」，册府卷七五四總録部及卷八六二總録部之明本作「太府卿」，卷八六二總録部宋本作「太舟卿」。按隋書卷二六百官志上，梁陳太常卿十四班，太府卿十三班，太舟卿九班，下文載其後所歷任，尚書左丞九班，太子家令十班，疑「太舟卿」爲是。

〔九〕信州南平王府長史　按本書卷二八後主十一子南平王嶷傳云嶷除信武將軍，後遷揚州刺史，「信州」疑爲「信武」之訛。

〔一〇〕憲與往復數番　「憲」，册府卷七七四總録部作「相」。

〔一一〕弘正請起數難　「請起」，册府卷七七四總録部作「亦起」。按南史卷二六袁湛傳附袁憲傳亦作「亦起」。

〔一二〕此郎已堪見代爲博士矣　「郎」，册府卷七七四總録部作「即」。

〔一三〕以貴公子選尚南沙公主　「南沙公主」，建康實録卷二〇作「南海公主」。按册府卷三〇〇外戚部、卷七五四總録部亦作「南沙公主」。

〔一四〕大同元年釋褐祕書郎　「大同元年」，疑爲「中大同元年」之訛。按下云袁憲卒於開皇十八年，時年七十，則大同元年時方七歲，「釋褐祕書郎」似不合常理。且上文敍大同八年事，下文敍太清二年事，似不當插入大同元年事。此處疑脱「中」字，袁憲中大同元年年十八，釋褐並在此前尚主較爲合理。

〔一五〕尋丁父憂　「父憂」，册府卷七五四總録部作「母憂」。

〔一六〕至德元年太子加元服　按本書卷六後主紀云至德二年七月「壬午，太子加元服」。

〔一七〕禎明三年隋軍來伐　「三年」，原作「元年」，據南史卷二六袁湛傳附袁憲傳、建康實録卷二〇、册府卷四六六臺省部改。按隋書卷五二賀若弼傳，賀若弼渡江在禎明三年。

陳書卷二十五

列傳第十九

裴忌　孫瑒

裴忌字無畏，河東聞喜人也。祖髦，梁中散大夫。父之平，倜儻有志略，召補文德主帥。梁普通中，衆軍北伐，之平隨都督夏侯亶克定渦、潼，以功封費縣侯。會衡州部民相聚寇抄，詔以之平爲假節、超武將軍、都督衡州五郡征討諸軍事。及之平至，即皆平殄，梁武帝甚嘉賞之。元帝承聖中，累遷散騎常侍、右衞將軍，晉陵太守。世祖即位，除光禄大夫，慈訓宮衞尉，竝不就。乃築山穿池，植以卉木，居處其中，有終焉之志。天康元年卒，贈仁威將軍、光禄大夫，謚曰僖子。

忌少聰敏，有識量，頗涉史傳，爲當時所稱。解褐梁豫章王法曹參軍。侯景之亂，忌招集勇力，隨高祖征討，累功爲寧遠將軍。及高祖誅王僧辯，僧辯弟僧智舉兵據吴郡。高祖遣黄他率衆攻之，僧智出兵於西昌門拒戰，他與相持，不能克。高祖謂忌曰：「三吴奥壤，舊稱饒沃，雖凶荒之餘，猶爲殷盛。而今賊徒扇聚，天下摇心，非公無以定之，宜善思其策。」忌乃勒部下精兵，輕行倍道，自錢塘直趣吴郡，夜至城下，鼓譟薄之。僧智疑大軍至，輕舟奔杜龕，忌入據其郡。高祖嘉之，表授吴郡太守。

高祖受禪，徵爲左衛將軍。天嘉初，出爲持節、南康内史。時義安太守張紹賓據郡反，世祖以忌爲持節、都督嶺北諸軍事，率衆討平之。還除散騎常侍、司徒左長史。五年，授雲麾將軍、衛尉卿，封東興縣侯，邑六百户。

及華皎稱兵上流，高宗時爲録尚書輔政，盡命衆軍出討，委忌總知中外城防諸軍事。及皎平，高宗即位，太建元年，授東陽太守，改封樂安縣侯，邑一千户。四年，入爲太府卿。五年，轉都官尚書。

吴明徹督衆軍北伐，詔忌以本官監明徹軍。淮南平，授軍師將軍、豫州刺史。忌善於綏撫，甚得民和。改授使持節、都督譙州諸軍事、譙州刺史。未及之官，會明徹受詔進討彭、汴，以忌爲都督，與明徹掎角俱進。吕梁軍敗，陷于周，周授上開府。隋開皇十四年卒於長安，時年七十三。

孫瑒字德璉，吴郡吴人也。祖文惠，齊越騎校尉、清遠太守。父循道〔一〕，梁中散大夫，以雅素知名。

瑒少倜儻，好謀略，博涉經史，尤便書翰。起家梁輕車臨川嗣王行參軍，累遷爲安西邵陵王水曹、中兵參軍事。王出鎮郢州，瑒盡室隨府，甚被賞遇。太清之難，授假節、宣猛將軍、軍主。王僧辯之討侯景也，王琳爲前軍，琳與瑒同門，乃表薦爲戎昭將軍、宜都太守，仍從僧辯救徐文盛於武昌。會郢州陷，乃留軍鎮巴陵，脩戰守之備。俄而侯景兵至，日夜攻圍，瑒督所部兵悉力拒戰，賊衆奔退。瑒從大軍沿流而下，及克姑熟，瑒力戰有功，除員外散騎常侍，封富陽縣侯，邑一千户。尋授假節、雄信將軍、衡陽内史，未及之官，仍遷衡州平南府司馬。破黄洞蠻賊有功，除東莞太守，行廣州刺史。尋除智武將軍，監湘州事。敬帝嗣位，授持節、仁威將軍、巴州刺史。

高祖受禪，王琳立梁永嘉王蕭莊於郢州，徵瑒爲太府卿〔二〕、加通直散騎常侍。及王琳入寇，以瑒爲使持節、散騎常侍、都督郢荆巴武湘五州諸軍事、安西將軍、郢州刺史，總留府之任。周遣大將史寧率衆四萬〔三〕，乘虚奄至，瑒助防張世貴舉外城以應之〔四〕，所失軍民男女三千餘口。周軍又起土山高梯，日夜攻逼，因風縱火，燒其内城南面五十餘樓。時瑒兵不滿千人，乘城拒守，瑒親自撫巡，行酒賦食，士卒皆爲之用命。周人苦攻不能克，乃矯授瑒柱國、郢州刺史，封萬户郡公。瑒僞許以緩之，而潛修戰具，樓雉器械，一朝嚴設，周人甚憚焉。及聞大軍敗王琳，乘勝而進〔五〕，周兵乃解。瑒於是盡有中流之地，集其將士而謂之曰：「吾與王公陳力協義，同奬梁室，亦已勤矣。今時事如此，天可違乎！」遂遣使奉表詣闕。

天嘉元年，授使持節、散騎常侍、安南將軍、湘州刺史，封定襄縣侯，邑一千户。瑒懷不自安，乃固請入朝，徵爲散騎常侍、中領軍〔六〕。未拜，而世祖從容謂瑒曰：「昔朱買臣願爲本郡，卿豈有意乎？」仍改授持節、安東將軍、吴郡太守，給鼓吹一部。及將之鎮，乘輿幸近畿餞送，鄉里榮之。秩滿，徵拜散騎常侍、中護軍，鼓吹如故。留異之反東陽，詔瑒督舟師進討。異平，遷鎮右將軍，常侍、鼓吹竝如故。頃之，出爲使持節、安東將軍、建安太守。光大中，以公事免，尋起爲通直散騎常侍。

高宗即位，以瑒功名素著，深委任焉。太建四年，授都督荆信二州諸軍事、安西將軍、荆州刺史，出鎮公安。瑒增脩城池，懷服邊遠，爲隣境所憚。居職六年，又以事免，更爲通直散騎常侍。及吴明徹軍敗吕梁，授使持節、督緣江水陸諸軍事、鎮西將軍〔七〕，給鼓吹一部。尋授散騎常侍、都督荆郢巴武湘五州諸軍事、郢州刺史，持節、將軍、鼓吹竝如故。十二年，坐壃埸交通抵罪。

後主嗣位，復除通直散騎常侍、兼起部尚書。尋除中護軍，復爵邑，入爲度支尚書、領步兵校尉。俄加散騎常侍，遷侍中、祠部尚書。後主頻幸其第，及著詩賦述勳德之美，展君臣之意焉。又爲五兵尚書、領右軍將軍〔八〕，侍中如故。以年老累乞骸骨，優詔不許。禎明元年卒官，時年七十二。後主臨哭盡哀，贈護軍將軍，侍中如故，給鼓吹一部，朝服一具，衣一襲，喪事量加資給，謚曰桓子〔九〕。

瑒事親以孝聞，於諸弟甚篤睦。性通泰，有財物散之親友。其自居處，頗失於奢豪，庭院穿築，極林泉之致，歌鍾舞女，當世罕儔，賓客填門，軒蓋不絶。及出鎮郢州，乃合十餘船爲大舫，於中立亭池，植荷芰，每良辰美景，賓僚竝集，泛長江而置酒，亦一時之勝賞焉。常於山齋設講肆，集玄儒之士，冬夏資奉，爲學者所稱。而處己率易，不以名位驕物。時興皇寺朗法師該通釋典〔一〇〕，瑒每造講筵，時有抗論，法侶莫不傾心。又巧思過人，爲起部尚書，軍國器械，多所創立。有鑒識，男女婚姻，皆擇素貴。及卒，尚書令江總爲其誌銘，後主又題銘後四十字，遣左民尚書蔡徵宣敕就宅鐫之。其詞曰：「秋風動竹，煙水驚波。幾人樵徑，何處山阿？今時日月，宿昔綺羅。天長路遠，地久雲多〔一一〕。功臣未勒，此意如何？」時論以爲榮。

瑒二十一子，咸有父風。世子讓，早卒。第二子訓，頗知名，歷臨湘令，直閤將軍，高唐太守。陳亡入隋。

史臣曰：在梁之季，寇賊寔繁，高祖建義杖旗，將寧區夏，裴忌早識攀附，每預戎麾，推鋒却敵〔一二〕，立功者數矣。孫瑒有文武幹略，見知時主，及行軍用兵，師司馬之法，至於戰勝攻取，屢著勳庸，加以好施接物，士咸慕向。然性不循恒，頻以罪免，蓋亦陳湯之徒焉。

校勘記

〔一〕父循道　「循道」，南史卷六七孫瑒傳、建康實録卷二〇作「脩道」。

〔二〕徵瑒爲太府卿　「太府卿」，南史卷六七孫瑒傳作「少府卿」。按通鑑卷一六七陳紀一武帝永定三年云「乃以少府卿吳郡孫瑒爲郢州刺史」。

〔三〕周遣大將史寧率衆四萬　「大將」，南史卷六七孫瑒傳、册府卷三九九將帥部作「大將軍」。

〔四〕瑒助防張世貴舉外城以應之　「張世貴」，册府卷三九九將帥部、通鑑卷一六八陳紀二文帝天嘉元年作「張世貴」。

〔五〕乘勝而進　「而」，册府卷三九九將帥部作「西」。

〔六〕徵爲散騎常侍中領軍　「散騎常侍中領軍」，南史卷六七孫瑒傳作「侍中領軍將軍」。

〔七〕督緣江水陸諸軍事鎮西將軍　「督」，南史卷六七孫瑒傳作「都督」。按本書卷五宣帝紀載，吴明徹敗後，朝廷「分命衆軍以備周」，以「明威將軍孫瑒都督荆郢水陸諸軍事，進號鎮西將軍」。

〔八〕領右軍將軍　「右軍將軍」，南史卷六七孫瑒傳作「左軍將軍」。

〔九〕謚曰桓子　「桓子」，南史卷六七孫瑒傳作「桓」，疑是。

〔一〇〕時興皇寺朗法師該通釋典　「興皇寺朗法師」，南史卷六七孫瑒傳作「興皇寺慧朗法師」，册府卷八二一總録部宋本作「興皇朗法師」，明本作「興皇慧朗法師」。

〔一一〕地久雲多　「雲」，北監本、汲本、殿本及南史卷六七孫瑒傳作「靈」。

〔一二〕推鋒却敵　「推」，北監本、汲本、殿本作「摧」。

陳書卷二十六

列傳第二十

徐陵 子儉　弟孝克

徐陵字孝穆，東海郯人也。祖超之，齊鬱林太守，梁員外散騎常侍。父摛，梁戎昭將軍、太子左衛率，贈侍中、太子詹事，謚貞子。母臧氏，嘗夢五色雲化而爲鳳，集左肩上，已而誕陵焉。時寶誌上人者，世稱其有道，陵年數歲，家人攜以候之，寶誌手摩其頂，曰「天上石麒麟也」。光宅惠雲法師每嗟陵早成就，謂之顏回。八歲，能屬文。十二〔一〕，通莊老義。既長，博涉史籍，縱横有口辯。

梁普通二年，晉安王爲平西將軍、寧蠻校尉〔二〕，父摛爲王諮議，王又引陵參寧蠻府軍事。中大通三年，王立爲皇太子〔三〕，東宮置學士，陵充其選。稍遷尚書度支郎。出爲上虞令，御史中丞劉孝儀與陵先有隙，風聞劾陵在縣贓汙，因坐免。久之，起爲南平王府行參軍，遷通直散騎侍郎。梁簡文在東宮，撰長春殿義記，使陵爲序。又令於少傅府述所製莊子義。尋遷鎮西湘東王中記室參軍。

太清二年，兼通直散騎常侍，使魏。魏人授館宴賓，是日甚熱，其主客魏收嘲陵曰：「今日之熱，當由徐常侍來。」陵即答曰：「昔王肅至此〔四〕，爲魏始制禮儀，今我來聘，使卿復知寒暑。」收大慙。

及侯景寇京師，陵父摛先在圍城之内，陵不奉家信，便蔬食布衣，若居憂恤。會齊受魏禪，梁元帝承制於江陵，復通使於齊。陵累求復命，終拘留不遣，陵乃致書於僕射楊遵彦曰：

夫一言所感，凝暉照於魯陽，一志冥通，飛泉涌於疏勒，況復元首康哉，股肱良哉，隣國相聞，風教相期者也？天道窮剥，鍾亂本朝，情計馳惶，公私哽懼，而骸骨之請徒淹歲寒，顛沛之祈空盈卷軸，是所不圖也，非所仰望也。

執事不聞之乎！昔分鼇命鳫之世，觀河拜洛之年，則有日烏流災〔五〕，風禽騁暴，天傾西北，地缺東南，盛旱坼三川，長波含五嶽。我大梁應金圖而有亢，纂玉鏡而猶屯。何則？聖人不能爲時，斯固窮通之恒理也。至如荆州刺史湘東王，機神之本，無寄名言，陶鑄之餘，猶爲堯、舜，雖復六代之舞陳於總章，九州之歌登於司樂，虞夔拊石，晉曠調鍾，未足頌此英聲，無以宣其盛德者也。若使郊禋楚翼，寧非祀夏之君，戡定艱難，便是匡周之霸，豈徒豳王徙雍，朞月爲都，姚帝遷河，周年成邑。方今越常藐藐，馴雉北飛，肅奋茫茫，風牛南偃，吾君之子，含識知歸，而答旨云「何所投身」，斯其未喻一也。

又晉熙等郡，皆入貴朝，去我尋陽，經塗何幾。至於鐺鐺曉漏，的的宵烽，隔溆浦而相聞，臨高臺而可望。泉流寶盌，遥憶湓城，峯號香鑪，依然廬嶽。日者鄱陽嗣王治兵匯派，屯戍淪波，朝夕牋書，春秋方物，吾無從以躡屩，彼何路而齊鑣。豈其然乎？斯不然矣。又近者邵陵王通和此國，郢中上客，雲聚魏都，鄴下名卿，風馳江浦，豈盧龍之徑於彼新開，銅駞之街於我長閉？何彼途甚易，非勞於五丁，我路爲難，如登於九折？地不私載，何其爽歟？而答旨云「還路無從」，斯所未喻二也。

晉熙廬江，義陽安陸，皆云款附，非復危邦，計彼中途，便當靜晏。自斯以北，桴鼓不鳴，自此以南，封疆未壹。如其境外，脱殞輕軀，幸非邊吏之羞，何在匹夫之命。又此賓遊，通無貨殖，忝非韓起聘鄭，私買玉環，吴札過徐，躬要寶劍。由來宴錫，凡厥囊裝，行役淹留，皆已虚罄，散有限之微財，供無期之久客，斯可知矣。且據圖刎首，愚者不爲，運斧全身，庸流所鑒。何則？生輕一髮，自重千鈞〔六〕，不以賈盜明矣。骨肉不任充鼎俎，皮毛不足入貨財，盜有道焉，吾無憂矣。又公家遣使，脱有資須，本朝非隆平之時，遊客豈皇華之勢。輕裝獨宿，非勞聚槖之儀，微騎閒行，寧望輶軒之禮。歸人將從，私具驢騾，緣道亭郵，唯希蔬粟。若曰留之無煩於執事，遣之有費於官司，或以顛沛爲言，或云資裝可懼，固非通論，皆是外篇。斯所未喻三也。

又若以吾徒應還侯景，侯景凶逆，殲我國家，天下含靈，人懷憤厲，既不獲投身社稷，衛難乘輿，四冢磔蚩尤〔七〕，千刀剸王莽，安所謂俛首頓膝，歸奉寇讎，珮弭腰鞬，爲其皂隸？日者通和，方敦曩睦，凶人狙詐，遂駭狼心，頗疑宋萬之誅，彌懼荀罃之請，所以奔蹄勁角，專恣憑陵，凡我行人，偏膺讎憾。政復葅筋醢骨，抽舌探肝，於彼凶情，猶當未雪，海内之所知也，君侯之所具焉。又聞本朝公主〔八〕，都人士女，風行雨散，東播西流，京邑丘墟，葌蓬蕭瑟，偃師還望，咸爲草萊，霸陵回首，俱沾霜露，此又君之所知也。彼以何義，爭免寇讎？我以何親，爭歸委質？昔鉅平貴將，懸重於陸公，叔向名流，深知於鬷篾。吾雖不敏，常慕前脩，不圖明庶有懷，翻其以此量物。昔魏氏將亡，羣凶挺爭，諸賢戮力，想得其朋。爲葛榮之黨邪？爲邢杲之徒邪？如曰不然，斯所未喻四也。

假使吾徒還爲凶黨，侯景生於趙代，家自幽恒，居則台司，行爲連率，山川形勢，軍國彝章，不勞請箸爲籌，便當屈指能筭。景以逋逃小醜，羊豕同羣，身寓江皋，家留河朔，春春井井〔九〕，如鬼如神。其不然乎？抑又君之所知也。且夫宫闈祕事，竝若雲霄，英俊訏謨，寧非帷幄，或陽驚以定策，或焚藁而奏書，朝廷之士，猶難參預，羇旅之人，何階耳目。至於禮樂沿革，刑政寬猛，則謳歌已遠，萬舞成風，不知手之舞之足之蹈之也。安在摇其牙齒，爲間諜者哉？若謂復命西朝，終奔東虜，雖齊梁有隔，尉候奚殊？豈以河曲之難浮，而曰江關之可濟？河橋馬度，寧非宋典之姦，關路鷄鳴，皆曰田文之客。何其通蔽，乃爾相妨？斯所未喻五也。

又兵交使在，雖著前經，儻同徇僕之尤，追肆寒山之怒，則凡諸元帥，竝釋縲囚，爰及偏裨，同無翦馘，乃至鍾儀見赦，朋笑遵途〔一〇〕，襄老蒙歸，虞哥引路。吾等張旝拭玉，脩好尋盟，涉泗之與浮河，郊勞至于贈賄，公恩既被，賓敬無違。今者何愆，翻蒙貶責？若以此爲言，斯所未喻六也。

若曰祅氛永久，喪亂悠然，哀我奔波，存其形魄，固已銘茲厚德，戴此洪恩，譬渤澥而俱深，方嵩華而猶重。但山梁飲啄，非有意於籠樊，江海飛浮，本無情於鍾鼓。況吾等營魂已謝，餘息空留，悲默爲生，何能支久，是則雖蒙養護，更夭天年。若以此爲言，斯所未喻七也。

若云逆豎殲夷，當聽反命，高軒繼路，飛蓋相隨，未解其言，何能善謔？夫屯亨治亂，豈有意於前期。謝常侍今年五十有一，吾今年四十有四，介已知命，賓又杖鄉，計彼侯生，肩隨而已。豈銀臺之要，彼未從師，金竈之方，吾知其決，政恐南陽菊水，竟不延齡，東海桑田，無由可望。若以此爲言，斯所未喻八也。

足下清襟勝託，書囿文林，凡自洪荒，終乎幽厲，如吾今日，寧有其人？爰至春秋，微宜商略。夫宗姬殄墜，霸道昏凶，或執政之多門，或陪臣之涼德，故臧孫有禮，翻囚與國之賓，周伯無愆，空怒天王之使，遷箕卿於兩館，縶驥子於三年。斯匪貪亂之風邪？寧當今之高例也？至於雙崤且帝，四海爭雄，或構趙而侵燕，或連韓而謀魏，身求盟於楚殿，躬奪璧於秦庭，輸寶鼎以託齊王，馳安車而誘梁客。其外膏脣販舌，分路揚鑣，無罪無辜，如兄如弟。逮乎中陽受命，天下同規，巡省諸華，無聞幽辱。則及三方之霸也，孫甘言以娬媚，曹屈詐以羈縻，旍軺歲到於句吳，冠蓋年馳於庸蜀，則客嘲殊險，賓戲已深，共盡遊談，誰云猜忤。若使搜求故實，脱有前蹤，恐是叔世之姦謀，而非爲邦之勝略也。

抑又聞之，雲師火帝，澆淳乃異其風，龍躍麟驚，王霸雖殊其道，莫不崇君親以銘物，敦敬養以治民，預有邦司，曾無隆替。吾奉違温凊，仍屬亂離，寇虜猖狂，公私播越。蕭軒靡御，王舫誰持？瞻望鄉關，何心天地？自非生憑廪竹，源出空桑，行路含情，猶其相愍。常謂擇官而仕，非曰孝家，擇事而趨，非云忠國。況乎欽承有道，驂駕前王，郎吏明經，鵷鸞知禮，巡省方化〔一一〕，咸問高年，東序西膠，皆尊耆耋。吾以圭璋玉帛，通聘來朝，屬世道之屯期，鍾生民之否運，兼年累載，無申元直之祈，銜泣吞聲，長對公閭之怒，情禮之訴，將同逆鱗，忠孝之言，皆應齚舌，是所不圖也，非所仰望也。

且天倫之愛，何得忘懷？妻子之情，誰能無累？夫以清河公主之貴，餘姚書佐之家，莫限高卑，皆被驅略。自東南醜虜，抄販饑民，臺署郎官，俱餒墻壁，況吾生離死別，多歷暄寒，孀室嬰兒，何可言念。如得身還鄉土，躬自推求，猶冀提攜，俱免凶虐。

夫四聰不達，華陽君所謂亂臣，百姓無冤，孫叔敖稱爲良相。足下高才重譽，參贊經綸，非豹非貔〔一二〕，聞詩聞禮，而中朝大議，曾未矜論，清禁嘉謀，安能相及，諤諤非周舍，容容類胡廣，何其無諍臣哉？歲月如流，平生何幾，晨看旅鴈，心赴江淮，昏望牽牛，情馳揚越，朝千悲而掩泣，夜萬緒而回腸，不自知其爲生，不自知其爲死也。

足下素挺詞鋒，兼長理窟，匡丞相解頤之說，樂令君清耳之談，向所諮疑，誰能曉喻。若鄙言爲謬，來旨必通，分請灰釘，甘從斧鑊，何但規規默默，齰舌低頭而已哉。若一理存焉，猶希矜眷，何必期令我等必死齊都，足趙魏之黃塵，加幽并之片骨，遂使東平拱樹，長懷向漢之悲，西洛孤墳，恒表思鄉之夢。干祈以屢，哽慟增深。

遵彥竟不報書〔一三〕。及江陵陷，齊送貞陽侯蕭淵明爲梁嗣，乃遣陵隨還。太尉王僧辯初拒境不納，淵明往復致書，皆陵詞也。及淵明之入，僧辯得陵大喜，接待饋遺，其禮甚優。以陵爲尚書吏部郎，掌詔誥。其年高祖率兵誅僧辯，仍進討韋載。時任約、徐嗣徽乘虛襲石頭，陵感僧辯舊恩，乃往赴約。及約等平，高祖釋陵不問。尋以爲貞威將軍、尚書左丞。紹泰二年，又使于齊，還除給事黃門侍郎，祕書監。高祖受禪，加散騎常侍，左丞如故。

天嘉初，除太府卿。四年，遷五兵尚書，領大著作。六年，除散騎常侍、御史中丞。時安成王頊爲司空〔一四〕，以帝弟之尊，勢傾朝野，直兵鮑僧叡假王威權〔一五〕，抑塞辭訟，大臣莫敢言者。陵聞之，乃爲奏彈，導從南臺官屬，引奏案而入。世祖見陵服章嚴肅，若不可犯，爲斂容正坐。陵進讀奏版〔一六〕，時安成王殿上侍立，仰視世祖，流汗失色。陵遣殿中御史引王下殿〔一七〕，遂劾免侍中、中書監。自此朝廷肅然。

天康元年，遷吏部尚書，領大著作。陵以梁末以來，選授多失其所，於是提舉綱維，綜覈名實。時有冒進求官，諠競不已者，陵乃爲書宣示曰：「自古吏部尚書者，品藻人倫，簡其才能，尋其門胄，逐其大小，量其官爵。梁元帝承侯景之凶荒，王太尉接荊州之禍敗，爾時喪亂，無復典章，故使官方，窮此紛雜。永定之時，聖朝草創，干戈未息，亦無條序。府庫空虛，賞賜懸乏，白銀難得，黄札易營，權以官階，代於錢絹，義存撫接，無計多少，致令員外常侍，路上比肩，諮議參軍，市中無數，豈是朝章，應其如此？今衣冠禮樂，日富年華，何可猶作舊意，非理望也。所見諸君，多踰本分，猶言大屈，未喻高懷。若問梁朝朱領軍异亦爲卿相，此不踰其本分邪？此是天子所拔，非關選序。梁武帝云『世間人言有目色，我特不目色范悌』，宋文帝亦云『人世豈無運命，每有好官缺，輒憶羊玄保』，此則清階顯職，不由選也。秦有車府令趙高直至丞相，漢有高廟令田千秋亦爲丞相，此復可爲例邪？既忝衡流，應須粉墨。所望諸賢，深明鄙意。」自是衆咸服焉，時論比之毛玠。

廢帝即位，高宗入輔，謀黜異志者，引陵預其議。高宗纂曆，封建昌縣侯，邑五百户。太建元年，除尚書右僕射。三年，遷尚書左僕射〔一八〕，陵抗表推周弘正、王勱等，高宗召陵入内殿，曰：「卿何爲固辭此職而舉人乎？」陵曰：「周弘正從陛下西還，舊藩長史，王勱太平相府長史〔一九〕，張種帝鄉賢戚，若選賢與舊，臣宜居後。」固辭累日，高宗苦屬之，陵乃奉詔。

及朝議北伐，高宗曰：「朕意已決，卿可舉元帥。」衆議咸以中權將軍淳于量位重，共署推之。陵獨曰：「不然。吴明徹家在淮左，悉彼風俗，將略人才，當今亦無過者。」於是爭論累日不能決。都官尚書裴忌曰：「臣同徐僕射。」陵應聲曰：「非但明徹良將，裴忌即良副也。」是日，詔明徹爲大都督，令忌監軍事，遂克淮南數十州之地。高宗因置酒，舉杯屬陵曰：「賞卿知人。」陵避席對曰：「定策出自聖衷，非臣之力也。」其年加侍中，餘竝如故。七年，領國子祭酒、南徐州大中正。以公事免侍中、僕射。尋加侍中，給扶，又除領軍將軍。八年，加翊右將軍、太子詹事，置佐史。俄遷右光禄大夫，餘竝如故。十年，重爲領軍將軍。尋遷安右將軍、丹陽尹。十三年，爲中書監、領太子詹事，給鼓吹一部，侍中、將軍、右光禄、中正如故。陵以年老累表求致仕，高宗亦優之，乃詔將作爲造大齋，令陵就第攝事。

後主即位，遷左光禄大夫、太子少傅，餘如故。至德元年卒，時年七十七。詔曰：「慎終有典，抑乃舊章，令德可甄，諒宜追遠。侍中、安右將軍、左光禄大夫、太子少傅、南徐州大中正建昌縣開國侯陵，弱齡學尚，登朝秀穎，業高名輩，文曰詞宗。朕近歲承華，特相引狎，雖多卧疾，方期克壯，奄然殞逝，震悼于懷。可贈鎮右將軍、特進，其侍中、左光禄、鼓吹、侯如故，并出舉哀，喪事所須，量加資給。謚曰章。」

陵器局深遠，容止可觀，性又清簡，無所營樹，禄俸與親族共之。太建中，食建昌邑，邑戶送米至于水次，陵親戚有貧匱者，皆令取之，數日便盡，陵家尋致乏絶。府僚怪而問其故，陵云：「我有車牛衣裳可賣，餘家有可賣不？」其周給如此。少而崇信釋教，經論多所精解。後主在東宫，令陵講大品經，義學名僧，自遠雲集，每講筵商較，四座莫能與抗。目有青睛，時人以爲聰惠之相也。自有陳創業，文檄軍書及禪授詔策，皆陵所製，而九錫尤美。爲一代文宗，亦不以此矜物，未嘗詆訶作者。其於後進之徒，接引無倦。世祖、高宗之世，國家有大手筆，皆陵草之。其文頗變舊體，緝裁巧密，多有新意。每一文出手，好事者已傳寫成誦，遂被之華夷，家藏其本。後逢喪亂，多散失，存者三十卷。有四子：儉，份，儀，傅。

儉一名衆〔二〇〕。幼而脩立，勤學有志操，汝南周弘正重其爲人〔二一〕，妻以女。梁太清初，起家豫章王府行參軍。侯景亂，陵使魏未反，儉時年二十一，攜老幼避于江陵，梁元帝聞其名，召爲尚書金部郎中。嘗侍宴賦詩，元帝歎賞曰「徐氏之子，復有文矣」。江陵陷，復還於京師。永定初，爲太子洗馬，遷鎮東從事中郎。天嘉三年，遷中書侍郎。太建初，廣州刺史歐陽紇舉兵反，高宗令儉持節喻旨。紇初見儉，盛列仗衞，言辭不恭，儉曰：「呂嘉之事，誠當已遠，將軍獨不見周迪、陳寶應乎？轉禍爲福，未爲晚也。」紇默然不答，懼儉沮其衆，不許入城，置儉於孤園寺，遣人守衛，累旬不得還。紇嘗出見儉，儉謂之曰：「將軍業已舉事，儉須還報天子，儉之性命雖在將軍，將軍成敗不在於儉，幸不見留。」紇於是乃遣儉，從間道馳還。高宗乃命章昭達率衆討紇，仍以儉悉其形勢，勑儉監昭達軍。紇平，高宗嘉之，賜奴婢十人，米五百斛，除鎮北鄱陽王諮議參軍、兼中書舍人。累遷國子博士，大匠卿，餘竝如故。尋遷黄門侍郎，轉太子中庶子、加通直散騎常侍、兼尚書左丞，以公事免。尋起爲中衛始興王限外諮議參軍、兼中書舍人。又爲太子中庶子，遷貞威將軍、太子左衞率，舍人如故。

後主立，授和戎將軍、宣惠晉熙王長史，行丹陽郡國事。俄以父憂去職。尋起爲和戎將軍，累遷尋陽内史，爲政嚴明，盜賊靜息。遷散騎常侍，襲封建昌侯，入爲御史中丞。儉性公平，無所阿附，尚書令江總望重一時，亦爲儉所糾劾，後主深委任焉。又領右軍。禎明二年卒。

份少有父風，年九歲，爲夢賦，陵見之，謂所親曰「吾幼屬文，亦不加此」。解褐爲祕書郎，轉太子舍人。累遷豫章王主簿，太子洗馬。出爲海鹽令，甚有治績。秩滿，入爲太子洗馬。

份性孝悌，陵嘗遇疾，甚篤，份燒香泣涕，跪誦孝經，晝夜不息，如此者三日，陵疾豁然而愈，親戚皆謂份孝感所致。太建二年卒，時年二十二。

儀少聰警，以周易生舉高第爲祕書郎，出爲烏傷令。禎明初，遷尚書殿中郎，尋兼東宮學士。陳亡入隋。開皇九年，隱于錢塘之赭山，煬帝召爲學士，尋除著作郎。大業四年卒。

孝克，陵之第三弟也。少爲周易生，有口辯，能談玄理。既長，遍通五經，博覽史籍，亦善屬文，而文不逮義。梁太清初，起家爲太學博士。

性至孝，遭父憂，殆不勝喪，事所生母陳氏，盡就養之道。梁末，侯景寇亂，京邑大飢，餓死者十八九。孝克養母，饘粥不能給，妻東莞臧氏，領軍將軍臧盾之女也，甚有容色，孝克乃謂之曰：「今飢荒如此，供養交闕，欲嫁卿與富人，望彼此俱濟，於卿意如何？」臧氏弗之許也。時有孔景行者，爲侯景將，富於財，孝克密因媒者陳意，景行多從左右，逼而迎之，臧涕泣而去，所得穀帛，悉以供養。孝克又剃髮爲沙門，改名法整，兼乞食以充給焉。臧氏亦深念舊恩，數私致饋餉，故不乏絶。後景行戰死，臧伺孝克於途中，累日乃見，謂孝克曰：「往日之事，非爲相負，今既得脱，當歸供養。」孝克默然無答。於是歸俗，更爲夫妻。

後東遊，居于錢塘之佳義里，與諸僧討論釋典，遂通三論。每日二時講，旦講佛經，晚講禮傳，道俗受業者數百人。天嘉中，除剡令，非其好也，尋復去職。太建四年，徵爲祕書丞，不就，乃蔬食長齋，持菩薩戒，晝夜講誦法華經，高宗甚嘉其操行。六年，除國子博士，遷通直散騎常侍、兼國子祭酒，尋爲真。孝克每侍宴，無所食噉，至席散，當其前膳羞損減，高宗密記以問中書舍人管斌，斌不能對。自是斌以意伺之，見孝克取珍果内紳帶中，斌當時莫識其意，後更尋訪，方知還以遺母。斌以實啓，高宗嗟歎良久，乃勑所司，自今宴享，孝克前饌，並遣將還，以餉其母，時論美之。

至德中，皇太子入學釋奠，百司陪列，孝克發孝經題，後主詔皇太子北面致敬。禎明元年，入爲都官尚書。自晉以來，尚書官僚皆攜家屬居省。省在臺城内下舍，門中有閣道，東西跨路，通于朝堂。其第一即都官之省，西抵閣道，年代久遠，多有鬼怪，每昏夜之際，無故有聲光，或見人著衣冠從井中出，須臾復没，或門閤自然開閉。居省者多死亡，尚書周確卒於此省，孝克代確，便即居之，經涉兩載，妖變皆息，時人咸以爲貞正所致。

孝克性清素而好施惠，故不免飢寒，後主勑以石頭津税給之，孝克悉用設齋寫經，隨得隨盡。二年，爲散騎常侍，侍東宮。陳亡，隨例入關。家道壁立，所生母患，欲粳米爲粥，不能常辦。母亡之後，孝克遂常噉麥，有遺粳米者，孝克對而悲泣，終身不復食之焉。開皇十年，長安疾疫，隋文帝聞其名行，召令於尚書都堂講金剛般若經。尋授國子博士。後侍東宮講禮傳。十九年以疾卒，時年七十三。臨終，正坐念佛，室内有非常異香氣，隣里皆驚異之。子萬載，仕至晉安王功曹史，太子洗馬。

史臣曰：徐孝穆挺五行之秀，禀天地之靈，聰明特達，籠罩今古。及締構興王，遭逢泰運，位隆朝宰，獻替謀猷，蓋亮直存矣。孝克砥身厲行，養親逾禮，亦參閔之志歟。

校勘記

〔一〕十二　南史卷六二徐摛傳附徐陵傳作「十三」。

〔二〕梁普通二年晉安王爲平西將軍寧蠻校尉　按梁書卷四簡文帝紀，晉安王蕭綱爲平西將軍、寧蠻校尉，在梁武帝普通四年。

〔三〕中大通三年王立爲皇太子　「中大通三年」，原作「大通二年」，按梁書卷三武帝紀下、卷四簡文帝紀，晉安王蕭綱立爲皇太子在中大通三年，今改正。

〔四〕昔王肅至此　「此」，册府卷六六〇奉使部作「北」。

〔五〕則有日烏流災　「烏」，原作「鳥」，據文苑英華卷六九一徐陵使東魏值侯景亂與北齊尚書令求還書改。按淮南子卷七精神訓曰「日中有踆烏」，高誘注曰「踆猶蹲也，謂三足烏」，故古人以「烏」代指太陽。

〔六〕自重千鈞　「自」，册府卷六六三奉使部作「死」。

〔七〕四冢磔蚩尤　按梁書卷五元帝紀載徐陵上表勸進云「蚩尤三冢，寧謂嚴誅」，與此云「四冢」異。

〔八〕又聞本朝公主　「公主」，册府卷六六三奉使部、十七史策要作「公王」，疑是。按文苑英華卷六九一徐陵使東魏值侯景亂與北齊尚書令求還書作「王公」，注曰「一作『公王』」。

〔九〕春春井井　「春春」，原作「舂舂」，據南監本及册府卷六六三奉使部、十七史策要、文苑英華卷六九一徐陵使東魏值侯景亂與北齊尚書令求還書注校陳書改。

〔一〇〕朋笑遵途　「朋笑」，册府卷六六三奉使部作「明發」。

〔一一〕巡省方化　文苑英華卷六九一徐陵使東魏值侯景亂與北齊尚書令求還書作「巡方省化」。按册府卷六六三奉使部、十七史策要亦作「巡省方化」。

〔一二〕非豹非貔　「豹」，文苑英華卷六九一徐陵使東魏值侯景亂與北齊尚書令求還書作「虎」，語本尚書牧誓「如虎如貔」，此避唐諱改。

〔一三〕遵彦竟不報書　「竟」，册府卷六六三奉使部作「更」。

〔一四〕時安成王頊爲司空　「頊」，原作「諱」，依例改。

〔一五〕直兵鮑僧叡假王威權　「鮑僧叡」，北監本、汲本、殿本作「鮑叔叡」。按南史卷六二徐摛傳附徐陵傳、御覽卷二二六引陳書、職官分紀卷一四亦作「鮑僧叡」。

〔一六〕陵進讀奏版　「奏版」，按南史卷六二徐摛傳附徐陵傳作「奏狀」。

〔一七〕陵遣殿中御史引王下殿　「殿中御史」，按南史卷六二徐摛傳附徐陵傳作「殿中郎」。

〔一八〕三年遷尚書左僕射　按本書卷五宣帝紀，太建三年正月癸丑，以尚書右僕射、領大著作徐陵爲尚書僕射；四年正月丙午，以尚書僕射、領大著作徐陵爲尚書左僕射，與此異。

〔一九〕王勱太平相府長史　按「太平」下南史卷六二徐摛傳附徐陵傳、册府卷四六四臺省部、卷四六八臺省部有「中」字。

〔二〇〕儉一名衆　「衆」，南史卷六二徐摛傳附徐儉傳作「報」。按册府卷八五三總録部宋本亦作「衆」。

〔二一〕汝南周弘正重其爲人　「周弘正」，南史卷六二徐摛傳附徐儉傳、册府卷八五三總録部作「周弘直」。

陳書卷二十七

列傳第二十一

江總　姚察

江總字總持，濟陽考城人也，晉散騎常侍統之十世孫。五世祖湛，宋左光禄大夫、開府儀同三司，忠簡公。祖蒨，梁光禄大夫，有名當代。父紑，本州迎主簿，少居父憂，以毀卒，在梁書孝行傳。

總七歲而孤，依于外氏。幼聰敏，有至性。舅吴平光侯蕭勱〔一〕，名重當時，特所鍾愛，嘗謂總曰：「爾操行殊異，神采英拔，後之知名，當出吾右。」及長，篤學有辭采，家傳賜書數千卷，總晝夜尋讀，未嘗輟手。年十八，解褐宣惠武陵王府法曹參軍。中權將軍、丹陽尹何敬容開府，置佐史，竝以貴冑充之，仍除敬容府主簿。遷尚書殿中郎〔二〕。梁武帝撰正言始畢，製述懷詩，總預同此作，帝覽總詩，深降嗟賞。仍轉侍郎。尚書僕射范陽張纘、度支尚書琅邪王筠、都官尚書南陽劉之遴，並高才碩學，總時年少有名，纘等雅相推重，爲忘年友會。之遴嘗酬總詩，其略曰：「上位居崇禮，寺署隣栖息。忌聞曉騶唱，每畏晨光艴。高談意未窮，晤對賞無極。探急共遨遊，休沐忘退食。曷用銷鄙吝，枉趾覯顔色。下上數千載，揚搉吐胸臆。」其爲通人所欽挹如此。遷太子洗馬，又出爲臨安令，還爲中軍宣城王府限内録事參軍，轉太子中舍人。及魏國通好，敕以總及徐陵攝官報聘，總以疾不行。

侯景寇京都，詔以總權兼太常卿，守小廟。臺城陷，總避難崎嶇，累年至會稽郡，憩於龍華寺，乃製修心賦，略序時事。其辭曰：

太清四年秋七月，避地于會稽龍華寺。此伽藍者，余六世祖宋尚書右僕射州陵侯元嘉二十四年之所構也。侯之王父晉護軍將軍彪〔三〕，昔莅此邦，卜居山陰都陽里，貽厥子孫，有終焉之志。寺域則宅之舊基，左江右湖，面山背壑，東西連跨，南北紆縈。聊與苦節名僧，同銷日用，曉脩經戒，夕覽圖書，寢處風雲，憑棲水月。不意華戎莫辨，朝市傾淪，以此傷情，情可知矣。啜泣濡翰，豈攄鬱結，庶後生君子，憫余此槩焉。

嘉南斗之分次，肇東越之靈祕，表檜風於韓什，著鎮山於周記，蘊大禹之金書，鐫暴秦之石字〔四〕，太史來而探穴，鍾離去而開笥，信竹箭之爲珍，何珷玞之罕值。奉盛德之鴻祀，寓安禪之古寺，寔豫章之舊圃，成黄金之勝地。遂寂默之幽心，若鏡中而遠尋，面曾阜之超忽，迩平湖之迥深。山條偃蹇，水葉侵淫，挂猿朝落，飢鼯夜吟。菓叢藥苑，桃蹊橘林，捎雲拂日，結暗生陰。保自然之雅趣，鄙人間之荒雜，望島嶼之邅回，面江源之重沓，泛流月之夜迥，曳光煙之曉匝。風引蜩而嘶譟，雨鳴林而脩颭〔五〕，鳥稍狎而知來，雲無情而自合。

爾迺野開靈塔，地築禪居，喜園迢遰，樂樹扶疎。經行籍草，宴坐臨渠，持戒振錫，度影甘蔬，堅固之林可喻，寂滅之場暫如。異曲終而悲起，非木落而悲始〔六〕，豈降志而辱身，不露才而揚己。鍾風雨之如晦，倦鷄鳴之聒耳，幸避地而高棲，憑調御之遺旨。折四辯之微言，悟三乘之妙理，遣十纏之繫縛，祛五惑之塵滓，久遺榮於勢利，庶忘累於妻子，感意氣於疇日，寄知音於來祀，何遠客之可悲，知自憐其何已。

總第九舅蕭勃先據廣州，總又自會稽往依焉。梁元帝平侯景，徵總爲明威將軍、始興内史，以郡秩米八百斛給總行裝。會江陵陷，遂不行，總自此流寓嶺南積歲。天嘉四年，以中書侍郎徵還朝，直侍中省。累遷司徒右長史、掌東宫管記，給事黄門侍郎、領南徐州大中正。授太子中庶子、通直散騎常侍，東宫、中正如故。遷左民尚書，轉太子詹事，中正如故。以與太子爲長夜之飲，養良娣陳氏爲女，太子微行總舍，上怒免之。尋爲侍中、領左驍騎將軍。復爲左民尚書、領左軍將軍，未拜，又以公事免。尋起爲散騎常侍、明烈將軍、司徒左長史，遷太常卿。

後主即位，除祠部尚書，又領左驍騎將軍，參掌選事。轉散騎常侍、吏部尚書。尋遷尚書僕射，參掌如故。至德四年，加宣惠將軍，量置佐史。尋授尚書令，給鼓吹一部，加扶，餘竝如故。策曰：「於戲，夫文昌政本，司會治經，韋彪謂之樞機，李固方之斗極。況其五曹斯綜，百揆是諧，同冢宰之司，專臺閣之任。惟爾道業標峻，寓量弘深，勝範清規，風流以爲准的，辭宗學府〔七〕，衣冠以爲領袖。故能師長六官，具瞻允塞，明府八座，儀形載遠，其端朝握揆，朕所望焉。往欽哉，懋建爾徽猷，亮采我邦國，可不慎歟！」禎明二年，進號中權將軍。京城陷，入隋，爲上開府。開皇十四年，卒於江都，時年七十六。

總嘗自敍，其略曰：

歷升清顯，備位朝列，不邀世利，不涉權幸。嘗撫躬仰天太息曰，莊青翟位至丞相，無迹可紀；趙元叔爲上計吏，光乎列傳。官陳以來，未嘗逢迎一物，干預一事。悠悠風塵，流俗之士，頗致怨憎，榮枯寵辱，不以介意。太建之世，權移羣小，諂嫉作威，屢被摧黜，柰何命也。後主昔在東朝，留意文藝，夙荷昭晉，恩紀契闊。嗣位之日，時寄謬隆，儀形天府，釐正庶績，八法六典，無所不統，昔晉武帝策荀公曾曰「周之冢宰，今之尚書令也」。況復才未半古，尸素若茲，晉太尉陸玩云「以我爲三公，知天下無人矣」。軒冕儻來之一物，豈是預要乎？

弱歲歸心釋教，年二十餘，入鍾山就靈曜寺則法師受菩薩戒。暮齒官陳，與攝山布上人遊款，深悟苦空，更復練戒，運善於心，行慈於物，頗知自勵，而不能蔬菲，尚染塵勞，以此負愧平生耳。

總之自敍，時人謂之實録。

總篤行義，寬和温裕。好學，能屬文，於五言七言尤善，然傷於浮豔，故爲後主所愛幸。多有側篇，好事者相傳諷翫，于今不絶。後主之世，總當權宰，不持政務，但日與後主遊宴後庭，共陳暄、孔範、王瑗等十餘人〔八〕，當時謂之狎客。由是國政日頽，綱紀不立，有言之者，輒以罪斥之，君臣昏亂，以至于滅。有文集三十卷，竝行於世焉。

長子溢，字深源，頗有文辭。性傲誕，恃勢驕物，雖近屬故友，不免詆欺。歷官著作佐郎，太子舍人、洗馬，中書，黄門侍郎，太子中庶子。入隋，爲秦王文學。

第七子漼，駙馬都尉、祕書郎，隋給事郎、直祕書省學士。

姚察字伯審，吳興武康人也。九世祖信，吳太常卿，有名江左。

察幼有至性，事親以孝聞。六歲，誦書萬餘言。弱不好弄，博弈雜戲，初不經心。勤苦厲精，以夜繼日。年十二，便能屬文。父上開府僧坦〔九〕，知名梁武代，二宮禮遇優厚，每得供賜，皆回給察兄弟，爲遊學之資，察竝用聚蓄圖書，由是聞見日博。年十三，梁簡文帝時在東宮，盛脩文義，即引於宣猷堂聽講論難，爲儒者所稱。及簡文嗣位，尤加禮接。起家南海王國左常侍、兼司文侍郎。除南郡王行參軍、兼尚書駕部郎。

值梁室喪亂，於金陵隨二親還鄉里。時東土兵荒，人飢相食，告糴無處，察家口既多，竝採野蔬自給。察每崎嶇艱阻，求請供養之資，糧粒恒得相繼。又常以己分減推諸弟妹，乃至故舊乏絕者皆相分卹，自甘唯藜藿而已。在亂離之閒，篤學不廢。

元帝於荆州即位，父隨朝士例往赴西臺，元帝授察原鄉令。時邑境蕭條，流亡不反，察輕其賦役，勸以耕種，於是户口殷盛，民至今稱焉。

中書侍郎領著作杜之偉與察深相眷遇，表用察佐著作，仍撰史。永定初，拜始興王府功曹參軍，尋補嘉德殿學士。轉中衞、儀同始興王府記室參軍。吏部尚書徐陵時領著作，復引爲史佐，及陵讓官致仕等表，竝請察製焉，陵見歎曰「吾弗逮也」。

太建初，補宣明殿學士，除散騎侍郎、左通直〔一〇〕。尋兼通直散騎常侍，報聘于周。江左耆舊先在關右者，咸相傾慕。沛國劉臻竊於公館訪漢書疑事十餘條，竝爲剖析，皆有經據，臻謂所親曰「名下定無虛士」。著西聘道里記，所敍事甚詳。

使還，補東宮學士。于時濟陽江總、吴國顧野王、陸瓊、從弟瑜、河南褚玠、北地傅縡等，皆以才學之美，晨夕娱侍。察每言論製述，咸爲諸人宗重。儲君深加禮異，情越羣僚，宮内所須方幅手筆，皆付察立草。又數令共野王遞相策問，恒蒙賞激。

遷尚書祠部侍郎。此曹職司郊廟，昔魏王肅奏祀天地，設宮縣之樂、八佾之舞，爾後因循不革。梁武帝以爲事人禮縟，事神禮簡，古無宮縣之文，陳初承用，莫有損益。高宗欲設備樂，付有司立議，以梁武帝爲非。時碩學名儒、朝端在位者，咸希上旨，竝即注同。察乃博引經籍，獨違羣議，據梁樂爲是，當時驚駭，莫不慙服，僕射徐陵因改同察議。其不順時隨俗，皆此類也。

拜宣惠宜都王中録事參軍、帶東宮學士。歷仁威淮南王、平南建安王二府諮議參軍，丁内憂去職。俄起爲戎昭將軍，知撰梁史事，固辭不免〔一一〕。後主纂業，勑兼東宮通事舍人，將軍、知撰史如故。又勑專知優册謚議等文筆。至德元年，除中書侍郎，轉太子僕，餘竝如故。

初，梁季淪没，父僧坦入于長安，察蔬食布衣，不聽音樂，至是凶問因聘使到江南。時察母韋氏喪制適除〔一三〕，後主以察羸瘠，慮加毁頓，乃密遣中書舍人司馬申就宅發哀，仍勑申專加譬抑。尒後又遣申宣旨誡喻曰：「知比哀毁過禮，甚用爲憂。卿迥然一身，宗奠是寄，毁而滅性，聖教所不許。宜微自遣割，以存禮制。憂懷既深，故有此及。」

尋以忠毅將軍起、兼東宫通事舍人。察志在終喪，頻有陳讓，竝抑而不許。又推表〔一三〕，其略曰：「臣私門釁禍，併罹殃罰〔一四〕，偷生晷漏，冀申情禮，而尫疹相仍，苴菒穢質，非復人流，將畢苦壤〔一五〕。豈期朝恩曲覃，被之纓紱，尋斯寵服，彌見慙靦。且宫閫祕奥，趨奏便繁，寧可以兹荒毁所宜叨預。伏願至德孝治，矜其理奪，使殘魂喘息，以遂餘生。」詔答曰：「省表具懷。卿行業淳深，聲譽素顯，理徇情禮，未膺刀筆。但參務承華，良所期寄，允兹抑奪，不得致辭也。」俄勑知著作郎事。服闋，除給事黄門侍郎、領著作。

察既累居憂服，兼齋素日久，自免憂後，因加氣疾。後主嘗别召見，見察柴瘠過甚，爲之動容，乃謂察曰：「朝廷惜卿，卿宜自惜，既蔬菲歲久，可停持長齋。」又遣度支尚書王瑗宣旨，重加慰喻，令從晚食。手勑曰：「卿羸瘠如此，齋菲累年，不宜一飯，有乖將攝，若從所示，甚爲佳也。」察雖奉此勑，而猶敦宿誓。

又詔授祕書監，領著作如故，乃累進讓，竝優荅不許。察在祕書省，大加删正，又奏撰中書表集。拜散騎常侍，尋授度支尚書，旬月遷吏部尚書，領著作竝如故。察既博極墳素，尤善人物，至於姓氏所起，枝葉所分，官職姻娶，興衰高下，舉而論之，無所遺失。且澄鑒之職，時人久以梓匠相許，及遷選部，雅允朝望。初，吏部尚書蔡徵移中書令，後主方擇其人，尚書令江總等咸共薦察，勑答曰：「姚察非唯學藝優博，亦是操行清脩，典選難才，今得之矣。」乃神筆草詔，讀以示察，察辭讓甚切。

别日召入論選事，察垂涕拜請曰：「臣東皐賤族〔一六〕，身才庸近，情忘遠致，念絶脩途。頃來忝竊，久知逾分，特以東朝攀奉，恩紀謬加。今日叨濫，非由才舉，縱陛下特升庸薄，其如朝序何？臣九世祖信，名高往代，當時纔居選部，自後罕有繼蹤。臣遭逢成擢〔一七〕，沐浴恩造，累致非據，每切妨賢。臣雖無識〔一八〕，頗知審己，言行所踐，無期榮貴，豈意銓衡之重，妄委非才。且皇明御歷，事高昔代，羽儀世胄，帷幄名臣，若授受得宜，方爲稱職。臣夙陶教義，必知不可。」後主曰：「選衆之舉〔一九〕，僉議所歸，昔毛玠雅量清恪，盧毓心平體正，王蘊銓量得地，山濤舉不失才，就卿而求，必兼此矣。且我與卿雖君臣禮隔，情分殊常，藻鏡人倫，良所期寄，亦以無慙則哲也。」

察自居顯要，甚勵清潔，且廪錫以外，一不交通。嘗有私門生不敢厚餉，止送南布一端，花練一匹。察謂之曰：「吾所衣著，止是麻布蒲練，此物於吾無用。既欲相款接，幸不煩爾。」此人遜請，猶冀受納，察勵色驅出，因此伏事者莫敢饋遺。

陳滅入隋，開皇九年，詔授祕書丞，别勑成梁、陳二代史。又勑於朱華閣長參。文帝知察蔬菲，别日乃獨召入内殿，賜菓菜，乃指察謂朝臣曰：「聞姚察學行當今無比，我平陳唯得此一人。」

十三年，襲封北絳郡公。察往歲之聘周也，因得與父僧坦相見，將别之際，絶而復蘇，至是承襲，愈更悲感，見者莫不爲之歔欷。察幼年嘗就鍾山明慶寺尚禪師受菩薩戒，及官陳〔二〇〕，禄俸皆捨寺起造，并追爲禪師樹碑，文甚遒麗。及是，遇見梁國子祭酒蕭子雲書此寺禪齋詩，覽之愴然，乃用蕭韻述懷爲詠，詞又哀切，法俗益以此稱之。丁後母杜氏喪，解職。在服制之中，有白鳩巢于户上。

仁壽二年，詔曰：「前祕書丞北絳郡開國公姚察，彊學待問，博極羣典，脩身立德，白首不渝，雖在哀疚，宜奪情禮，可員外散騎常侍，封如故。」又勑侍晉王昭讀。煬帝初在東宮，數被召見，訪以文籍〔二一〕。即位之始，詔授太子内舍人，餘竝如故。車駕巡幸，恒侍從焉。及改易衣冠，删正朝式，切問近對，察一人而已。

年七十四，大業二年，終于東都。遺命薄葬，務從率儉，其略曰：「吾家世素士，自有常法。吾意斂以法服，竝宜用布，土周於身。又恐汝等不忍行此，必不爾，須松板薄棺，纔可周身，土周於棺而已。葬日，止鱺車〔三二〕，即送厝舊塋北。吾在梁世〔三三〕，當時年十四，就鍾山明慶寺尚禪師受菩薩戒，自爾深悟苦空，頗知回向矣。嘗得留連山寺，一去忘歸。及仕陳代，諸名流遂許與聲價，兼時主恩遇，宦途遂至通顯。自入朝來，又蒙恩渥。既牽纏人世，素志弗從。且吾習蔬菲五十餘年，既歷歲時，循而不失。瞑目之後，不須立靈，置一小牀，每日設清水，六齋日設齋食菓菜，任家有無，不須別經營也。」初，察願讀一藏經，竝已究竟，將終，曾無痛惱，但西向坐正念云「一切空寂」〔三四〕。其後身體柔軟〔三五〕，顏色如恒。兩宮悼惜，賵賻甚厚。

察性至孝，有人倫鑒識。沖虛謙遜，不以所長矜人。終日恬靜，唯以書記爲樂，於墳籍無所不覩。每有製述，多用新奇，人所未見，咸重富博。且專志著書，白首不倦，手自抄撰，無時蹔輟。尤好研覈古今，諟正文字，精采流贍，雖老不衰。兼諳識内典，所撰寺塔及衆僧文章，特爲綺密。在位多所稱引，一善可録，無不賞薦。若非分相干，咸以理遣。盡心事上，知無不爲。侍奉機密，未嘗洩漏。且任遇已隆，衣冠攸屬，深懷退靜，避於聲勢。清潔自處，貲産每虛，或有勸營生計，笑而不答。穆於親屬，篤於舊故，所得禄賜，咸充周卹。

後主所製文筆，卷軸甚多，乃别寫一本付察，有疑悉令刊定，察亦推心奉上，事在無隱。後主嘗從容謂朝士曰：「姚察達學洽聞，手筆典裁，求之於古，猶難輩匹〔二六〕，在於今世，足爲師範。且訪對不休〔二七〕，聽之使人忘倦。」察每製文筆，勑便索本上，曰〔二八〕：「我于姚察文章〔二九〕，非唯翫味無已，故是一宗匠〔三〇〕。」

徐陵名高一代，每見察製述，尤所推重。嘗謂子儉曰：「姚學士德學無前，汝可師之也。」尚書令江總與察尤篤厚善，每有製作，必先以簡察，然後施用。總爲詹事時，嘗製登宫城五百字詩，當時副君及徐陵以下諸名賢竝同此作。徐公後謂江曰：「我所和弟五十韻，寄弟集内。」及江編次文章，無復察所和本，述徐此意〔三一〕，謂察曰：「高才碩學，庶光拙文，今須公所和五百字，用偶徐侯章也〔三二〕。」察謙遜未付，江曰：「若不得公此製，僕詩亦須棄本，復乖徐公所寄，豈得見令兩失。」察不獲已，乃寫本付之。爲通人推挹，例皆如此。

所著漢書訓纂三十卷，説林十卷，西聘、玉璽、建康三鍾等記各一卷，悉窮該博，并文集二十卷，竝行於世。

察所撰梁、陳史雖未畢功，隋文帝開皇之時，遣内史舍人虞世基索本，且進上，今在内殿。梁、陳二史本多是察之所撰，其中序論及紀、傳有所闕者，臨亡之時，仍以體例誡約子思廉，博訪撰續，思廉泣涕奉行。思廉在陳爲衡陽王府法曹參軍，轉會稽王主簿。入隋，補漢王府行參軍，掌記室，尋除河間郡司法。大業初，内史侍郎虞世基奏思廉踵成梁、陳二代史，自爾以來，稍就補續。

史臣曰：江總持清標簡貴，加潤以辭采，及師長六官，雅允朝望。史臣先臣禀兹令德〔三〕，光斯百行，可以厲風俗，可以厚人倫。至於九流七略之書，名山石室之記，汲郡孔堂之書，玉箱金板之文，莫不窮研旨奥，遍探坎井，故道冠人師，搢紳以爲準的。既歷職貴顯，國典朝章，古今疑議，後主皆取先臣斷決焉。

校勘記

〔一〕舅吴平光侯蕭勱　蕭勱，按梁書卷二四蕭景傳、南史卷五一梁宗室上吴平侯景傳附蕭勱傳，「勱」均作「勵」。

〔二〕遷尚書殿中郎　「尚書殿中郎」，册府卷二〇六閏位部作「尚書殿中郎中」。

〔三〕侯之王父晉護軍將軍彪　「彪」，原作「彪」。按上文「州陵侯」即江夷，宋書卷五三有傳。「侯之王父」即夷祖彪，晉護軍將軍，見江夷傳及晉書卷五六江統傳。此以形近誤「彪」爲「彪」，今據改。

〔四〕鐫暴秦之石字　「石」，原作「在」，據局本及文苑英華卷九七江總脩心賦改。按此用秦始皇上會稽山立石刻頌秦德事，或因形近「石」訛作「在」。

〔五〕雨鳴林而脩颭　「脩」，文苑英華卷九七江總脩心賦同，傳增湘文苑英華校記據景宋鈔本校云：「『脩』作『翛』。」按「翛颭」義長。

〔六〕異曲終而悲起非木落而悲始　「悲起」，嘉泰會稽志卷二〇引江總修心賦作「歡盡」。「悲始」，文苑英華卷九七江總脩心賦作「愁如」。

〔七〕辭宗學府　按初學記卷一一職官部上作「儒宗學府」，册府卷四五七臺省部作「辭宗文學」。

〔八〕共陳暄孔範王瑗等十餘人　「王瑗」，南史卷三六江夷傳附江總傳作「王瑳」。按册府卷三三九宰輔部亦作「王瑗」。

〔九〕父上開府僧坦　「僧坦」，南史卷六九姚察傳、册府卷八一一總録部並同。按姚察父周書卷四七藝術傳有傳，其名作「僧垣」，與本卷異。下同不另出校。

〔一〇〕除散騎侍郎左通直　按「左」疑當作「在」。「散騎侍郎、在通直」即通直散騎侍郎。

〔一一〕固辭不免　「免」，南監本、殿本作「允」。按册府卷八六二總録部亦作「免」。

〔一二〕時察母韋氏喪制適除　「適」，册府卷二〇六閏位部、卷七五四總録部作「始」。

〔一三〕又推表　「推」，册府卷八六二總録部作「進」。

〔一四〕併罷殃罰　「併」，册府卷八六二總録部作「備」。

〔一五〕將畢苦壤　「苦」，原作「苦」，據南監本、殿本及册府卷八六二總録部改。

〔一六〕察垂涕拜請曰臣東皋賤族　「曰臣」二字原爲墨釘，據國圖本、三朝本、南監本、北監本、汲本、殿本補。

〔一七〕臣遭逢成擢　「成」，册府卷四六四臺省部作「盛」。

〔一八〕臣雖無識　「臣」，國圖本、三朝本、南監本、北監本、汲本、殿本作「目」。按「臣」字義長。

〔一九〕選衆之舉　「衆」，册府卷四五七臺省部作「士」，卷四六四臺省部作「事」。

〔二〇〕及官陳　册府卷八二一總録部作「及在官」。

〔二一〕訪以文籍　「文」，册府卷七一〇閏位部作「史」。

〔二二〕止轟車　「轟車」，南史卷六九姚察傳、册府卷九〇七總録部宋本作「鹿車」。

〔二三〕即送厝舊塋北吾在梁世　「北」字册府卷九〇七總録部宋本無。「吾」上册府卷八九八總録部有「比」字。

〔二四〕但西向坐正念云一切空寂　「坐正」，册府卷八二一總録部作「正坐」。

〔二五〕其後身體柔軟　「其」，册府卷八二一總録部作「卒」。

〔二六〕手筆典裁求之於古猶難輩匹　「求之於」三字原爲墨釘，據册府卷一九二閏位部、卷二〇六閏位部補。按此三字三朝本、南監本、北監本、汲本、殿本作「精當自」，「精當」二字屬上讀，

「自」字連下讀。

〔二七〕且訪對不休　「不休」二字原爲墨釘，據册府卷一九二閏位部、卷二〇六閏位部補。按此二字三朝本、南監本、北監本、汲本、殿本作「甚詳明」。

〔二八〕敕便索本上曰　「上」字原爲墨釘，據三朝本、南監本、北監本、汲本、殿本補。按册府卷一九二閏位部宋本作「常」，明本及卷二〇六閏位部作「嘗」，屬下讀。

〔二九〕我于姚察文章　「于」字原爲墨釘，據三朝本、南監本、北監本、汲本、殿本及册府卷二〇六閏位部補。

〔三〇〕故是一宗匠　「一宗匠」，册府卷一九二閏位部宋本作「所匠」，明本及卷二〇六閏位部明本作「哲匠」。

〔三一〕述徐此意　册府卷八三九總録部宋本作「江述此意」。

〔三二〕用偶徐侯章也　「徐侯章」，册府卷八三九總録部作「徐僕射」。

〔三三〕史臣先臣稟茲令德　「先」下「臣」字原爲墨釘，據國圖本、三朝本、南監本、北監本、汲本、殿本補。

陳書卷二十八

列傳第二十二

世祖九王　高宗二十九王　後主十一子

世祖十三男：沈皇后生廢帝、始興王伯茂，嚴淑媛生鄱陽王伯山、晉安王伯恭，潘容華生新安王伯固，劉昭華生衡陽王伯信，王充華生廬陵王伯仁，張脩容生江夏王伯義，韓脩華生武陵王伯禮，江貴妃生永陽王伯智，孔貴妃生桂陽王伯謀。其伯固犯逆別有傳。二男早卒，本書無名。

始興王伯茂字鬱之，世祖第二子也。初，高祖兄始興昭烈王道談仕於梁世，爲東宮直閤將軍，侯景之亂，領弩手二千援臺，於城中中流矢卒。紹泰二年，追贈侍中、使持節、都督南兖州諸軍事、南兖州刺史，封義興郡公〔一〕，謚曰昭烈。高祖受禪，重贈驃騎大將軍、太傅、揚州牧〔二〕，改封始興郡王，邑二千户。王生世祖及高宗。高宗以梁承聖末遷于關右，至是高祖遥以高宗襲封始興嗣王，以奉昭烈王祀。永定三年六月，高祖崩，是月世祖入纂帝位。時高宗在周未還，世祖以本宗乏饗，其年十月下詔曰：「日者皇基肇建，封樹枝戚，朕親地攸在，特啓大邦。弟頊嗣承門祀，雖土宇開建，薦饗莫由。重以遭家不造，閔凶夙遘，儲貳遐隔，輤車未返。猥以眇身，膺茲景命，式循龜鼎，冰谷載懷。今既入奉大宗，事絶藩祼，始興國廟蒸嘗無主，瞻言霜露，感尋慟絶。其徙封嗣王頊爲安成王，封第二子伯茂爲始興王〔三〕，以奉昭烈王祀。賜天下爲父後者爵一級。庶申罔極之情，永保山河之祚。」

舊制，諸王受封，未加戎號者，不置佐史。於是尚書八座奏曰：「夫增崇徽號，飾表車服，所以闡彰厥德，下變民望。第二皇子新除始興王伯茂，體自尊極，神姿明潁，玉暎觿辰，蘭芬綺歲，清暉美譽，日茂月升，道鬱平河，聲超衮植。皇情追感，聖性天深，以本宗闕緒，纂承藩嗣，雖珪社是膺，而戎章未襲，豈所以光崇睿哲，寵樹皇枝。臣等參議，宜加寧遠將軍，置佐史。」詔曰「可」。尋除使持節、都督南琅邪彭城二郡諸軍事、彭城太守。天嘉二年，進號宣惠將軍、揚州刺史。

伯茂性聰敏，好學，謙恭下士，又以太子母弟，世祖深愛重之。是時征北軍人於丹徒盜發晉郗曇墓，大獲晉右將軍王羲之書及諸名賢遺跡〔四〕。事覺，其書竝没縣官，藏于祕府，世祖以伯茂好古，多以賜之，由是伯茂大工草隸，甚得右軍之法。三年，除鎮東將軍、開府儀同三司、東揚州刺史〔五〕。

廢帝即位，時伯茂在都，劉師知等矯詔出高宗也，伯茂勸成之。師知等誅後，高宗恐伯茂扇動朝廷，光大元年，乃進號中衞將軍，令入居禁中，專與廢帝遊處。是時四海之望，咸歸高宗，伯茂深不平，日夕憤怨，數肆惡言。高宗以其無能，不以爲意。及建安人蔣裕與韓子高等謀反，伯茂竝陰豫其事。二年十一月，皇太后令黜廢帝爲臨海王，其日又下令曰：「伯茂輕薄，爰自弱齡，辜負嚴訓，彌肆凶狡。常以次居介弟，宜秉國權，不涯年德，逾逞狂躁，圖爲禍亂，扇動宮闈，要招麤險，觖望臺閣，嗣君喪道，由此亂階，是諸凶德，咸作謀主。允宜罄彼司甸，刑斯剭人。言念皇支，尚懷悲瀗，可特降爲溫麻侯，宜加禁止，别遣就第。不意如此，言增泫歎。」時六門之外有别館，以爲諸王冠婚之所，名爲婚第，至是命伯茂出居之。於路遇盜，殞于車中，時年十八。

鄱陽王伯山字靜之，世祖第三子也。偉容儀，舉止閑雅，喜愠不形於色，世祖深器之。

初高祖時，天下草創，諸王受封儀注多闕，及伯山受封，世祖欲重其事，天嘉元年七月丙辰，尚書八座奏曰：「臣聞本枝惟允，宗周之業以弘，盤石既建，皇漢之基斯遠，故能協宣五運，規範百王，式固靈根，克隆卜世。第三皇子伯山，發睿德於齠年，表歧姿於丱日，光昭丹掖，暉暎青闈，而玉圭未秉，金錫靡駕，豈所以敦序維翰，建樹藩戚。臣等參議，宜封鄱陽郡王。」詔曰「可」。乃遣散騎常侍、度支尚書蕭睿持節兼太宰告于太廟；又遣五兵尚書王質持節兼太宰告于太社。其年十月，上臨軒策命之曰：「於戲！夫建樹藩屏，翼獎王室，欽若前典，咸必由之。惟爾夙挺珪璋，生知孝敬〔六〕，令德茂親，僉譽所集，啓建大邦，寔惟倫序，是用敬遵民瞻，錫此圭瑞。往欽哉！其勉樹聲業，永保宗社，可不慎歟！」策訖，敕令王公已下並讌於王第。仍授東中郎將、吴郡太守。六年，爲緣江都督、平北將軍、南徐州刺史。天康元年，進號鎮北將軍。

高宗輔政，不欲令伯山處邊，光大元年，徙爲鎮東將軍、東揚州刺史。太建元年，徵爲中衛將軍、中領軍。六年，又爲征北將軍、南徐州刺史。尋爲征南將軍、江州刺史。十一年，入爲護軍將軍。加開府儀同三司〔七〕，仍給鼓吹并扶。後主即位，進號中權大將軍。至德四年，出爲持節、都督東揚豐二州諸軍事、東揚州刺史、加侍中，餘並如故。禎明元年，丁所生母憂，去職。明年，起爲鎮衛大將軍、開府儀同三司，給班劍十人。三年正月薨，時年四十。

伯山性寬厚，美風儀，又於諸王最長，後主深敬重之，每朝廷有冠婚饗醮之事，恒使伯山爲主。及丁所生母憂，居喪以孝聞。後主嘗幸吏部尚書蔡徵宅，因往弔之，伯山號慟殆絕，因起爲鎮衞將軍，仍謂羣臣曰：「鄱陽王至性可嘉，又是西第之長，豫章已兼司空，其亦須遷太尉。」未及發詔而伯山薨，尋值陳亡，遂無贈謚。

長子君範，太建中拜鄱陽國世子，尋爲貞威將軍、晉陵太守，未襲爵而隋師至。是時宗室王侯在都者百餘人，後主恐其爲變，乃竝召入，令屯朝堂，使豫章王叔英總督之，而又陰爲之備。及六軍敗績，相率出降，因從後主入關。至長安，隋文帝竝配于隴右及河西諸州，各給田業以處之。初，君範與尚書僕射江總友善，至是總贈君範書五言詩，以敍他鄉離別之意，辭甚酸切，當世文士咸諷誦之。大業二年，隋煬帝以後主第六女女㛿爲貴人〔八〕，絕愛幸，因召陳氏子弟盡還京師，隨才敍用，由是竝爲守宰，遍於天下。其年君範爲温令。

晉安王伯恭字肅之，世祖第六子也。天嘉六年，立爲晉安王。尋爲平東將軍、吴郡太守，置佐史。時伯恭年十餘歲，便留心政事，官曹治理。太建元年，入爲安前將軍、中護軍，遷中領軍。尋爲中衛將軍、揚州刺史，以公事免。四年，起爲安左將軍，尋爲鎮右將軍、特進，給扶。六年，出爲安南將軍、南豫州刺史。九年，入爲安前將軍、祠部尚書。十一年，進號軍師將軍、尚書右僕射。十二年，遷僕射。十三年，遷左僕射。十四年，出爲安南將軍、湘州刺史，未拜。至德元年，爲侍中、中衛將軍、光禄大夫，丁所生母憂，去職。禎明元年，起爲中衛將軍、右光禄大夫，置佐史、扶竝如故。三年入關。隋大業初，爲成州刺史，太常卿〔九〕。

衡陽王伯信字孚之，世祖第七子也。天嘉元年，衡陽獻王昌自周還朝，於道薨，其年世祖立伯信爲衡陽王，奉獻王祀。尋爲宣惠將軍、丹陽尹，置佐史。太建四年，爲中護軍。六年，爲宣毅將軍、揚州刺史。尋加侍中、散騎常侍。十一年，進號鎮前將軍，太子詹事，餘竝如故。禎明元年，出爲鎮南將軍、西衡州刺史。三年，隋軍濟江，與臨汝侯方慶竝爲東衡州刺史王勇所害〔一〇〕，事在方慶傳。

廬陵王伯仁字壽之，世祖第八子也。天嘉六年，立爲廬陵王。太建初，爲輕車將軍，置佐史。七年，遷冠軍將軍，中領軍〔一一〕。尋爲平北將軍、南徐州刺史。十二年，爲翊左將軍、中領軍。禎明元年，加侍中、國子祭酒、領太子中庶子。三年入關，卒于長安。

長子番，先封湘濱侯。隋大業中，爲資陽令。

江夏王伯義字堅之，世祖第九子也。天嘉六年，立爲江夏王。太建初，爲宣惠將軍、東揚州刺史，置佐史。尋爲宣毅將軍、持節、散騎常侍、都督合霍二州諸軍事、合州刺史〔二二〕。十四年，徵爲侍中、忠武將軍、金紫光禄大夫。禎明三年入關，遷于瓜州，於道卒。

長子元基，先封湘潭侯。隋大業中，爲穀熟縣令。

武陵王伯禮字用之，世祖第十子也。天嘉六年，立爲武陵王。太建初，爲雲旗將軍、持節、都督吴興諸軍事、吴興太守。在郡恣行暴掠，驅録民下，逼奪財貨，前後委積，百姓患之。太建九年，爲有司所劾，上曰：「王年少，未達治道，皆由佐史不能匡弼所致，特降軍號，後若更犯，必致之以法，有司不言與同罪。」十一年春，被代徵還，伯禮遂遷延不發。其年十月，散騎常侍、御史中丞徐君敷奏曰〔二三〕：「臣聞車屨不俟，君命之通規，夙夜匪懈，臣子之恒節。謹案雲旗將軍、持節、都督吴興諸軍事、吴興太守武陵王伯禮，早擅英猷〔一四〕，久馳令問，惟良寄重，枌鄉是屬。聖上愛育黔黎，留情政本，共化求瘼，早赴皇心，遂復稽緩歸驂，取移涼燠，遲回去鷁，空淹載路，淑慎未彰，違惰斯在，繩愆檢迹，以爲懲誡。臣等參議，以見事免伯禮所居官，以王還第。謹以白簡奏聞。」詔曰「可」。禎明三年入關。隋大業中，爲散騎侍郎、臨洮太守。

永陽王伯智字策之〔一五〕，世祖第十二子也。少敦厚，有器局，博涉經史。太建中，立爲永陽王〔一六〕。尋爲侍中、加明威將軍，置佐史。尋加散騎常侍，累遷尚書左僕射〔一七〕，出爲使持節、都督東揚豐二州諸軍事〔一八〕、平東將軍、領會稽內史〔一九〕。至德二年，入爲侍中、翊左將軍，加特進。禎明三年入關。隋大業中，爲岐州司馬，遷國子司業。

桂陽王伯謀字深之，世祖第十三子也。太建中，立爲桂陽王〔二〇〕。七年，爲明威將軍，置佐史。尋爲信威將軍、丹陽尹。十年，加侍中。出爲持節、都督吳興諸軍事、東中郎將、吳興太守。十一年，加散騎常侍。至德元年薨。子鄤嗣，大業中，爲番禾令。

高宗四十二男：柳皇后生後主，彭貴人生始興王叔陵，曹淑華生豫章王叔英，何淑儀生長沙王叔堅、宜都王叔明，魏昭容生建安王叔卿〔二一〕，錢貴妃生河東王叔獻，劉昭儀生新蔡王叔齊，袁昭容生晉熙王叔文、義陽王叔達、新會王叔坦，王姬生淮南王叔彪、巴山王叔雄〔二二〕，吳姬生始興王叔重，徐姬生尋陽王叔儼，淳于姬生岳陽王叔慎，王脩華生武昌王叔虞，韋脩容生湘東王叔平，施姬生臨賀王叔敖、沅陵王叔興，曾姬生陽山王叔宣，楊姬生西陽王叔穆，申婕妤生南安王叔儉、南郡王叔澄、岳山王叔韶、太原王叔匡，袁姬生新興王叔純，吳姬生巴東王叔謨，劉姬生臨江王叔顯〔二三〕，秦姬生新寧王叔隆、新昌王叔榮。其皇子叔叡、叔忠、叔引〔二四〕、叔毅、叔訓、叔武、叔處、叔封等八人，竝未及封。叔陵犯逆，別有傳。三子早卒，本書無名。

豫章王叔英字子烈，高宗第三子也。少寬厚仁愛。天嘉元年，封建安侯。太建元年，改封豫章王，仍爲宣惠將軍、都督東揚州諸軍事、東揚州刺史。五年，進號平北將軍，南豫州刺史〔二五〕。十一年，爲鎮前將軍，江州刺史〔二六〕。後主即位，進號征南將軍，尋加開府儀同三司、中衞大將軍，餘竝如故。四年，進號驃騎大將軍。禎明元年，給鼓吹一部，班劍十人。其年，遷司空〔二七〕。三年，隋師濟江，叔英知石頭軍戍事。尋令入屯朝堂。及六軍敗績，降于隋將韓擒虎。其年入關。隋大業中，爲涪陵太守。

長子弘，至德元年拜豫章國世子。

長沙王叔堅字子成，高宗第四子也。母本吴中酒家隸，高宗微時，嘗往飲，遂與通，及貴，召拜淑儀。叔堅少傑黠，凶虐使酒。尤好數術，卜筮祝禁，鎔金琢玉，竝究其妙。天嘉中，封豐城侯。太建元年，立爲長沙王，仍爲東中郎將、吴郡太守。四年，爲宣毅將軍、江州刺史，置佐史。七年，進號雲麾將軍、郢州刺史，未拜，轉爲平越中郎將、廣州刺史。尋爲平北將軍、合州刺史〔二八〕。八年，復爲平西將軍、郢州刺史。十一年，入爲翊左將軍、丹陽尹。

初，叔堅與始興王叔陵竝招聚賓客，各爭權寵，甚不平。每朝會，鹵簿不肯爲先後，必分道而趨，左右或爭道而鬬，至有死者。及高宗弗豫，叔堅、叔陵等竝從後主侍疾。叔陵陰有異志，乃命典藥吏曰：「切藥刀甚鈍，可礪之。」及高宗崩，倉卒之際，又命其左右於外取劍，左右弗悟，乃取朝服所佩木劍以進，叔陵怒。叔堅在側聞之，疑有變，伺其所爲。及翌日小斂，叔陵袖剉藥刀趨進，斫後主，中項，後主悶絶于地，皇太后與後主乳母樂安君吴氏俱以身捍之，獲免。叔堅自後扼叔陵，擒之，并奪其刀。將殺之，問後主曰：「即盡之，爲待也？」後主不能應。叔陵舊多力，須臾，自奮得脱，出雲龍門，入于東府城，召左右斷青溪橋道，放東城囚以充戰士。又遣人往新林，追其所部兵馬，仍自被甲，著白布帽，登城西門，招募百姓。是時衆軍竝緣江防守，臺内空虛，叔堅乃白太后，使太子舍人司馬申以後主命召蕭摩訶〔二九〕，令討之。即日擒其將戴溫、譚騏驎等〔三〇〕，送臺，斬于尚書閣下，持其首徇于東城。叔陵惶擾不知所爲，乃盡殺其妻妾，率左右數百人走趨新林，摩訶追之，斬于丹陽郡，餘黨悉擒。其年，以功進號驃騎將軍、開府儀同三司、揚州刺史。尋遷司空，將軍、刺史如故。

是時後主患創，不能視事，政無小大，悉委叔堅決之，於是勢傾朝廷。叔堅因肆驕縱，事多不法，後主由是疎而忌之。孔範、管斌、施文慶之徒，竝東宫舊臣，日夜陰持其短。至德元年，乃詔令即本號用三司之儀，出爲江州刺史。未發，尋有詔又以爲驃騎將軍，重爲司空，實欲去其權勢。叔堅不自安，稍怨望，乃爲左道厭魅以求福助。刻木爲偶人，衣以道士之服，施機關，能拜跪，晝夜於日月下醮之，祝詛於上。其年冬，有人上書告其事，案驗竝實，後主召叔堅囚于西省，將殺之。其夜，令近侍宣敕，數之以罪，叔堅對曰：「臣之本心，非有他故，但欲求親媚耳。臣既犯天憲，罪當萬死，臣死之日，必見叔陵，願宣明詔，責於九泉之下。」後主感其前功，乃赦之，特免所居官，以王還第。尋起爲侍中、鎮左將軍〔三〕。二年，又給鼓吹、油幢車。三年，出爲征西將軍、荆州刺史。四年，進號中軍大將軍、開府儀同三司。禎明二年，秩滿還都。

三年入關，遷于瓜州，更名叔賢。賢素貴，不知家人生産，至是與妃沈氏酤酒，以傭保爲事。隋大業中，爲遂寧郡太守。

建安王叔卿字子弼，高宗第五子也。性質直有材器，容貌甚偉。太建四年，立爲建安王，授東中郎將、東揚州刺史。七年，爲雲麾將軍、郢州刺史，置佐史。九年，進號平南將軍、湘州刺史。後主即位，進號安南將軍。又爲侍中、鎮右將軍，中書令，遷中書監。禎明三年入關。隋大業中，爲都官郎，上黨通守。

宜都王叔明字子昭，高宗第六子也。儀容美麗，舉止和弱，狀似婦人。太建五年，立爲宜都王，尋授宣惠將軍，置佐史。七年，授東中郎將、東揚州刺史，尋爲輕車將軍、衛尉卿。十三年，出爲使持節、雲麾將軍、南徐州刺史。又爲侍中、翊右將軍。至德四年，進號安右將軍。禎明三年入關。隋大業中，爲鴻臚少卿。

河東王叔獻字子恭，高宗第九子也。性恭謹，聰敏好學。太建五年，立爲河東王。七年，授宣毅將軍，置佐史。尋爲散騎常侍、軍師將軍、都督南徐州諸軍事、南徐州刺史〔三二〕。十二年薨，年十三。贈侍中、中撫將軍、司空，謚曰康簡。子孝寬嗣。孝寬以至德元年，襲爵河東王。禎明三年入關。隋大業中，爲汶城令。

新蔡王叔齊字子肅，高宗第十一子也。風彩明贍，博涉經史，善屬文。太建七年，立爲新蔡王，尋爲智武將軍，置佐史。出爲東中郎將、東揚州刺史。至德二年，入爲侍中，將軍、佐史如故。禎明元年，除國子祭酒，侍中、將軍、佐史如故。三年入關。隋大業中，爲尚書主客郎。

晉熙王叔文字子才，高宗第十二子也。性輕險，好虛譽，頗涉書史。太建七年，立爲晉熙王。尋爲侍中，散騎常侍、宣惠將軍，置佐史。進號輕車將軍、揚州刺史〔三三〕。至德元年，授持節、都督江州諸軍事、江州刺史。二年，遷信威將軍、督湘衡武桂四州諸軍事、湘州刺史。禎明二年，秩滿，徵爲侍中、宣毅將軍，佐史如故。未還，而隋軍濟江，破臺城，隋漢東道行軍元帥秦王至于漢口。時叔文自湘州還朝，至巴州，乃率巴州刺史畢寶等請降，致書於秦王曰：「竊以天無二日，晦明之序不差，土無二王，尊卑之位乃別。今車書混壹，文軌大同，敢披丹款，申其屈膝。」秦王得書，因遣行軍吏部柳莊與元帥府僚屬等往巴州迎勞叔文。叔文於是與畢寶、荆州刺史陳紀及文武將吏赴于漢口〔三四〕，秦王竝厚待之，置于賓館。隋開皇九年三月，衆軍凱旋。文帝親幸温湯勞之，叔文與陳紀、周羅睺、荀法尚等并諸降人，見于路次。數日，叔文從後主及諸王侯將相并乘輿、服御、天文圖籍等，竝以次行列，仍以鐵騎圍之，隨晉王、秦王等獻凱而入，列于廟庭。明日，隋文帝坐于廣陽門觀，叔文又從後主至朝堂南。文帝使内史令李德林宣旨，責其君臣不能相弼，以致喪亡。後主與其羣臣竝慙懼拜伏，莫能仰視，叔文獨欣然而有自得之志。旬有六日，乃上表曰：「昔在巴州，已先送款，乞知此情，望異常例。」文帝雖嫌其不忠，而方欲懷柔江表，乃授開府，拜宜州刺史。

淮南王叔彪字子華，高宗第十三子也。少聰惠，善屬文。太建八年，立爲淮南王。尋位侍中、仁威將軍，置佐史。禎明三年入關，卒于長安。

始興王叔重字子厚，高宗第十四子也。性質朴，無伎藝。高宗崩，始興王叔陵爲逆，誅死，其年立叔重爲始興王，以奉昭烈王後。至德元年，爲仁威將軍、揚州刺史，置佐史。二年，加使持節、都督江州諸軍事、江州刺史。禎明三年入關。隋大業中，爲太府少卿，卒。

尋陽王叔儼字子思，高宗第十五子也。性凝重，舉止方正。後主即位，立爲尋陽王。至德元年，爲侍中、仁武將軍，置佐史。禎明三年入關，尋卒。

岳陽王叔慎字子敬，高宗第十六子也。少聰敏，十歲能屬文。太建十四年，立爲岳陽王，時年十一。至德四年，拜侍中、智武將軍、丹陽尹。是時，後主尤愛文章，叔慎與衡陽王伯信、新蔡王叔齊等日夕陪侍，每應詔賦詩，恒被嗟賞。禎明元年，出爲使持節、都督湘衡桂武四州諸軍事、智武將軍、湘州刺史。

三年，隋師濟江，破臺城，前刺史晉熙王叔文還至巴州，與巴州刺史畢寶、荆州刺史陳紀竝降。隋行軍元帥清河公楊素兵下荆門，別遣其將龐暉將兵略地，南至湘州，城内將士，莫有固志，克日請降。叔慎乃置酒會文武僚吏，酒酣，叔慎歎曰：「君臣之義，盡於此乎！」長史謝基伏而流涕，湘州助防遂興侯正理在坐，乃起曰：「主辱臣死，諸君獨非陳國之臣乎？今天下有難，實是致命之秋也。縱其無成，猶見臣節，青門之外，有死不能。今日之機，不可猶豫，後應者斬。」衆咸許諾，乃刑牲結盟。仍遣人詐奉降書於龐暉，暉信之，克期而入，叔慎伏甲待之。暉令數百人屯于城門，自將左右數十人入于廳事，俄而伏兵發，縛暉以徇，盡擒其黨，皆斬之。叔慎坐于射堂，招合士衆，數日之中，兵至五千人。衡陽太守樊通、武州刺史鄔居業，皆請赴難。未至，隋遣中牟公薛冑爲湘州刺史〔三五〕，聞龐暉死，乃益請兵，隋又遣行軍總管劉仁恩救之。未至，薛冑兵次鵝羊山，叔慎遣正理及樊通等拒之，因大合戰，自旦至于日昃，隋軍迭息迭戰，而正理兵少不敵，於是大敗。冑乘勝入城，生擒叔慎。是時，鄔居業率其衆自武州來赴，出橫橋江，聞叔慎敗績，乃頓于新康口。隋總管劉仁恩兵亦至橫橋，據水置營，相持信宿，因合戰，居業又敗。仁恩虜叔慎、正理、居業及其黨與十餘人，秦王斬之于漢口。叔慎時年十八。

義陽王叔達字子聰，高宗第十七子也。太建十四年，立爲義陽王，尋拜仁武將軍，置佐史。禎明元年，除丹陽尹。三年入關。隋大業中爲內史〔三六〕，至絳郡通守。

巴山王叔雄字子猛，高宗第十八子也。太建十四年，立爲巴山王。禎明三年入關，卒于長安。

武昌王叔虞字子安，高宗第十九子也。太建十四年，立爲武昌王，尋爲壯武將軍，置佐史。禎明三年入關。隋大業中，爲高苑令。

湘東王叔平字子康，高宗第二十子也。至德元年，立爲湘東王。禎明三年入關。隋大業中，爲湖蘇令〔三七〕。

臨賀王叔敖字子仁，高宗第二十一子也。至德元年，立爲臨賀王，尋爲仁武將軍，置佐史。禎明三年入關。隋大業初，拜儀同三司。

陽山王叔宣字子通，高宗第二十二子也。至德元年，立爲陽山王。禎明三年入關。隋大業中，爲涇城令。

西陽王叔穆字子和，高宗第二十三子也。至德元年，立爲西陽王。禎明三年入關，卒于長安。

南安王叔儉字子約，高宗第二十四子也。至德元年，立爲南安王。禎明三年入關，卒于長安。

南郡王叔澄字子泉，高宗第二十五子也。至德元年，立爲南郡王。禎明三年入關。隋大業中，爲靈武令。

沅陵王叔興字子推，高宗第二十六子也。至德元年，立爲沅陵王。禎明三年入關。隋大業中，爲給事郎。

岳山王叔韶字子欽，高宗第二十七子也。至德元年，立爲岳山王，尋爲智武將軍，置佐史。四年，除丹陽尹。禎明三年入關，卒于長安。

新興王叔純字子共〔三八〕，高宗第二十八子也。至德元年，立爲新興王。禎明三年入關。隋大業中，爲河北令。

巴東王叔謨字子軌，高宗第二十九子也。至德四年，立爲巴東王。禎明三年入關。隋大業中，爲岍陽令。

臨江王叔顯字子明〔三九〕，高宗第三十子也。至德四年，立爲臨江王。禎明三年入關。隋大業中，爲鶉觚令。

新會王叔坦字子開，高宗第三十一子也。至德四年，立爲新會王。禎明三年入關。隋大業中，爲涉令。

新寧王叔隆字子遠，高宗第三十二子也。至德四年，立爲新寧王。禎明三年入關，卒于長安。

新昌王叔榮字子徹，高宗第三十三子也。禎明二年，立爲新昌王。三年入關。隋大業中，爲内黄令。

太原王叔匡字子佐，高宗第三十四子也。禎明二年，立爲太原王。三年入關。隋大業中，爲壽光令。

後主二十二男：張貴妃生皇太子深、會稽王莊，孫姬生吴興王胤，高昭儀生南平王嶷，吕淑媛生永嘉王彦、邵陵王兢，龔貴嬪生南海王虔、錢塘王恬，張淑華生信義王祗，徐淑儀生東陽王恮，孔貴人生吴郡王蕃。其皇子總、觀、明、綱、統、沖、洽、縚、綽、威、辯十一人，竝未及封。

皇太子深字承源，後主第四子也。少聰惠，有志操，容止儼然，雖左右近侍，未嘗見其喜愠。以母張貴妃故，特爲後主所愛。至德元年，封始安王，邑二千户。尋爲軍師將軍、揚州刺史，置佐史。禎明二年，皇太子胤廢，後主乃立深爲皇太子。三年，隋師濟江，六軍敗績，隋將韓擒虎自南掖門入，百僚逃散。深時年十餘歲，閉閤而坐，舍人孔伯魚侍焉。隋軍排閤而入，深使宣令勞之曰：「軍旅在途，不乃勞也？」軍人咸敬焉。其年入關。隋大業中，爲枹罕太守。

吳興王胤字承業，後主長子也。太建五年二月乙丑生于東宮，母孫姬因産卒，沈皇后哀而養之，以爲己子。時後主年長，未有胤嗣，高宗因命以爲嫡孫，其日下詔曰：「皇孫初誕，國祚方熙，思與羣臣，共同斯慶，内外文武賜帛各有差，爲父後者賜爵一級。」十年，封爲永康公。後主即位，立爲皇太子。

胤性聰敏，好學，執經肄業，終日不倦，博通大義，兼善屬文。至德三年，躬出太學講孝經，講畢，又釋奠於先聖先師〔四〇〕。其日設金石之樂於太學，王公卿士及太學生竝預宴。是時張貴妃、孔貴嬪竝愛幸，沈皇后無寵，而近侍左右數於東宮往來，太子亦數使人至后所，後主疑其怨望，甚惡之。而張、孔二貴妃又日夜構成后及太子之短，孔範之徒又於外合成其事，禎明二年，廢爲吳興王，仍加侍中、中衞將軍。三年入關，卒于長安。

南平王嶷字承嶽，後主第二子也。方正有器局，年數歲，風采舉動，有若成人。至德元年，立爲南平王。尋除信武將軍、南琅邪彭城二郡太守，置佐史。遷揚州刺史，進號鎮南將軍。尋爲使持節、都督郢荆湘三州諸軍事、征西將軍、郢州刺史。未行而隋軍濟江。禎明三年入關，卒于長安。

永嘉王彦字承懿，後主第三子也。至德元年，立爲永嘉王。尋爲忠武將軍、南徐州刺史，進號安南將軍〔四一〕。授散騎常侍、使持節、都督江巴東衡三州諸軍事、平南將軍、江州刺史〔四二〕。未行，隋師濟江。禎明三年入關。隋大業中，爲襄武令。

南海王虔字承恪，後主第五子也。至德元年，立爲南海王。尋爲武毅將軍，置佐史，進號軍師將軍。禎明二年，出爲平北將軍、南徐州刺史〔四三〕。三年入關。隋大業中，爲涿令。

信義王祗字承敬〔四四〕，後主第六子也。至德元年，立爲信義王。尋爲壯武將軍，置佐史。授使持節、都督、智武將軍、琅邪彭城二郡太守。禎明三年入關。隋大業中，爲通議郎。

邵陵王兢字承檢，後主第七子也。禎明元年，立爲邵陵王，邑一千户。尋爲仁武將軍，置佐史。三年入關。隋大業中，爲國子監丞。

會稽王莊字承肅，後主第八子也。容貌蕞陋，性嚴酷，數歲，左右有不如意，輒剟刺其面，或加燒爇。以母張貴妃有寵，後主甚愛之。至德四年，立爲會稽王。尋爲翊前將軍，置佐史。除使持節、都督揚州諸軍事、揚州刺史。禎明三年入關。隋大業中，爲會昌令〔四五〕。

東陽王恮字承厚，後主第九子也。禎明二年，立爲東陽王，邑一千户，未拜。三年入關。隋大業中，爲通議郎。

吴郡王蕃字承廣，後主第十子也。禎明二年，封吴郡王。三年入關。隋大業中，爲涪城令〔四六〕。

錢塘王恬字承惔〔四七〕，後主第十一子也。禎明二年，立爲錢塘王，邑一千户。三年入關，卒于長安。

江左自西晉相承，諸王開國，竝以户數相差爲大小三品。大國置上、中、下三將軍，又置司馬一人；次國置中、下二將軍；小國置將軍一人。餘官亦准此爲差。高祖受命，自永定訖于禎明，唯衡陽王昌特加殊寵，至五千户。自餘大國不過二千户〔四八〕，小國即千户。而舊史殘缺，不能別知其國户數，故綴其遺事附于此。

史臣曰：世祖、高宗、後主竝建藩屏，以樹懿親，固乃本根，隆斯盤石。鄱陽王伯山有風采德器，亦一代令藩矣。岳陽王叔慎屬社稷傾危，情哀家國，竭誠赴敵，志不圖生。嗚呼！古之忠烈致命，斯之謂也。

校勘記

〔一〕紹泰二年追贈侍中使持節都督南兗州諸軍事南兗州刺史封義興郡公　南史卷六五陳宗室諸王始興王伯茂傳作「紹泰二年贈南兗州刺史封義興郡公」。按本書卷一高祖紀上，太平二年正月丁未，「詔贈高祖兄道談散騎常侍、使持節、平北將軍、南兗州刺史，長城縣公」，所記追贈時間及爵號與此處異。

〔二〕高祖受禪重贈驃騎大將軍太傅揚州牧　按本書卷二高祖紀下，永定元年十月，追贈皇兄道談「驃騎大將軍、太尉」，無「揚州牧」。

〔三〕其徙封嗣王頊爲安成王封第二子伯茂爲始興王　按本書卷三世祖紀及南史卷九陳本紀上繫此事於八月庚戌。

〔四〕大獲晉右將軍王羲之書及諸名賢遺跡　「右將軍」，御覽卷七四九引陳書作「右軍將軍」。

〔五〕三年除鎮東將軍開府儀同三司東揚州刺史　按本書卷三世祖紀，天嘉三年六月「以揚州刺史始興王伯茂爲鎮東將軍、東揚州刺史」，無「開府儀同三司」。

〔六〕生知孝敬　「生」，靜嘉堂本、國圖本、三朝本、南監本、北監本、汲本、殿本、局本作「坐」。

〔七〕十一年入爲護軍將軍加開府儀同三司　按本書卷五宣帝紀，伯山太建十一年六月爲中權將軍、護軍將軍，太建十三年正月加開府儀同三司。

〔八〕隋煬帝以後主第六女女婤爲貴人　「女婤」，南史卷六五陳宗室諸王鄱陽王伯山傳作「婤」。

〔九〕太常卿　南史卷六五陳宗室諸王晉安王伯恭傳作「太常少卿」。

〔一〇〕與臨汝侯方慶竝爲東衡州刺史王勇所害　「東」字原爲墨釘，據南史卷六五陳宗室諸王傳附陳伯信傳補。三朝本、南監本、北監本、汲本、殿本、局本作「西」，張元濟校勘記云「西」字誤。

按本卷上文載衡陽王伯信時任西衡州刺史，本書卷一四南康愍王曇朗傳附王勇傳則載王勇「爲超武將軍、東衡州刺史、領始興内史」。

〔一二〕七年遷冠軍將軍中領軍　按本書卷五宣帝紀，太建八年十一月辛丑「以冠軍將軍廬陵王伯仁爲中領軍」。

〔一三〕「太建初」至「合州刺史」　按此處記載與本書宣帝紀所載頗有不同。林礽乾考證云：「按卷五宣帝紀，江夏王伯義以輕車將軍、丹陽尹出爲合州刺史，在太建九年秋七月。爲宣惠將軍、東揚州刺史則在太建十年九月。此處竝云在『太建初』，均與紀異。所記官職遷轉，亦不盡與紀合。」

〔一四〕散騎常侍御史中丞徐君敷奏曰　「君敷」，南史卷六五陳宗室諸王傳附陳方泰傳、武陵王伯禮傳作「君整」。按本書卷一四南康愍王曇朗傳附陳方泰傳、册府卷五一九憲官部、新唐書卷七五下宰相世系表五下並作「君敷」。

〔一五〕早擅英猷　「早」，南監本作「夙」，北監本、汲本、殿本、局本作「昔」。

〔一六〕永陽王伯智字策之　「策之」，按法書要録卷五竇臮述書賦上唐竇蒙注作「榮之」。

〔一七〕太建中立爲永陽王　按本書卷四廢帝紀，伯智立爲永陽王在光大二年七月。

〔一八〕累遷尚書左僕射　按本書卷六後主紀，太建十四年三月，以「永陽王伯智爲尚書僕射」，至德二年五月，又「以尚書僕射永陽王伯智爲平東將軍、東揚州刺史」，未言其任「尚書左僕射」。

〔一八〕出爲使持節都督東揚豐二州諸軍事　「豐」，原作「曹」，據國圖本、三朝本、南監本、北監本、汲本、殿本、局本改。按本書卷四廢帝紀，光大二年夏四月「割東揚州晉安郡爲豐州」。

〔一九〕平東將軍領會稽内史　按本書卷六後主紀，至德二年「夏五月戊子，以尚書僕射永陽王伯智爲平東將軍、東揚州刺史」。此處「領會稽内史」上疑脱「東揚州刺史」。

〔二〇〕太建中立爲桂陽王　按本書卷四廢帝紀，伯謀立爲桂陽王在光大二年七月。

〔二一〕魏昭容生建安王叔卿　「魏昭容」，南史卷六五陳宗室諸王宣帝諸子傳序作「魏昭華」。

〔二二〕巴山王叔雄　「叔雄」，按本書卷六後主紀作「叔熊」。下同不另出校。

〔二三〕劉姬生臨江王叔顯　「臨江王」，北監本、汲本、殿本及南史卷六五陳宗室諸王宣帝諸子傳序作「臨海王」。按本書卷六後主紀，至德四年二月丙申，立皇弟叔顯爲臨江王。

〔二四〕叔引　北監本、汲本、殿本、局本作「叔弘」，南史卷六五陳宗室諸王宣帝諸子傳序作「叔泓」。

〔二五〕五年進號平北將軍南豫州刺史　按本書卷五宣帝紀，太建五年正月癸酉以叔英「爲南徐州刺史，進號平北將軍」，此云叔英爲「南豫州刺史」，疑有訛脱。

〔二六〕十一年爲鎮前將軍江州刺史　按本書卷五宣帝紀，太建十一年六月庚辰「以鎮前將軍豫章王叔英爲鎮南將軍、江州刺史」。

〔二七〕其年遷司空　按本書卷六後主紀，禎明元年冬十一月「以驃騎大將軍、開府儀同三司豫章王叔英兼司徒」。又按本卷鄱陽王伯山傳，後主謂羣臣曰「豫章已兼司空」。

〔二八〕尋爲平北將軍合州刺史　按本書卷五宣帝紀，太建八年六月癸丑以叔堅「爲合州刺史，進號平北將軍」。

〔二九〕使太子舍人司馬申以後主命召蕭摩訶　「太子舍人」，本書卷三一蕭摩訶傳作「東宮舍人」。按本書卷二九司馬申傳，申在叔陵爲逆前「兼東宮通事舍人」。

〔三〇〕即日擒其將戴溫譚騏驎等　「戴溫」，南監本、本書卷三六始興王叔陵傳、通鑑卷一七五陳紀九宣帝太建十四年作「戴温」。按南史卷六五陳宗室諸王始興王叔陵傳、建康實録卷二〇亦作「戴溫」。

〔三一〕尋起爲侍中鎮左將軍　按本書卷六後主紀繫此事於至德二年：「秋七月戊辰，以長沙王叔堅爲侍中、鎮左將軍。」

〔三二〕尋爲散騎常侍軍師將軍都督南徐州諸軍事南徐州刺史　按本書卷五宣帝紀，叔獻爲南徐州刺史在太建十二年四月。

〔三三〕進號輕車將軍揚州刺史　按本書卷六後主紀，叔文爲揚州刺史在至德元年正月。

〔三四〕荆州刺史陳紀及文武將吏赴于漢口　「陳紀」，南史卷六五陳宗室諸王晉熙王叔文傳作「陳慧紀」。按「陳紀」「陳慧紀」本書、南史往往錯出。可參本書卷一五陳慧紀傳校勘記〔七〕。

〔三五〕隋遣中牟公薛冑爲湘州刺史　「中牟公」，南史卷六五陳宗室諸王岳陽王叔慎傳作「内陽公」。

〔三六〕隋大業中爲内史　「内史」疑有訛脱，按南史卷六五陳宗室諸王義陽王叔達傳及舊唐書卷六一陳叔達傳作「内史舍人」。

〔三七〕隋大業中爲湖蘇令　「湖蘇」，南史卷六五陳宗室諸王湘東王叔平傳作「胡蘇」。

〔三八〕新興王叔純字子共　「子共」，南史卷六五陳宗室諸王新興王叔純傳作「子洪」。

〔三九〕臨江王叔顯字子明　「子明」，南史卷六五陳宗室諸王臨海王叔顯傳作「子亮」。

〔四〇〕至德三年躬出太學講孝經講畢又釋奠於先聖先師　「三年」，靜嘉堂本、國圖本、三朝本、南監本、北監本、汲本、殿本、局本作「二年」。按册府卷二六〇儲宫部齒胄、講學亦作「三年」。又本書卷六後主紀載至德三年十二月辛卯，「皇太子出太學，講孝經，戊戌，講畢。辛丑，釋奠于先師」。

〔四一〕尋爲忠武將軍南徐州刺史進號安南將軍　「安南將軍」，按本書卷六後主紀，禎明二年六月「忠武將軍、南徐州刺史永嘉王彦進號安北將軍」。此處疑有訛脱。

〔四二〕平南將軍江州刺史　「平南將軍」，本書卷六後主紀作「安南將軍」。

〔四三〕出爲平北將軍南徐州刺史　「平北將軍」，本書卷六後主紀作「安北將軍」。

〔四四〕信義王祗字承敬　「祗」，國圖本、三朝本及册府卷二六四宗室部作「祇」。

〔四五〕隋大業中爲會昌令　「會昌」，南史卷六五陳宗室諸王會稽王莊傳作「昌隆」。按隋書地理志無「會昌縣」。又按新唐書卷七一下宰相世系表一下，莊在隋爲「昌陽令」。

〔四六〕隋大業中爲涪城令　「涪城」，南史卷六五陳宗室諸王吴郡王藩傳作「任城」。

〔四七〕錢塘王恬字承惔　「承惔」，汲本、局本作「承倓」。

〔四八〕自餘大國不過二千户　「自」，三朝本、南監本、北監本、殿本、局本作「其」。

陳書卷二十九

列傳第二十三

宗元饒　司馬申　毛喜　蔡徵

宗元饒，南郡江陵人也。少好學，以孝敬聞。仕梁世，解褐本州主簿，遷征南府行參軍，仍轉外兵參軍。及司徒王僧辯幕府初建，元饒與沛國劉師知同爲主簿。高祖受禪，除晉陵令。入爲尚書功論郎。使齊還，爲廷尉正。遷太僕卿、領本邑大中正、中書通事舍人。尋轉廷尉卿、加通直散騎常侍、兼尚書左丞。時高宗初即位，軍國務廣，事無巨細，一以咨之，臺省號爲稱職。

遷御史中丞，知五禮事。時合州刺史陳裒贓汙狼藉，遣使就渚斂魚，又於六郡乞米，百姓甚苦之。元饒劾奏曰：「臣聞建旟求瘼，實寄廉平，褰帷恤隱，本資仁恕。如或貪汙是肆，徵賦無猒，天網雖疎，玆焉弗漏。謹案鍾陵縣開國侯、合州刺史臣裒，因藉多幸，預逢抽擢，爵由恩被，官以私加，無德無功，坐尸榮貴。譙肥之地，久淪非所，皇威剋復，物仰仁風。新邦用輕，彌俟寬惠，應斯作牧，其寄尤重。爰降曲恩，祖行宣室，親承規誨，事等言提。雖廉潔之懷，誠無素蓄，而稟玆嚴訓，可以厲精。遂乃擅行賦斂，專肆貪取，求粟不猒，愧王沈之出賑，徵魚無限，異羊續之懸枯，寘以嚴科，實惟明憲。臣等參議，請依旨免裒所應復除官，其應禁錮及後選左降本資，悉依免官之法。」遂可其奏。吳興太守武陵王伯禮，豫章内史南康嗣王方泰，竝驕蹇放横，元饒案奏之，皆見削黜。

元饒性公平，善持法，諳曉故事，明練治體，吏有犯法、政不便民及於名教不足者，隨事糾正，多所裨益。遷貞威將軍、南康内史，以秩米三千餘斛助民租課，存問高年，拯救乏絶，百姓甚賴焉。以課最入朝，詔加散騎常侍、荆雍湘巴武五州大中正。尋以本官重領尚書左丞。又爲御史中丞。歷左民尚書，右衞將軍、領前將軍〔一〕，遷吏部尚書。太建十三年卒，時年六十四。詔贈侍中、金紫光禄大夫，官給喪事。

司馬申字季和，河内温人也。祖慧遠，梁都水使者。父玄通，梁尚書左民郎。

申早有風槩，十四便善弈棊。嘗隨父侯吏部尚書到仲舉〔二〕，時梁州刺史陰子春、領軍朱异在焉。子春素知申，即於坐所呼與爲對〔三〕，申每有妙思，异觀而奇之，因引申遊處。梁邵陵王爲丹陽尹，以申爲主簿。屬太清之難，父母俱没，因此自誓，菜食終身。

梁元帝承制，起爲開遠將軍，遷鎮西外兵、記室參軍。及侯景寇郢州，申隨都督王僧辯據巴陵，每進籌策，皆見行用。僧辯歎曰：「此生要鞬汗馬，或非所長，若使撫衆守城，必有奇績。」僧辯之討陸納也，申在軍中，于時賊衆奄至，左右披靡，申躬蔽僧辯，蒙楯而前，會裴之横救至，賊乃退，僧辯顧申而笑曰：「仁者必有勇，豈虚言哉！」除散騎侍郎。紹泰初，遷儀同侯安都從事中郎〔四〕。

高祖受禪，除安東臨川王諮議參軍。天嘉三年，遷征北諮議參軍、兼廷尉監。五年，除鎮東諮議參軍、兼起部郎。出爲戎昭將軍、江乘令，甚有治績。入爲尚書金部郎，遷左民郎，以公事免。太建初，起爲貞威將軍、征南鄱陽王諮議參軍。九年，除秣陵令，在職以清能見紀，有白雀巢于縣庭。秩滿，頃之，預東宫賓客，尋兼東宫通事舍人。遷員外散騎常侍，舍人如故。

及叔陵之肆逆也，事既不捷，出據東府，申馳召右衛蕭摩訶帥兵先至，追斬之，因入城中，收其府庫，後主深嘉之。以功除太子左衛率，封文始縣伯〔五〕，邑四百户，兼中書通事舍人。尋遷右衛將軍、加通直散騎常侍。以疾還第，就加散騎常侍，右衛、舍人如故。至德四年卒，後主嗟悼久之，下詔曰：「慎終追遠，欽若舊則，闔棺定謚，抑乃前典。故散騎常侍、右衛將軍、文始縣開國伯申，忠肅在公，清正立己，治繁處約，投軀殉義。朕任寄情深，方康庶績，奄然化往，傷惻于懷。可贈侍中、護軍將軍，進爵爲侯，增邑爲五百户，謚曰忠。給朝服一具，衣一襲，剋日舉哀，喪事所須，隨由資給。」及葬，後主自製誌銘，辭情傷切，卒章曰：「嗟乎！天不與善，殲我良臣。」其見幸如此。

申歷事三帝，内掌機密，至於倉卒之閒，軍國大事，指麾斷決，無有滯留。子琇嗣，官至太子舍人。

毛喜字伯武，滎陽陽武人也。祖稱，梁散騎侍郎。父栖忠，梁尚書比部侍郎，中權司馬。

喜少好學，善草隸。起家梁中衛西昌侯行參軍，尋遷記室參軍。高祖素知於喜，及鎮京口，命喜與高宗俱往江陵，仍勑高宗曰：「汝至西朝，可諮稟毛喜。」喜與高宗同謁梁元帝，即以高宗爲領直，喜爲尚書功論侍郎。及江陵陷，喜及高宗俱遷關右。世祖即位，喜自周還，進和好之策，朝廷乃遣周弘正等通聘。及高宗反國，喜於郢州奉迎。又遣喜入關，以家屬爲請。周冢宰宇文護執喜手曰：「能結二國之好者，卿也。」仍迎柳皇后及後主還。天嘉三年至京師，高宗時爲驃騎將軍，仍以喜爲府諮議參軍，領中記室。府朝文翰，皆喜詞也。

世祖嘗謂高宗曰：「我諸子皆以『伯』爲名，汝諸兒宜用『叔』爲稱。」高宗以訪于喜，喜即條牒自古名賢杜叔英、虞叔卿等二十餘人以啓世祖，世祖稱善。

世祖崩，廢帝沖昧，高宗録尚書輔政，僕射到仲舉等知朝望有歸，乃矯太后令遣高宗還東府，當時疑懼，無敢措言。喜即馳入，謂高宗曰：「陳有天下日淺，海内未夷，兼國禍併鍾，萬邦危懼。皇太后深惟社稷至計，令王入省，方當共康庶績，比德伊周。今日之言，必非太后之意。宗社之重，願加三思。以喜之愚，須更聞奏〔六〕，無使姧賊得肆其謀。」竟如其策。

右衞將軍韓子高始與仲舉通謀，其事未發，喜請高宗曰：「宜簡選人馬，配與子高，并賜鐵炭，使脩器甲。」高宗驚曰：「子高謀反，即欲收執，何爲更如是邪？」喜答曰：「山陵始畢，邊寇尚多，而子高受委前朝，名爲杖順，然甚輕狷，恐不時授首，脱其稽誅，或愆王度。宜推心安誘，使不自疑，圖之一壯士之力耳。」高宗深然之，卒行其計。

高宗即位，除給事黄門侍郎、兼中書舍人，典軍國機密。高宗將議北伐，勑喜撰軍制，凡十三條，詔頒天下，文多不載。尋遷太子右衞率，右衞將軍。以定策功，封東昌縣侯，邑五百户。又以本官行江夏、武陵、桂陽三王府國事。太建三年，丁母憂去職，詔追贈喜母庾氏東昌國太夫人，賜布五百匹，錢三十萬，官給喪事。又遣員外散騎常侍杜緬圖其墓田，高宗親與緬案圖指畫，其見重如此。尋起爲明威將軍，右衞、舍人如故。改授宣遠將軍、義興太守。尋以本號入爲御史中丞。服闋，加散騎常侍、五兵尚書，參掌選事。

及衆軍北伐，得淮南地，喜陳安邊之術，高宗納之，即日施行。又問喜曰：「我欲進兵彭、汴，於卿意如何？」喜對曰：「臣實才非智者，安敢預兆未然。竊以淮左新平，邊氓未乂，周氏始吞齊國，難與爭鋒，豈以弊卒疲兵，復加深入。且棄舟檝之工，踐車騎之地，去長就短，非吴人所便。臣愚以爲不若安民保境，寢兵復約，然後廣募英奇，順時而動，斯久長之術也。」高宗不從。後吴明徹陷周，高宗謂喜曰：「卿之所言，驗於今矣。」

十二年，加侍中。十三年，授散騎常侍、丹陽尹〔七〕。遷吏部尚書，常侍如故。及高宗崩，叔陵構逆，勑中庶子陸瓊宣旨，令南北諸軍，皆取喜處分。賊平，又加侍中，增封并前九百户。至德元年，授信威將軍、永嘉内史，加秩中二千石。

初，高宗委政於喜，喜亦勤心納忠，多所匡益，數有諫諍，事竝見從，由是十餘年間，江東狹小，遂稱全盛。唯略地淮北，不納喜謀，而吴明徹竟敗，高宗深悔之，謂袁憲曰：「不用毛喜計，遂令至此，朕之過也。」喜既益親，乃言無回避，而皇太子好酒德，每共幸人爲長夜之宴，喜嘗爲言，高宗以誡太子，太子陰患之，至是稍見踈遠。

初，後主爲始興王所傷，及瘡愈而自慶，置酒於後殿，引江總以下，展樂賦詩，醉而命喜。于時山陵初畢，未及踰年，喜見之不懌，欲諫而後主已醉，喜升階，陽爲心疾，仆于階下，移出省中。後主醒，乃疑之，謂江總曰：「我悔召毛喜，知其無疾，但欲阻我懽宴，非我所爲〔八〕，故姦詐耳。」乃與司馬申謀曰：「此人負氣，吾欲將乞鄱陽兄弟聽其報讎，可乎？」對曰：「終不爲官用，願如聖旨。」傅縡爭之曰：「不然。若許報讎，欲置先皇何地？」後主曰：「當乞一小郡，勿令見人事耳。」乃以喜爲永嘉内史。

喜至郡，不受俸秩，政弘清静，民吏便之。遇豐州刺史章大寶舉兵反，郡與豐州相接，而素無備禦，喜乃修治城隍，嚴飾器械。又遣所部松陽令周磻領千兵援建安。賊平，授南安内史。禎明元年，徵爲光禄大夫、領左驍騎將軍。喜在郡有惠政，乃徵入朝，道路追送者數百里。其年道病卒，時年七十二。有集十卷。子處沖嗣，官至儀同從事中郎，中書侍郎。

蔡徵字希祥，侍中、中撫軍將軍景歷子也〔九〕。幼聰敏，精識彊記。年六歲，詣梁吏部尚書河南褚翔，翔字仲舉〔一〇〕，嗟其穎悟。七歲，丁母憂，居喪如成人禮。繼母劉氏性悍忌，視之不以道，徵供侍益謹〔一一〕，初無怨色。徵本名覽，景歷以爲有王祥之性，更名徵，字希祥。

梁承聖初，高祖爲南徐州刺史，召補迎主簿，尋授太學博士。天嘉初，遷始興王府法曹行參軍，歷外兵參軍事，尚書主客郎，所居以幹理稱。太建初，遷太子少傅丞，新安王主簿，通直散騎侍郎，晉安王功曹史，太子中舍人。兼東宫領直，中舍人如故。丁父憂去職，服闋，襲封新豐縣侯，授戎昭將軍、鎮右新安王諮議參軍。

至德二年，遷廷尉卿，尋爲吏部郎。遷太子中庶子、中書舍人，掌詔誥。尋授左民尚書，與僕射江總知撰五禮事，尋加寧遠將軍。後主器其材幹，任寄日重，遷吏部尚書、安右將軍，每十日一往東宫，於太子前論述古今得喪及當時政務。又勑以廷尉寺獄，事無大小，取徵議決。俄有勑遣徵收募兵士，自爲部曲，徵善撫卹，得物情，旬月之閒，衆近一萬。徵位望既重，兼聲勢熏灼，物議咸忌憚之。尋徙爲中書令，將軍如故。中令清簡無事，或云徵有怨言，事聞後主，後主大怒，收奪人馬，將誅之，有固諫者，獲免。

禎明三年，隋軍濟江，後主以徵有幹用，權知中領軍。徵日夜勤苦，備盡心力，後主嘉焉，謂曰「事寧有以相報」。及決戰於鍾山南崗，勑徵守宮城西北大營，尋令督衆軍戰事。城陷，隨例入關。

徵美容儀，有口辯，多所詳究。至於士流官宦，皇家戚屬，及當朝制度，憲章儀軌，户口風俗，山川土地，問無不對。然性頗便佞進取，不能以退素自業。初拜吏部尚書，啓後主借鼓吹，後主謂所司曰：「鼓吹軍樂，有功乃授，蔡徵不自量揆，紊我朝章，然其父景歷既有締構之功，宜且如所啓，拜訖即追還。」徵不脩廉隅，皆此類也。隋文帝聞其敏贍，召見顧問，言輒會旨，然累年不調，久之，除太常丞。歷尚書民部、儀曹郎，轉給事〔二〕，卒，時年六十七。子翼，治尚書，官至司徒屬、德教學士。入隋，爲東宮學士。

史臣曰：宗元饒夙夜匪懈，濟務益時。司馬申清恪在朝，攻苦立行，加之以忠節，美矣。毛喜深達事機，匡贊時主。蔡徵聰敏才贍，而擅權自躓，惜哉。

校勘記

〔一〕右衛將軍領前將軍　「領前將軍」，按隋書卷二六百官志上，陳無「前將軍」，此處疑有訛脱。

〔二〕嘗隨父佚吏部尚書到仲舉　「到仲舉」，南史卷七七恩倖司馬申傳作「到溉」，疑是。按到仲舉未嘗爲吏部尚書，又按梁書卷三武帝紀下，大同五年至七年，到溉任吏部尚書。

〔三〕即於坐所呼與爲對　「爲對」，北監本、汲本、殿本作「對弈」。

〔四〕紹泰初遷儀同佚安都從事中郎　此處有疑。按梁書卷六敬帝紀，太平二年五月，佚安都始進號鎮北將軍，以本號開府儀同三司。

〔五〕封文始縣伯　「文始縣伯」，南史卷七七恩倖司馬申傳作「文招縣伯」。按陳時未見有文始縣，南齊書卷一四州郡志上、隋書卷三一地理志下有文招縣，「始」疑爲「招」之訛。

〔六〕須更聞奏　「更」，國圖本、三朝本、北監本、殿本及建康實録卷二〇作「臾」。

〔七〕十三年授散騎常侍丹陽尹　「十三年」，原作「十二年」，據三朝本、南監本、北監本、汲本、殿本改。按上文已有十二年，此處不應重出。張元濟校勘記：「宋誤。『十二年』已見上句。」

〔八〕非我所爲　「我」，國圖本、三朝本、南監本作「故」。

〔九〕侍中中撫軍將軍景歷子也　「中撫軍將軍」，按本書卷一六蔡景歷傳，禎明二年贈景歷「中撫將軍」。

〔一〇〕翔字仲舉　「字仲舉」三字疑衍。按梁書卷四一褚翔傳及南史卷二八褚裕之傳附褚翔傳，翔字「世舉」。

〔一一〕徵供侍益謹　「侍」，國圖本、三朝本、南監本、北監本、汲本、殿本作「持」。

〔三〕歷尚書民部儀曹郎轉給事　「給事」下南史卷六八蔡景歷傳附蔡徵傳、册府卷七七四總録部有「郎」字。按通鑑卷一八一隋紀五煬帝大業五年載給事郎蔡徵應對隋煬帝事。

陳書卷三十

列傳第二十四

蕭濟　陸瓊子從典　顧野王　傅縡章華

蕭濟字孝康，東海蘭陵人也。少好學，博通經史，諮梁武帝左氏疑義三十餘條，尚書僕射范陽張纘、太常卿南陽劉之遴並與濟討論，纘等莫能抗對。解褐梁祕書郎，遷太子舍人。預平侯景之功，封松陽縣侯，邑五百户。

及高祖作鎮徐方，以濟爲明威將軍、征北長史。承聖二年，徵爲中書侍郎，轉通直散騎常侍。世祖爲會稽太守，又以濟爲宣毅府長史，遷司徒左長史。世祖即位，授侍中。尋遷太府卿，丁所生母憂，不拜。濟毗佐二主，恩遇甚篤，賞賜加於凡等。歷守蘭陵、陽羨、臨津、臨安等郡，所在皆著聲績。

太建初，入爲五兵尚書，與左僕射徐陵、特進周弘正、度支尚書王瑒〔一〕、散騎常侍袁憲俱侍東宫。復爲司徒長史。尋授度支尚書、領羽林監。遷國子祭酒，領羽林如故。加金紫光禄大夫、兼安德宫衞尉。尋遷仁威將軍、揚州長史。高宗嘗勑取揚州曹事，躬自省覽，見濟條理詳悉，文無滯害，乃顧謂左右曰：「我本期蕭長史長於經傳，不言精練繁劇，乃至於此〔二〕。」遷祠部尚書、加給事中，復爲金紫光禄大夫。未拜而卒，時年六十六。詔贈本官，官給喪事。

陸瓊字伯玉，吴郡吴人也。祖完，梁琅邪、彭城二郡丞。父雲公，梁給事黄門侍郎，掌著作。

瓊幼聰惠有思理，六歲爲五言詩，頗有詞采。大同末，雲公受梁武帝詔校定棊品，到溉、朱异以下竝集，瓊時年八歲，於客前覆局，由是京師號曰神童。异言之武帝，有勑召見，瓊風神警亮，進退詳審，帝甚異之。十一，丁父憂，毁瘠有至性，從祖襄歎曰：「此兒必荷門基，所謂一不爲少。」及侯景作逆，攜母避地于縣之西鄉〔三〕，勤苦讀書，晝夜無怠，遂博學，善屬文。

永定中，州舉秀才。天嘉元年，爲寧遠始興王府法曹行參軍。尋以本官兼尚書外兵郎，以文學轉兼殿中郎，滿歲爲真。瓊素有令名，深爲世祖所賞。及討周迪、陳寶應等，都官符及諸大手筆，竝中勑付瓊。遷新安王文學，掌東宮管記。

及高宗爲司徒，妙簡僚佐，吏部尚書徐陵薦瓊於高宗曰：「新安王文學陸瓊，見識優敏，文史足用，進居郎署，歲月過淹，左西掾缺〔四〕，允膺茲選，階次小踰，其屈滯已積。」乃除司徒左西掾〔五〕。尋兼通直散騎常侍，聘齊。

太建元年，重以本官掌東宮管記。除太子庶子、兼通事舍人，轉中書侍郎，太子家令。長沙王爲江州刺史，不循法度，高宗以王年少，授瓊長史、行江州府國事、帶尋陽太守。瓊以母老，不欲遠出，太子亦固請留之，遂不行。累遷給事黄門侍郎、領羽林監。轉太子中庶子、領步兵校尉。又領大著作，撰國史。

後主即位，直中書省，掌詔誥。俄授散騎常侍、兼度支尚書、領揚州大中正。至德元年，除度支尚書，參掌詔誥〔六〕，并判廷尉、建康二獄事。初，瓊父雲公奉梁武帝勑撰嘉瑞記，瓊述其旨而續焉，自永定訖于至德，勒成一家之言。遷吏部尚書，著作如故。瓊詳練譜諜，雅鑒人倫，先是，吏部尚書宗元饒卒，右僕射袁憲舉瓊，高宗未之用也，至是居之，號爲稱職，後主甚委任焉。

瓊性謙儉，不自封植，雖位望日隆，而執志愈下。園池室宇，無所改作，車馬衣服，不尚鮮華，四時禄俸，皆散之宗族，家無餘財。暮年深懷止足，思避權要，恒謝病不視事。俄丁母憂，去職。初，瓊之侍東宮也，母隨在官舍，後主賞賜優厚。及喪柩還鄉，詔加賻贈，并遣謁者黄長貴持册奠祭，後主又自製誌銘，朝野榮之。瓊哀慕過毁，以至德四年卒，時年五十。詔贈領軍將軍，官給喪事。有集二十卷行於世。長子從宜，仕至武昌王文學。

第三子從典，字由儀。幼而聰敏。八歲，讀沈約集，見回文研銘，從典援筆擬之，便有佳致。年十三，作柳賦〔七〕，其詞甚美。瓊時爲東宫管記，宫僚竝一時俊偉，瓊示以此賦，咸奇其異才。從父瑜特所賞愛，及瑜將終，家中墳籍皆付從典，從典乃集瑜文爲十卷，仍製集序，其文甚工。

從典篤好學業，博涉羣書，於班史尤所屬意。年十五，本州舉秀才。解褐著作佐郎，轉太子舍人。時後主賜僕射江總并其父瓊詩，總命從典爲謝啓，俄頃便就，文華理暢，總甚異焉。尋授信義王文學，轉太子洗馬。又遷司徒左西掾、兼東宫學士。丁父憂去職。尋起爲德教學士，固辭不就，後主敕留一員，以待從典。俄屬金陵淪没，隨例遷關右。仕隋爲給事郎、兼東宫學士。又除著作佐郎。右僕射楊素奏從典續司馬遷史記迄于隋，其書未就。值隋末喪亂，寓居南陽郡，以疾卒，時年五十七。

顧野王字希馮，吳郡吳人也。祖子喬，梁東中郎武陵王府參軍事。父烜，信威臨賀王記室，兼本郡五官掾，以儒術知名。

野王幼好學。七歲，讀五經，略知大旨。九歲能屬文，嘗製日賦，領軍朱异見而奇之。年十二，隨父之建安，撰建安地記二篇。長而遍觀經史，精記嘿識，天文地理、蓍龜占候、蟲篆奇字，無所不通。梁大同四年，除太學博士。遷中領軍臨賀王府記室參軍。宣成王爲揚州刺史，野王及琅邪王褒竝爲賓客，王甚愛其才。野王又好丹青，善圖寫，王於東府起齋，乃令野王畫古賢，命王褒書贊，時人稱爲二絶。

及侯景之亂，野王丁父憂，歸本郡，乃召募鄉黨數百人，隨義軍援京邑。野王體素清羸，裁長六尺，又居喪過毁，殆不勝衣，及杖戈被甲，陳君臣之義，逆順之理，抗辭作色，見者莫不壯之。京城陷，野王逃會稽，尋往東陽，與劉歸義合軍據城拒賊。侯景平，太尉王僧辯深嘉之，使監海鹽縣。

高祖作宰，爲金威將軍，安東臨川王府記室參軍，尋轉府諮議參軍。天嘉元年，敕補撰史學士，尋加招遠將軍。光大元年，除鎮東鄱陽王諮議參軍。太建二年，遷國子博士。後主在東宮，野王兼東宮管記，本官如故。六年，除太子率更令，尋領大著作，掌國史，知梁史事，兼東宮通事舍人。時宮僚有濟陽江總，吴國陸瓊，北地傅縡，吴興姚察，竝以才學顯著，論者推重焉。遷黄門侍郎、光禄卿，知五禮事，餘官竝如故。十三年卒，時年六十三〔八〕。詔贈祕書監。至德二年，又贈右衞將軍〔九〕。

野王少以篤學至性知名，在物無過辭失色〔一〇〕，觀其容貌，似不能言，及其勵精力行，皆人所莫及。第三弟充國早卒，野王撫養孤幼，恩義甚厚。其所撰著玉篇三十卷，輿地志三十卷，符瑞圖十卷，顧氏譜傳十卷，分野樞要一卷，續洞冥紀一卷，玄象表一卷，竝行於世。又撰通史要略一百卷，國史紀傳二百卷，未就而卒。有文集二十卷。

傅縡字宜事，北地靈州人也。父彝，梁臨沂令。

縡幼聰敏，七歲誦古詩賦至十餘萬言。長好學，能屬文。梁太清末，攜母南奔避難，俄丁母憂，在兵亂之中，居喪盡禮，哀毁骨立，士友以此稱之。後依湘州刺史蕭循，循頗好士，廣集墳籍，縡肆志尋閲，因博通羣書。王琳聞其名，引爲府記室。琳敗，隨琳將孫瑒還都。時世祖使顏晃賜瑒雜物，瑒託縡啓謝，詞理優洽，文無加點，晃還言之世祖，尋召爲撰史學士。除司空府記室參軍，遷驃騎安成王中記室，撰史如故。

縡篤信佛教，從興皇惠朗法師受三論〔一一〕，盡通其學。時有大心暠法師著无諍論以詆之〔一二〕，縡乃爲明道論，用釋其難。其略曰：

無諍論言：比有弘三論者，雷同訶詆，恣言罪狀，歷毀諸師，非斥衆學〔一三〕，論中道而執偏心，語忘懷而競獨勝，方學數論〔一四〕，更爲讎敵，讎敵既搆，諍鬭大生，以此之心，而成罪業，罪業不止，豈不重增生死，大苦聚集？答曰：三論之興，爲日久矣。龍樹創其源，除內學之偏見；提婆揚其旨，蕩外道之邪執。欲使大化流而不擁〔一五〕，玄風闡而無墜。其言曠，其意遠，其道博，其流深。斯固龍象之騰驤，鯤鵬之摶運。蹇乘決羽，豈能觖望其間哉？頃代澆薄，時無曠士，苟習小學，以化蒙心，漸染成俗，遂迷正路，唯競穿鑿，各肆營造〔一六〕，枝葉徒繁，本源日翳，一師解釋，復異一師，更改舊宗，各立新意〔一七〕，同學之中，取寤復別〔一八〕，如是展轉，添糅倍多。總而用之，心無的准，擇而行之，何者爲正？豈不渾沌傷竅，嘉樹弊牙〔一九〕？雖復人說非馬，家握靈蛇，以無當之卮，同畫地之餅矣。其於失道，不亦宜乎？攝山之學，則不如是。守一遵本，無改作之過；約文申意，杜臆斷之情。言無預說，理非宿構，覩緣尒乃應，見敵然後動。縱横絡驛，忽恍杳冥，或彌綸而不窮，或消散而無所。焕乎有文章，蹤朕不可得；深乎不可量，即事而非遠。凡相酬對，隨理詳覈，有何嫉詐，干犯諸師？且諸師所説，爲是可毁？爲不可毁？若可毁者，毁故爲衰，若不可毁，毁自不及。法師何獨蔽護不聽毁乎？且教有大小，備在聖誥，大乘之文，則指斥小道。今弘大法，寧得不言大乘之意耶？斯則褒貶之事，從弘放學〔二〇〕，與奪之辭，依經議論。何得見佛説而信順，在我語而忤逆？無諍平等心如是耶？且忿恚煩惱，凡夫恒性，失理之徒，率皆有此。豈可以三脩未愜，六師懷恨，而藴涅槃妙法，永不宣揚？但冀其忿憤之心既極，恬淡之寤自成耳。人面不同，其心亦異，或有辭意相反，或有心口相符。豈得必謂他人説中道而心偏執，己行無諍，外不違而内平等？讎敵鬭訟，豈我事焉，罪業聚集，鬭諍者所畏耳。

無諍論言：攝山大師誘進化導，則不如此，即習行於無諍者也。導悟之德既往，淳一之風已澆，競勝之心，呵毁之曲〔二一〕，盛於兹矣。吾願息諍以通道，讓勝以忘德。何必排拂異家〔二二〕，生其恚怒者乎？若以中道之心行於成實，亦能不諍；若以偏著之心説於中論，亦得有諍。固知諍與不諍，偏在一法〔二三〕。答曰：攝山大師實無諍矣，但法師所賞，未衷其節。彼靜守幽谷，寂尒無爲，凡有訓勉，莫匪同志，從容語嘿，物無閒然，故其意雖深，其言甚約。今之敷暢，地勢不然，處王城之隅，居聚落之内，呼吸顧望之客，脣吻縱横之士，奮鋒穎，勵羽翼，明目張膽，被堅執鋭，騁異家，衒别解，窺伺閒隙，邀冀長短，與相酬對，捔其輕重，豈得默默無言，唯唯應命？必須掎摭同異，發擿玭瑕，忘身而弘道，忤俗而通教，以此爲病，益知未達。若令大師當此之地，亦何必默己而爲法師所貴耶〔二四〕？法師又言：「吾願息諍以通道，讓勝以忘德。」道德之事，不止在諍與不諍，讓與不讓也。此語直是人閒所重，法師慕而言之，竟未知勝若爲可讓也。若他人道高，則自勝不勞讓矣，他人道劣，則雖讓而無益矣。欲讓之辭，將非虚設？中道之心，無處不可。成實三論，何事致乖？但須息守株之解，除膠柱之意，是事皆中也。來旨言「諍與不諍，偏在一法」〔二五〕，何爲獨褒無諍耶？詎非矛楯？

無諍論言：邪正得失，勝負是非，必生於心矣，非謂所説之法，而有定相論勝劣也。若異論是非，以偏著爲失言，無是無非，消彼得失，以此論爲勝妙者，他論所不及，此亦爲失也。何者？凡心所破，豈無心於能破，則勝負之心不忘，寧不存勝者乎？斯則矜我爲得，棄他之失，即有取捨，大生是非，便是增諍。答曰：言爲心使〔二六〕，心受言詮，和合根塵，鼓動風氣，故成語也。事必由心，實如來説。至於心造僞以使口，口行詐以應心，外和而内險，言隨而意逆，求利養，引聲名，入道之人，在家之士，斯輩非一。聖人所以曲陳教誡，深致防杜，説見在之殃咎，敍將來之患害，此文明著，甚於日月，猶有忘愛軀，冒峻制，蹈湯炭，甘虀粉，必行而不顧也。豈能悦無諍之作，而回首革音耶？若弘道之人，宣化之士，心知勝也，口言勝也，心知劣也，口言劣也，亦無所苞藏，亦無所忌憚，但直心而行之耳。他道雖劣，聖人之教也；己德雖優，亦聖人之教也。我勝則聖人勝，他劣則聖人劣。聖人之優劣，蓋根緣所宜尒。於彼於此，何所厚薄哉？雖復終日按劍，極夜擊柝，瞋目以爭得失〔三七〕，作氣以求勝負，在誰處乎？有心之與無心，徒欲分別虚空耳。何意不許我論説〔三八〕，而使我謙退？此謂鷦鵬已翔於寥廓，而虞者猶窺藪澤而求之。嗟乎！丈夫當弘斯道矣。

無諍論言：無諍之道，通於内外。子所言須諍者，此用末而救本，失本而營末者也。今爲子言之。何則？若依外典，尋書契之前，至淳之世，朴質其心，行不言之教，當于此時，民至老死不相往來，而各得其所，復有何諍乎？固知本來不諍〔三九〕，是物之真矣。答曰：諍與無諍，不可偏執。本之與末，又安可知？由來不諍，寧知非末？於今而諍，何驗非本？夫居後而望前，則爲前；居前而望後，則爲後。而前後之事猶如彼此，彼呼此爲彼，此呼彼爲彼，彼此之名，的居誰處？以此言之，萬事可知矣。本末前後，是非善惡，可恒守邪？何得自信聰明，廢他耳目？夫水泡生滅，火輪旋轉，入牢穽，受羈紲，生憂畏，起煩惱，其失何哉？不與道相應，而起諸見故也。相應者則不然，無爲也，無不爲也。善惡不能偕，而未曾離善惡，生死不能至，亦終然在生死，故得永離而任放焉。是以聖人念繞桎之不脱，愍黏膠之難離，故殷勤教示，備諸便巧。希向之徒，涉求有類，雖驎角難成，象形易失，寧得不髣髴遐路，勉勵短晨？且當念己身之善惡，莫揣他物，而欲分别，而言我聰明〔三〇〕，我知見，我計校，我思惟，以此而言，亦爲疎矣。他人者實難測，或可是凡夫真尒，亦可是聖人俯同，時俗所宜見，果報所應覩。安得肆胸衿，盡情性，而生譏誚乎？正應虚己而遊乎世，俛仰於電露之閒耳。明月在天，衆水咸見，清風至林，羣籟畢響，吾豈逆物哉〔三一〕？不入鮑魚，不甘腐鼠，吾豈同物哉？誰能知我，共行斯路。浩浩乎，堂堂乎，豈復見有諍爲非，無諍爲是？此則諍者自諍，無諍者自無諍，吾俱取而用之。寧勞法師費功夫，點筆紙，但申於無諍，弟子疲脣舌，消晷漏，唯對於明道？戲論哉！糟粕哉！必欲且考真僞〔三二〕，蹔觀得失，無過依賢聖之言，檢行藏之理，始終研究，表裏綜覈，使浮辭無所用，詐道自然消。請待後筵，以觀其妙矣。

尋以本官兼通直散騎侍郎，使齊。還除散騎侍郎，鎮南始興王諮議參軍、兼東宫管記。歷太子庶子、僕，兼管記如故。後主即位，遷祕書監、右衞將軍、兼中書通事舍人，掌詔誥。

縡爲文典麗，性又敏速，雖軍國大事，下筆輒成，未嘗起草，沈思者亦無以加焉，甚爲後主所重。然性木彊，不持檢操，負才使氣，陵侮人物，朝士多銜之。會施文慶、沈客卿以便佞親幸，專制衡軸，而縡益疏。文慶等因共譖縡受高驪使金，後主收縡下獄。縡素剛，因憤恚，乃於獄中上書曰：「夫君人者，恭事上帝，子愛下民，省嗜慾，遠諂佞，未明求衣，日旰忘食，是以澤被區宇，慶流子孫。陛下頃來酒色過度，不虔郊廟之神，專媚淫昏之鬼。小人在側，宦豎弄權，惡忠直若仇讎，視生民如草芥。後宮曳綺繡，廄馬餘菽粟，百姓流離，殭尸蔽野。貨賄公行，帑藏損耗，神怒民怨，衆叛親離。恐東南王氣，自斯而盡。」書奏，後主大怒。頃之，意稍解，遣使謂縡曰：「我欲赦卿，卿能改過不？」縡對曰：「臣心如面，臣面可改，則臣心可改。」後主於是益怒，令宦者李善慶窮治其事〔三三〕，遂賜死獄中，時年五十五。有集十卷行於世。

時有吳興章華，字仲宗，家世農夫，至華獨好學，與士君子遊處，頗覽經史，善屬文。侯景之亂，乃遊嶺南，居羅浮山寺，專精習業。歐陽頠爲廣州刺史，署爲南海太守。及歐陽紇敗，乃還京師。太建中，高宗使吏部侍郎蕭引喻廣州刺史馬靖，令入子爲質，引奏華與俱行。使還，而高宗崩。後主即位，朝臣以華素無伐閱，競排詆之，乃除大市令，既雅非所好，乃辭以疾，鬱鬱不得志。禎明初，上書極諫，其大略曰：「昔高祖南平百越，北誅逆虜；世祖東定吳會，西破王琳；高宗克復淮南，辟地千里：三祖之功，亦至勤矣。陛下即位，于今五年，不思先帝之艱難，不知天命之可畏，溺於嬖寵，惑於酒色，祠七廟而不出，拜妃嬪而臨軒，老臣宿將，棄之草莽，諂佞讒邪，昇之朝廷。今壃埸日蹙，隋軍壓境，陛下如不改絃易張，臣見麋鹿復遊於姑蘇臺矣。」書奏，後主大怒，即日命斬之。

史臣曰：蕭濟、陸瓊，俱以才學顯著，顧野王博極羣典，傅縡聰警特達，竝一代之英靈矣。然縡不能循道進退，遂寘極網，悲夫！

校勘記

〔一〕度支尚書王瑒　「瑒」字原爲墨釘，據三朝本、南監本、北監本、汲本、殿本、局本補。

〔二〕不言精練繁劇乃至於此　「不言」，局本作「不圖」，御覽卷二六三引陳書作「不意」。

〔三〕攜母避地于縣之西鄉　「縣之西鄉」，册府卷七九八總録部作「吴縣之北鄉」。

〔四〕左西掾缺　「左西掾」，御覽卷六三一引陳書作「左曹掾」。

〔五〕乃除司徒左西掾　「左西掾」，御覽卷六三一引陳書作「左曹掾」。

〔六〕參掌詔誥　南史卷四八陸瓊傳作「參選事掌誥詔」。

〔七〕年十三作柳賦　「十三」，南史卷四八陸瓊傳及御覽卷六〇二引陳書作「十二」。

〔八〕十三年卒時年六十三　按建康實録卷二〇，顧野王卒於太建十二年庚子六月，年六十二。

〔九〕又贈右衛將軍　「右衛將軍」，按隋書卷三二經籍志一、卷三五經籍志四作「左衛將軍」。

〔一〇〕在物無過辭失色　「物」，南監本、汲本作「朝」。按南史卷六九顧野王傳亦作「物」。

〔一一〕從興皇惠朗法師受三論　「興皇」下北監本、汲本、殿本、局本及南史卷六九傅縡傳有「寺」字。

〔一二〕時有大心暠法師著无諍論以詆之　「大心暠法師」，御覽卷六五四引陳書作「大心寺曇法師」。

〔一三〕非斥衆學　「衆」，按文苑英華卷七四七傅縡明道論作「宿」。

〔一四〕方學數論　「方學」，按文苑英華卷七四七傅縡明道論作「方與」。

〔一五〕欲使大化流而不擁　「大化」，按文苑英華卷七四七傅縡明道論作「清源」。

〔一六〕各肆營造　「營造」，按文苑英華卷七四七傅縡明道論作「掎摭」。

〔一七〕更改舊宗各立新意　按文苑英華卷七四七傅縡明道論作「甲改舊宗乙立新意」。

〔一八〕取寤復別　「寤」，按文苑英華卷七四七傅縡明道論作「捨」。

〔一九〕嘉樹弊牙　按文苑英華卷七四七傅縡明道論作「蝮虵斷手」。

〔二〇〕從弘放學　「弘」，按文苑英華卷七四七傅縡明道論作「佛」，疑是，「弘」或「仏」之形訛。

〔二一〕呵毁之曲　「呵」，三朝本、北監本、汲本、殿本、局本及册府卷八二一總録部宋本作「阿」。

〔二二〕何必排拂異家　「排拂」，册府卷八二一總録部作「撥亂」，按文苑英華卷七四七傅縡明道論作「排撥」。

〔二三〕偏在一法　「偏」，册府卷八二一總録部宋本作「俱」，按文苑英華卷七四七傅縡明道論作「不偏」。

〔二四〕亦何必默己而爲法師所貴耶　「貴」，按文苑英華卷七四七傅縡明道論作「責」。

〔二五〕諍與不諍偏在一法　册府卷八二一總録部宋本作「不諍不偏在一法」，按文苑英華卷七四七傅縡明道論作「諍與不諍不偏在一法」。

〔二六〕言爲心使　册府卷八二一總録部宋本作「言心使心」。

〔二七〕瞋目以爭得失　「瞋」，按文苑英華卷七四七傅縡明道論作「瞑」。

〔二八〕何意不許我論説　「論説」，按文苑英華卷七四七傅縡明道論作「誠説」。

〔二九〕固知本來不諍　「本來」，按文苑英華卷七四七傅縡明道論作「本末」。

〔三〇〕而欲分別而言我聰明　「而言」，按文苑英華卷七四七傅縡明道論作「也言」，「也」字屬上讀。

〔三一〕吾豈逆物哉　「逆」，册府卷八二一總録部宋本作「遠」。

〔三〕必欲且考真僞　「且」，册府卷八二一總録部作「具」，按文苑英華卷七四七傅縡明道論亦作「具」。

〔三〕令宦者李善慶窮治其事　「李善慶」，南史卷六九傅縡傳作「李善度」。按本書卷七後主沈皇后傳附魏徵史論、卷二一蕭允傳附蕭引傳有宦者名「李善度」，未知是否同一人。

陳書卷三十一

列傳第二十五

蕭摩訶　任忠　樊毅 弟猛　魯廣達

蕭摩訶字元胤，蘭陵人也。祖靚，梁右將軍。父諒，梁始興郡丞。摩訶隨父之郡，年數歲而父卒，其姑夫蔡路養時在南康〔一〕，乃收養之。稍長，果毅有勇力。侯景之亂，高祖赴援京師，路養起兵拒高祖，摩訶時年十三，單騎出戰，軍中莫有當者。及路養敗，摩訶歸于侯安都，安都遇之甚厚，自此常隸安都征討。及任約、徐嗣徽引齊兵爲寇，高祖遣安都北拒齊軍於鍾山龍尾及北郊壇。安都謂摩訶曰：「卿驍勇有名，千聞不如一見。」摩訶對曰：「今日令公見矣。」及戰，安都墜馬被圍，摩訶獨騎大呼，直衝齊軍，齊軍披靡，因稍解去，安都乃免。天嘉初，除本縣令。以平留異、歐陽紇之功，累遷巴山太守。

太建五年，衆軍北伐，摩訶隨都督吳明徹濟江攻秦郡。時齊遣大將尉破胡等率衆十萬來援，其前隊有「蒼頭」、「犀角」、「大力」之號，皆身長八尺，膂力絶倫，其鋒甚鋭。又有西域胡，妙於弓矢，弦無虛發，衆軍尤憚之。及將戰，明徹謂摩訶曰：「若殪此胡，則彼軍奪氣，君有關、張之名，可斬顏良矣。」摩訶曰：「願示其形狀〔二〕，當爲公取之。」明徹乃召降人有識胡者，云胡著絳衣，樺皮裝弓，兩端骨弭。明徹遣人覘伺，知胡在陣，乃自酌酒以飲摩訶。摩訶飲訖，馳馬衝齊軍，胡挺身出陣前十餘步，彀弓未發，摩訶遥擲銑鋧，正中其額〔三〕，應手而仆。齊軍「大力」十餘人出戰，摩訶又斬之，於是齊軍退走。以功授明毅將軍、員外散騎常侍，封廉平縣伯，邑五百户。尋進爵爲侯，轉太僕卿，餘如故。七年，又隨明徹進圍宿預，擊走齊將王康德，以功除晉熙太守。九年，明徹進軍呂梁，與齊人大戰，摩訶率七騎先入，手奪齊軍大旗，齊衆大潰〔四〕。以功授持節、武毅將軍、譙州刺史。

及周武帝滅齊，遣其將宇文忻率衆爭呂梁，戰於龍晦。時忻有精騎數千，摩訶領十二騎深入周軍，縱横奮擊，斬馘甚衆。及周遣大將軍王軌來赴，結長圍連鏁於呂梁下流，斷大軍還路。摩訶謂明徹曰：「聞王軌始鏁下流，其兩頭築城，今尚未立，公若見遣擊之，彼必不敢相拒。水路未斷，賊勢不堅，彼城若立，則吾屬且爲虜矣。」明徹乃奮髯曰：「搴旗陷陣，將軍事也；長筭遠略，老夫事也。」摩訶失色而退。一旬之閒，周兵益至，摩訶又請於明徹曰：「今求戰不得，進退無路，若潛軍突圍，未足爲恥。願公率步卒，乘馬轝徐行〔五〕，摩訶領鐵騎數千，驅馳前後，必當使公安達京邑。」明徹曰：「弟之此計，乃良圖也。然老夫受脤專征，不能戰勝攻取，今被圍逼蹙，慙實無地。且步軍既多，吾爲總督，必須身居其後，相率兼行。弟馬軍宜須在前，不可遲緩。」摩訶因率馬軍夜發。先是，周軍長圍既合，又於要路下伏數重，摩訶選精騎八十，率先衝突，自後衆騎繼焉，比旦達淮南。高宗詔徵還，授右衞將軍。十一年，周兵寇壽陽，摩訶與樊毅等衆軍赴援，無功而還。

十四年，高宗崩，始興王叔陵於殿内手刃後主，傷而不死，叔陵奔東府城。時衆心猶預，莫有討賊者，東宮舍人司馬申啓後主，馳召摩訶，入見受勑，乃率馬步數百，先趣東府城西門屯軍。叔陵惶遽，自城南門而出，摩訶勒兵追斬之。以功授散騎常侍、車騎大將軍〔六〕，封綏遠郡公〔七〕，邑三千户，叔陵素所蓄聚金帛累巨萬，後主悉以賜之。尋改授侍中、驃騎大將軍〔八〕、加左光禄大夫。舊制三公黄閤聽事置鴟尾，後主特賜摩訶開黄閤，門施行馬，聽事寢堂竝置鴟尾。仍以其女爲皇太子妃。

會隋總管賀若弼鎮廣陵，窺覦江左，後主委摩訶備禦之任，授南徐州刺史，餘竝如故。及禎明三年正月元會，徵摩訶還朝，賀若弼乘虚濟江，襲京口，摩訶請兵逆戰，後主不許。及若弼進軍鍾山〔九〕，摩訶又請曰「賀若弼懸軍深入，聲援猶遠，且其壘壍未堅，人情惶懼，出兵掩襲，必大克之」，後主又不許。及隋軍大至，將出戰，後主謂摩訶曰：「公可爲我一決。」摩訶曰：「從來行陣，爲國爲身，今日之事，兼爲妻子。」後主多出金帛，頒賞諸軍，令中領軍魯廣達陳兵白土崗，居衆軍之南偏，鎮東大將軍任忠次之，護軍將軍樊毅、都官尚書孔範次之，摩訶軍最居北，衆軍南北亘二十里，首尾進退，各不相知。賀若弼初謂未戰，將輕騎，登山觀望形勢，及見衆軍，因馳下置陣。廣達首率所部進薄，弼軍屢却，俄而復振，更分軍趣北突諸將，孔範出戰，兵交而走，諸將支離，陣猶未合，騎卒潰散，駐之弗止，摩訶無所用力焉，爲隋軍所執。

及京城陷，賀若弼置後主於德教殿，令兵衛守，摩訶請弼曰：「今爲囚虜，命在斯須，願得一見舊主，死無所恨。」弼哀而許之。摩訶入見後主，俯伏號泣，仍於舊廚取食而進之，辭訣而出，守衛者皆不能仰視。其年入隋，授開府儀同三司。尋從漢王諒詣并州，同諒作逆，伏誅，時年七十三〔一〇〕。

摩訶訥於語言，恂恂長者，至於臨戎對寇，志氣奮發，所向無前。年未弱冠，隨侯安都在京口，性好射獵，無日不畋遊。及安都東征西伐，戰勝攻取，摩訶功寔居多。

子世廉，少警俊，敢勇有父風。性至孝，及摩訶凶終，服闋後，追慕彌切。其父時賓故脱有所言及，世廉對之，哀慟不自勝，言者爲之歔欷。終身不執刀斧，時人嘉焉。

摩訶有騎士陳智深者，勇力過人，以平叔陵之功，爲巴陵内史。摩訶之戮也，其妻子先已籍没〔一一〕，智深收摩訶屍，手自殯斂〔一二〕，哀感行路，君子義之。潁川陳禹，亦隨摩訶征討，聰敏有識量，涉獵經史，解風角、兵書，頗能屬文，便騎射，官至王府諮議。

任忠字奉誠，小名蠻奴，汝陰人也。少孤微，不爲鄉黨所齒。及長，譎詭多計略，膂力過人，尤善騎射，州里少年皆附之。梁鄱陽王蕭範爲合州刺史，聞其名，引置左右。侯景之亂，忠率鄉黨數百人，隨晉熙太守梅伯龍討景將王貴顯於壽春〔一三〕，每戰却敵。會土人胡通聚衆寇抄，範命忠與主帥梅思立并軍討平之。仍隨範世子嗣率衆入援，會京城陷，旋戍晉熙。侯景平，授蕩寇將軍。

王琳立蕭莊，署忠爲巴陵太守。琳敗還朝，遷明毅將軍、安湘太守，仍隨侯瑱進討巴、湘。累遷豫寧太守，衡陽内史。華皎之舉兵也，忠預其謀。及皎平，高宗以忠先有密啓於朝廷，釋而不問。太建初，隨章昭達討歐陽紇於廣州，以功授直閤將軍。遷武毅將軍、廬陵内史，秩滿，入爲右軍將軍。

五年，衆軍北伐，忠將兵出西道，擊走齊歷陽王高景安於大峴，逐北至東關，仍克其東西二城。進軍蘄、譙〔一四〕，並拔之。徑襲合肥，入其郛。進克霍州。以功授員外散騎常侍，封安復縣侯，邑五百户。吕梁之喪師也，忠全軍而還。尋詔忠都督壽陽新蔡、霍州緣淮衆軍，進號寧遠將軍、霍州刺史。入爲左衛將軍。十一年，加北討前軍事，進號平北將軍，率衆步騎趣秦郡。十二年，遷使持節、散騎常侍、都督南豫州諸軍事、平南將軍、南豫州刺史，增邑并前一千五百户。仍率步騎趣歷陽。周遣王延貴率衆爲援，忠大破之，生擒延貴。後主嗣位，進號鎮南將軍，給鼓吹一部。入爲領軍將軍，加侍中，改封梁信郡公〔一五〕，邑三千户。出爲吴興内史，加秩中二千石。

及隋兵濟江，忠自吴興入赴，屯軍朱雀門。後主召蕭摩訶以下於内殿定議，忠執議曰：「兵家稱客主異勢，客貴速戰，主貴持重。宜且益兵堅守宫城，遣水軍分向南豫州及京口道，斷寇糧運。待春水長，上江周羅睺等衆軍，必沿流赴援，此良計矣。」衆議不同，因遂出戰。及敗，忠馳入臺見後主，言敗狀，啓云：「陛下唯當具舟檝，就上流衆軍，臣以死奉衛。」後主信之，勑忠出部分，忠辭云：「臣處分訖，即當奉迎。」後主令宫人裝束以待忠，久望不至。隋將韓擒虎自新林進軍，忠乃率數騎往石子崗降之，仍引擒虎軍共入南掖門。臺城陷，其年入長安，隋授開府儀同三司。卒，時年七十七。子幼武，官至儀同三司。

時有沈客卿者，吴興武康人，性便佞忍酷，爲中書舍人，每立異端，唯以刻削百姓爲事，由是自進。有施文慶者，吴興烏程人，起自微賤，有吏用，後主拔爲主書，遷中書舍人，俄擢爲湘州刺史。未及之官，會隋軍來伐，四方州鎮，相繼以聞。文慶、客卿俱掌機密，外有表啓，皆由其呈奏。文慶心悦湘州重鎮，冀欲早行，遂與客卿共爲表裏，抑而不言，後主弗之知也，遂以無備，至乎敗國，寔二人之罪。隋軍既入，竝戮之於前闕。

樊毅字智烈，南陽湖陽人也。祖方興，梁散騎常侍、仁威將軍、司州刺史，魚復縣侯。父文熾，梁散騎常侍、信武將軍、益州刺史〔一六〕，新蔡縣侯。毅累葉將門，少習武善射。侯景之亂，毅率部曲隨叔父文皎援臺。文皎於青溪戰殁，毅將宗族子弟赴江陵，仍隸王僧辯，討河東王蕭譽，以功除假節、威戎將軍、右中郎將。代兄俊爲梁興太守，領三州遊軍，隨宜豐侯蕭循討陸納於湘州。軍次巴陵，營頓未立，納潛軍夜至，薄營大譟，營中將士皆驚擾，毅獨與左右數十人，當營門力戰，斬十餘級，擊鼓申命，衆乃定焉。以功授持節、通直散騎常侍、貞威將軍，封夷道縣伯，食邑三百户。尋除天門太守，進爵爲侯，增邑并前一千户。及西魏圍江陵，毅率兵赴援，會江陵陷，爲岳陽王所執，久之遁歸。

朝。高祖受禪，毅與弟猛舉兵應王琳，琳敗奔齊〔一七〕，太尉侯瑱遣使招毅，毅率子弟部曲還朝。天嘉二年，授通直散騎常侍，仍隨侯瑱進討巴、湘。累遷武州刺史。太建初，轉豐州刺史，封高昌縣侯，邑一千户。入爲左衛將軍。五年，衆軍北伐，毅率衆攻廣陵楚子城，拔之，擊走齊軍於潁口，齊援滄陵，又破之。七年，進克潼州、下邳高柵等六城。及吕梁喪師，詔以毅爲大都督，進號平北將軍，率衆渡淮，對清口築城，與周人相抗，霖雨城壞，毅全軍自拔。尋遷中領軍。十一年，周將梁士彦將兵圍壽陽，詔以毅爲都督北討前軍事〔一八〕，率水軍入焦湖。尋授鎮西將軍、都督荆郢巴武四州水陸諸軍事。十二年，進督沔漢諸軍事，以公事免。十三年，徵授中護軍。尋遷護軍將軍，荆州刺史。

後主即位，進號征西將軍，改封逍遥郡公，邑三千户，餘竝如故。入爲侍中、護軍將軍。及隋兵濟江，毅謂僕射袁憲曰：「京口、採石，俱是要所，各須鋭卒數千，金翅二百，都下江中，上下防捍。如其不然，大事去矣。」諸將咸從其議。會施文慶等寢隋兵消息，毅計不行。京城陷，隨例入關，頃之卒。

猛字智武，毅之弟也。幼倜儻，有幹略。既壯，便弓馬，膽氣過人。青溪之戰，猛自旦訖暮，與虜短兵接，殺傷甚衆。臺城陷，隨兄毅西上京，累戰功爲威戎將軍。梁安南侯蕭方矩爲湘州刺史〔一九〕，以猛爲司馬。會武陵王蕭紀舉兵自漢江東下，方矩遣猛率湘、郢之卒，隨都督陸法和進軍以拒之。時紀已下，樓船戰艦據巴江，爭峽口，相持久之，不能決。法和揣紀師老卒墮，因令猛率驍勇三千，輕舸百餘乘，衝流直上，出其不意，鼓譟薄之。紀衆倉卒驚駭，不及整列，皆棄艦登岸，赴水死者以千數。時紀心膂數百人，猶在左右，猛將部曲三十餘人，蒙楯横戈，直登紀舟，瞋目大呼，紀侍衛皆披靡，相枕藉不敢動。猛手擒紀父子三人，斬於艑中，盡收其船艦器械。以功授游騎將軍，封安山縣伯，邑一千户。仍進軍撫定梁、益，蜀境悉平。軍還，遷持節、散騎常侍、輕車將軍、司州刺史，進爵爲侯，增邑并前二千户。

永定元年，周文育等敗於沌口，爲王琳所獲。琳乘勝將略南中諸郡，遣猛與李孝欽等將兵攻豫章，進逼周迪，軍敗，爲迪所執。尋遁歸王琳。王琳敗，還朝。天嘉二年，授通直散騎常侍、永陽太守。遷安成王府司馬。光大元年，授壯武將軍、廬陵内史。太建初，遷武毅將軍、始興平南府長史、領長沙内史。尋隸章昭達西討江陵，潛軍入峽，焚周軍船艦，以功封富川縣侯，邑五百户。歷散騎常侍，遷使持節、都督荆信二州諸軍事、宣遠將軍、荆州刺史。入爲左衛將軍。

後主即位，增邑并前一千户，餘竝如故。至德四年，授使持節、都督南豫州諸軍事、忠武將軍、南豫州刺史。隋將韓擒虎之濟江也，猛在京師，第六子巡攝行州事，擒虎進軍攻陷之，巡及家口竝見執。時猛與左衞將軍蔣元遜領青龍八十艘爲水軍，於白下遊弈，以禦隋六合兵，後主知猛妻子在隋軍，懼其有異志，欲使任忠代之，又重傷其意，乃止。禎明三年入于隋。

魯廣達字遍覽，吴州刺史悉達之弟也。少慷慨，志立功名，虛心愛士，賓客或自遠而至。時江表將帥，各領部曲，動以千數，而魯氏尤多。釋褐梁邵陵王國右常侍，遷平南當陽公府中兵參軍。侯景之亂，與兄悉達聚衆保新蔡。梁元帝承制，授假節、壯武將軍、晉州刺史。王僧辯之討侯景也，廣達出境候接，資奉軍儲，僧辯謂沈炯曰：「魯晉州亦是王師東道主人。」仍率衆隨僧辯。景平，加員外散騎常侍，餘如故。

高祖受禪，授征遠將軍、東海太守。尋徙爲桂陽太守，固辭不拜，入爲員外散騎常侍。除假節、信武將軍、北新蔡太守。隨吴明徹討周迪於臨川，每戰功居最。仍代兄悉達爲吴州刺史，封中宿縣侯，邑五百户。光禄大夫〔二〇〕。元年，授通直散騎常侍、都督南豫州諸軍事、南豫州刺史。華皎稱兵上流，詔司空淳于量率衆軍進討。軍至夏口，皎舟師彊盛，莫敢進者，廣達首率驍勇，直衝賊軍。戰艦既交，廣達憤怒大呼，登艦樓，獎勵士卒，風急艦轉，樓搖動，廣達足跌墮水，沈溺久之，因救獲免。皎平，授持節、智武將軍、都督巴州諸軍事、巴州刺史。

太建初，與儀同章昭達入峽口，拓定安蜀等諸州鎮。時周氏將圖江左，大造舟艦於蜀，并運糧青泥，廣達與錢道戢等將兵掩襲，縱火焚之。以功增封并前二千户，仍還本鎮。廣達爲政簡要，推誠任下，吏民便之。及秩滿，皆詣闕表請，於是詔留二年。五年，衆軍北伐，略淮南舊地，廣達與齊軍會於大峴，大破之，斬其敷城王張元範〔二一〕，虜獲不可勝數。進克北徐州，乃授都督北徐州諸軍事、徐州刺史〔二二〕。尋加散騎常侍，入爲右衛將軍。八年，出爲北兗州刺史，遷晉州刺史。十年，授使持節、都督合霍二州諸軍事，進號仁威將軍、合州刺史。十一年，周將梁士彦將兵圍壽春，詔遣中領軍樊毅、左衛將軍任忠等分部趣陽平、秦郡，廣達率衆入淮，爲掎角以擊之。周軍攻陷豫、霍二州，南北兗、晉等各拔〔二三〕，諸將竝無功，盡失淮南之地，廣達因免官，以侯還第。十二年，與豫州刺史樊毅率衆北討〔二四〕，克郭默城。尋授使持節、平西將軍、都督郢州以上十州諸軍事〔二五〕，率舟師四萬，治江夏。周安州總管元景將兵寇江外〔二六〕，廣達命偏師擊走之。

後主即位，入爲安左將軍。尋授平南將軍、南豫州刺史，至德二年，授安南將軍。徵拜侍中，又爲安左將軍，改封綏越郡公，封邑如前，尋爲中領軍〔二七〕。及賀若弼進軍鍾山，廣達率衆於白土崗南置陣，與弼旗鼓相對。廣達躬擐甲冑，手執桴鼓，率勵敢死，冒刃而前，隋軍退走，廣達逐北至營，殺傷甚衆，如是者數四焉。及弼攻敗諸將，乘勝至宫城，燒北掖門，廣達猶督餘兵，苦戰不息，斬獲數十百人。會日暮，乃解甲，面臺再拜慟哭，謂衆曰：「我身不能救國，負罪深矣。」士卒皆涕泣歔欷，於是乃就執。禎明三年，依例入隋。

廣達愴本朝淪覆，遘疾不治，尋以憤慨卒，時年五十九。尚書令江總撫柩慟哭，乃命筆題其棺頭，爲詩曰：「黄泉雖抱恨，白日自流名，悲君感義死，不作負恩生。」總又製廣達墓銘，其略曰：「災流淮海，險失金湯，時屯運極，代革天亡。爪牙背義，介冑無良，獨摽忠勇，率禦有方。誠貫皎日，氣勵嚴霜，懷恩感報，撫事何忘。」

初，隋將韓擒虎之濟江也，廣達長子世真在新蔡，乃與其弟世雄及所部奔擒虎，遣使致書以招〔二八〕，廣達時屯兵京師，乃自劾廷尉請罪。後主謂之曰：「世真雖異路中大夫，公國之重臣，吾所恃賴，豈得自同嫌疑之間乎？」加賜黄金，即日還營。

廣達有隊主楊孝辯，時從廣達在軍中，力戰陷陣，其子亦隨孝辯，揮刃殺隋兵十餘人，力窮，父子俱死。

史臣曰：蕭摩訶氣冠三軍，當時良將，雖無智略，亦一代匹夫之勇矣，然口訥心勁，恂恂李廣之徒歟。任忠雖勇決彊斷，而心懷反覆，誣紿君上，自躓其惡，鄙矣。至於魯廣達全忠守道，殉義忘身，蓋亦陳代之良臣也。

校勘記

〔一〕其姑夫蔡路養時在南康　「姑夫」，南史卷六七蕭摩訶傳、册府卷八四七總録部明本作「姊夫」。按通鑑卷一六三梁紀一九簡文帝大寶元年云「路養妻姪蘭陵蕭摩訶」，是以路養爲摩訶姑夫。

〔二〕願示其形狀　「示」，御覽卷四三六引陳書作「識」。

〔三〕正中其額　「正」，御覽卷四三六引陳書、册府卷三九五將帥部作「立」。

〔四〕齊衆大潰　「齊衆」，汲本作「軍衆」。

〔五〕願公率步卒乘馬亹徐行　「率」，南監本、北監本、汲本、殿本作「引」。按册府卷三六三將帥部亦作「率」。

〔六〕以功授散騎常侍車騎大將軍　「車騎大將軍」，按本書卷六後主紀作「車騎將軍」。

〔七〕封綏遠郡公　「綏遠郡公」，南史卷六七蕭摩訶傳作「綏建郡公」。

〔八〕驃騎大將軍　按本書卷六後主紀、南史卷七七恩倖施文慶傳、建康實録卷二〇所記蕭摩訶軍號並爲「驃騎將軍」。

〔九〕及若弼進軍鍾山　「若弼」，此處疑有脱衍。賀若複姓，不當作「若弼」。按册府卷四四二將帥部作「弼」。

〔一〇〕時年七十三　按隋書卷三煬帝紀上，漢王諒舉兵及敗死在隋仁壽四年，則摩訶當生於梁中大通四年。然本傳上文云「路養起兵拒高祖，摩訶時年十三」，據本書卷一高祖紀上，路養起兵事在梁大寶元年，據此上推，摩訶應生於梁大同四年，被誅時年六十七。

〔一一〕其妻子先已籍没　「其妻子」，南史卷六七蕭摩訶傳、册府卷八〇三總録部作「其子」。

〔一二〕手自殯斂　「手」，册府卷八〇三總録部宋本作「首」。

〔一三〕隨晉熙太守梅伯龍討景將王貴顯於壽春　「王貴顯」，按梁書卷五六侯景傳及通鑑卷一六一梁紀一七武帝太清二年、卷一六二梁紀一八武帝太清三年並作「王顯貴」。

〔一四〕進軍蘄譙　「蘄」，原作「斬」，據北監本、汲本、殿本及南史卷六七任忠傳、册府卷三五二將帥部改。按本書卷五宣帝紀云太建五年任忠「進克蘄城。戊子，又克譙郡城」。南監本作「舒」，按南齊書卷一四州郡志上，廬江郡下有舒縣。

〔一五〕改封梁信郡公　「梁信郡公」，原作「梁信都郡公」，據南史卷六七任忠傳删「都」字。按隋書卷三一地理志下蒼梧郡封川縣條云梁置梁信郡，平陳郡廢。

〔一六〕益州刺史　「益州」，南史卷六七樊毅傳作「東益州」。

〔一七〕琳敗奔齊　册府卷四三八將帥部作「琳敗毅奔齊」。

〔一八〕詔以毅爲都督北討前軍事　按本書卷五宣帝紀，樊毅是年所任爲都督北討諸軍事，據宣帝紀與本卷任忠傳，任都督北討前軍事者爲任忠。

〔一九〕梁安南侯蕭方矩爲湘州刺史　「安南侯」，南史卷六七樊毅傳附樊猛傳作「南安侯」。按梁書卷八愍懷太子傳云方矩「初封南安縣侯」，然通鑑卷一六二梁紀一八武帝太清三年、卷一六四梁紀二〇簡文帝大寶二年記蕭方矩封爵俱作「安南侯」。

〔二〇〕光禄大夫　按此處當有脱衍。南史卷六七魯悉達傳附魯廣達傳作「光大」，與下文「元年」連讀。

〔二一〕斬其敷城王張元範　「王」，北監本、汲本、殿本及南史卷六七魯悉達傳附魯廣達傳、册府卷三五二將帥部作「主」。按北齊書卷一九張保洛傳，張保洛齊世封敷城郡王，時已卒，元範或即保洛子嗣封者。

〔二二〕乃授都督北徐州諸軍事徐州刺史　「徐州刺史」，南史卷六七魯悉達傳附魯廣達傳作「北徐州刺史」。

〔二三〕南北兗晉等各拔　「各拔」，北監本、汲本、殿本及南史卷六七魯悉達傳附魯廣達傳作「各自拔」。

〔二四〕與豫州刺史樊毅率衆北討　「豫州」，南史卷六七魯悉達傳附魯廣達傳作「南豫州」。

〔二五〕都督郢州以上十州諸軍事　「十州」，南史卷六七魯悉達傳附魯廣達傳作「七州」。

〔二六〕周安州總管元景將兵寇江外　「元景」，按隋書作「元景山」，卷三九有元景山傳。

〔二七〕又爲安左將軍改封綏越郡公封邑如前尋爲中領軍　按本書卷六後主紀載，禎明二年六月「以安右將軍魯廣達爲中領軍」。

〔二八〕遣使致書以招　「遣使」上北監本、汲本、殿本有「擒虎」二字，「招」下北監本、汲本、殿本及南史卷六七魯悉達傳附魯廣達傳、通鑑卷一七七隋紀一文帝開皇九年有「廣達」二字。

陳書卷三十二

列傳第二十六

孝行

殷不害 弟不佞　謝貞　司馬暠　張昭

孔子曰：「夫聖人之德，何以加於孝乎？」孝者，百行之本，人倫之至極也。凡在性靈，孰不由此。若乃奉生盡養，送終盡哀，或泣血三年，絶漿七日，思蓼莪之慕切，追顧復之恩深，或德感乾坤，誠貫幽顯，在於歷代，蓋有人矣。陳承梁室喪亂，風漓化薄，及迹隱閭閻，無聞視聽，今之採綴，以備闕云。

殷不害字長卿，陳郡長平人也。祖任〔一〕，齊豫章王行參軍。父高明，梁尚書中兵郎。不害性至孝，居父憂過禮，由是少知名。家世儉約，居甚貧窶，有弟五人，皆幼弱，不害事老母，養小弟，勤劇無所不至，士大夫以篤行稱之。

年十七，仕梁。爲廷尉平〔二〕，不害長於政事〔三〕，兼飾以儒術，名法有輕重不便者，輒上書言之，多見納用。大同五年，遷鎮西府記室參軍，尋以本官兼東宮通事舍人。是時朝廷政事多委東宮，不害與舍人庾肩吾直日奏事，梁武帝嘗謂肩吾曰：「卿是文學之士，吏事非卿所長〔四〕，何不使殷不害來邪？」其見知如此。簡文又以不害善事親，賜其母蔡氏錦裙襦、氈席、被褥，單複畢備。七年，除東宮步兵校尉。太清初，遷平北府諮議參軍，舍人如故。

侯景之亂，不害從簡文入臺。及臺城陷，簡文在中書省，景帶甲將兵入朝陛見，過謁簡文。景兵士皆羌、胡雜種，衝突左右，甚不遜，侍衞者莫不驚恐辟易，唯不害與中庶子徐摛侍側不動。及簡文爲景所幽，遣人請不害與居處，景許之，不害供侍益謹。簡文夜夢吞一塊土，意甚不悅，以告不害，不害曰：「昔晉文公出奔，野人遺之塊，卒反晉國，陛下此夢，事符是乎？」簡文曰：「若天有徵，冀斯言不妄。」

梁元帝立，以不害爲中書郎、兼廷尉卿，因將家屬西上。江陵之陷也，不害先於別所督戰，失母所在。于時甚寒，冰雪交下，老弱凍死者填滿溝塹。不害行哭道路，遠近尋求，無所不至，遇見死人溝水中，即投身而下，扶捧閱視，舉體凍濕，水漿不入口，號泣不輟聲，如是者七日，始得母屍。不害憑屍而哭，每舉音輒氣絶，行路無不爲之流涕。即於江陵權殯，與王裒、庾信俱入長安，自是蔬食布衣，枯槁骨立，見者莫不哀之。

太建七年，自周還朝，其年詔除司農卿，尋遷光禄大夫。八年，加明威將軍、晉陵太守。在郡感疾，詔以光禄大夫徵還養疾。後主即位，加給事中。初，不害之還也，周留其長子僧首，因居關中。禎明三年，京城陷，僧首來迎，不害道病卒，時年八十五。

不佞字季卿，不害弟也。少立名節，居父喪以至孝稱。好讀書，尤長吏術，仕梁，起家爲尚書中兵郎，甚有能稱。梁元帝承制，授戎昭將軍、武陵王諮議參軍。承聖初，遷武康令。時兵荒飢饉，百姓流移，不佞巡撫招集，繦負而至者以千數。會江陵陷，而母卒，道路隔絶，久不得奔赴，四載之中，晝夜號泣，居處飲食，常爲居喪之禮。高祖受禪，起爲戎昭將軍，除婁令。至是，第四兄不齊始之江陵，迎母喪柩歸葬。不佞居處之節，如始聞問，若此者又三年。身自負土，手植松柏，每歲時伏臘，必三日不食。

世祖即位，除尚書左民郎，不就。後爲始興王諮議參軍、兼尚書右丞，遷東宮通事舍人。及世祖崩，廢帝嗣立〔五〕，高宗爲太傅，録尚書輔政，甚爲朝望所歸。不佞素以名節自立，又受委東宫，乃與僕射到仲舉、中書舍人劉師知、尚書右丞王暹等〔六〕，謀矯詔出高宗。衆人猶豫，未敢先發，不佞乃馳詣相府，面宣勑，令相王還第。及事發，仲舉等皆伏誅，高宗雅重不佞，特赦之，免其官而已。

高宗即位，以爲軍師始興王諮議參軍、加招遠將軍。尋除大匠卿，未拜，加員外散騎常侍，又兼尚書右丞〔七〕。俄遷通直散騎常侍，右丞如故。太建五年卒，時年五十六。詔贈祕書監。

第三兄不疑，次不占，次不齊〔八〕，竝早亡。不佞最小，事第二寡嫂張氏甚謹，所得禄俸，不入私室。長子梵童，官至尚書金部郎。

謝貞字元正，陳郡陽夏人，晉太傅安九世孫也。祖綏〔九〕，梁著作佐郎，太子舍人。父藺，正員外郎〔一〇〕，兼散騎常侍。

貞幼聰敏，有至性。祖母阮氏先苦風眩，每發便一二日不能飲食，貞時年七歲，祖母不食，貞亦不食，往往如是，親族莫不奇之。母王氏，授貞論語、孝經，讀訖便誦。八歲，嘗爲春日閑居五言詩，從舅尚書王筠奇其有佳致，謂所親曰：「此兒方可大成，至如『風定花猶落』，乃追步惠連矣。」由是名輩知之。年十三，略通五經大旨，尤善左氏傳，工草隸蟲篆。十四，丁父艱，號頓於地，絶而復蘇者數矣。初，父藺居母阮氏憂，不食泣血而卒，家人賓客懼貞復然，從父洽、族兄暠乃共往華嚴寺，請長爪禪師爲貞説法，仍謂貞曰：「孝子既無兄弟，極須自愛，若憂毁滅性，誰養母邪？」自後少進饘粥。

太清之亂，親屬散亡，貞於江陵陷没，暠逃難番禺，貞母出家於宣明寺。及高祖受禪，暠還鄉里，供養貞母，將二十年。太建五年，貞乃還朝，除智武府外兵參軍事。俄遷尚書駕部郎中，尋遷侍郎。及始興王叔陵爲揚州刺史，引祠部侍郎阮卓爲記室，辟貞爲主簿，貞不得已乃行。尋遷府録事參軍、領丹陽丞。貞度叔陵將有異志，因與卓自踈於王，每有宴遊，輒辭以疾，未嘗參預，叔陵雅欽重之，弗之罪也。俄而高宗崩，叔陵肆逆，府僚多相連逮，唯貞與卓獨不坐。

後主仍詔貞入掌中宮管記，遷南平王友、加招遠將軍，掌記室事。府長史汝南周確新除都官尚書，請貞爲讓表，後主覽而奇之。嘗因宴席問確曰：「卿表自製邪？」確對曰：「臣表謝貞所作。」後主因勑舍人施文慶曰〔一〕：「謝貞在王處，未有禄秩，可賜米百石。」至德三年，以母憂去職。頃之，勑起還府，仍加招遠將軍，掌記室。貞累啓固辭，勑報曰：

「省啓具懷，雖知哀煢在疚，而官俟得才，禮有權奪，可便力疾還府也。」貞哀毀羸瘠，終不能之官舍。時尚書右丞徐祚、尚書左丞沈客卿俱來候貞，見其形體骨立，祚等愴然歎息，徐喻之曰：「弟年事已衰，禮有恒制，小宜引割自全。」貞因更感慟，氣絶良久，二人涕泣，不能自勝，憫默而出〔一二〕。祚謂客卿曰：「信哉，孝門有孝子。」客卿曰：「謝公家傳至孝，士大夫誰不仰止，此恐不能起，如何？」吏部尚書吴興姚察與貞友善，及貞病篤，察往省之，問以後事，貞曰：「孤子釁禍所集，將隨灰壤。族子凱等粗自成立，已有疏付之，此固不足仰塵厚德。即日迷喘，時不可移，便爲永訣。弱兒年甫六歲，名靖，字依仁，情累所不能忘，敢以爲託耳。」是夜卒，勅賻米一百斛，布三十匹。後主問察曰：「謝貞有何親屬？」察因啓曰：「貞有一子年六歲。」即有勅長給衣糧。

初，貞之病亟也，遺疏告族子凱曰：「吾少罹酷罰，十四傾外蔭，十六鍾太清之禍，流離絶國，二十餘載。號天蹐地，遂同有感，得還侍奉，守先人墳墓，於吾之分足矣。不悟朝廷採拾空薄〔一三〕，累致清階，縱其殞絶，無所酬報。今在憂棘，晷漏將盡，斂手而歸，何所多念。氣絶之後，若直棄之草野，依僧家尸陁林法，是吾所願，正恐過爲獨異耳。可用薄板周身，載以靈車〔一四〕，覆以葦席，坎山而埋之。又吾終尠兄弟，無他子孫，靖年幼少，未閑人事，但可三月施小牀，設香水，盡卿兄弟相厚之情，即除之，無益之事，勿爲也。」

初，貞在周嘗侍趙王讀，王即周武帝之愛弟也，厚相禮遇。王嘗聞左右説貞每獨處必晝夜涕泣，因私使訪問，知貞母年老，遠在江南，乃謂貞曰：「寡人若出居藩，當遣侍讀還家供養。」後數年，王果出，因辭見，面奏曰：「謝貞至孝而母老，臣願放還。」帝奇王仁愛而遣之，因隨聘使杜子暉還國。所有文集，值兵亂多不存。

司馬暠字文昇，河内温人也。高祖晉侍中、光禄勳柔之，以南頓王孫紹齊文獻王攸之後〔一五〕。父子產，梁尚書水部侍郎，岳陽太守，即梁武帝之外兄也。

暠幼聰警，有至性。年十二，丁内艱，孺慕過禮，水漿不入口，殆經一旬〔一六〕。每至號慟，必致悶絶，内外親戚，皆懼其不勝喪。父子產每曉喻之，逼進饘粥，然毁瘠骨立。服闋，以姻戚子弟，預入問訊，梁武帝見暠羸瘦，歎息良久，謂其父子產曰：「昨見羅兒面顔顦顇〔一七〕，使人惻然，便是不墜家風，爲有子矣。」羅兒，即暠小字也。釋褐太學博士，累遷正員郎。丁父艱，哀毁逾甚，廬于墓側，一日之内，唯進薄麥粥一升。墓在新林，連接山阜，舊多猛獸，暠結廬數載，豺狼絶迹。常有兩鳩棲宿廬所，馴狎異常，新林至今猶傳之。

承聖中，除太子庶子。江陵陷，隨例入關，而梁室屠戮，太子瘗殯失所，暠以宫臣，乃抗表周朝，求還江陵改葬，辭甚酸切。周朝優詔答曰：「昔主父從戮，孔車有長者之風，彭越就誅，欒布得陪臣之禮。庶子鄉國已改，猶懷送往之情，始驗忠貞，方知臣道，即勑荆州，以禮安厝。」

太建八年，自周還朝，高宗特降殊禮，賞錫有加。除宜都王諮議參軍事，徙安德宫長秋卿、通直散騎常侍、太中大夫、司州大中正，卒于官。有集十卷。

子延義，字希忠，少沈敏好學。江陵之陷，隨父入關。丁母憂，喪過于禮。及昺還都，延義乃躬負靈櫬，晝伏宵行，冒履冰霜，手足皆皸瘃。及至都，以中風冷，遂致攣癈，數年方愈。稍遷鄱陽王録事參軍，沅陵王友，司徒從事中郎。

張昭字德明，吴郡吴人也。幼有孝性，色養甚謹，禮無違者。父熯，常患消渴，嗜鮮魚，昭乃身自結網捕魚，以供朝夕。弟乾，字玄明，聰敏博學，亦有至性。及父卒，兄弟並不衣綿帛，不食鹽醋，日唯食一升麥屑粥而已。每一感慟，必致嘔血，隣里聞其哭聲，皆爲之涕泣。父服未終，母陸氏又亡，兄弟遂六年哀毁，形容骨立，親友見者莫識焉。家貧，未得大葬，遂布衣蔬食，十有餘年，杜門不出，屏絶人事。時衡陽王伯信臨郡，舉乾孝廉，固辭不就。兄弟竝因毁成疾，昭失一眼，乾亦中冷苦癖，年竝未五十終于家，子胤俱絶。高宗世有太原王知玄者，僑居于會稽剡縣，居家以孝聞。及丁父憂，哀毁而卒，高宗嘉之，詔改其所居清苦里爲孝家里云〔一八〕。

史臣曰：人倫之德，莫大於孝，是以報本反始，盡性窮神，孝乎惟孝，不可不勗矣。故記云「塞乎天地」，盛哉！

校勘記

〔一〕祖任　「任」，南史卷七四孝義下殷不害傳、建康實録卷二〇作「汪」。

〔二〕年十七仕梁爲廷尉平　「爲」字原無，據南史卷七四孝義下殷不害傳、册府卷六一八刑法部補。按「廷尉平」當非殷不害「年十七，仕梁」的起家之官。隋書卷二六百官志上載此時期「三公子起家員外散騎侍郎，令僕子起家祕書郎」，「次令僕子起家著作佐郎，亦爲板行參軍。此外有揚州主簿、太學博士、王國侍郎、奉朝請、嗣王行參軍，並起家官」。廷尉平爲六班，不在起家官之列。故「廷尉平」上當補「爲」字，並與下文「不害長於政事」連讀。

〔三〕不害長於政事　「政事」，册府卷六一八刑法部作「故事」。

〔四〕吏事非卿所長　「長」，汲本作「掌」。

〔五〕廢帝嗣立　「立」，靜嘉堂本、三朝本、南監本、北監本、汲本、殿本及册府卷七一五宫臣部作「位」。

〔六〕尚書右丞王暹等　「右丞」，南史卷七四孝義下殷不害傳附殷不佞傳、册府卷二〇九閏位部作「左丞」。按册府卷七一五宫臣部亦作「右丞」。又按本書卷二〇到仲舉傳、南史卷二五到彦之傳附到仲舉傳、通鑑卷一七〇陳紀四臨海王光大元年皆記王暹爲「左丞」。

〔七〕又兼尚書右丞　「右丞」，南史卷七四孝義下殷不害傳附殷不佞傳作「左丞」。按御覽卷二四六引三國典略、册府卷七五四總録部、卷七八七總録部、卷八〇三總録部皆云不佞終於「右丞」。

〔八〕第三兄不疑次不占次不齊　「第三兄不疑」，册府卷八〇三總録部宋本作「兄不疑」。按殷不佞自長兄不害以下，有兄不疑、不占、不齊，本卷上文並云「第四兄不齊」，此處「第三」疑有衍訛。

〔九〕祖綏　「綏」，按梁書卷四七孝行謝藺傳、南史卷七四孝義下謝藺傳作「經」。

〔一〇〕正員外郎　「外」字或衍。按梁書卷四七孝行謝藺傳記藺「太清元年，遷散騎侍郎，兼散騎常侍，使於魏。」

〔一一〕後主因勑舍人施文慶曰　「施文慶」，原作「施文憂」，據宋甲本、南監本、北監本、汲本、殿本及南史卷七四孝義下謝藺傳附謝貞傳改。按施文慶傳附見本書卷三一任忠傳，其名屢見於本書及南史、北史、建康實録等。

〔三〕二人涕泣不能自勝憫默而出　册府卷七五四總録部作「涕泣不能自勝祚等憫默而出」。

〔三〕不悟朝廷採拾空薄　「採拾空薄」，册府卷九〇七總録部宋本作「採虚容薄」。

〔四〕載以靈車　「靈車」，北監本、殿本及南史卷七四孝義下謝藺傳附謝貞傳、册府卷九〇七總録部明本作「露車」。

〔五〕以南頓王孫紹齊文獻王攸之後　「南頓王孫」，按晉書卷五九齊王冏傳載「太元中，詔以故南頓王宗子柔之襲封齊王，紹攸、冏之祀」。

〔六〕殆經一旬　「一」，三朝本、北監本、汲本作「二」。

〔七〕昨見羅兒面顔顑頷　册府卷七五四總録部作「昨日羅兒尚爾顑頷」。

〔八〕詔改其所居清苦里爲孝家里云　「清苦里」，南史卷七四孝義下張昭傳作「青苦里」。

陳書卷三十三

列傳第二十七

儒林

沈文阿　沈洙　戚袞　鄭灼 張崖　陸詡　沈德威　賀德基　全緩
張譏　顧越　沈不害　王元規

蓋今儒者，本因古之六學，斯則王教之典籍〔一〕，先聖所以明天道，正人倫，致治之成法也。秦始皇焚書坑儒，六學自此缺矣。漢武帝立五經博士，開弟子員〔二〕，設科射策，勸以官禄，其傳業者甚衆焉。自兩漢登賢，咸資經術。魏晉浮蕩，儒教淪歇，公卿士庶，罕通經業矣。宋、齊之閒，國學時復開置。梁武帝開五館，建國學，總以五經教授，唯國學乃經，經各置助教云〔三〕。武帝或紆鑾駕，臨幸庠序，釋奠先師，躬親試胄，申之醼語，勞之束帛。濟濟焉，斯蓋一代之盛矣。高祖創業開基，承前代離亂，衣冠殄盡，寇賊未寧，既日不暇給，弗遑勸課。世祖以降，稍置學官，雖博延生徒，成業蓋寡。今之採綴，蓋亦梁之遺儒云。

沈文阿字國衛，吳興武康人也。父峻，以儒學聞於梁世，授桂州刺史，不行。文阿性剛彊，有膂力，少習父業，研精章句。祖舅太史叔明、舅王慧興竝通經術，而文阿頗傳之。又博採先儒異同，自爲義疏。治三禮、三傳。察孝廉，爲梁臨川王國侍郎，累遷兼國子助教、五經博士。

梁簡文在東宮，引爲學士，深相禮遇，及撰長春義記，多使文阿撮異聞以廣之。及侯景寇逆，簡文别遣文阿招募士卒，入援京師。城陷，與張嵊共保吳興，嵊敗，文阿竄于山野。景素聞其名，求之甚急，文阿窮迫不知所出，登樹自縊，遇有所親救之，便自投而下，折其左臂。及景平，高祖以文阿州里，表爲原鄉令、監江陰郡。

紹泰元年，入爲國子博士，尋領步兵校尉，兼掌儀禮。自太清之亂，臺閣故事，無有存者，文阿父峻，梁武世嘗掌朝儀，頗有遺藁，於是斟酌裁撰，禮度皆自之出。及高祖受禪，文阿輒棄官還武康，高祖大怒，發使往誅之。時文阿宗人沈恪爲郡，請使者寬其死，即面縛鎖頸致於高祖，高祖視而笑曰：「腐儒復何爲者？」遂赦之。

高祖崩，文阿與尚書左丞徐陵、中書舍人劉師知等議大行皇帝靈座俠御衣服之制，語在師知傳。及世祖即皇帝位，剋日謁廟，尚書右丞庾持奉詔遣博士議其禮〔四〕。文阿議曰：

民物推移，質文殊軌，聖賢因機而立教，王公隨時以適宜。夫千人無君，不散則亂，萬乘無主，不危則亡。當隆周之日，公旦叔父，吕召爪牙，成王在喪，禍幾覆國。是以既葬便有公冠之儀，始殯受麻冕之策。斯蓋示天下以有主，慮社稷之艱難。逮乎末葉縱橫，漢承其弊，雖文景刑厝，而七國連兵。或踰月即尊，或崩日稱詔，此皆有爲而爲之，非無心於禮制也。今國諱之日，雖抑哀於璽紱之重，猶未序於君臣之儀。古禮，朝廟退坐正寢，聽羣臣之政，今皇帝拜廟還，宜御太極殿，以正南面之尊，此即周康在朝，一二臣衞者也。

其壤奠之節，周禮以玉作贄，公侯以珪，子男執璧，此瑞玉也。奠贄既竟，又復致享，天子以璧，王后用琮。秦燒經典，威儀散滅，叔孫通定禮，尤失前憲，奠贄不珪，致享無帛，公王同璧，鴻臚奏賀。若此數事，未聞於古，後相沿襲，至梁行之。夫稱觴奉壽，家國大慶，四廂雅樂，歌奏懽欣。今君臣吞哀，萬民抑割，豈同於惟新之禮乎？且周康賓稱奉珪，無萬壽之獻，此則前準明矣。三宿三咤，上宗曰饗，斯蓋祭儐受福，寧謂賀酒邪？愚以今坐正殿，止行薦璧之儀，無賀酒之禮。謹撰謁廟還升正寢、羣臣陪薦儀注如別。

詔可施行。尋遷通直散騎常侍、兼國子博士、領羽林監，仍令於東宮講孝經、論語。天嘉四年卒，時年六十一。詔贈廷尉卿。

文阿所撰儀禮八十餘卷〔五〕，經典大義十八卷，並行於世，諸儒多傳其學。

沈洙字弘道，吴興武康人也。祖休稚，梁餘杭令。父山卿，梁國子博士、中散大夫。

洙少方雅好學，不妄交遊。治三禮、春秋左氏傳。精識彊記，五經章句，諸子史書，問無不答。解巾梁湘東王國左常侍，轉中軍宣城王限內參軍，板仁威臨賀王記室參軍，遷尚書祠部郎中，時年蓋二十餘。大同中，學者多涉獵文史〔六〕，不爲章句，而洙獨積思經術，吴郡朱异、會稽賀琛甚嘉之。及异、琛於士林館講制旨義，常使洙爲都講。侯景之亂，洙竄於臨安，時世祖在焉，親就習業。及高祖入輔，除國子博士，與沈文阿同掌儀禮。

高祖受禪，加員外散騎常侍，歷揚州別駕從事史，大匠卿。有司奏：「前寧遠將軍、建康令沈孝軌門生陳三兒牒稱主人翁靈柩在周，主人奉使關内，因欲迎喪，久而未返。此月晦即是再周，主人弟息見在此者，爲至月末除靈，内外即吉？爲待主人還，情禮申竟？」以事諮左丞江德藻，德藻議：「王衞軍云：『久喪不葬，唯主人不變，其餘親各終月數而除。』此蓋引禮文，論在家内有事故未得葬者耳。孝軌既在異域，雖已迎喪，還期無指，諸弟若遂不除，永絶婚嫁，此於人情，或爲未允。中原淪陷已後，理有事例，宜諮沈常侍詳議。」洙議曰：「禮有變正，又有從宜。禮小記云：『久而不葬者，唯主祭者不除〔七〕，其餘以麻終月數者除喪則已。』注云『其餘謂傍親』。如鄭所解，衆子皆應不除，王衞軍所引，此蓋禮之主也〔八〕。但魏氏東關之役，既失亡屍柩，葬禮無期，議以爲禮無終身之喪，故制使除服。晉氏喪亂，或死於虜庭，無由迎殯，江左故復申明其制。李胤之祖，王華之父，竝存亡不測，其子制服依時釋縗，此竝變禮之宜也。孝軌雖因奉使便欲迎喪，而戎狄難親，還期未剋。愚謂宜依東關故事，在此國内者，竝應釋除縗麻，毁靈附祭，若喪柩得還，别行改葬之禮。自天下寇亂，西朝傾覆，流播絶域，情禮莫申，若此之徒，諒非一二，寧可喪期無數，而弗除衰服？朝庭自應爲之限制，以義斷恩，通訪博識，折之禮衷〔九〕。」德藻依洙議，奏可。

世祖即位，遷通直散騎常侍，侍東宫讀。尋兼尚書左丞、領揚州大中正，遷光禄卿，侍讀如故。廢帝嗣位，重爲通直散騎常侍、兼尚書左丞。遷戎昭將軍、輕車衡陽王長史，行府國事，帶琅邪彭城二郡丞。梁代舊律，測囚之法，日一上，起自晡鼓，盡于二更。及比部郎范泉删定律令，以舊法測立時久，非人所堪，分其刻數，日再上。廷尉以爲新制過輕，請集八座丞郎并祭酒孔奂、行事沈洙、五舍人會尚書省詳議。時高宗録尚書，集衆議之，都官尚書周弘正曰：「未知獄所測人，有幾人款？幾人不款？須前責取人名及數并其罪目，然後更集。」得廷尉監沈仲由列稱，别制已後，有壽羽兒一人坐殺壽慧，劉磊渴等八人坐偷馬仗家口渡北，依法測之，限訖不款。劉道朔坐犯七改偷〔一〇〕，依法測立，首尾二日而款。陳法滿坐被使封藏、阿法受錢，未及上而款。弘正議曰：「凡小大之獄，必應以情，正言依準五聽，驗其虚實，豈可全恣考掠〔一一〕，以判刑罪。且測人時節，本非古制，近代已來，方有此法。起自晡鼓，迄于二更，豈是常人所能堪忍？所以重械之下，危惶之上，無人不服，誣枉者多。朝晚二時，同等刻數，進退而求，於事爲衷。若謂小促前期，致實罪不伏，如復時節延長，則無愆妄款。且人之所堪，既有彊弱，人之立意，固亦多途。至如貫高榜笞刺爇，身無完者〔一二〕，戴就熏針竝極，困篤不移，豈關時刻長短，掠測優劣？夫『與殺不辜，寧失不經』，『罪疑惟輕，功疑惟重』，斯則古之聖王，垂此明法。愚謂依范泉著制，於事爲允。」舍人盛權議曰：「比部范泉新制，尚書周弘正明議，咸允虞書惟輕之旨，殷頌敷正之言。竊尋廷尉監沈仲由等列新制以後，凡有獄十一人，其所測者十人，款者唯一。愚謂染罪之囚，獄官宜明加辯析，窮考事理。若罪有可疑，自宜啓審分判，幸無濫測；若罪有實驗，乃可啓審測立；此則枉直有分，刑宥斯理。范泉今牒述漢律，云『死罪及除名，罪證明白，考掠已至，而抵隱不服者，處當列上』。杜預注云『處當，證驗明白之狀，列其抵隱之意』。竊尋舊制深峻，百中不款者一，新制寬優，十中不款者九，參會兩文，寬猛寔異，處當列上，未見釐革。愚謂宜付典法，更詳『處當列上』之文。」洙議曰：「夜中測立，緩急易欺，兼用晝漏，於事爲允。但漏刻賒促，今古不同，漢書律曆，何承天、祖沖之、暅之父子漏經，並自關鼓至下鼓，自晡鼓至關鼓，皆十三刻，冬夏四時不異。若其日有長短，分在中時前後。今用梁末改漏，下鼓之後，分其短長，夏至之日，各十七刻，冬至之日，各十二刻。伏承命旨，刻同勒令，檢一日之刻乃同，而四時之用不等，廷尉今牒，以時刻短促，致罪人不款〔一三〕。愚意願去夜測之昧，從晝漏之明，斟酌今古之間，參會二漏之義，捨秋冬之少刻，從夏日之長晷，不問寒暑，並依今之夏至，朝夕上測，各十七刻。比之古漏，則上多昔四刻〔一四〕，即用今漏，則冬至多五刻。雖冬至之時，數刻侵夜，五是少日〔一五〕，於事非疑。庶罪人不以漏短而爲捍，獄囚無以在夜之致誣〔一六〕，求之鄙意，竊謂允合。」衆議以爲宜依范泉前制，高宗曰：「沈長史議得中，宜更博議。」左丞宗元饒議曰：「竊尋沈議非頓異范，正是欲使四時均其刻數，兼斟酌其佳，以會優劇。即同牒請寫還删定曹詳改前制。」高宗依事施行。

洙以太建元年卒，時年五十二。

戚衮字公文，吴郡鹽官人也。祖顯，齊給事中。父霸，梁臨賀王府中兵參軍。衮少聰慧，遊學京都，受三禮於國子助教劉文紹，一二年中，大義略備。年十九，梁武帝勑策孔子正言并周禮、禮記義，衮對高第。仍除揚州祭酒從事史。就國子博士宋懷方質儀禮義，懷方北人，自魏攜儀禮、禮記疏，祕惜不傳，及將亡，謂家人曰「吾死後，戚生若赴，便以儀禮、禮記義本付之，若其不來，即宜隨屍而殯」。其爲儒者推許如此。尋兼太學博士。梁簡文在東宫，召衮講論。又嘗置宴集玄儒之士，先命道學互相質難，次令中庶子徐摛馳騁大義，間以劇談。摛辭辯縱横，難以答抗，諸人懾氣，皆失次序。衮時騁義〔一七〕，摛與往復，衮精采自若，對答如流，簡文深加歎賞。尋除員外散騎侍郎，又遷員外散騎常侍。

敬帝承制，出爲江州長史，仍隨沈泰鎮南豫州。泰之奔齊也，逼袞俱行，後自鄴下遁還。又隨程文季北伐，吕梁軍敗，袞没于周，久之得歸。仍兼國子助教，除中衛始興王府録事參軍。太建十三年卒，時年六十三。

袞於梁代撰三禮義記，值亂亡失，禮記義四十卷行於世。

鄭灼字茂昭，東陽信安人也。祖惠，梁衡陽太守。父季徽，通直散騎侍郎，建安令。

灼幼而聰敏，勵志儒學，少受業于皇侃。梁中大通五年，釋褐奉朝請。累遷員外散騎侍郎，給事中，安東臨川王府記室參軍，轉平西邵陵王府記室。簡文在東宮，雅愛經術，引灼爲西省義學士。承聖中，除通直散騎侍郎、兼國子博士。尋爲威戎將軍、兼中書通事舍人。高祖、世祖之世，歷安東臨川、鎮北鄱陽二王府諮議參軍，累遷中散大夫，以本職兼國子博士。未拜，太建十三年卒，時年六十八。

灼性精勤，尤明三禮。少時嘗夢與皇侃遇於途，侃謂灼曰「鄭郎開口」，侃因唾灼口中，自後義理逾進。灼家貧，抄義疏以日繼夜，筆毫盡，每削用之。灼常蔬食，講授多苦心熱，若瓜時，輒偃卧以瓜鎮心，起便誦讀，其篤志如此。

時有晉陵張崖、吴郡陸詡、吴興沈德威、會稽賀德基，俱以禮學自命。

張崖傳三禮於同郡劉文紹，仕梁歷王府中記室。天嘉元年，爲尚書儀曹郎，廣沈文阿儀注，撰五禮。出爲丹陽令、王府諮議參軍。御史中丞宗元饒表薦爲國子博士。

陸詡少習崔靈恩三禮義宗，梁世百濟國表求講禮博士，詔令詡行。還除給事中、定陽令。天嘉初，侍始興王伯茂讀，遷尚書祠部郎中。

沈德威字懷遠，少有操行。梁太清末，遁於天目山，築室以居，雖處亂離，而篤學無倦，遂治經業。天嘉元年，徵出都，侍太子講禮傳。尋授太學博士，轉國子助教。每自學還私室以講授，道俗受業者數十百人，率常如此。遷太常丞、兼五禮學士，尋爲尚書儀曹郎，後爲祠部郎。俄丁母憂去職。禎明三年入隋，官至秦王府主簿。年五十五卒。

賀德基字承業，世傳禮學。祖文發，父淹，仕梁俱爲祠部郎，竝有名當世。德基少遊學于京邑，積年不歸，衣資罄乏〔一八〕，又恥服故弊，盛冬止衣裌襦袴。嘗於白馬寺前逢一婦人，容服甚盛，呼德基入寺門，脱白綸巾以贈之。仍謂德基曰：「君方爲重器，不久貧寒，故以此相遺耳。」德基問嫗姓名，不答而去。德基於禮記稱爲精明，居以傳授，累遷尚書祠部郎。德基雖不至大官，而三世儒學，俱爲祠部，時論美其不墜焉。

全緩字弘立，吴郡錢塘人也。幼受易于博士褚仲都，篤志研翫，得其精微。梁太清初，歷王國侍郎，奉朝請，俄轉國子助教、兼司義郎，專講詩、易。紹泰元年，除尚書水部郎。太建中，累遷鎮南始興王府諮議參軍〔一九〕。隨府詣湘州，以疾卒，時年七十四。緩治周易、老、莊，時人言玄者咸推之。

張譏字直言，清河武城人也。祖僧寶，梁散騎侍郎，太子洗馬。父仲悦，梁廬陵王府録事參軍，尚書祠部郎中。

譏幼聰俊，有思理，年十四，通孝經、論語。篤好玄言，受學于汝南周弘正，每有新意，爲先輩推伏。梁大同中，召補國子正言生。梁武帝嘗於文德殿釋乾坤文言，譏與陳郡袁憲等預焉，勑令論議，諸儒莫敢先出，譏乃整容而進，諮審循環，辭令温雅。梁武帝甚異之，賜裙襦絹等，仍云「表卿稽古之力」。

譏幼喪母，有錯綵經帕，即母之遺製，及有所識，家人具以告之，每歲時輒對帕哽噎，不能自勝。及丁父憂，居喪過禮。服闋，召補湘東王國左常侍，轉田曹參軍，遷士林館學士。

簡文在東宮，出士林館發孝經題，譏論議往復，甚見嗟賞，自是每有講集，必遣使召譏。及侯景寇逆，於圍城之中，猶侍哀太子於武德後殿講老、莊。梁臺陷，譏崎嶇避難，卒不事景。景平，歷臨安令。

高祖受禪，除太常丞，轉始興王府刑獄參軍。天嘉中，遷國子助教。是時周弘正在國學，發周易題，弘正第四弟弘直亦在講席。譏與弘正論議，弘正乃屈，弘直危坐厲聲，助其申理。譏乃正色謂弘直曰：「今日義集，辯正名理，雖知兄弟急難，四公不得有助。」弘直曰：「僕助君師，何爲不可？」舉座以爲笑樂。弘正嘗謂人曰：「吾每登座，見張譏在席，使人懔然。」高宗世，歷建安王府記室參軍，兼東宮學士，轉武陵王限内記室，學士如故。

後主在東宮，集宮僚置宴〔二〇〕，時造玉柄麈尾新成，後主親執之，曰：「當今雖復多士如林，至於堪捉此者，獨張譏耳。」即手授譏。仍令於温文殿講莊、老，高宗幸宮臨聽，賜御所服衣一襲。後主嗣位，領南平王府諮議參軍、東宮學士。尋遷國子博士，學士如故。後主嘗幸鍾山開善寺，召從臣坐於寺西南松林下，勑召譏豎義。時索麈尾未至，後主勑取松枝，手以屬譏，曰「可代麈尾」。顧謂羣臣曰「此即是張譏後事」。禎明三年入隋，終於長安，時年七十六。

譏性恬靜，不求榮利，常慕閑逸，所居宅營山池，植花果，講周易、老、莊而教授焉。吴郡陸元朗、朱孟博、一乘寺沙門法才、法雲寺沙門慧休〔二二〕、至真觀道士姚綬〔二三〕，皆傳其業。譏所撰周易義三十卷，尚書義十五卷，毛詩義二十卷，孝經義八卷，論語義二十卷，老子義十一卷，莊子内篇義十二卷、外篇義二十卷、雜篇義十卷，玄部通義十二卷，又撰遊玄桂林二十四卷，後主嘗勑人就其家寫入祕閣。

子孝則，官至始安王記室參軍。

顧越字思南〔二三〕，吴郡鹽官人也。所居新坡黄岡〔二四〕，世有鄉校，由是顧氏多儒學焉。越少孤，以勤苦自立，聰慧有口辯，説毛氏詩，傍通異義〔二五〕，梁太子詹事周捨甚賞之。解褐揚州議曹史、兼太子左率丞。越於義理精明，尤善持論，與會稽賀文發俱爲梁南平王偉所重，引爲賓客。尋補五經博士。紹泰元年，遷國子博士。世祖即位，除始興王諮議參軍，侍東宮讀。世祖以越篤老〔二六〕，厚遇之，除給事黄門侍郎，又領國子博士，侍讀如故。廢帝嗣立，除通直散騎常侍、中書舍人。華皎之構逆也，越在東陽，或譖之於高宗，言其有異志，詔下獄，因坐免。太建元年卒於家，時年七十八〔二七〕。

時有東陽龔孟舒者，亦治毛氏詩，善談名理。梁武世，仕至尋陽郡丞，元帝在江州，遇之甚重，躬師事焉。承聖中，兼中書舍人。天嘉初，除員外散騎常侍、兼國子助教，太中大夫。太建中卒。

沈不害字孝和，吴興武康人也。祖總，齊尚書祠部郎。父懿，梁邵陵王參軍。不害幼孤，而脩立好學。十四，召補國子生，舉明經。累遷梁太學博士，轉廬陵王府刑獄參軍，長沙王府諮議，帶汝南令。天嘉初，除衡陽王府中記室參軍，兼嘉德殿學士。自梁季喪亂，至是國學未立，不害上書曰：

臣聞立人建國，莫尚於尊儒，成俗化民，必崇於教學。故東膠西序，事隆乎三代，環林璧水，業盛於兩京。自淳源既遠，澆波已扇，物之感人無窮，人之逐欲無節，是以設訓垂範，啓導心靈，譬彼染藍，類諸琢玉，然後人倫以睦，卑高有序，忠孝之理既明，君臣之道攸固。執禮自基，魯公所以難侮，歌樂已細，鄭伯於是前亡，干戚舞而有苗至，泮宫成而淮夷服，長想洙泗之風，載懷淹稷之盛，有國有家，莫不尚已。

梁太清季年，數鍾否剥，戎狄外侵，姦回内奰，朝聞鼓鼙，夕炤烽火。洪儒碩學，解散甚於坑夷，五典九丘，湮滅逾乎帷蓋。成均自斯墜業，瞽宗於是不脩，哀成之祠弗陳裸享，釋菜之禮無稱俎豆，頌聲寂寞，遂踰一紀。後生敦悦，不見函杖之儀，晚學鑽仰，徒深倚席之歎〔二八〕。

陛下繼曆升統，握鏡臨寓，道洽寰中，威加無外，濁流已清，重氛載廓，含生熙阜，品庶咸亨。宜其弘振禮樂，建立庠序，式稽古典，紆迹儒宫〔二九〕，選公卿門子，皆入于學，助教博士，朝夕講肄，使擔簦負笈，鏘鏘接衽，方領矩步，濟濟成林。如切如磋，聞詩聞禮，一年可以功倍，三冬於是足用。故能擢秀雄州，揚庭觀國，入仕登朝，資優學以自輔，莅官從政，有經業以治身，輶駕列庭〔三〇〕，青紫拾地。

古者王世子之貴，猶與國子齒，降及漢儲，茲禮不墜，暨乎兩晉，斯事彌隆，所以見師嚴而道尊者也。皇太子天縱生知，無待審喻，猶宜晦迹俯同，専經請業，奠爵前師，肅若舊典。昔闕里之堂，草萊自闢，舊宅之内，絲竹流音，前聖遺烈，深以烱戒。

況復江表無虞，海外有截，豈得不開闡大猷，恢弘至道？寧可使玄教儒風，弗興聖世，盛德大業，遂蘊堯年？臣末學小生，詞無足筭，輕獻瞽言，伏增悚惕。」詔答曰：「省表聞之。自舊章弛廢，微言將絶，朕嗣膺寶業，念在緝熙，而兵革未息，軍國草創，常恐前王令典，一朝泯滅。卿才思優洽，文理可求，弘惜大體，殷勤名教，付外詳議，依事施行。」又表改定樂章，詔使製三朝樂歌八首，合二十八曲〔三〕，行之樂府。

五年，除灄令。入爲尚書儀曹郎，遷國子博士、領羽林監，敕治五禮，掌策文謚議。太建中，除仁武南康嗣王府長史，行丹陽郡事。轉員外散騎常侍、光禄卿。尋爲戎昭將軍、明威武陵王長史，行吴興郡事。俄入爲通直散騎常侍、兼尚書左丞。十二年卒，時年六十三。

不害治經術，善屬文，雖博綜墳典，而家無卷軸。每製文，操筆立成，曾無尋檢。僕射汝南周弘正常稱之曰：「沈生可謂意聖人乎〔三〕！」著治五禮儀一百卷，文集十四卷。

子志道，字崇基，少知名。解褐揚州主簿，尋兼文林著士，歷安東新蔡王記室參軍。禎明三年入隋。

王元規字正範，太原晉陽人也。祖道寶〔三三〕，齊員外散騎常侍，晉安郡守。父瑋，梁武陵王府中記室參軍。

元規八歲而孤，兄弟三人，隨母依舅氏往臨海郡，時年十二。郡土豪劉瑱者，資財巨萬，以女妻之。元規母以其兄弟幼弱，欲結彊援，元規泣請曰：「姻不失親，古人所重。豈得苟安異壤，輒婚非類。」母感其言而止。

元規性孝，事母甚謹，晨昏未嘗離左右。梁時山陰縣有暴水〔三四〕，流漂居宅，元規唯有一小船，倉卒引其母妹并孤姪入船〔三五〕，元規自執櫂棹而去，留其男女三人，閣於樹杪，及水退獲全，時人皆稱其至行〔三六〕。

元規少好學，從吴興沈文阿受業，十八，通春秋左氏、孝經、論語、喪服。梁中大通元年，詔策春秋，舉高第，時名儒咸稱賞之。起家湘東王國左常侍，轉員外散騎侍郎。簡文之在東宮，引爲賓客，每令講論，甚見優禮。除中軍宣城王府記室參軍。及侯景寇亂，攜家屬還會稽。天嘉中，除始興王府功曹參軍，領國子助教，轉鎮東鄱陽王府記室參軍，領助教如故。

後主在東宮，引爲學士，親受禮記、左傳、喪服等義，賞賜優厚，遷。國子祭酒新安王伯固嘗因入宮〔三七〕，適會元規將講，乃啓請執經，時論以爲榮。俄除尚書祠部郎。自梁代諸儒相傳爲左氏學者，皆以賈逵、服虔之義難駮杜預，凡一百八十條，元規引證通析，無復疑滯。每國家議吉凶大禮，常參預焉。丁母憂去職，服闋，除鄱陽王府中録事參軍，俄轉散騎侍郎，遷南平王府限内參軍。王爲江州，元規隨府之鎮，四方學徒，不遠千里來請道者，常數十百人。禎明三年入隋，爲秦王府東閤祭酒。年七十四，卒於廣陵。

元規著春秋發題辭及義記十一卷，續經典大義十四卷，孝經義記兩卷，左傳音三卷，禮記音兩卷。

子大業，聰敏知名。

時有吴郡陸慶，少好學，遍知五經，尤明春秋左氏傳，節操甚高。釋褐梁武陵王國右常侍，歷征西府墨曹行參軍，除婁令。值梁季喪亂，乃覃心釋典，經論靡不該究。天嘉初，徵爲通直散騎侍郎，不就。永陽王爲吴郡太守，聞其名，欲與相見，慶固辭以疾。時宗人陸榮爲郡五官掾，慶嘗詣焉，王乃微服往榮第，穿壁以觀之。王謂榮曰：「觀陸慶風神凝峻，殆不可測，嚴君平、鄭子真何以尚兹。」鄱陽、晉安王俱以記室徵，竝不就。乃築室屏居，以禪誦爲事，由是傳經受業者蓋鮮焉。

史臣曰：夫砥身勵行，必先經術，樹國崇家，率由兹道，故王政因之而至治，人倫得之而攸序。若沈文阿之徒，各專經授業，亦一代之鴻儒焉。文阿加復草創禮儀，蓋叔孫通之流亞矣。

校勘記

〔一〕斯則王教之典籍　北監本、殿本作「以教之典籍斯則」，「斯則」屬下讀。

〔二〕開弟子員　「開」，北監本、汲本、殿本及南史卷七一儒林傳序作「置」。

〔三〕總以五經教授唯國學乃經經各置助教云　「唯國學乃經」，北監本、殿本無此五字。按南史卷七一儒林傳序亦無。

〔四〕尚書右丞庾持奉詔遣博士議其禮　「尚書右丞」，南史卷七一儒林沈峻傳附沈文阿傳作「尚書左丞」。按本書卷三四文學庾持傳云持「天嘉初，遷尚書左丞」，隋書卷八禮儀志三載陳永定三年七月，庾持爲「新除尚書左丞」。

〔五〕文阿所撰儀禮八十餘卷　「儀禮」，宋甲本、宋乙本壹、靜嘉堂本、國圖本、三朝本、南監本及册府卷五六四掌禮部宋本作「儀體」。

〔六〕大同中學者多涉獵文史　「大同中學者」，册府卷七六八總録部作「同學者」。

〔七〕久而不葬者唯主祭者不除　「主祭者」，南史卷七一儒林沈洙傳作「主喪者」。按禮記喪服小記云「久而不葬者，唯主喪者不除」。

〔八〕此蓋禮之主也　「主」，南監本、北監本、汲本、殿本及南史卷七一儒林沈洙傳作「正」。

〔九〕通訪博識折之禮衷　「博識」，册府卷五七九掌禮部作「博士」。

〔一〇〕劉道朔坐犯七改偷　「改」，册府卷六一五刑法部作「叚」，疑爲「段」之異體。

〔一一〕豈可全恣考掠　「全」，南史卷七一儒林沈洙傳、册府卷六一五刑法部作「令」。

〔一二〕身無完者　「者」，南監本、北監本、汲本作「膚」。按漢書卷三二張耳陳餘傳正作「身無完者」。

〔一三〕致罪人不款　「致」，原作「到」，據北監本、汲本、殿本及南史卷七一儒林沈洙傳、册府卷六一五刑法部改。

〔一四〕則上多昔四刻　「上」，南史卷七一儒林沈洙傳、册府卷六一五刑法部作「一上」。

〔一五〕五是少日　「五」，宋甲本漫漶，三朝本、南監本、北監本、汲本、殿本及南史卷七一儒林沈洙傳作「正」。

〔一六〕獄囚無以在夜之致誣　「之」，南監本、北監本、汲本、殿本及南史卷七一儒林沈洙傳作「而」。

〔一七〕衮時騁義　北監本、汲本、殿本作「時衮説朝聘義」。按御覽卷六一七引梁書、南史卷七一儒林戚衮傳亦作「時衮説朝聘義」。

〔一八〕衣資罄乏　「乏」，宋甲本、静嘉堂本、國圖本作「之」。

〔一九〕累遷鎮南始興王府諮議參軍　「鎮」字原無，據南史卷七一儒林全緩傳補。

〔二〇〕集宫僚置宴　「宫」，原作「官」，據南史卷七一儒林張譏傳、御覽卷七〇三引陳書改。

〔二一〕法雲寺沙門慧休　「慧休」，南史卷七一儒林張譏傳作「慧拔」。

〔二二〕至真觀道士姚綏　「姚綏」，册府卷五九八學校部作「姚緩」。按南史卷七一儒林張譏傳亦作「姚綏」。

〔二三〕顧越字思南　「思南」，南史卷七一儒林顧越傳、册府卷七八六總録部作「允南」。

〔二四〕所居新坡黄岡　「新坡」，南史卷七一儒林顧越傳作「新坂」。

〔二五〕傍通異義　「異」字原爲墨釘，據國圖本、三朝本、南監本、北監本、殿本及册府卷五九七學校部選任宋本、同卷學校部世業補。

〔二六〕世祖以越篤老　「篤老」，册府卷五九七學校部作「篤學」。

〔二七〕時年七十八　「七十八」，按南史卷七一儒林顧越傳作「七十七」。

〔二八〕徒深倚席之歎　「倚席」，册府卷六〇三學校部作「避席」。

〔二九〕紆迹儒宫　「紆迹」，册府卷六〇三學校部作「慎簡」。「宫」，册府卷六〇三學校部、文苑英華卷六九〇沈不害上陳高祖置學書作「官」。

〔三〇〕轜駕列庭　「轜」，册府卷六〇三學校部作「轓」，按文苑英華卷六九〇沈不害上陳高祖置學書作「輜」。

〔三一〕合二十八曲　「二十八曲」，按南史卷七一儒林沈不害傳作「二十曲」。

〔三〕沈生可謂意聖人乎　「意」，册府卷八五〇總録部作「意合」。

〔三〕祖道寶　「道寶」，南史卷七一儒林王元規傳作「道實」。

〔三四〕梁時山陰縣有暴水　「縣」，册府卷七五四總録部作「外」。

〔三五〕倉卒引其母妹并孤姪入船　「孤姪」，南史卷七一儒林王元規傳作「姑姪」，册府卷七五七總録部作「孤妹」。

〔三六〕時人皆稱其至行　「至行」下册府卷七五七總録部有「所感」二字。

〔三七〕賞賜優厚遷國子祭酒新安王伯固嘗因入宫　「遷」字疑有脱衍。據本書卷三六新安王伯固傳，伯固太建十年嘗爲國子祭酒。馬宗霍南史校證據此云祭酒爲伯固，非元規，元規原爲國子助教，不得驟遷至祭酒。

陳書卷三十四

列傳第二十八

文學

杜之偉　顏晃　江德藻　庾持　許亨　褚玠　岑之敬
陸琰弟瑜　何之元　徐伯陽　張正見　蔡凝　阮卓

易曰「觀乎人文，以化成天下」，孔子曰「煥乎其有文章也」。自楚漢以降，辭人世出，洛汭江左，其流彌暢。莫不思侔造化，明竝日月，大則憲章典謨，裨贊王道，小則文理清正，申紓性靈。至於經禮樂，綜人倫，通古今，述美惡，莫尚乎此。後主嗣業，雅尚文詞，傍求學藝，煥乎俱集。每臣下表疏及獻上賦頌者，躬自省覽，其有辭工，則神筆賞激，加其爵位，是以搢紳之徒，咸知自勵矣。若名位文學晃著者，別以功迹論。今綴杜之偉等學既兼文，備于此篇云爾。

杜之偉字子大，吴郡錢塘人也。家世儒學，以三禮專門〔一〕。父規，梁奉朝請，與光禄大夫濟陽江革、都官尚書會稽孔休源友善。

之偉幼精敏，有逸才。七歲，受尚書，稍習詩、禮，略通其學。十五，遍觀文史及儀禮故事，時輩稱其早成。僕射徐勉嘗見其文，重其有筆力。中大同元年，梁武帝幸同泰寺捨身，敕勉撰定儀註〔二〕，勉以臺閣先無此禮，召之偉草具其儀。乃啓補東宫學士，與學士劉陟等鈔撰羣書，各爲題目。所撰富教、政道二篇，皆之偉爲序〔三〕。及湘陰侯蕭昂爲江州刺史，以之偉掌記室〔四〕。昂卒，廬陵王續代之，又手教招引，之偉固辭不應命，乃送昂喪柩還京。仍侍臨成公讀。尋除揚州議曹從事，南康嗣王墨曹參軍、兼太學限内博士。大同七年〔五〕，梁皇太子釋奠於國學，時樂府無孔子、顏子登哥詞，尚書參議令之偉製其文，伶人傳習，以爲故事。轉補安前邵陵王田曹參軍，又轉刑獄參軍。之偉年位甚卑，特以彊識俊才，頗有名當世，吏部尚書張纘深知之，以爲廊廟器也。

侯景反，之偉逃竄山澤。及高祖爲丞相，素聞其名，召補記室參軍。遷中書侍郎、領大著作。高祖受禪，除鴻臚卿，餘竝如故。之偉啓求解著作，曰：「臣以紹泰元年，忝中書侍郎，掌國史，于今四載。臣本庸賤，謬蒙盼識，思報恩獎，不敢廢官。皇曆惟新，驅馭軒、昊，記言記事，未易其人，著作之材，更宜選衆。御史中丞沈炯、尚書左丞徐陵、梁前兼大著作虞荔、梁前黄門侍郎孔奐，或清文贍筆，或彊識稽古，遷、董之任，允屬羣才，臣無容遽變市朝〔六〕，再妨賢路。堯朝皆讓，誠不可追，陳力就列，庶幾知免。」優勑不許。尋轉大匠卿，遷太中大夫，仍勑撰梁史。永定三年卒，時年五十二。高祖甚悼惜之，詔贈通直散騎常侍，賻錢五萬，布五十匹，棺一具，剋日舉哀。

之偉爲文，不尚浮華，而温雅博贍。所製多遺失，存者十七卷。

顔晃字元明〔七〕，琅邪臨沂人也。少孤貧，好學，有辭采。解褐梁邵陵王兼記室參軍。時東宫學士庾信嘗使于府中，王使晃接對，信輕其尚少，曰：「此府兼記室幾人？」晃答曰：「猶當少於宫中學士。」當時以爲善對。

侯景之亂，西奔荆州。承聖初，除中書侍郎。時杜龕爲吴興太守，專好勇力，其所部多輕險少年，元帝患之，乃使晃管其書翰。仍勑龕曰：「卿年時尚少，習讀未晚，顔晃文學之士，使相毗佐，造次之閒，必宜諮禀。」及龕誅，晃歸世祖，世祖委以書記，親遇甚篤。除宣毅府中録事、兼記室參軍。

永定二年，高祖幸大莊嚴寺，其夜甘露降，晃獻甘露頌，詞義該典，高祖甚奇之。天嘉初，遷員外散騎常侍、兼中書舍人，掌詔誥。三年卒，時年五十三。詔贈司農卿，謚曰貞子，并賜墓地。

晃家世單門，傍無戚援，而介然脩立，爲當世所知。其表奏詔誥，下筆立成，便得事理，而雅有氣質。有集二十卷。

江德操字德藻〔八〕，濟陽考城人也。祖柔之，齊尚書倉部郎中。父革，梁度支尚書、光禄大夫。

德藻好學，善屬文。美風儀，身長七尺四寸。性至孝，事親盡禮。與異産昆弟居，恩惠甚篤。起家梁南中郎武陵王行參軍。大司馬南平王蕭偉聞其才，召爲東閤祭酒。遷安西湘東王府外兵參軍，尋除尚書比部郎，以父憂去職。服闋之後，容貌毁瘠，如居喪時。除安西武陵王記室，不就。久之，授廬陵王記室參軍。除廷尉正，尋出爲南兗州治中。及高祖爲司空、征北將軍，引德藻爲府諮議。轉中書侍郎，遷雲麾臨海王長史。陳臺建，拜尚書吏部侍郎。

高祖受禪，授祕書監、兼尚書左丞。尋以本官兼中書舍人。天嘉四年，兼散騎常侍，與中書郎劉師知使齊，著北征道理記三卷〔九〕。還拜太子中庶子、領步兵校尉。頃之遷御史中丞，坐公事免。尋拜振遠將軍、通直散騎常侍。自求宰縣，出補新喻令，政尚恩惠，頗有異績。六年，卒於官，時年五十七。世祖甚悼惜之，詔贈散騎常侍。所著文筆十五卷。

子椿，亦善屬文，歷太子庶子、尚書左丞。

庾持字允德〔一〇〕，潁川鄢陵人也。祖佩玉，宋長沙内史。父彌〔一一〕，梁長城令。持少孤，性至孝，居父憂過禮。篤志好學，尤善書記，以才藝聞。解褐梁南平王國左常侍，輕車河東王府行參軍、兼尚書郎，尋而爲真。出爲安吉令，遷鎮東邵陵王府限外記室、兼建康令天監〔一二〕。初，世祖與持有舊，及世祖爲吴興太守，以持爲郡丞，兼掌書翰，自是常依文帝。文帝剋張彪，鎮會稽，又令持監臨海郡。以貪縱失民和，爲山盜所劫，幽執十旬，世祖遣劉澄討平之，持乃獲免。高祖受禪，授安東臨川王府諮議參軍。天嘉初，遷尚書左丞。以預長城之功，封崇德縣子，邑三百户。拜封之日，請令史爲客，受其餉遺，世祖怒之，因坐免。尋爲宣惠始興王府諮議參軍。除臨安令，坐杖殺縣民免封。遷爲給事黄門侍郎〔一三〕。除稜威將軍、鹽官令。光大元年，遷祕書監，知國史事。又爲少府卿、領羽林監。遷太中大夫、領步兵校尉。太建元年卒，時年六十二。詔贈光禄大夫。

持善字書，每屬辭，好爲奇字，文士亦以此譏之。有集十卷。

許亨字亨道，高陽新城人，晉徵士詢之六世孫也。曾祖珪，歷給事中，委桂陽太守，高尚其志，居永興之究山，即詢之所隱也。祖勇慧，齊太子家令，冗從僕射。父懋，梁始平天門二郡守，太子中庶子，散騎常侍，以學藝聞，撰毛詩風雅比興義類十五卷〔一四〕，述行記四卷。

亨少傳家業，孤介有節行。博通羣書，多識前代舊事，名輩皆推許之，甚爲南陽劉之遴所重，每相稱述。解褐梁安東王行參軍〔一五〕、兼太學博士，尋除平西府記室參軍。太清初，爲征西中記室〔一六〕、兼太常丞。

侯景之亂，避地郢州，會梁邵陵王自東道至，引爲諮議參軍。王僧辯之襲郢州也，素聞其名，召爲儀同從事中郎。遷太尉從事中郎，與吳興沈炯對掌書記，府朝政務，一以委焉。晉安王承制，授給事黄門侍郎，亨奉牋辭府，僧辯答曰：「省告，承有朝授，良爲德舉。卿操尚惇深，文藝該洽，學優而官，自致青紫。況久羈駿足，將成頓轡，匡輔虛闇，期寄實深。既欣遊處，用忘勞屈，而枳棘栖鵷，常以增歎。夕郎之選，雖爲清顯，位以才升，差自無愧。且卿始云知命，方騁康衢，未有執戟之疲，便深夜行之慨，循復來翰，殊用憮然。古人相思，千里命駕，素心不昧，寧限城闉，存顧之深，荒慙無已。」

高祖受禪，授中散大夫、領羽林監。遷太中大夫、領大著作，知梁史事。初，僧辯之誅也，所司收僧辯及其子頠〔一七〕，於方山同坎埋瘞，至是無敢言者。亨以故吏，抗表請葬之，乃與故義徐陵、張種、孔奐等，相率以家財營葬具〔一八〕，凡七柩皆改窆焉。

光大初，高宗入輔，以亨貞正有古人之風，甚相欽重，常以師禮事之。及到仲舉之謀出高宗也，毛喜知其詐，高宗問亨，亨勸勿奉詔。高宗即位，拜衞尉卿。太建二年卒，時年五十四〔一九〕。

初撰齊書并志五十卷，遇亂失亡。後撰梁史，成者五十八卷。梁太清之後所製文筆六卷。

子善心，早知名，官至尚書度支侍郎。

褚玠字温理，河南陽翟人也。曾祖炫，宋昇明初與謝朏、江斅、劉俣入侍殿中，謂之「四友」。官至侍中、吏部尚書，謚貞子。祖澐〔一〇〕，梁御史中丞。父蒙〔一一〕，太子舍人。玠九歲而孤，爲叔父驃騎從事中郎隨所養。早有令譽，先達多以才器許之。及長，美風儀，善占對，博學能屬文，詞義典實，不好豔靡。起家王府法曹，歷轉外兵、記室。天嘉中，兼通直散騎常侍，聘齊，還爲桂陽王友。遷太子庶子，中書侍郎。

太建中，山陰縣多豪猾，前後令皆以贓汙免，高宗患之，謂中書舍人蔡景歷曰：「稽陰大邑，久無良宰，卿文士之内，試思其人。」景歷進曰：「褚玠廉儉有幹用，未審堪其選不？」高宗曰：「甚善，卿言與朕意同。」乃除戎昭將軍、山陰令。縣民張次的、王休達等與諸猾吏賄賂通姦，全丁大户，類多隱没。玠乃鎖次的等，具狀啓臺〔一二〕，高宗手勑慰勞，并遣使助玠搜括，所出軍民八百餘户。

時舍人曹義達爲高宗所寵，縣民陳信家富於財，諂事義達，信父顯文恃勢横暴。玠乃遣使執顯文，鞭之一百，於是吏民股慄，莫敢犯者。信後因義達譖玠，竟坐免官。玠在任歲餘，守禄俸而已，去官之日，不堪自致，因留縣境，種蔬菜以自給。或嗤玠以非百里之才，玠答曰：「吾委輸課最，不後列城，除殘去暴，姦吏局蹐。若謂其不能自潤脂膏，則如來命。以爲不達從政，吾未服也。」時人以爲信然。皇太子知玠無還裝，手書賜粟米二百斛，於是還都。太子愛玠文辭，令入直殿省。十年，除電威將軍、仁威淮南王長史，頃之，以本官掌東宮管記。十二年，遷御史中丞，卒于官，時年五十二。

玠剛毅有膽決，兼善騎射。嘗從司空侯安都於徐州出獵，遇有猛獸，玠引弓射之，再發皆中口入腹，俄而獸斃。及爲御史中丞，甚有直繩之稱。自梁末喪亂，朝章廢弛，司憲因循，守而勿革，玠方欲改張，大爲條例，綱維略舉，而編次未訖，故不列于後焉。及卒，太子親製誌銘，以表惟舊。至德二年，追贈祕書監。所製章奏雜文二百餘篇，皆切事理，由是見重於時。

子亮，有才學，官至尚書殿中侍郎。

岑之敬字思禮，南陽棘陽人也。父善紆，梁世以經學聞，官至吴寧令、司義郎。

之敬年五歲，讀孝經，每燒香正坐，親戚咸加歎異。年十六，策春秋左氏、制旨孝經義，擢爲高第。御史奏曰：「皇朝多士，例止明經，若顔、閔之流，乃應高第。」梁武帝省其策曰：「何妨我復有顏、閔邪？」因召入面試，令之敬昇講座，勑中書舍人朱异執孝經，唱士章〔一三〕，武帝親自論難。之敬剖釋縱横，應對如響，左右莫不嗟服。乃除童子奉車郎，賞賜優厚。十八，預重雲殿法會，時武帝親行香，熟視之敬曰：「未幾見兮，突而弁兮！」即日除太學限内博士。尋爲壽光學士、司義郎，又除武陵王安西府刑獄參軍事。太清元年，表請試吏，除南沙令。

侯景之亂，之敬率領所部，赴援京師。至郡境，聞臺城陷，乃與衆辭訣，歸鄉里。承聖二年，除晉安王宣惠府中記室參軍。是時蕭勃據嶺表，勑之敬宣旨慰喻，會江陵陷，仍留廣州。太建初，還朝，授東宫義省學士，太子素聞其名，尤降賞接。累遷鄱陽王中衛府記室，鎮北府中録事參軍，南臺治書侍御史，征南府諮議參軍。

之敬始以經業進，而博涉文史，雅有詞筆，不爲醇儒。性謙謹，未嘗以才學矜物，接引後進，恂恂如也。每忌日營齋，必躬自洒掃，涕泣終日，士君子以篤行稱之。十一年卒，時年六十一。太子嗟惜，賻贈甚厚。有集十卷行於世。

子德潤，有父風，官至中軍吳興王記室。

陸琰字温玉，吏部尚書瓊之從父弟也。父令公，梁中軍宣城王記室參軍。

琰幼孤，好學有志操。州舉秀才，解褐宣惠始興王行參軍，累遷法曹、外兵參軍，直嘉德殿學士。世祖聽覽餘暇，頗留心史籍，以琰博學，善占誦，引置左右。嘗使製刀銘，琰援筆即成，無所點竄，世祖嗟賞久之，賜衣一襲。俄兼通直散騎常侍，副琅邪王厚聘齊，及至鄴下而厚病卒，琰自爲使主。時年二十餘，風神韶亮，占對閑敏，齊士大夫甚傾心焉。還爲雲麾新安王主簿，遷安成王長子寧遠府記室參軍〔二四〕。太建初，爲武陵王明威府功曹史、兼東宮管記。丁母憂去官。五年卒，時年三十四。太子甚傷悼之，手令舉哀，加其賻贈，又自製誌銘。至德二年，追贈司農卿。

琰寡嗜慾，鮮矜競，遊心經籍，晏如也。其所製文筆多不存本，後主求其遺文，撰成二卷。有弟瑜。

瑜字幹玉。少篤學，美詞藻。州舉秀才，解褐驃騎安成王行參軍，轉軍師晉安王外兵參軍、東宮學士。兄琰時爲管記，竝以才學娛侍左右，時人比之二應。太建二年，太子釋奠于太學，宮臣竝賦詩，命瑜爲序，文甚贍麗。遷尚書祠部郎中，丁母憂去職。服闋，爲桂陽王明威將軍功曹史、兼東宮管記。累遷永陽王文學，太子洗馬，中舍人。

瑜幼長讀書，晝夜不廢，聰敏彊記，一覽無復遺失。嘗受莊、老於汝南周弘正，學成實論於僧滔法師，並通大旨。時皇太子好學，欲博覽羣書，以子集繁多，命瑜鈔撰，未就而卒，時年四十四。太子爲之流涕，手令舉哀，官給喪事，并親製祭文，遣使者弔祭。仍與詹事江總書曰：「管記陸瑜，奄然殂化，悲傷悼惜，此情何已。吾生平愛好，卿等所悉，自以學涉儒雅，不逮古人，欽賢慕士，是情尤篤。梁室亂離，天下糜沸，書史殘缺，禮樂崩淪，晚生後學，匪無牆面，卓爾出羣，斯人而已。吾識覽雖局，未曾以言議假人，至於片善小才，特用嗟賞。況復洪識奇士，此故忘言之地。論其博綜子史，諳究儒墨，經耳無遺，觸目成誦，一褒一貶，一激一揚，語玄析理，披文摘句，未嘗不聞者心伏，聽者解頤，會意相得，自以爲布衣之賞。吾監撫之暇，事隙之辰，頗用譚笑娛情，琴樽閒作，雅篇豔什，迭互鋒起。每清風朗月，美景良辰，對羣山之參差，望巨波之滉瀁，或翫新花，時觀落葉，既聽春鳥，又聆秋鴈，未嘗不促膝舉觴，連情發藻，且代琢磨，閒以嘲謔，俱怡耳目，並留情致。自謂百年爲速，朝露可傷，豈謂玉折蘭摧，遽從短運，爲悲爲恨，當復何言。遺迹餘文，觸目增泫，絕絃投筆，恒有酸恨〔二五〕。以卿同志，聊復敍懷，涕之無從，言不寫意。」其見重如此。至德二年，追贈光禄卿。有集十卷。瑜有從父兄玠〔二六〕，從父弟琛。

玠字潤玉，梁大匠卿晏之子〔二七〕。弘雅有識度，好學，能屬文。舉秀才，對策高第。史部尚書袁樞薦之於世祖，超授衡陽王文學、直天保殿學士。太建初，遷長沙王友、領記室。後主在東宮，聞其名，徵爲管記。仍除中舍人，管記如故，甚見親待。尋以疾失明，將還鄉里，太子解衣贈玠，爲之流涕。八年卒，時年三十七。有令舉哀，并加賵贈。至德二年，追贈少府卿。有集十卷。

琛字潔玉，宣毅臨川王長史丘公之子。少警俊，事後母以孝聞。世祖爲會稽太守，琛年十八，上善政頌，甚有詞采，由此知名。舉秀才，起家爲衡陽王主簿、兼東宮管記。歷豫章王文學、領記室，司徒主簿、直宣明殿學士。尋遷尚書三公侍郎，兼通直散騎常侍，聘齊。還爲司徒左西掾。又掌東宮管記，太子愛琛才辯，深禮遇之。後主嗣位，遷給事黄門侍郎、中書舍人，參掌機密。琛性頗疎，坐漏泄禁中語，詔賜死，時年四十二。

何之元，廬江灊人也。祖僧達，齊南臺治書侍御史。父法勝，以行業聞。之元幼好學，有才思，居喪過禮，爲梁司空袁昂所重。天監末，昂表薦之，因得召見。解褐梁太尉臨川王揚州議曹從事史，尋轉主簿。及昂爲丹陽尹，辟爲丹陽五官掾，總户曹事。尋除信義令。之元宗人敬容者，勢位隆重，頻相顧訪，之元終不造焉。或問其故，之元曰：「昔楚人得寵於觀起，有馬者皆亡。夫德薄任隆，必近覆敗，吾恐不獲其利而招其禍。」識者以是稱之。

會安西武陵王爲益州刺史，以之元爲安西刑獄參軍。侯景之亂，武陵王以太尉承制，授南梁州長史〔二八〕、北巴西太守。武陵王自成都舉兵東下，之元與蜀中民庶抗表請無行，王以爲沮衆，囚之元于艦中。及武陵兵敗，之元從邵陵太守劉恭之郡〔二九〕。俄而江陵陷，劉恭卒，王琳召爲記室參軍。梁敬帝册琳爲司空，之元除司空府諮議參軍、領記室。

王琳之立蕭莊也，署爲中書侍郎。會齊文宣帝薨，令之元赴弔，還至壽春，而王琳敗，齊主以爲揚州別駕，所治即壽春也。及衆軍北伐，得淮南地，湘州刺史始興王叔陵遣功曹史柳咸賫書召之元。之元始與朝庭有隙，及書至，大惶恐，讀書至「孔璋無罪，左車見用」，之元仰而歎曰：「辭旨若此，豈欺我哉？」遂隨咸至湘州。太建八年，除中衞府功曹參軍事，尋遷諮議參軍。

及叔陵誅，之元乃屏絶人事，鋭精著述。以爲梁氏肇自武皇，終于敬帝，其興亡之運，盛衰之跡，足以垂鑒戒，定襃貶。究其始終，起齊永元元年，迄于王琳遇獲，七十五年行事，草創爲三十卷，號曰梁典。其序曰：

記事之史〔三〇〕，其流不一，繼年之作〔三一〕，無若春秋，則魯史之書，非帝皇之籍也。

案三皇之簡爲三墳，五帝之策爲五典，此典義所由生也。至乃尚書述唐帝爲堯典，虞帝爲舜典，斯又經文明據。是以典之爲義久矣哉。若夫馬史班漢，述帝稱紀，自茲厥後，因相祖習。及陳壽所撰，名之曰志，總其三國，分路揚鑣。唯何法盛晉書變帝紀爲帝典，既云師古，在理爲優。故今之所作，稱爲梁典。

梁有天下，自中大同以前，區寓寧晏，太清以後，寇盜交侵。首尾而言，未爲盡美，故開此一書，分爲六意。以高祖創基，因乎齊末，尋宗討本，起自永元，今以前如干卷爲追述。高祖生自布衣，長於弊俗，知風教之臧否，識民黎之情僞。爰逮君臨，弘斯政術，四紀之内，寔云殷阜。今以如干卷爲太平。世不常夷，時無恒治，非自我後，仍屬横流，今以如干卷爲敍亂。洎高祖晏駕之年，太宗幽辱之歲，謳歌獄訟，向西陝不向東都。不庭之民，流逸之士，征伐禮樂，歸世祖不歸太宗。撥亂反正，厥庸斯在，治定功成，其勳有屬。今以如干卷爲世祖。至於四海困窮，五德升替，則敬皇紹立，仍以禪陳，今以如干卷爲敬帝。驃騎王琳，崇立後嗣，雖不達天命，然是其忠節，今以如干卷爲後嗣主。至在太宗，雖加美謚，而大寶之號，世所不遵，蓋以拘於賊景故也。承聖紀歷，自接太清，神筆詔書，非宜輒改，詳之後論，蓋有理焉。

夫事有始終，人有業行，本末之閒，頗宜詮敍。案臧榮緒稱史無裁斷，猶起居注耳，由此而言，寔資詳悉。

又編年而舉其歲次者，蓋取分明而易尋也。若夫獫狁孔熾，鯁我中原，始自一君，終爲二主，事有相涉，言成混漫。今以未分之前爲北魏，既分之後，高氏所輔爲東魏，宇文所挾爲西魏，所以相分別也。重以蓋彰殊體〔三〕，繁省異文，其間損益，頗有凡例。

禎明三年，京城陷，乃移居常州之晉陵縣。隋開皇十三年，卒于家。

徐伯陽字隱忍，東海人也。祖度之，齊南徐州議曹從事史。父僧權，梁東宮通事舍人、領祕書，以善書知名。

伯陽敏而好學，善色養，進止有節。年十五，以文筆稱。學春秋左氏。家有史書，所讀者近三千餘卷。試策高第，尚書板補梁河東王國右常侍，東宮學士，臨川嗣王府墨曹參軍。大同中，出爲候官令，甚得民和。侯景之亂，伯陽浮海南至廣州，依於蕭勃。勃平還朝，仍將家屬之吴郡。

天嘉二年，詔侍晉安王讀。尋除司空侯安都府記室參軍事，安都素聞其名，見之，降席爲禮。甘露降樂遊苑，詔賜安都，令伯陽爲謝表，世祖覽而奇之。太建初，中記室李爽〔三三〕、記室張正見、左民郎賀徹、學士阮卓、黄門郎蕭詮、三公郎王由禮、處士馬樞、記室祖孫登、比部賀循、長史劉刪等爲文會之友，後有蔡凝、劉助、陳暄、孔範亦預焉，皆一時之士也。遊宴賦詩，勒成卷軸，伯陽爲其集序，盛傳於世。

及新安王爲南徐州刺史，除鎮北新安王府中記室參軍、兼南徐州別駕、帶東海郡丞。鄱陽王爲江州刺史，伯陽嘗奉使造焉，王率府僚與伯陽登匡嶺〔三四〕，置宴，酒酣，命筆賦劇韻二十〔三五〕，伯陽與祖孫登前成，王賜以奴婢雜物。及新安王還京，除臨海嗣王府限外諮議參軍。十一年春，皇太子幸太學，詔新安王於辟雍發論語題，仍命伯陽爲辟雍頌，甚見佳賞〔三六〕。除鎮右新安王府諮議參軍事。十三年，聞姊喪，發疾而卒，時年六十六。

張正見字見賾，清河東武城人也。祖蓋之〔三七〕，魏散騎常侍、勃海長樂二郡太守。父脩禮，魏散騎侍郎，歸梁，仍拜本職，遷懷方太守。

正見幼好學，有清才。梁簡文在東宮，正見年十三，獻頌，簡文深贊賞之。簡文雅尚學業，每自昇座説經，正見嘗預講筵，請決疑義，吐納和順〔三八〕，進退詳雅，四座咸屬目焉。

太清初，射策高第，除邵陵王國左常侍。梁元帝立，拜通直散騎侍郎，遷彭澤令。屬梁季喪亂，避地於匡俗山，時焦僧度擁衆自保，遣使請交，正見懼之，遜辭延納，然以禮法自持，僧度亦雅相敬憚。高祖受禪，詔正見還都，除鎮東鄱陽王府墨曹行參軍、兼衡陽王府長史。歷宜都王限外記室、撰史著士、帶尋陽郡丞。累遷尚書度支郎、通直散騎侍郎，著士如故。太建中卒，時年四十九。有集十四卷，其五言詩尤善，大行於世。

蔡凝字子居，濟陽考城人也。祖撙，梁吏部尚書、金紫光禄大夫。父彦高，梁給事黄門侍郎。

凝幼聰晤，美容止。既長，博涉經傳，有文辭，尤工草隸。天嘉四年，釋褐受祕書郎，轉廬陵王文學。光大元年，除太子洗馬、司徒主簿。太建元年，遷太子中舍人。以名公子選尚信義公主，拜駙馬都尉、中書侍郎。遷晉陵太守，及將之郡，更令左右緝治中書廨宇，謂賓友曰：「庶來者無勞，不亦可乎？」尋授寧遠將軍、尚書吏部侍郎。凝年位未高，而才地爲時所重，常端坐西齋，自非素貴名流，罕所交接，趣時者多譏焉。高宗常謂凝曰：「我欲用義興主壻錢肅爲黄門郎，卿意何如？」凝正色對曰：「帝鄉舊戚，恩由聖旨，則無所復問。若格以僉議，黄散之職，故須人門兼美，惟陛下裁之。」高宗默然而止。肅聞而有憾，令義興主日譖之於高宗，尋免官，遷交阯。頃之，追還。

後主嗣位，授晉安王諮議參軍，轉給事黄門侍郎。後主嘗置酒會，羣臣歡甚，將移醼於弘範宫，衆人咸從，唯凝與袁憲不行。後主曰：「卿何爲者？」凝對曰：「長樂尊嚴，非酒後所過，臣不敢奉詔。」衆人失色。後主曰：「卿醉矣。」即令引出。他日，後主謂吏部尚書蔡徵曰：「蔡凝負地矜才，無所用也。」尋遷信威晉熙王府長史，鬱鬱不得志，乃喟然歎曰：「天道有廢興，夫子云『樂天知命』，斯理庶幾可達。」因製小室賦以見志，甚有辭理。陳亡入隋，道病卒，時年四十七。

子君知，頗知名。

阮卓，陳留尉氏人。祖詮，梁散騎侍郎。父問道，梁寧遠岳陽王府記室參軍。

卓幼而聰敏，篤志經籍，善談論，尤工五言詩。性至孝，其父隨岳陽王出鎮江州〔三九〕，遇疾而卒，卓時年十五，自都奔赴，水漿不入口者累日。屬侯景之亂，道路阻絶，卓冒履險艱，載喪柩還都。在路遇賊，卓形容毁瘁，號哭自陳，賊哀而不殺之，仍護送出境。及渡彭蠡湖，中流忽遇疾風，船幾没者數四，卓仰天悲號，俄而風息，人皆以爲孝感之至焉。

世祖即位，除輕車鄱陽王府外兵參軍。天康元年，轉雲麾新安王府記室參軍，仍隨府轉翊右記室、帶撰史著士。遷鄱陽王中衞府録事，轉晉安王府記室，著士如故。及平歐陽紇，交阯夷獠往往相聚爲寇抄，卓奉使招慰。交阯通日南、象郡，多金翠珠貝珍怪之産，前後使者皆致之，唯卓挺身而還，衣裝無他，時論咸伏其廉。遷衡陽王府中録事參軍。入爲尚書祠部郎。遷始興王中衞府記室參軍。

叔陵之誅也，後主謂朝臣曰：「阮卓素不同逆，宜加旌異。」至德元年，入爲德教殿學士。尋兼通直散騎常侍，副王話聘隋。隋主夙聞卓名，乃遣河東薛道衡、琅邪顔之推等，與卓談讌賦詩，賜遺加禮。還除招遠將軍、南海王府諮議參軍。以目疾不之官，退居里舍，改構亭宇，脩山池卉木，招致賓友，以文酒自娱。禎明三年入于隋，行至江州，追感其父所終，因遘疾而卒，時年五十九。

時有武威陰鏗，字子堅，梁左衞將軍子春之子。幼聰慧，五歲能誦詩賦，日千言。及長，博涉史傳，尤善五言詩，爲當時所重。釋褐梁湘東王法曹參軍。天寒，鏗嘗與賓友宴飲，見行觴者，因回酒炙以授之，衆坐皆笑，鏗曰：「吾儕終日酣飲，而執爵者不知其味，非人情也。」及侯景之亂，鏗嘗爲賊所擒，或救之獲免，鏗問其故，乃前所行觴者。天嘉中，爲始興王府中録事參軍。世祖嘗讌羣臣賦詩，徐陵言之於世祖，即日召鏗預讌，使賦新成安樂宮，鏗援筆便就，世祖甚歎賞之。累遷招遠將軍、晉陵太守，員外散騎常侍，頃之卒。有集三卷行於世。

史臣曰：夫文學者，蓋人倫之所基歟？是以君子異乎衆庶。昔仲尼之論四科，始乎德行，終於文學，斯則聖人亦所貴也。至如杜之偉之徒，值於休運，各展才用，之偉尤著美焉。

「江德操字德藻」，或本「江德藻字德藻」，疑。

校勘記

〔一〕以三禮專門　册府卷五九七學校部作「以三代傳門」。

〔三〕中大同元年梁武帝幸同泰寺捨身敕勉撰定儀註　按徐勉卒於大同元年，中大同在大同之後，此處「中大同元年」疑誤。

〔三〕所撰富教政道二篇皆之偉爲序　「富教政道」，册府卷八三九總録部宋本作「富民教政」，明本作「富民政教」。

〔四〕以之偉掌記室　「偉」字原闕，據三朝本、南監本、北監本、汲本、殿本及册府卷八〇三總録部補。

〔五〕大同七年　「大同」二字原無，據南史卷七二文學杜之偉傳補。

〔六〕臣無容遽變市朝　「變」，册府卷四六四臺省部明本作「戀」。

〔七〕顔晃字元明　「元明」，按御覽卷二四九引三國典略作「克明」。

〔八〕江德操字德藻　「江德操」，北監本、殿本作「江德藻」。本卷末曾鞏等疏語云：「『江德操字德藻』，或本『江德藻字德藻』，疑。」

〔九〕著北征道理記三卷　「北征道理記」，南史卷六〇江革傳附江德藻傳作「北征道里記」。按隋書卷三三經籍志二有江德藻聘北道里記三卷。

〔一〇〕庾持字允德　「允德」，南史卷七三孝義上庾道愍傳附庾持傳作「元德」。

〔一一〕父彌　「彌」，北監本、汲本、殿本及梁書卷四七孝行庾沙彌傳、南史卷七三孝義上庾道愍傳附庾沙彌傳作「沙彌」。

〔一二〕兼建康令天監　此處疑有脱衍。按南史卷七三孝義上庾道愍傳附庾持傳謂庾持仕梁「後兼建康監」。

〔一三〕遷爲給事黄門侍郎　「遷」，南史卷七三孝義上庾道愍傳附庾持傳作「還」。

〔一四〕撰毛詩風雅比興義類十五卷　「風雅比興義類」，按梁書卷四〇、南史卷六〇許懋傳並作「風雅比興義」。

〔一五〕解褐梁安東王行參軍　按梁無安東王，「安東王」三字疑有脱訛。

〔一六〕爲征西中記室　「征西中記室」，南史卷六〇許懋傳附許亨傳作「西中郎記室」。

〔一七〕所司收僧辯及其子頠　「頠」下北監本、殿本及南史卷六〇許懋傳附許亨傳有「屍」字。

〔一八〕相率以家財營葬具　「具」字北監本、汲本、殿本及南史卷六〇許懋傳附許亨傳無。

〔一九〕太建二年卒時年五十四　「五十四」，按建康實録卷二〇作「六十四」。

〔二〇〕祖澐　按舊唐書卷七二褚亮傳及新唐書卷一〇二褚亮傳載玠祖名作「湮」，新唐書卷七二下宰相世系表二下作「漢」。

〔二一〕父蒙　「蒙」，按新唐書卷七二下宰相世系表二下作「象」，古今姓氏書辨證卷二三作「濛」。

〔二二〕具狀啓臺　「具狀」，册府卷七〇一令長部作「以其狀」，卷七〇六令長部作「具以狀」。

〔二三〕唱士章　「士章」，北監本、汲本、殿本及南史卷七二文學岑之敬傳作「士孝章」。按今本孝經第五章作「士章」。

〔二四〕遷安成王長子寧遠府記室參軍　「長子」，南監本、北監本、汲本、殿本作「長史」。按林礽乾考證：「安成王長子」即陳後主叔寶，於天康元年授寧遠將軍，陸琰於此時遷叔寶寧遠將軍府記室參軍。

〔二五〕恒有酸恨 「恨」，北監本、汲本、殿本作「梗」。

〔二六〕瑜有從父兄玠 按册府卷二六〇儲宮部，玠爲瑜弟。

〔二七〕梁大匠卿晏之子 「晏」，南史卷四八陸慧曉傳附陸玠傳作「晏子」。

〔二八〕授南梁州長史 「長史」，南史卷七二文學何之元傳作「刺史」。

〔二九〕之元從邵陵太守劉恭之郡 「劉恭」，南史卷七二文學何之元傳作「劉棻」，下同。按通鑑卷一六六梁紀二二敬帝紹泰元年有「邵陵太守劉棻」。

〔三〇〕記事之史 册府卷五五五國史部作「記之與史」，十七史策要作「記事之始」。

〔三一〕繼年之作 「繼」，南監本、北監本、汲本、殿本作「編」。

〔三二〕重以蓋彰殊體 「殊」，册府卷五五五國史部宋本作「列」。

〔三三〕中記室李爽 按南史卷七二文學徐伯陽傳，「中記室」上有「與」字。

〔三四〕王率府僚與伯陽登匡嶺 「匡嶺」，册府卷七一一宫臣部、卷八三九總録部宋本作「盧嶺」。

〔三五〕命筆賦劇韻二十 「劇韻」，册府卷八三九總録部明本作「雜韻」，按宋本亦作「劇韻」。「二十」，南史卷七二文學徐伯陽傳作「三十」。

〔三六〕甚見佳賞 「佳賞」，北監本、汲本、殿本作「嘉賞」，册府卷七一一宫臣部、卷八三九總録部作「嗟賞」。

〔三七〕祖蓋之　「蓋之」，南史卷七二文學張正見傳作「善之」。

〔三八〕吐納和順　「順」，册府卷七七四總録部作「韻」。

〔三九〕其父隨岳陽王出鎮江州　此處文字疑有訛脱。按史籍中未見梁岳陽王蕭詧「出鎮江州」之記載，「江州」或應屬下讀。

陳書卷三十五

列傳第二十九

熊曇朗　周迪　留異　陳寶應

熊曇朗，豫章南昌人也，世爲郡著姓。曇朗跅弛不羈，有膂力，容貌甚偉。侯景之亂，稍聚少年，據豐城縣爲柵，桀黠劫盜多附之。梁元帝以爲巴山太守。荆州陷，曇朗兵力稍彊，劫掠隣縣，縛賣居民，山谷之中，最爲巨患。

及侯瑱鎮豫章，曇朗外示服從，陰欲圖瑱。侯方兒之反瑱也〔一〕，曇朗爲之謀主，瑱敗，曇朗獲瑱馬仗子女甚多。及蕭勃踰嶺，歐陽頠爲前軍，曇朗紿頠共往巴山襲黄法氍，又報法氍期共破頠，約曰「事捷與我馬仗」。及出軍，與頠掎角而進，又紿頠曰：「余孝頃欲相掩襲，須分留奇兵，甲仗既少，恐不能濟。」頠乃送甲三百領助之〔二〕。及至城下，將戰，曇朗僞北，法氍乘之，頗失援，狼狽退衄，曇朗取其馬仗而歸。時巴山陳定亦擁兵立寨，曇朗僞以女妻定子。又謂定曰：「周迪、余孝頃竝不願此婚，必須以彊兵來迎。」定乃遣精甲三百并土豪二十人往迎，既至，曇朗執之，收其馬仗，竝論價責贖。

紹泰二年，曇朗以南川豪帥，隨例除游騎將軍。尋爲持節、飆猛將軍、桂州刺史資、領豐城令，歷宜新、豫章二郡太守。王琳遣李孝欽等隨余孝頃於臨川攻周迪，曇朗率所領赴援。其年，以功除持節、通直散騎常侍、寧遠將軍，封永化縣侯，邑一千户，給鼓吹一部。又以抗禦王琳之功，授平西將軍、開府儀同三司，餘竝如故。及周文育攻余孝勱於豫章〔三〕，曇朗出軍會之。文育失利，曇朗乃害文育，以應王琳，事見文育傳。於是盡執文育所部諸將，據新淦縣，帶江爲城。

王琳東下，世祖徵南川兵，江州刺史周迪、高州刺史黄法氍欲沿流應赴，曇朗乃據城列艦斷遏，迪等與法氍因帥南中兵築城圍之，絶其與琳信使。及王琳敗走，曇朗黨援離心，迪攻陷其城，虜其男女萬餘口。曇朗走入村中，村民斬之，傳首京師，懸于朱雀觀〔四〕。於是盡收其宗族〔五〕，無少長皆棄市。

周迪，臨川南城人也。少居山谷，有膂力，能挽彊弩，以弋獵爲事。侯景之亂，迪宗人周續起兵於臨川，梁始興王蕭毅以郡讓續，迪召募鄉人從之，每戰必勇冠衆軍。續所部渠帥，皆郡中豪族，稍驕横，續頗禁之，渠帥等竝怨望，乃相率殺續，推迪爲主，迪乃據有臨川之地，築城于工塘。梁元帝授迪持節、通直散騎常侍、壯武將軍、高州刺史，封臨汝縣侯，邑五百户。

紹泰二年，除臨川内史。尋授使持節、散騎常侍、信威將軍、衡州刺史、領臨川内史。周文育之討蕭勃也，迪按甲保境，以觀成敗。文育使長史陸山才説迪，迪乃大出糧餉，以資文育。勃平，以功加振遠將軍，遷江州刺史。

高祖受禪，王琳東下，迪欲自據南川，乃總召所部八郡守宰結盟，聲言入赴。朝廷恐其爲變，因厚慰撫之。琳至湓城，新吴洞主余孝頃舉兵應琳。琳以爲南川諸郡可傳檄而定，乃遣其將李孝欽、樊猛等南徵糧餉。猛等與余孝頃相合，衆且二萬，來趨工塘，連八城以逼迪。迪使周敷率衆頓臨川故郡，截斷江口，因出與戰，大敗之，屠其八城，生擒李孝欽、樊猛、余孝頃送于京師，收其軍實，器械山積，并虜其人馬，迪竝自納之。永定二年，以功加平南將軍、開府儀同三司，增邑一千五百户，給鼓吹一部。

世祖嗣位，進號安南將軍〔六〕。熊曇朗之反也，迪與周敷、黄法𣰰等率兵共圍曇朗，屠之，盡有其衆。王琳敗後，世祖徵迪出鎮湓城，又徵其子入朝，迪趑趄顧望，竝不至。豫章太守周敷本屬於迪，至是與黄法𣰋率其所部詣闕，世祖録其破熊曇朗之功，竝加官賞，迪聞之，甚不平，乃陰與留異相結。及王師討異，迪疑懼不自安，乃使其弟方興率兵襲周敷〔七〕，敷與戰，破之。又别使兵襲華皎於湓城，事覺，盡爲皎所擒。三年春〔八〕，世祖乃下詔赦南川士民爲迪所詿誤者，使江州刺史吴明徹都督衆軍，與高州刺史黄法𣰋、豫章太守周敷討迪。於是尚書下符曰：

告臨川郡士庶：昔西京爲盛，信越背誕；東都中興，萌寵違戾。是以鷹鸇競逐，葅醢極誅，自古有之，其來尚矣。

逆賊周迪，本出輿臺，有梁喪亂，暴掠山谷。我高祖躬率百越，師次九川，濯其泥沙，假以毛羽，裁解豚佩，仍剖獸符，卵翼之恩，方斯莫喻。皇運肇基，頗布誠款，國步艱阻，竟微効力。龍節繡衣，藉王爵而御下，熊旗組甲，因地險而陵上。日者王琳始貳，蕭勃未夷，西結三湘，南通五嶺，衡廣戡定，既安反側，江郢紛梗，復生攜背，擁據一郡，苟且百心，志貌常違，言迹不副。特以新吴未静，地遠兵彊，互相兼并，成其形勢。收獲器械，俘虜士民，竝曰私財，曾無獻捷，時遣一介，終持兩端。朝廷光大含弘，引納崇遇，遂乃位等三槐，任均四嶽，富貴隆赫，超絶功臣。加以出師逾嶺，遠相響援，按甲斷江，翻然猜拒。故司空愍公，敦以宗盟，情同骨肉，城池連接，勢猶脣齒，彭亡之禍，坐觀難作，階此釁故，結其黨與。于時北寇侵軼，西賊憑陵，扉屨糇糧，悉以資寇，爵號軍容，一遵僞黨。及王師凱振，大定區中，天綱恢弘，棄之度外，璽書綸誥，撫慰綢繆，冠蓋縉紳，敦授重疊。至於熊曇朗勦滅，豐城克定，蓋由儀同法氍之元功，安西周敷之効力，司勳有典，懋賞斯舊，惡直醜正，自爲仇讎，悖禮姦謀，因此滋甚。徵出湓城，歷年不就，求遣侍子，累載未朝。外誘逋亡，招集不逞，中調京輦，規冀非常。擅斂征賦，罕歸九府，擁遏二賈，害及四民。潛結賊異，共爲表裏，同惡相求，密加應援。謂我六軍薄伐，三越未寧，屠破述城，虜縛妻息，分襲湓鎮，稱兵蠡邦，拘逼酋豪，攻圍城邑，幸國有備，應時屻殄。

假節、通直散騎常侍、仁武將軍、尋陽太守懷仁縣伯華皎，明威將軍、廬陵太守益陽縣子陸子隆，竝破賊徒，剋全郡境。持節、散騎常侍、安西將軍、定州刺史、領豫章太守西豐縣侯周敷，躬扞溝壘，身當矢石，率茲義勇，以寡摧衆，斬馘萬計，俘虜千羣。迪方收餘燼，還固墉堞。使持節、安南將軍、開府儀同三司、高州刺史新建縣侯法氍，雄績早宣，忠誠夙著，未奉王命，前率義旅，既援敷等，又全子隆，裹糧擐甲，仍躡飛走，批羆之旅〔九〕，驅馳越電，振武之衆，叱咤移山，以此追奔，理無遺類。

雖復朽株將拔，非待尋斧，落葉就殞，無勞烈風；但去草絶根，在於未蔓，撲火止燎，貴乎速滅，分命將帥，寔資英果。今遣鎮南儀同司馬、湘東公相劉廣德，兼平西司馬孫曉，北新蔡太守魯廣達，持節、安南將軍、吴州刺史彭澤縣侯魯悉達，甲士萬人，步出興口。又遣前吴興太守胡鑠〔一〇〕，樹功將軍、前宣城太守錢法成，天門、義陽二郡太守樊毅，雲麾將軍、合州刺史南固縣侯焦僧度，嚴武將軍、建州刺史辰縣子張智達，持節、都督江吴二州諸軍事、安南將軍、江州刺史安吴縣侯吴明徹，樓艦馬步，直指臨川。前安成内史劉士京，巴山太守蔡僧貴，南康内史劉峯，廬陵太守陸子隆，安成内史闕慎，竝受儀同法𣰰節度，同會故郡。又命尋陽太守華皎，光烈將軍、巴州刺史潘純陁，平西將軍、郢州刺史欣樂縣侯章昭達，竝率貔豹，逕造賊城。使持節、散騎常侍、鎮南將軍、開府儀同三司、湘州刺史湘東郡公度，分遣偏裨，相繼上道，戈船蔽水，彀騎彌山。又詔鎮南將軍、開府儀同三司歐陽頠〔一一〕，率其子弟交州刺史盛、新除太子右率邃、衡州刺史侯曉等，以勁越之兵，踰嶺北邁。千里同期，百道俱集，如脱稽誅，更淹旬晦，司空、大都督安都已平賊異，凱歸非久，飲至禮畢，乘勝長驅，勦撲凶醜，如燎毛髮。已有明詔，罪唯迪身，黎民何辜，一皆原宥。其有因機立功，賞如别格；執迷不改，刑茲罔赦。

吳明徹至臨川，令衆軍作連城攻迪，相拒不能剋，世祖乃遣高宗總督討之，迪衆潰，妻子悉擒，乃脱身踰嶺之晉安，依于陳寶應。寶應以兵資迪，留異又遣第二子忠臣隨之。

明年秋，復越東興嶺，東興、南城、永成縣民，皆迪故人，復共應之。世祖遣都督章昭達征迪，迪又散于山谷。初，侯景之亂也，百姓皆棄本業，羣聚爲盜，唯迪所部，獨不侵擾，竝分給田疇，督其耕作，民下肆業，各有贏儲，政教嚴明，徵斂必至，餘郡乏絶者，皆仰以取給。迪性質朴，不事威儀，冬則短身布袍，夏則紫紗袜腹，居常徒跣，雖外列兵衞，内有女伎，挼繩破篾，傍若無人。然輕財好施，凡所周贍，毫釐必鈞，訥於言語，而襟懷信實，臨川人皆德之。至是竝共藏匿，雖加誅戮，無肯言者。昭達仍度嶺，頓于建安，與陳寶應相抗，迪復收合出東興。時宣城太守錢肅鎮東興，以城降迪。吳州刺史陳詳，率師攻迪，詳兵大敗，虔化侯陳詏、陳留太守張遂竝戰死，於是迪衆復振。世祖遣都督程靈洗擊破之，迪又與十餘人竄于山穴中，日月轉久，相隨者亦稍苦之。後遣人潛出臨川郡市魚鮭，足痛，舍於邑子，邑子告臨川太守駱牙，牙執之，令取迪自効。因使腹心勇士隨入山中，誘迪出獵，伏兵於道傍，斬之，傳首京都，梟于朱雀觀三日[一二]。

留異，東陽長山人也，世爲郡著姓。異善自居處，言語醖藉，爲鄉里雄豪。多聚惡少，陵侮貧賤，守宰皆患之。梁代爲蟹浦戍主，歷晉安、安固二縣令。侯景之亂，還鄉里，召募士卒，東陽郡丞與異有隙，引兵誅之，及其妻子。太守沈巡援臺，讓郡於異，異使兄子超監知郡事，率兵隨巡出都。

及京城陷，異隨臨城公蕭大連，大連板爲司馬，委以軍事。異性殘暴，無遠略，督責大連軍主及以左右私樹威福，衆竝患之。會景將軍宋子仙濟浙江，異奔還鄉里，尋以其衆降于子仙。是時大連亦趣東陽之信安嶺，欲之鄱陽，異乃爲子仙鄉導，令執大連。侯景署異爲東陽太守，收其妻子爲質。景行臺劉神茂建義拒景，異外同神茂，而密契於景。及神茂敗績，爲景所誅，異獨獲免。

侯景平後，王僧辯使異慰勞東陽，仍糾合鄉閭，保據巖阻，其徒甚盛，州郡憚焉。元帝以爲信安令。荆州陷，王僧辯以異爲東陽太守。世祖平定會稽，異雖轉輸糧饋，而擁擅一郡，威福在己。紹泰二年，以應接之功，除持節、通直散騎常侍、信武將軍、縉州刺史、領東陽太守，封永興縣侯〔一三〕，邑五百户。其年遷散騎常侍、信威將軍，增邑三百户，餘竝如故。又以世祖長女豐安公主配異第三子貞臣〔一四〕。永定二年〔一五〕，徵異爲使持節、散騎常侍、都督南徐州諸軍事、平北將軍、南徐州刺史，異遷延不就。

世祖即位，改授都督縉州諸軍事、安南將軍、縉州刺史、領東陽太守。異頻遣其長史王澌爲使入朝〔一六〕，澌每言朝廷虛弱，異信之，雖外示臣節，恒懷兩端，與王琳自鄱陽信安嶺潛通信使。王琳又遣使往東陽，署守宰。及琳敗，世祖遣左衞將軍沈恪代異爲郡，實以兵襲之。異出下淮抗禦，恪與戰，敗績，退還錢塘，異乃表啓遜謝。是時衆軍方事湘、郢，乃降詔書慰喻，且羈縻之。異亦知朝廷終討於己，乃使兵戍下淮及建德，以備江路。湘州平，世祖乃下詔曰：

昔四罪難弘，大媯之所無赦，九黎亂德，少昊之所必誅。自古皇王，不貪征伐，苟爲時蠹，事非獲已。

逆賊留異，數應亡滅，繕甲完聚，由來積年。進謝羣龍，自躍於千里，退懷首鼠，恒持於百心。中歲密契番禺，既弘天網，賜以名爵，敦以國姻，儻望懷音，猶能革面。王琳竊據中流，翻相應接，別引南川之嶺路〔一七〕，專爲東道之主人，結附凶渠，唯欣禍亂。既祆氛盪定，氣沮心孤，類傷鳥之驚弦，等窮獸之謀觸。雖復遣家入質，子陽之態轉遒；侍子還朝，隗囂之心方熾。

朕志相成養，不計疵慝，披襟解帶，敦喻殷勤。蜂目彌彰，梟聲無改，遂置軍江口，嚴戍下淮，顯然反叛，非可容匿。且縉邦膏腴，稽南殷曠，永割王賦，長壅國民，竹箭良材，絶望京輦，萑蒲小盜，共肆貪殘，念彼餘甿，兼其慨息。西戎屈膝，自款重關，秦國依風，竝輸侵地，三邊已乂，四表咸寧，唯此微妖，所宜清殄。可遣使持節、都督南徐州諸軍事、征北將軍、司空、南徐州刺史桂陽郡開國公安都指往擒戮，罪止異身，餘無所問。

異本謂官軍自錢塘江而上，安都乃由會稽諸暨步道襲之。異聞兵至，大恐，棄郡奔于桃支嶺，於嶺口立柵自固。明年春，安都大破其柵，異與第二子忠臣奔于陳寶應，於是虜其餘黨男女數千人。天嘉五年，陳寶應平，并擒異送都，斬于建康市，子姪及同黨無少長皆伏誅，唯第三子貞臣以尚主獲免。

陳寶應，晉安候官人也，世爲閩中四姓。父羽，有材幹，爲郡雄豪。寶應性反覆，多變詐。梁代晉安數反，累殺郡將，羽初竝扇惑合成其事，後復爲官軍鄉導破之，由是一郡兵權皆自己出。

侯景之亂，晉安太守賓化侯蕭雲以郡讓羽，羽年老，但治郡事，令寶應典兵。是時東境饑饉，會稽尤甚，死者十七八，平民男女，竝皆自賣，而晉安獨豐沃。寶應自海道寇臨安、永嘉及會稽餘姚、諸暨，又載米粟與之貿易，多致玉帛子女，其有能致舟乘者，亦竝奔歸之，由是大致貲產，士衆彊盛。侯景平，元帝因以羽爲晉安太守。

高祖輔政，羽請歸老，求傳郡于寶應，高祖許之。紹泰元年，授壯武將軍、晉安太守，尋加員外散騎常侍。二年，封候官縣侯，邑五百户。時東西嶺路，寇賊擁隔，寶應自海道趨于會稽貢獻。高祖受禪，授持節、散騎常侍、信武將軍、閩州刺史、領會稽太守。世祖嗣位，進號宣毅將軍，又加其父光禄大夫，仍命宗正録其本系，編爲宗室，并遣使條其子女，無大小竝加封爵。

寶應娶留異女爲妻，侯安都之討異也，寶應遣兵助之，又資周迪兵糧，出寇臨川。及都督章昭達於東興、南城破迪，世祖因命昭達都督衆軍，由建安南道渡嶺，又命益州刺史領信義太守余孝頃都督會稽、東陽、臨海、永嘉諸軍自東道會之，以討寶應，并詔宗正絶其屬籍。於是尚書下符曰：

告晉安士庶：昔隴西旅拒，漢不稽誅，遼東叛換，魏申宏略。若夫無諸漢之策勳，有扈夏之同姓，至於納吴濞之子，致横海之師，違姒啓之命，有甘誓之討。況迺族不繫於宗盟，名無紀於庸器，而顯成三叛，釁深四罪者乎？

案閩寇陳寶應父子，卉服支孽，本迷愛敬。梁季喪亂，閩隅阻絶，父既豪俠，扇動蠻陬，椎髻箕坐，自爲渠帥，無聞訓義，所資姦諂，爰肆蜂豺，俄而解印。炎行方謝，網漏吞舟，日月居諸，棄之度外。自東南王氣，寔表聖基，斗牛聚星，允符王迹，梯山航海，雖若款誠，擅割瓌珍，竟微職貢。朝廷遵養含弘，寵靈隆赫，起家臨郡，兼晝繡之榮，裂地置州，假藩麾之盛。即封户牖，仍邑櫟陽，乘華轂者十人，保弊廬而萬石。又以盛漢君臨，推恩婁敬，隆周朝會，迺長滕侯，由是紫泥青紙，遠賁恩澤，鄉亭龜組，頒及嬰孩。

自谷遷喬，孰復爲擬，而苞藏鴆毒，敢行狼戾。連結留異，表裏周迪，盟歃婚姻，自爲脣齒，屈彊山谷，推移歲時。及我彀騎防山，定秦望之西部，戈船下瀨，克匯澤之南川，遂敢舉斧，竝助凶孽，莫不應弦摧衂，盡殪醜徒。每以罪在酋渠，憫茲驅逼，所收俘馘，竝勒矜放。仍遣中使，爰降詔書，天網恢弘，猶許改思。異既走險，迪又逃刑，誑侮王人，爲之川藪，遂使袁熙請席，遠歎頭行，馬援觀蛙，猶安井底。至如遏絶九賦，剽掠四民，闔境資財，盡室封奪，凡厥倉頭，皆略黔首。螸賊相扇，叶契連蹤，乃復踰超瀛溟，寇擾浹口，侵軼嶺嶠，掩襲述城，縛掠吏民，焚燒官寺，此而可縱，孰不可容？

今遣沙州刺史俞文冏，明威將軍程文季，假節、宣猛將軍、成州刺史甘他，假節、雲旗將軍譚瑱，假節、宣猛將軍、前監臨海郡陳思慶，前軍將軍徐智遠，明毅將軍宜黃縣開國侯慧紀，開遠將軍、新除晉安太守趙彖，持節、通直散騎常侍、壯武將軍、定州刺史康樂縣開國侯林馮，假節、信威將軍、都督東討諸軍事、益州刺史余孝頃，率羽林二萬，蒙衝蓋海，乘跨滄波，掃蕩巢窟。此皆明恥教戰，濡須鞠旅〔一八〕，累從楊僕，亟走孫恩。斬蛟中流，命馮夷而鳴鼓，黿鼉爲駕，轥方壺而建旗。

義安太守張紹賓，忠誠款到，累使求軍，南康內史裴忌，新除輕車將軍劉峯，東衡州刺史錢道戢，竝即遣人仗，與紹賓同行。

故司空歐陽公，昔有表奏，請宣薄伐，遥途意合，若伏波之論兵，長逝遺誠，同子顔之勿赦。征南薨謝，上策無忘，周南餘恨，嗣子弗忝。廣州刺史歐陽紇，克符家聲，聿遵廣略，舟師步卒，二萬分趨，水扼長鯨，陸掣封狶，董率衡廣之師，會我六軍。

潼州刺史李賭〔一九〕，明州刺史戴晃，新州刺史區白獸，壯武將軍脩行師，陳留太守張遂，前安成內史闕慎，前廬陵太守陸子隆，前豫寧太守任蠻奴，巴山太守黃法慈，戎昭將軍、湘東公世子徐敬成，吳州刺史魯廣達，前吳州刺史遂興縣開國侯詳，使持節、都督征討諸軍事、散騎常侍、護軍將軍昭達，率緹騎五千，組甲二萬，直渡邵武，仍頓晉安。按轡揚旌，夷山堙谷，指期掎角，以制飛走。

前宣威太守錢肅〔二〇〕，臨川太守駱牙，太子左衞率孫詡〔二一〕，尋陽太守莫景隆，豫章太守劉廣德，竝隨機鎮遏，絡驛在路。使持節、散騎常侍、鎮南將軍、開府儀同三司、江州刺史新建縣開國侯法氍，戒嚴中流，以爲後殿。

斧鉞所臨，罪唯元惡及留異父子。其黨主帥，雖有請泥函谷，相背淮陰，若能翻然改圖，因機立効，非止肆眚，乃加賞擢。其建晉士民，久被驅迫者，大軍明加撫慰，各安樂業，流寓失鄉，即還本土。其餘立功立事，已具賞格。若執迷不改，同惡趑趄，斧鉞一臨，罔知所赦。

昭達既剋周迪，踰東興嶺，頓于建安，余孝頃又自臨海道襲于晉安，寶應據建安之湖際，逆拒王師，水陸爲栅。昭達深溝高壘，不與戰，但命軍士伐木爲簰。俄而水盛，乘流放之，突其水栅，仍水步薄之，寶應衆潰，身奔山草閒，窘而就執，并其子弟二十人送都，斬于建康市。

史臣曰：梁末之災沴，羣凶競起，郡邑巖穴之長，村屯鄔壁之豪，資剽掠以致彊，恣陵侮而爲大。高祖應期撥亂，戡定安輯，熊曇朗、周迪、留異、陳寶應雖身逢興運，猶志在亂常。曇朗姦慝翻覆，夷滅斯爲幸矣。寶應及異，世祖或敦以婚姻，或處其類族，豈有不能威制，蓋以德懷也。遂乃背恩負義，各立異圖，地匪淮南，有爲帝之志，勢非庸蜀，啓自王之心。嗚呼，既其迷暗所致，五宗屠勦，宜哉！

陳寶應傳，「此皆明恥教戰，濡須鞠旅」，恐有誤。

潼州刺史「李賭」，或本作「季腊」，或本作「李睹」，疑。

校勘記

〔一〕侯方兒之反瑱也　「侯方兒」，國圖本、三朝本、南監本、汲本作「侯方見」。按本書卷九侯瑱傳又有「侯方兒」，疑爲同一人。

〔二〕頠乃送甲三百領助之　「三百」，南史卷八〇賊臣熊曇朗傳作「二百」。

〔三〕及周文育攻余孝勱於豫章　「孝勱」，按建康實録卷一九作「孝勵」，本書卷二高祖紀下、卷八周文育傳、侯安都傳並作「孝勱」。

〔四〕懸于朱雀觀　「朱雀觀」，南史卷八〇賊臣熊曇朗傳作「朱雀航」。

〔五〕於是盡收其宗族　「宗族」，三朝本、南監本、北監本、汲本、殿本作「黨族」，建康實録卷一九作「宗黨」。

〔六〕世祖嗣位進號安南將軍　「安南將軍」，按本書卷三世祖紀，永定三年七月己未，平南將軍周迪「進號鎮南將軍」。

〔七〕乃使其弟方興率兵襲周敷　「方興」，建康實録卷一九作「方與」。

〔八〕三年春　按南史卷八〇賊臣周迪傳作「天嘉三年」。

〔九〕批熊之旅　「熊」，國圖本、三朝本、南監本、北監本、汲本、殿本作「熊」。

〔一〇〕又遣前吴興太守胡鑠　「胡鑠」，國圖本、三朝本、南監本、北監本、汲本、殿本作「胡爍」。

〔一一〕又詔鎮南將軍開府儀同三司歐陽頠　「鎮南將軍」，按本書卷三世祖紀，永定三年七月，歐陽頠已由鎮南將軍「進號征南將軍」。

〔一二〕梟于朱雀觀三日　「朱雀觀」，按本書卷三世祖紀、南史卷八〇賊臣周迪傳作「朱雀航」，建康實録卷一九作「朱雀門」。

〔一三〕封永興縣侯　「永興縣侯」，南史卷八〇賊臣留異傳作「永嘉縣侯」。

〔一四〕又以世祖長女豐安公主配異第三子貞臣　「豐安公主」，建康實録卷一九作「安豐公主」。

〔一五〕永定二年　「二年」，南史卷八〇賊臣留異傳作「三年」。

〔一六〕異頻遣其長史王澌爲使入朝　「王澌」，建康實録卷一九作「王漸」。

〔一七〕別引南川之嶺路　「別」，册府卷二一六閏位部作「控」。

〔一八〕此皆明恥教戰濡須鞠旅　按本卷末曾鞏等疏語云此句「恐有誤」。

〔一九〕潼州刺史李賭　「李賭」，本卷末曾鞏等疏語云「或本作『季腊』，或本作『李睹』」。

〔二〇〕前宣威太守錢肅　「宣威」，册府卷二一六閏位部作「宣武」。

〔二一〕太子左衛率孫詡　「孫詡」，册府卷二一六閏位部作「胡詡」。

陳書卷三十六

列傳第三十

始興王叔陵　新安王伯固

始興王叔陵字子嵩，高宗之第二子也。梁承聖中，高宗在江陵爲直閤將軍，而叔陵生焉。江陵陷，高宗遷關右，叔陵留于穰城。高宗之還也，以後主及叔陵爲質。天嘉三年，隨後主還朝，封康樂侯，邑五百户。

叔陵少機辯，徇聲名，彊梁無所推屈〔一〕。光大元年，除中書侍郎。二年，出爲持節、都督江州諸軍事、南中郎將、江州刺史。太建元年，封始興郡王，奉昭烈王祀。進授使持節、都督江郢晉三州諸軍事、軍師將軍，刺史如故。叔陵時年十六，政自己出，僚佐莫預焉。性嚴刻，部下懾憚。諸公子姪及罷縣令長，皆逼令事己。豫章内史錢法成詣府進謁，即配其子季卿將領馬仗，季卿慚恥，不時至，叔陵大怒，侵辱法成，法成憤怨自縊而死。州縣非其部内，亦徵攝案治之，朝貴及下吏有乖忤者，輒誣奏其罪，陷以重辟。尋進號雲麾將軍、加散騎常侍。三年，加侍中。四年，遷都督湘衡桂武四州諸軍事、平南將軍、湘州刺史，侍中、使持節如故。諸州鎮聞其至，皆震恐股慄。叔陵日益暴横〔二〕，征伐夷獠，所得皆入己，絲毫不以賞賜。徵求役使，無有紀極。夜常不卧，燒燭達曉〔三〕，呼召賓客，説民間細事，戲謔無所不爲。性不飲酒，唯多置餚胾，晝夜食噉而已。自旦至中，方始寢寐。其曹局文案，非呼不得輒自呈〔四〕。笞罪者皆繫獄，動數年不省視。瀟、湘以南，皆逼爲左右，墟里殆無遺者。其中脱有逃竄，輒殺其妻子。州縣無敢上言，高宗弗之知也。尋進號鎮南將軍，給鼓吹一部，遷中衛將軍。九年，除使持節、都督揚徐東揚南豫四州諸軍事、揚州刺史，侍中、將軍、鼓吹如故。

十年，至都，加扶，給油幢車。叔陵治在東府，事務多關治省閤〔五〕，執事之司，承意順旨，即諷上進用之，微致違忤，必抵以大罪，重者至殊死。道路籍籍，皆言其有非常志。叔陵脩飾虚名，每入朝，常於車中馬上執卷讀書，高聲長誦，陽陽自若。歸坐齋中，或自執斧斤爲沐猴百戲。又好遊冢墓閒，遇有塋表主名可知者，輒令左右發掘，取其石誌古器，并骸骨肘脛，持爲翫弄，藏之庫中。府内民閒少妻處女，微有色貌者，並即逼納。

十一年，丁所生母彭氏憂去職。頃之，起爲中衛將軍，使持節、都督、刺史如故。晉世王公貴人，多葬梅嶺，及彭卒，叔陵啓求於梅嶺葬之，乃發故太傅謝安舊墓，棄去安柩，以葬其母。初喪之日，僞爲哀毁，自稱刺血寫涅槃經，未及十日〔六〕，乃令庖廚擊鮮，日進甘膳。又私召左右妻女，與之姦合，所作尤不軌，侵淫上聞。高宗譴責御史中丞王政，以不舉奏免政官，又黜其典籤親事，仍加鞭捶。高宗素愛叔陵，不繩之以法，但責讓而已。服闋，又爲侍中、中軍大將軍。

及高宗不豫，太子諸王竝入侍疾。高宗崩于宣福殿，翌日旦，後主哀頓俯伏，叔陵以剉藥刀斫後主中項。太后馳來救焉，叔陵又斫太后數下。後主乳媪吴氏，時在太后側，自後掣其肘，後主因得起。叔陵仍持後主衣，後主自奮得免。長沙王叔堅手搤叔陵，奪去其刀，仍牽就柱，以其褶袖縛之。時吴媪已扶後主避賊，叔堅求後主所在，將受命焉。叔陵因奮袖得脱，突走出雲龍門，馳車還東府，呼其甲士，散金銀以賞賜，外召諸王將帥，莫有應者，唯新安王伯固聞而赴之。

叔陵聚兵僅千人，初欲據城保守，俄而右衛將軍蕭摩訶將兵至府西門，叔陵事急惶恐，乃遣記室韋諒送其鼓吹與摩訶，仍謂之曰：「如其事捷，必以公爲台鼎。」摩訶紿報之，曰：「須王心膂節將自來，方敢從命。」叔陵即遣戴溫、譚騏驎二人詣摩訶所〔七〕，摩訶執以送臺，斬於閣道下。叔陵自知不濟，遂入内沈其妃張氏及寵妾七人于井中。叔陵有部下兵先在新林，於是率人馬數百，自小航渡，欲趨新林，以舟艦入北。行至白楊路，爲臺軍所邀，伯固見兵至，旋避入巷，叔陵馳騎拔刃追之，伯固復還。叔陵部下多棄甲潰散，摩訶馬客陳智深迎刺叔陵〔八〕，僵斃于地，閹豎王飛禽抽刀斫之十數下，馬客陳仲華就斬其首，送于臺。自寅至巳乃定。

尚書八座奏曰：「逆賊故侍中、中軍大將軍、始興王叔陵，幼而很戾〔九〕，長肆貪虐。出撫湘南，及鎮九水，兩藩甿庶，掃地無遺。蜂目豺聲，狎近輕薄，不孝不仁，阻兵安忍，無禮無義，唯戮是聞。及居偏憂，媱樂自恣，産子就館，日月相接。晝伏夜遊，恒習姦詭，抄掠居民，歷發丘墓。謝太傅晉朝佐命，草創江左，斵棺露骸，事驚聽視。自大行皇帝寢疾，翌日未瘳，叔陵以貴介之地，參侍醫藥，外無戚容，内懷逆弑。大漸之後，聖躬號擗，遂因匍匐，手犯乘輿。皇太后奉臨，又加鋒刃，窮凶極逆，曠古未儔〔一〇〕。賴長沙王叔堅誠孝懇至，英果奮發，手加挫拉，身蔽聖躬。叔陵仍奔東城，招集兇黨，餘毒方熾，自害妻孥。雖應時梟懸，猶未攄憤怨。臣等參議，請依宋代故事，流尸中江，汙瀦其室，并毁其所生彭氏墳廟，還謝氏之塋。」制曰：「凶逆梟鏡，反噬宮闈，賴宗廟之靈，時從仆滅〔一一〕。撫情語事，酸憤兼懷，朝議有章，宜從所奏也。」

叔陵諸子，即日並賜死。前衡陽内史彭暠、諮議參軍兼記室鄭信、中録事參軍兼記室韋諒、典籤俞公喜，並伏誅。暠，叔陵舅也，初隨高宗在關中，頗有勤効，因藉叔陵將領歷陽、衡陽二郡。信以便書記，有寵，謀謨皆預焉。諒，京兆人，梁侍中、護軍將軍粲之子也，以學業爲叔陵所引。

陳智深以誅叔陵之功爲巴陵内史，封游安縣子。陳仲華爲下雋太守〔三〕，封新夷縣子。王飛禽除伏波將軍。賜金各有差。

新安王伯固字牢之，世祖之第五子也。生而龜胸，目通精揚白〔三〕，形狀眇小，而俊辯善言論。天嘉六年，立爲新安郡王，邑二千户。廢帝嗣立，爲使持節、都督南琅邪彭城東海三郡諸軍事、雲麾將軍、彭城琅邪二郡太守。尋入爲丹陽尹，將軍如故。

太建元年，進號智武將軍，尹如故。秩滿，進號翊右將軍。尋授使持節、都督吴興諸軍事、平東將軍、吴興太守。四年，入爲侍中、翊前將軍。遷安前將軍、中領軍。七年，出爲使持節、散騎常侍、都督南徐南豫南北兖四州諸軍事、鎮北將軍、南徐州刺史。伯固性嗜酒，而不好積聚，所得禄俸，用度無節，酣醉以後，多所乞丐〔四〕，於諸王之中，最爲貧窶，高宗每矜之，特加賞賜。伯固雅性輕率，好行鞭捶，在州不知政事，日出田獵，或乘眠轝至於草閒，輒呼民下從遊，動至旬日，所捕麞鹿，多使生致，高宗頗知之，遣使責讓者數矣。

十年，入朝，又爲侍中、鎮右將軍，尋除護軍將軍。其年，爲國子祭酒、領左驍騎將軍，侍中、鎮右竝如故。伯固頗知玄理，而墮業無所通，至於擿句問難，往往有奇意。爲政嚴苛，國學有墮遊不脩習者，重加檟楚，生徒懼焉，由是學業頗進。

十二年，領宗正卿。十三年，爲使持節、都督揚南徐東揚南豫四州諸軍事、揚州刺史，侍中、將軍如故。

後主初在東宮，與伯固甚相親狎，伯固又善謿謔，高宗每宴集，多引之。叔陵在江州，心害其寵，陰求疵瑕，將中之以法。及叔陵入朝，伯固懼罪，諂求其意，乃共訕毀朝賢，歷詆文武，雖耆年高位，皆面折之，無所畏忌。伯固性好射雉，叔陵又好開發冢墓，出遊野外，必與偕行，於是情好大叶，遂謀不軌。伯固侍禁中，每有密語，必報叔陵。及叔陵出奔東府，遣使告之，伯固單馬馳赴，助叔陵指揮。知事不捷，便欲遁走，會四門已閉不得出，因同趣白楊道。臺馬客至，爲亂兵所殺，尸於東昌館門〔一五〕，時年二十八。詔曰：「伯固同茲悖逆，殞身途路。今依外議〔一六〕，意猶弗忍，可特許以庶人禮葬。」又詔曰：「伯固隨同巨逆，自絕于天，俾無遺育，抑有恒典。但童孺靡識，兼預葭莩，寘之甸人，良以惻憫，及伯固所生王氏〔一七〕，可立特宥爲庶人。」國除。

史臣曰：孔子稱「富與貴，是人之所欲，非其道得之，不處也」。上自帝王，至于黎獻，莫不嫡庶有差，長幼攸序。叔陵險躁奔競，遂行悖逆，轘磔形骸，未臻其罪，汙潴居處，不足彰過，悲哉。

始興王傳，王飛禽除「伏波將軍」，或本作「仗後將軍」，疑。

校勘記

〔一〕彊梁無所推屈　「推」，建康實録卷二〇作「摧」。

〔二〕叔陵日益暴横　「暴」字平安寫本及南史卷六五陳宗室諸王始興王叔陵傳無。

〔三〕燒燭達曉　「燒」，平安寫本及南史卷六五陳宗室諸王始興王叔陵傳作「執」。

〔四〕非呼不得輒自呈　「輒自呈」，南史卷六五陳宗室諸王始興王叔陵傳作「輒白」。

〔五〕事務多關治省閣　「關治」，平安寫本、北監本、汲本、殿本及南史卷六五陳宗室諸王始興王叔陵傳、通鑑卷一七五陳紀九宣帝太建十三年作「關涉」。

〔六〕未及十日　「十日」，平安寫本及南史卷六五陳宗室諸王始興王叔陵傳作「十旬」。

〔七〕叔陵即遣戴温譚騏驎二人詣摩訶所　「戴温」，南史卷六五陳宗室諸王始興王叔陵傳作「戴洫」，按本書卷二八高宗二十九王長沙王叔堅傳、建康實録卷二〇亦作「戴洫」。

〔八〕摩訶馬客陳智深迎刺叔陵　「馬客」，南史卷六五陳宗室諸王始興王叔陵傳、通鑑卷一七五陳紀九宣帝太建十四年作「馬容」。下同不另出校。

〔九〕幼而很戾　「很戾」，平安寫本、北監本、汲本、殿本作「狼戾」，南監本作「狠戾」。

〔一〇〕曠古未儔　「儔」，平安寫本作「傳」。

〔一一〕時從仆滅　「仆」，原作「什」，據平安寫本改，北監本、汲本、殿本作「殄」。

〔一二〕陳仲華爲下嶲太守　「下嶲」，平安寫本作「上雋」。

〔一三〕目通精揚白　「揚白」，册府卷二六六宗室部作「晳白」。

〔一四〕多所乞丐　「丐」，平安寫本作「与」。

〔一五〕尸於東昌館門　「東昌館」，平安寫本作「東館」，南史卷六五陳宗室諸王新安王伯固傳作「昌館」。

〔一六〕今依外議　「今」，平安寫本作「欲」。

〔一七〕及伯固所生王氏　按本書卷二八世祖九王傳序云「潘容華生新安王伯固」，與此異。

附録

陳書目録序

曾鞏

陳書六本紀，三十列傳，凡三十六篇，唐散騎常侍姚思廉譔。始思廉父察，梁、陳之史官也，録二代之事，未就而陳亡。隋文帝見察甚重之，每就察訪梁陳故事，察因以所論載，每一篇成輒奏之，而文帝亦遣虞世基就察求其書，又未就而察死。察之將死，屬思廉以繼其業。唐興，武德五年，高祖以自魏以來，二百餘世，統統數更〔一〕，史事放逸，乃詔譔次，而思廉遂受詔爲陳書。久之，猶不就。貞觀三年，遂詔論譔於祕書内省。十年正月壬子，始上之。

觀察等之爲此書，歷三世，傳父子，更數十歲而後乃成，蓋其難如此。然及其既成，與宋、魏、梁、齊等書，世亦傳之者少，故學者於其行事之迹，亦罕得而詳也。而其書亦以罕傳，則自祕府所藏，往往脱誤。嘉祐六年八月，始詔校讎，使可鏤板行之天下。而臣等言：「梁、陳等書缺，獨館閣所藏，恐不足以定著。願詔京師及州縣藏書之家，使悉上之。」

先皇帝爲下其事。至七年冬，稍稍始集，臣等以相校。至八年七月，陳書三十六篇者始校定，可傳之學者。其疑者亦不敢損益，特各疏于篇末。其書舊無目，列傳名氏多闕謬，因别爲目録一篇，使覽者得詳焉。

夫陳之爲陳，蓋偷爲一切之計，非有先王經紀禮義風化之美、制治之法可章示後世。然而兼權尚計，明於任使，恭儉愛人，則其始之所以興；惑於邪臣，溺於嬖妾，忘患縱欲，則其終之所以亡。興亡之端，莫非自己致者。至於有所因造，以爲號令威刑、職官州郡之制，雖其事已淺，然亦各施於一時，皆學者之所不可不考也。而當時之士，自爭奪詐僞、苟得偷合之徒，尚不得不列以爲世戒；而況於壞亂之中、蒼皇之際，士之安貧樂義，取舍去就不爲患禍勢利動其心者，亦不絶於其間。若此人者，可謂篤於善矣，蓋古人之所思見而不可得，風雨之詩所爲作者也。安可使之泯泯，不少概見於天下哉？則陳之史，其可廢乎？

蓋此書成之既難，其後又久不顯。及宋興已百年，古文遺事，靡不畢講，而始得盛行於天下，列於學者，其傳之之難又如此，豈非遭遇固自有時也哉！

臣恂、臣穆、臣藻、臣覺、臣彦若、臣洙、臣鞏謹敍目録昧死上。

校勘記

〔一〕二百餘世統統數更　三朝本、南監本、北監本、汲本、殿本、局本及南豐先生元豐類稿作「二百餘歲世統數更」。

主要參考文獻

一

陳書三十六卷，上海涵芬樓影印中華學藝社輯印古書之九，上海圖書館藏。
陳書，宋紹興刻宋元遞修本，存二十五卷，現藏臺北故宫博物院圖書文獻館，收入中國國家圖書館編原國立北平圖書館甲庫善本叢書第七七册。
陳書，宋紹興刻宋元遞修本，存八卷，現藏臺北故宫博物院圖書文獻館，收入中國國家圖書館編原國立北平圖書館甲庫善本叢書第七七册。
陳書，宋紹興刻宋元遞修本，存五卷，現藏臺北故宫博物院圖書文獻館，收入中國國家圖書館編原國立北平圖書館甲庫善本叢書第七七册。
陳書三十六卷，宋刻宋元遞修本，日本靜嘉堂文庫藏。
陳書三十六卷，宋刻宋元明初遞修本，中國國家圖書館藏。

陳書三十六卷，明萬曆十六年南京國子監刊本，日本内閣文庫藏。
陳書三十六卷，明萬曆三十三年北京國子監刊本，日本内閣文庫藏。
陳書三十六卷，明崇禎四年毛晉汲古閣刊本，日本早稻田大學圖書館藏。
陳書三十六卷，清乾隆四年武英殿校刊本，中華書局圖書館藏。
陳書，日本平安年間寫本，存兩卷，日本宮内廳書陵部藏。
陳書，宋刻宋元遞修本，存十六葉，中國國家圖書館藏。
陳書三十六卷，南宋初刊宋元明嘉靖遞修本，日本内閣文庫藏。
陳書三十六卷，清同治十一年金陵書局刊本，中華書局圖書館藏。
陳書三十六卷，商務印書館百衲本二十四史本，中國國家圖書館藏。

二

周禮正義，清孫詒讓撰，王文錦、陳玉霞點校，中華書局，一九八七年。
論語義疏，南朝梁皇侃撰，高尚榘校點，中華書局，二〇一三年。
十三經注疏，清阮元校刻，中華書局影印本，一九八〇年。

經典釋文，唐陸德明撰，上海古籍出版社影印本，二〇一三年。
説文解字注，漢許慎撰，清段玉裁注，上海古籍出版社影印本，一九八一年。
説文通訓定聲，清朱駿聲編著，續修四庫全書影印清道光二十八年刻本，上海古籍出版社影印本，二〇〇二年。
玉篇校釋，南朝梁顧野王撰，胡吉宣校釋，上海古籍出版社，一九八九年。
龍龕手鑑，遼釋行均撰，臺灣商務印書館影印本，一九八六年。
類篇，宋司馬光等編，上海古籍出版社影印本，一九八八年。
廣韻，宋陳彭年等撰，四部叢刊初編影印宋刊巾箱本，商務印書館，一九二二年。
集韻，宋丁度等撰，中華書局影印本，一九八九年。
一切經音義，唐釋慧琳撰，上海古籍出版社影印本，二〇〇二年。
史記（修訂本），漢司馬遷撰，南朝宋裴駰集解，唐司馬貞索隱，唐張守節正義，中華書局，二〇一四年。
漢書，漢班固撰，唐顔師古注，中華書局，一九六二年。
漢書補注，漢班固撰，清王先謙補注，上海古籍出版社，二〇〇八年。

後漢書，南朝宋范曄撰，唐李賢等注，中華書局，一九六五年。
三國志，晉陳壽撰，南朝宋裴松之注，中華書局，一九八二年。
晉書，唐房玄齡等撰，中華書局，一九七四年。
宋書（修訂本），南朝梁沈約撰，中華書局，二〇一八年。
南齊書（修訂本），南朝梁蕭子顯撰，中華書局，二〇一九年。
梁書（修訂本），唐姚思廉撰，中華書局，二〇二〇年。
魏書（修訂本），北齊魏收撰，中華書局，二〇一七年。
周書，唐令狐德棻等撰，中華書局，一九七一年。
隋書（修訂本），唐魏徵等撰，中華書局，二〇一九年。
南史，唐李延壽撰，中華書局，一九七五年。
北史，唐李延壽撰，中華書局，一九七四年。
舊唐書，後晉劉昫等撰，中華書局，一九七五年。
新唐書，宋歐陽脩、宋祁撰，中華書局，一九七五年。
隋書經籍志考證，清姚振宗撰，二十五史補編本，中華書局，一九五五年。
資治通鑑，宋司馬光編著，元胡三省音注，中華書局，一九五六年。

資治通鑑考異，宋司馬光撰，四部叢刊初編本，上海書店出版社，一九八九年。
眉山新編十七史策要，中華再造善本影印宋刻本，北京圖書館出版社，二〇〇三年。
南朝史精語，宋洪邁輯，四庫全書存目叢書影印清乾隆五十二年吴照刻本，齊魯書社，一九九七年。
戰國策新校注（修訂本），繆文遠著，巴蜀書社，一九九八年。
華陽國志校補圖注，晉常璩撰，任乃强校注，上海古籍出版社，一九八七年。
洛陽伽藍記校釋，北魏楊衒之撰，周祖謨校釋，中華書局，一九六三年。
水經注疏，北魏酈道元注，清楊守敬、熊會貞疏，段熙仲點校，陳橋驛復校，江蘇古籍出版社，一九八九年。
水經注校證，北魏酈道元注，陳橋驛校證，中華書局，二〇〇七年。
建康實録，唐許嵩撰，張忱石點校，中華書局，一九八六年。
元和郡縣圖志，唐李吉甫撰，賀次君點校，中華書局，一九八三年。
太平寰宇記，宋樂史撰，王文楚等點校，中華書局，二〇〇七年。
輿地廣記，宋歐陽忞撰，李勇先、王小紅校注，四川大學出版社，二〇〇三年。
輿地紀勝，宋王象之撰，中華書局影印本，一九九二年。

讀史方輿紀要，清顧祖禹撰，賀次君、施和金點校，中華書局，二〇〇五年。
隋書地理志考證，清楊守敬撰，施和金整理，楊守敬集，湖北人民出版社、湖北教育出版社，一九九七年。
景定建康志，宋馬光祖修，周應合纂，宋元方志叢刊影印清嘉慶六年金陵孫忠愍祠刻本，中華書局，一九九〇年。
史通通釋，唐劉知幾著，清浦起龍通釋，王煦華整理，上海古籍出版社，二〇〇九年。
唐律疏議，唐長孫無忌等撰，劉俊文點校，中華書局，一九八三年。
唐六典，唐李林甫等撰，陳仲夫點校，中華書局，一九九二年。
通典，唐杜佑撰，王文錦等點校，中華書局，一九八八年。
北宋版通典，唐杜佑著，日長澤規矩也、尾崎康校，韓昇譯，上海人民出版社，二〇〇八年。
唐會要，宋王溥撰，上海古籍出版社，二〇〇六年。
通志，宋鄭樵撰，中華書局影印本，一九八七年。
古今姓氏書辯證，宋鄧名世撰，叢書集成初編本，商務印書館，一九三六年。
職官分紀，宋孫逢吉撰，中華書局影印本，一九八八年。
文獻通考，元馬端臨撰，中華書局影印本，一九八六年。

直齋書録解題，宋陳振孫撰，徐小蠻、顧美華點校，上海古籍出版社，一九八七年。
郡齋讀書志校證，宋晁公武撰，孫猛校證，上海古籍出版社，二〇一一年。
廿二史考異（附三史拾遺、諸史拾遺），清錢大昕撰，方詩銘、周殿傑校點，上海古籍出版社，二〇〇四年。
潛研堂集，清錢大昕撰，吕友仁校點，上海古籍出版社，二〇〇九年。
十駕齋養新録，清錢大昕著，楊勇軍整理，上海書店出版社，二〇一一年。
廿二史劄記校證（訂補本），清趙翼著，王樹民校證，中華書局，二〇〇一年。
陔餘叢考，清趙翼撰，曹光甫校點，上海古籍出版社，二〇一一年。
十七史商榷，清王鳴盛撰，黄曙輝點校，上海書店出版社，二〇〇五年。
癸巳類稿，清俞正燮撰，商務印書館排印本，一九五七年。
諸史考異，清洪頤煊撰，叢書集成初編本，中華書局，一九九一年。
讀史糾謬，清牛運震著，齊魯書社，一九八九年。
讀書記疑，清王懋竑撰，續修四庫全書影印清同治十一年福建撫署刻本，上海古籍出版社，二〇〇二年。
越縵堂讀史札記全編，清李慈銘著，北京圖書館出版社影印本，二〇〇三年。

莊子集釋，清郭慶藩撰，王孝魚點校，中華書局，一九六一年。

荀子集解，清王先謙撰，沈嘯寰、王星賢點校，中華書局，二〇一六年。

白虎通疏證，漢班固撰，清陳立疏證，吴則虞點校，中華書局，一九九四年。

淮南子集釋，漢劉安撰，何寧集釋，中華書局，一九九八年。

説苑校證，漢劉向撰，向宗魯校證，中華書局，一九八七年。

論衡校釋，漢王充撰，黄暉校釋，中華書局，一九九〇年。

世説新語箋疏，南朝宋劉義慶撰，南朝梁劉孝標注，余嘉錫箋疏，周祖謨、余淑宜、周士琦整理，中華書局，一九八三年。

齊民要術校釋，北魏賈思勰著，繆啓愉校釋，中國農業出版社，一九九八年。

詩品箋注，南朝梁鍾嶸著，曹旭箋注，人民文學出版社，二〇〇九年。

文心雕龍校釋（附徵引文録），南朝梁劉勰著，劉永濟校釋，中華書局，二〇〇七年。

金樓子校箋，南朝梁蕭繹撰，許逸民校箋，中華書局，二〇一一年。

顔氏家訓集解（增補本），北齊顔之推撰，王利器集解，中華書局，一九九三年。

法書要録校理，唐張彦遠纂輯，劉石校理，中華書局，二〇二一年。

歷代名畫記，唐張彦遠撰，秦仲文、黄苗子點校，人民美術出版社，一九六三年。
酉陽雜俎校箋，唐段成式撰，許逸民校箋，中華書局，二〇一五年。
北堂書鈔，唐虞世南編撰，影印南海孔氏三十有三萬卷堂校注重刊影宋本，中國書店，一九八九年。
羣書治要，唐魏徵等撰，叢書集成初編本，商務印書館，一九三六年。
藝文類聚，唐歐陽詢撰，汪紹楹校，上海古籍出版社，一九八五年。
宋本藝文類聚，唐歐陽詢撰，上海古籍出版社，二〇一三年。
文館詞林，唐許敬宗編，東京古典研究會影弘仁本，一九六九年。
日藏弘仁本文館詞林校證，唐許敬宗編，羅國威整理，中華書局，二〇〇一年。
翰苑，唐張楚金撰，唐雍公叡注，遼海叢書本，遼瀋書社，一九八五年。
初學記，唐徐堅等著，司義祖點校，中華書局，一九六二年。
元和姓纂（附四校記），唐林寶撰，岑仲勉校記，郁賢皓、陶敏整理，孫望審訂，中華書局，一九九四年。
太平御覽，宋李昉等編，中華書局影印本，一九六〇年。
册府元龜，宋王欽若等編，中華書局影印本，一九六〇年。

宋本册府元龜，宋王欽若等編，中華書局影印本，一九八九年。
文苑英華，宋李昉等編，中華書局影印本，一九六六年。
文苑英華校記，傅增湘撰，北京圖書館出版社，二〇〇六年。
太平廣記，宋李昉等編，汪紹楹點校，中華書局，一九六一年。
玉海（合璧本），宋王應麟撰，日本京都中文出版社影印本，一九七七年。
永樂大典，明解縉等編，中華書局影印本，一九八六年。
海外新發現永樂大典十七卷，上海辭書出版社影印本，二〇〇三年。

弘明集校箋，南朝梁釋僧祐撰，李小榮校箋，上海古籍出版社，二〇一三年。
出三藏記集，南朝梁釋僧祐撰，蘇晉仁、蕭錬子點校，中華書局，一九九五年。
高僧傳，南朝梁釋慧皎撰，湯用彤校注，湯一玄整理，中華書局，一九九二年。
國清百録，隋灌頂纂，大正新修大藏經第四十六册，日高楠順次郎、渡邊海旭等監修，新文豐出版有限公司，一九八三年。
廣弘明集，唐釋道宣撰，上海古籍出版社影印本，一九九一年。
法苑珠林校注，唐釋道世撰，周叔迦、蘇晉仁校注，中華書局，二〇〇三年。

續高僧傳，唐釋道宣撰，郭紹林點校，中華書局，二〇一四年。
抱朴子外篇校箋，晉葛洪撰，楊明照校箋，中華書局，一九九一年。
抱朴子内篇校釋，晉葛洪撰，王明校釋，中華書局，一九八五年。
雲笈七籤，宋張君房編，李永晟點校，中華書局，二〇〇三年。

楚辭補注，宋洪興祖撰，白化文等點校，中華書局，一九八三年。
謝宣城集校注，南朝齊謝朓撰，曹融南注解，上海古籍出版社，一九九一年。
徐陵集校箋，南朝陳徐陵撰，許逸民校箋，中華書局，二〇〇八年。
文選，南朝梁蕭統編，唐李善注，上海古籍出版社，一九八六年。
六臣注文選，南朝梁蕭統編，唐李善等注，中華書局影印本，一九八七年。
玉臺新詠箋注，南朝陳徐陵編，清吴兆宜注，程琰删補，穆克宏點校，中華書局，一九八五年。
樂府詩集，宋郭茂倩編，喬象鍾、陳友琴等點校，余冠英審核，中華書局，一九七九年。
曾鞏集，宋曾鞏撰，陳杏珍、晁繼周點校，中華書局，一九八四年。
全上古三代秦漢三國六朝文，清嚴可均輯，中華書局影印本，一九五八年。
全唐文，清董誥等編，中華書局影印本，一九八三年。

全唐文補編，陳尚君輯校，中華書局，二〇〇五年。
漢魏南北朝墓誌集釋，趙萬里集釋，中國科學院考古研究所編，科學出版社，一九五六年。
漢魏南北朝墓誌彙編，趙超著，天津古籍出版社，二〇〇八年。
新出魏晉南北朝墓誌疏證（修訂本），羅新、葉煒著，中華書局，二〇一六年。
漢魏六朝碑刻校注，毛遠明校注，綫裝書局，二〇〇八年。
隋代墓誌銘彙考，王其禕、周曉薇編著，綫裝書局，二〇〇七年。
新中國出土墓誌江蘇貳南京卷，文物出版社，二〇一四年。
秦晉豫新出墓誌蒐佚，趙君平、趙文成編，國家圖書館出版社，二〇一一年。
唐代墓誌彙編，周紹良編，上海古籍出版社，一九九二年。
隋唐五代墓誌匯編洛陽卷，陳長安主編，天津古籍出版社，一九九一年。

三

漢魏兩晉南北朝佛教史，湯用彤撰，中華書局，一九八三年。

金明館叢稿初編，陳寅恪撰，上海古籍出版社，一九八〇年。
魏晉南北朝史論叢，唐長孺著，三聯書店，一九五五年。
魏晉南北朝史論叢續編，唐長孺著，三聯書店，一九五九年。
魏晉南北朝史論集，周一良著，北京大學出版社，一九九七年。
魏晉南北朝史札記（補訂本），周一良著，中華書局，二〇一五年。
北朝胡姓考，姚薇元著，中華書局，一九五八年。
南朝經濟試探，韓國磐著，上海人民出版社，一九六三年。
嚴耕望史學論文集，嚴耕望撰，上海古籍出版社，二〇〇九年。
魏晉南北朝史叢稿，何德章著，商務印書館，二〇一〇年。
新唐書宰相世系表集校，趙超編著，中華書局，一九九八年。
兩漢魏晉南北朝宰相制度研究，祝總斌著，北京大學出版社，一九九〇年。
中國地方行政制度史——魏晉南北朝地方行政制度，嚴耕望撰，上海古籍出版社，二〇〇七年。
資治通鑑疑年録，吴玉貴著，中國社會科學出版社，一九九四年。
十七史疑年録，牛繼清、張林祥著，黄山書社，二〇〇七年。

南北朝八書二史疑年録，許福謙著，北京出版社、文津出版社，二〇〇三年。
南史校證，馬宗霍著，戴維校點，湖南教育出版社，二〇〇八年。
北周地理志，王仲犖撰，中華書局，一九八〇年。
北齊地理志，施和金撰，中華書局，二〇〇八年。
六朝疆域與政區研究（增訂本），胡阿祥著，學苑出版社，二〇〇五年。
宋書州郡志匯釋，胡阿祥編著，安徽教育出版社，二〇〇六年。
唐代交通圖考，嚴耕望撰，上海古籍出版社，二〇〇七年。
「山中」的六朝史，魏斌著，三聯書店，二〇一九年。
「都城圈」與「都城圈社會」研究文集——以六朝建康爲中心，張學鋒編，南京大學出版社，二〇二一年。
中古史書校證，真大成著，中華書局，二〇一三年。
南朝的屯、邸、別墅及山澤佔領，唐長孺撰，歷史研究一九五四年第三期，收入山居存稿，中華書局，一九八九年。
南朝的租調制度，鄭欣撰，文史哲一九八七年第一期。

南朝的雜調，鄭欣著，烟臺大學學報（哲學社會科學版）一九八八年第三期。
梁陳之際的「禄米」制度，張榮强撰，中國農史二〇〇九年第三期。
隋書食貨志與魏晉南朝地税，權家玉撰，敦煌吐魯番文書與中古史研究，上海古籍出版社，二〇一六年。
南朝官職除拜考述——以制度程序及過程爲中心，周文俊撰，魏晉南北朝隋唐史資料第三八輯，二〇一八年。
拍竿考辨及復原研究，鍾少異撰，考古一九九六年第六期。
徐陵集校箋獻疑，吴金華撰，復旦古籍所學報第一期，復旦大學古籍整理研究所編，二〇一二年。
魏書陳書勘誤二則，羅新本撰，西南民族學院學報（哲學社會科學版）二〇〇〇年第四期。
新出土北齊蔡府月璣袁氏墓誌文，許萬順撰，中國書法二〇〇五年第四期。
梁書陳書舛誤辨，蔣伯良撰，寧波大學學報（人文科學版）二〇〇三年第三期。
校史札記三則之二，熊清元撰，中國史研究二〇〇四年第四期。
據古寫本補陳書韓子高傳脱文一則，秦樺林撰，中國史研究二〇一八年第四期。

陳黄法氍墓誌校證，王素撰，文物一九九三年第一一期。
陳朝名將黄法氍墓誌辨析，邵磊撰，東南文化二〇一五年第二期。

百衲本二十四史陳書校勘記，張元濟著，王紹曾等整理，商務印書館，一九九七年。
陳書校勘記，張森楷撰，張森楷史學遺著輯略，西南師範大學出版社，一九九八年。
陳書批校，周一良批校，周一良批校十九史，國家圖書館出版社，二〇一三年。
陳書異文考證，林礽乾著，文史哲出版社，一九七九年。
陳書本紀校注，林礽乾校注，花木蘭文化出版社，二〇〇八年。
陳書紀傳疑年録，許福謙撰，首都師範大學學報（社會科學版）一九九七年第一期。
陳書校讀札記，邵春駒撰，萍鄉高等專科學校學報二〇〇九年第二期。
日本宫内廳書陵部藏陳書寫本校讀，潘超撰，古籍整理研究學刊二〇一九年第一期。

史諱舉例，陳垣撰，中華書局，一九六二年。
二十史朔閏表，陳垣著，中華書局，一九六二年。
中國歷史地圖集，譚其驤主編，中國地圖出版社，一九九六年。

藏園群書經眼録，傅增湘撰，中華書局，一九八三年。
藏園群書題記，傅增湘撰，上海古籍出版社，一九八九年。
儀顧堂題跋續跋善本書室藏書志，清陸心源、丁丙撰，中華書局影印本，一九九〇年。
日藏漢籍善本書録，嚴紹璗編著，中華書局，二〇〇七年。
日本國見在書目録詳考，孫猛著，上海古籍出版社，二〇一五年。
正史宋元版之研究，日尾崎康著，喬秀岩、王鏗編譯，中華書局，二〇一八年。
舊京書影，日倉石武四郎編拍，北平圖書館善本書目（一九三三年），趙萬里撰集，人民文學出版社，二〇一一年。
北京圖書館古籍善本書目，北京圖書館編，書目文獻出版社，一九八七年。
中國古籍善本書目史部，中國古籍善本書目編輯委員會編，上海古籍出版社，一九九三年。
北宋校刻南北朝七史事發微，魯明、胡珂撰，中華文史論叢，二〇一八年第二期。
現存六種宋刊本陳書簡述，景蜀慧撰，唐研究第二十五卷，北京大學出版社，二〇二〇年。

後記

南朝齊梁陳三書修訂，歷時十餘年，南齊書、梁書修訂本已先後付梓，陳書修訂本作爲精心結撰的收官之作，幾經易稿，終於殺青。至此，南朝三書的修訂工作，宣告完成。

陳書修訂工作始於二〇〇八年夏版本調查，同年，修訂方案通過專家評審，次年，修訂樣稿經專家審定通過。二〇一五年，修訂主持人之一鄭小容博士撰成修訂長編初稿。二〇一七年南齊書修訂完稿後，修訂組在對陳書版本進一步調查研究的基礎上，更换底本，調整補充通校本和參校本，並補充完善了他校的文獻和版本，參考吸收相關學術領域最新的校勘和研究成果，其後歷時約兩年半，用討論課的形式，對陳書文本進行深入研讀，重新撰寫了修訂長編和校勘記。最後又用了一年多時間，完成長編和校勘記的修改審定。二〇二一年五月，原定在中山大學召開定稿會，未料廣州突發新冠疫情，修訂組和編輯組克服疫情帶來的困難和干擾，以綫上會議的方式剋期完成了定稿會討論。

陳書修訂前後多年，前期的版本調查和長編初稿撰寫，主要由鄭小容承擔；後一階段的版本調查、新撰長編和校勘記的最後修改定稿，由景蜀慧完成。修訂組成員周文俊、李丹婕、黄一明、王曉真、唐星、洪綿綿、汪舒桐等潛心投入，嚴謹認真，承擔了長編撰寫和後期修改、校樣通讀等一系列重要工作；李琪慧、余煜珣、何欣、饒栩元、李傲然、宋宜臻、何穎等也先後積極參與讀書討論和長編修訂稿撰寫，專注努力，付出甚多。

修訂過程中，多位審稿專家及陳蘇鎮教授、孟彦弘研究員、仇鹿鳴教授、聶溦萌博士、趙燦鵬教授、中華書局二十四史修訂辦和陳書編輯組等各位先生，以及陳力教授、史睿副教授、李霖副教授、吴滔教授、郭立暄研究館員、劉勇教授、于薇副教授等，悉心審閲修訂長編和校勘記，幫助檢覈考訂版本，指疑糾謬，提出寶貴意見，對完成修訂工作助益良深。在此謹致真誠謝意。

十多年來，中山大學歷史學系的歷任領導和中古史教研室的各位同事，對齊梁陳三書修訂工作始終給予最大程度的支持、理解和信任，内心感激無以言表，謹致以最深摯的感謝。

景蜀慧

二〇二一年七月

點校本二十四史及清史稿修訂工程組織機構

總　修　纂　任繼愈

學術顧問　王元化　王永興　王鍾翰　何茲全　季羨林　馮其庸　蔡尚思　戴　逸　饒宗頤（以姓氏筆畫爲序）

修纂委員會　丁福林　王小盾　王　素　朱　雷　吴玉貴　吴金華　吴麗娱　汪桂海　辛德勇　周天游　武秀成　孟彦弘　南炳文　施新榮　烏　蘭　涑國棟　陳尚君　陳高華　徐　俊　張　帆　張金龍　程妮娜　景蜀慧　趙生群　裴汝誠　鄭小容　劉次沅　劉浦江　戴建國　羅　新（以姓氏筆畫爲序）

審定委員會　王天有　王文楚　王春瑜　王　堯　王曾瑜　王繼如　白化文

田餘慶　安平秋　安作璋　何英芳　何齡修　吴宗國　吴榮曾
宋德金　李學勤　周良霄　周振鶴　周清澍　周偉洲　來新夏
祝總斌　陳允吉　陳祖武　陳智超　袁行霈　高　敏　陶　敏
徐蘋芳　張大可　張文强　張忱石　崔文印　梁太濟　許逸民
黄留珠　鄒逸麟　程毅中　傅璇琮　傅熹年　裘錫圭　蔡美彪
熊國禎　樓宇烈　劉鳳翥　龔延明

（以姓氏筆畫爲序）